제3판

e-비즈니스와 e-커머스

차훈상 · 홍일유 · 이경민

法 文 社

머리말

인터넷과 정보화 사회의 발전은 현대 기업들의 경영 방식을 근본적으로 변화시켰다. 이러한 변화는 새로운 패러다임인 e-비즈니스를 탄생시켰고, 많은 기업들이 이에 적극적으로 대응하기 위해 정보와 네트워크 인프라를 구축하고 새로운 시스템을 도입하는 등의 노력을 기울였으며, 결과적으로 e-비즈니스를 새로운 성장동력으로 활용할 수 있었다.

e-비즈니스는 단순히 인터넷을 제품판매의 채널로 활용하여 쇼핑사이트를 개설하는 것을 의미하지 않는다. 이를 넘어서, 기업은 정보와 네트워크를 전략적으로 활용하여 내부조직뿐만 아니라 외부기업들과의 통합을 추구해야 하며, 생산과 온라인 마케팅과 고객 서비스 등 기업이 추구하는 모든 가치활동을 인터넷을 통해 보다 효율적으로 수행할 수 있는 환경을 구축해야 한다. 특히 최근 몇 년간의 추세를 살펴보면, 클라우드 컴퓨팅, 빅데이터, 인공지능, 블록체인, 핀테크 등과 같은 새로운 기술들이 기업의 e-비즈니스 환경을 더욱 빠르게 변화시키고 있으며, 공유경제와 같은 새로운 비즈니스 모델도 출현하게 되었다. 본서는 이처럼 복잡하게 얽혀 있는 e-비즈니스에 대한 정확한 이해를 돕고 이를 기업의 새로운 전략적 기회로써 활용하기 위한 지침서의 역할을 하고자 집필되었다.

현재 e-비즈니스 분야의 대학교재로 우수한 책들이 많이 나와 있다. 그러나 여러 책들이 학술적 이론중심으로 되어 있거나 빠르게 발전하는 e-비즈니스의 새로운 현황을 제대로 담지 못하고 있다는 학생들의 우려하는 목소리가 간간이 들리고 있다. 본서에서는 e-비즈니스의 최근 동향을 폭넓게 이해하고 이를 기업경영에 활용할 수 있는 방안에 대하여 최대한 알기 쉽게 풀이하였고, 다양한 사례를 통해 기업에서의 활용 현장을 조명하는 데 주안점을 두었다.

구체적으로 본서는 다음과 같은 형식 및 내용면의 특징을 가지고 있다.

형식면의 특징

- 이론의 단순한 나열보다는 요점을 중심으로 개념 및 추세를 소개하였다. 또한 학생들이 이해하기 용이하도록 가능한 한 쉬운 표현으로 내용을 설명하였다.
- 독자들의 흥미를 유발할 수 있도록 다음과 같은 내용들을 각 장마다 포함시켰다.
  오늘의 주제: 각 장의 주제와 관련한 개념을 미니사례를 통해 소개

알아봅시다: 어려울 수 있는 개념이나 용어 등에 대한 쉬운 설명이나 기업응용 사례
핵심체크: 각 장에서 공부한 내용을 확인할 수 있는 핵심문제

내용면의 특징

e-비즈니스의 핵심내용과 더불어 최근 e-비즈니스의 동향에 대해서 다음과 같이 4부로 나누어 자세히 다루었다.

- 제 1 부 **e-비즈니스 기반구조:** 오늘날 e-비즈니스를 가능하게 한 인터넷과 정보화 사회의 개념, 유연한 기술적 인프라를 보장하는 클라우드 컴퓨팅, 인공지능을 활용한 빅데이터 기반구조에 대해서 살펴보았다.
- 제 2 부 **e-비즈니스 모델과 전략:** e-비즈니스에 대한 전반적인 이해와, e-비즈니스 모델을 수립하는 방안과 이를 성공적으로 운영하기 위한 마케팅 전략과 보안 전략에 대해서 살펴보았다.
- 제 3 부 **e-커머스 전략과 관리:** e-비즈니스를 구성하는 핵심인 e-커머스에 대한 개념과, 가장 대표적인 e-커머스 유형인 B2C e-커머스와 B2B e-커머스에 대해 심도 있게 살펴보았다.
- 제 4 부 **최신 e-비즈니스 동향:** 최근 e-비즈니스 관련 가장 중요하게 여겨지고 있는 공유경제 비즈니스, 블록체인 비즈니스, 그리고 핀테크 비즈니스에 대한 개념 및 다양한 사례를 다루었다.

항상 빠르게 변화하는 e-비즈니스 분야에 대한 최신 지식을 담으려다 보니 준비기간이 충분하지 못하고 아쉬운 부분도 남아 있다. 부족한 부분은 독자분들의 도움을 받아 끊임없이 보완해 나갈 생각이다.

주변 여러 사람들의 헌신적인 노력이 없었다면, 이 책은 완성되기 어려웠을 것이다. 특히 개정판의 기획, 편집 및 교정 작업으로 책의 가치를 높이는 데 기여해 주신 법문사 편집부 김제원 이사, 기획영업부 유진걸 과장께 감사를 드린다.

2024년 5월
공저자 씀

CONTENTS

차 례

제 1 부 e-비즈니스 기반구조

제3장 인공지능과 빅데이터 68

제 2 부 e-비즈니스 모델과 전략

제4장 e-비즈니스의 개념과 모델 102

제 3 부 e-커머스 전략과 관리

제12장 핀테크 비즈니스 354

제 1 부

e-비즈니스 기반구조

제 1 장 인터넷과 정보화 사회

오늘의 주제

사물인터넷이 만들어 내는 스마트 사회

사물인터넷(Internet of Things: IoT)은 인터넷을 통해 데이터를 다른 기기 및 시스템과 연결 및 교환할 목적으로 센서, 소프트웨어, 기타 기술을 내장한 물리적 객체(사물)의 네트워크를 의미한다. 사물인터넷 기술은, 아래와 같이 다양한 분야에서 활용되어지며, 우리 사회를 더욱 스마트한 사회로 변화시키고 있다.

사물인터넷을 활용한 어르신 돌봄 서비스

인천 미추홀구는 2024년 1월 12일 도화동 일대 취약 어르신 100가구에 인공지능 스피커 및 사물인터넷 기술을 활용한 생활밀착형 돌봄서비스를 제공했다고 밝혔다. 이번 사업은 과학기술정보통신부 주관 '2023년 지능형 마을(스마트빌리지) 해결책 보급 및 확산 사업'의 일환으로 독거, 조손, 고령 부부 가구 등 취약계층 세대를 대상으로 한다. 대상 가구에 인공지능 스피커 및 문열림, 움직임, 공기 질 관리 감지기 등을 설치하고 활동 정보를 수집하여 모니터링을 하게 된다. 또한, 대상자가 '살려줘', '구해줘' 등 위험신호를 보내면 24시간 운영하는 관제센터에서 119와 연계해 즉시 출동하게 되며, 48시간 이상 동작이 없을 때는 동 행정복지센터에서 직접 안부 확인을 할 수 있게 해 상시 돌봄 기능을 강화하고 고독사를 예방하게 된다. 이외에도 감성 대화(말벗), 음악 재생, 부정적 단어 사용 시 심리 상담을 제공한다. 이영훈 구청장은 "변화하는 시대에 맞춰 지능형 마을 사업을 통해 인구 고령화에 따른 사회문제를 해결하고, 돌봄 공백을 최소화하여 더불어 살기 좋은 미추홀구를 만들기 위해 최선을 다하겠다"라고 말했다.

서울월드컵경기장 잔디, 사물인터넷 기술로 스마트 관리

서울 마포구 서울월드컵경기장에 사물인터넷 기술을 활용한 '스마트 잔디관리 시스템'을 도입한다고 서울시설공단이 2023년 12월 22일 밝혔다. 스마트 잔디관리시스템은 경기장에 설치된 IoT 센서가 잔디의 온도, 수분 함량, 비료 농도 등을 실시간으로 측정해서 알려준다. 그라운드 내부 습도와 온도, 필드 색상 등이 데이터와 기상 상황을 연계 분석해 제공하고 관수와 송풍도 원격으로 제어할 수 있다. 경기장에는 위치정보시스템(GPS) 기반 자율주행 토양환경 관측 로봇 1대, 식생지수 · 적 · 녹 · 청(RGB) 카메라 3대, 대기환경 관측 센서 4대가 설치돼 잔디 상태를 과학적으로 점검한다.

공단은 이 시스템을 통해 서울월드컵경기장 잔디를 더 과학적이고 체계적으로 관리함으로써 그라운드 품질 향상에 기여할 것으로 기대했다. 서울시설공단 한국영 이사장은 "앞으로도 선수들이 좋은 경기력을 펼칠 수 있고 시민이 수준 높은 경기를 즐길 수 있도록 최상의 그라운드 상태를 제공하기 위해 노력하겠다"고 말했다.

출처: 연합뉴스, 2023. 12. 22.; 뉴스뷰, 2024. 1. 12.(https://www.newsview.co.kr/56063)

생각해보기

지난 몇 년 사이에 IoT는 21세기의 가장 중요한 기술 중 하나가 되었습니다. 자신의 주변을 둘러보고, 본인이 일상생활에서 사용하고 있는 사물인터넷 기술은 어떤 것이 있는지 생각해 봅시다.

전문가 답변

사물인터넷은 스마트 스피커, 주방 가전, 자동차, 온도 조절기, 유아 모니터링과 같이 다양한 일상 속 생활용품을 임베디드 기기를 통해 인터넷에 연결할 수 있게 합니다. 따라서, 사물인터넷은 사람, 프로세스, 사물 간의 원활한 커뮤니케이션을 가능하게 하는 핵심 기술이라고 할 수 있겠습니다.

제1강 정보화 사회와 디지털 경제

학습내용

1. 정보혁명의 개념 및 성격
2. 디지털 경제
3. 디지털 경제의 새로운 법칙들
4. 정보경제

학습목표

1. 농업혁명, 산업혁명에 이은 정보혁명에 대해 설명할 수 있다.
2. 디지털 패러다임과 디지털 경제의 특징을 아날로그 경제와 비교하면서 설명할 수 있다.
3. 디지털 경제의 3대 법칙인 네트워크 외부성, 무어의 법칙, 길더의 법칙에 대해 각각 설명할 수 있다.
4. 정보경제란 무엇인지 이해하고, 정보재의 경우 무엇을, 얼마에, 누구에게, 어떻게 팔아야 하는지에 대해 설명할 수 있다.

1 정보화 사회

1.1 정보혁명과 정보화 사회

우리는 흔히 현대 사회를 정보화 사회라고 부른다. 정보화 사회는 과연 어떤 사회를 의미하며 그 특징은 무엇일까? 이를 위해 인류사회가 수렵사회, 농경사회, 산업사회를 거쳐 정보화 사회로 발전해온 과정을 간단히 살펴보자.

『제3의 물결』이라는 저서로 유명한 미래학자 앨빈 토플러(Alvin Toffler)는 "제1의 물결(농업혁명)과 제2의 물결(산업혁명)을 거쳐 인류는 현재 정보화 혁명이란 제3의 물결(The Third Waves)을 타고 있다"라고 역설을 한 바 있다. 여기서 "혁명"이라 함은 급격하고 획기적인 변화를 의미한다. 일찍이 농업혁명은 이전까지의 수렵생활에서 벗어나 새로운 경제기반으로서 토지와 노동을, 그리고 농경기구라는 도구를 이용함으로써 인류가 정착생활을 시작하게 되는 전환점을 가져왔고, 이러한 농경사회는 수천 년간 지속되었다.

이후 1712년 증기기관의 발명으로 새로운 산업혁명이 시작되었고, 자본과 에너지가 새

그림 1-1 정보화 사회의 발전

	농경사회: 농업혁명	산업사회: 산업혁명	정보화 사회: 정보혁명
경제 기반	• 토지 • 노동	• 노동 • 자본 • 에너지	• 정보 • 지식
도구	• 농경기구	• 기계 – 증기 엔진 – 전기 동력	• 정보기술 – 컴퓨터 기술 – 통신 기술

로운 경제 기반으로서 대두되었으며, 이때부터 단순한 농경기구가 아닌 증기엔진과 전기 동력을 이용한 다양한 기계들이 공장에서 대량생산을 하는 데 사용되었다. 이와 같은 산업 사회는 200년 가까이 지속되었다.

정보혁명은 1990년 이후 컴퓨터와 인터넷 등 네트워크 기술의 발전과 더불어 나타난 정치, 경제, 사회 전반의 급격한 변화를 의미한다. 기존의 자본과 에너지를 대체하여 정보와 지식이 경제의 기반을 구성하고 컴퓨터와 통신을 이용한 정보기술들이 핵심 도구로 등장하게 되었다. 한마디로 정보혁명은 전통적인 생산요소나 수단을 혁신적으로 바꿈으로써 생산, 유통, 소비의 전 과정에서 정보가 중심이 되는 변혁을 의미한다. 이러한 정보의 형태가 0과 1의 디지털 신호 형태이기 때문에 정보혁명을 "디지털 혁명"이라고도 한다.

이러한 정보화 사회를 가속화시키는 촉매역할을 하는 인터넷의 등장은 단순한 정보 제공을 넘어서, 온라인 쇼핑, 소셜 네트워킹, 엔터테인먼트 서비스 등 다양한 정보 중심의 서비스가 우리의 생활을 광범위하게 지배하였다. 따라서 정보화 혁명을 "인터넷 혁명"이라는 용어를 써서 표현하기도 한다. 우리가 이 책에서 공부하게 될 e-비즈니스는 이러한 인터넷 혁명과 정보화 사회를 거치면서 기업들은 어떻게 새로운 방향으로 변모하게 되었는지 다양한 측면에서 살펴보게 된다.

1.2 정보혁명의 배경

정보혁명은 1990년 이후 우리사회를 정보중심의 사회로 탈바꿈시켰다. 증기기관이 산업혁명을 가져온 주축이었다면 과연 정보혁명은 어떠한 배경을 바탕으로 진행되었을까? 그 원인을 크게 네 가지로 요약해 보자.

(1) 과학기술의 발달

무엇보다도 1990년대를 기점으로 한 컴퓨터, 반도체, 통신 기술의 발전을 정보혁명의 원동력으로 꼽을 수 있다. 특히, 1990년 이후 인터넷의 급격한 확산은 전 세계에 퍼져 있는 컴퓨터들을 하나의 통신 표준으로 묶어 거대한 네트워크를 구성하게 된다. 인터넷 이용자 수는 2018년에 이미 36억명을 돌파하며 당시 전 세계 인구의 절반 정도가 정기적으로 인터넷을 사용하였고, 국제전기통신연합, ITU는 2023년 연례 보고서에서 전 세계 인구의 67%인 54억명이 인터넷을 사용한다고 밝혔다. 이러한 확산 속도는 기존의 매체와 비교할 때 폭발적이다. 가령, 5,000만명의 이용자를 모으는데 걸린 시간을 비교하면 라디오의 경우 38년, TV의 경우 13년이 걸렸으나 인터넷은 고작 4년이 걸렸다. 이와 같은 인터넷을 통한 네트워크의 기하급수적인 성장은 인터넷과 관련된 새로운 산업인 e-커머스(전자상거래)를 포함한 e-비즈니스를 탄생시켰다.

(2) 정보기술을 경영혁신으로 활용

1970년대의 석유위기는 이전까지 무한하게 사용할 수 있을 것 같았던 자원의 한계를 인식하게 해 주었다. 이를 계기로 기업들은 기존의 소비형 산업구조에서 절약형 산업 구조로의 전환을 모색하게 되었고, 주어진 자원을 효율적으로 활용할 수 있는 정보의 중요성을 깨닫게 되었다. 즉, 정보의 가치를 인정한 기업은 자본, 인력, 설비, 원자재 등 기존의 핵심자원과 함께 정보를 기업운영을 위한 필수적인 자원으로 인식하게 되었으며, 업무재설계(BPR: Business Process Reengineering) 등 경영혁신기법과 전사적 자원관리(ERP: Enterprise Resource Planning) 시스템 등 다양한 정보기술 및 시스템들을 도입하여 효율적인 자원관리를 모색하게 되었다.

(3) 대량생산에서 다품종 소량생산에 대한 시장의 요구

이전 산업사회에서는 대량생산을 통한 획일화된 상품이 지배적이었다. 하지만, 사회적 가치 변화에 따라 산업사회의 대량생산 체제로 고객 개개인의 다양한 욕구를 만족시키기 힘들어지게 되었고 다품종 소량생산을 지향하는 소비자들의 요구가 이어졌다. 따라서, 고객의 취향을 정확하게 파악하고 이를 제품생산에 반영하기 위한 정보의 중요성이 대두되었다. 기업은 이를 위해 고객정보, 고객과의 관계, 시장동향 등 다양한 고객관련 정보를 관리하는 고객관계 관리(CRM: Customer Relationship Management) 시스템을 도입하게 되었다.

(4) 개인의 정보 욕구의 변화

정보화 혁명의 배경에는 대중의 적극적인 정보 수용 자세를 빼놓을 수 없다. 이전 대중매체를 통해 제공된 획일적인 정보는 정보 이용자들의 다양한 정보 욕구를 충족시킬 수 없게 되었으며 개인이 정보 주체로서 자신이 원하는 정보를 선택할 수 있도록 전 사회적인 개선이 필요하게 되었다. 개방형 인터넷을 통한 정보의 유통은 이러한 욕구를 충족시키는 방향으로 발전하게 되었다.

2 디지털 경제

2.1 디지털 경제

디지털 패러다임은 정보(즉, 디지털 신호)가 중심이 되는 전 세계적인 사고와 인식의 체계를 의미한다. 디지털 경제는 디지털 패러다임 속에서 디지털 기술과 관련되어 나타나는 일련의 경제적 현상을 포괄적으로 의미한다. 아날로그 경제와 비교할 때, 인터넷 및 정보기술이 경제활동의 중심으로 자리잡고, 시공 장벽이 사라지고, 비즈니스 효율성이 향상되며, 모든 정보가 디지털 형태로 존재하며, 이용자들 간에 빠르게 전달된다.

디지털 경제는 "지식 경제"라고 표현되기도 한다. 경제의 부가가치 창출이 인간두뇌에 의해 가능해짐을 의미하는데, 지식경영을 통해 기업이 지식을 수집, 창출, 축적하고, 구성원들 간의 지식 공유 및 활용으로 부가가치 창출활동을 수행하게 되는 것이다.

한편 디지털 경제를 "어텐션 이코노미(attention economy)"라고도 부른다. 이는 노벨

알아봅시다 패러다임이란?

미국의 사회학자인 토마스 쿤(Thomas Kuhn)은 패러다임을 "한 시대를 지배하는 사고와 인식의 체계"로 정의하였다. 예를 들어, 자연과학에서 일컫는 대표적인 패러다임은 다음과 같다.

- 뉴턴의 역학론
- 아인슈타인의 상대성 이론
- 창조론
- 다윈의 진화론

사람들은 이러한 사고와 인식의 체계를 바탕으로 사물을 이해하려고 할 뿐만 아니라 새로운 발견을 이루어 내고 있다.

따라서 "디지털 패러다임"이란 디지털이 중심이 되는 전 세계적인 사고와 인식체계로서 세상을 이해하고 예측하는 기능을 가지고 있음을 의미한다.

경제학상 수상자인 허버트 사이먼(Herbert A. Simon)의 주장에서 유래되었는데, 그는 "정보의 풍부함은 정보가 소비하는 무언가의 희소성을 의미하게 된다. 정보가 소비하는 것이란 꽤 명백하다. 정보는 정보를 받는 사람의 관심(attention: 어텐션)을 소비하는 것이다. 따라서 정보의 풍부함은 관심의 희소성을 만들어 내고, 한정된 관심을 소비하려는 시나치게 많은 정보원들에 대해서 관심을 효율적으로 배분할 필요가 생기게 된다"고 하였다. 가령 수많은 유튜브 비디오 제작자들은 한정된 시청자들로부터 '좋아요'를 받기 위해 경쟁한다. 즉, 어텐션의 가치가 높아지고, 정보상품의 가치가 어텐션으로 결정되며, 정보상품이 어텐션의 획득을 목표로 움직이는 현대 시스템을 정확히 예측한 것이다.

2.2 디지털 경제의 특징

디지털 경제가 가지는 특징은 『디지털 경제』(The Digital Economy) 저자인 단 탭스캇(Don Tapscott)의 주장과 최근 디지털 트렌드를 종합하여 다음과 같이 요약할 수 있다.

(1) 지식(Knowledge)

지식창출능력이 기업 경쟁력의 원천이 된다. 이전 산업사회와 달리 유형의 자산보다 지식과 같은 무형의 자산이 중시되는 새로운 경제가 시작된 것이다. 가장 널리 알려진 아마존(Amazon.com)의 기업 가치는 80% 이상을 무형 자산, 즉 지식이 차지하고 있다. 이에 따라 기존의 제조업 중심으로 몰려 있던 부의 재분배가 구글, 애플, 메타, 아마존, 마이크로소프트, 테슬라, 엔비디아와 같은 소위 빅테크(Big Tech)기업들을 중심으로 이루어지고 있다.

(2) 디지털화(Digitization)

디지털 경제는 모든 콘텐츠가 디지털 형태로 변환된다. 책, 음악, 사진, 비디오 등 다양한 디지털 콘텐츠가 디지털 형태로 변화됨으로써, 네트워크를 통해 물류비용 없이 거래가 된다. 예를 들어, DVD나 비디오 대여점, 음반이나 레코드 매장은 자취를 감춘 지 오래되었으며, 모든 것이 온라인 음원시장이나 넷플릭스와 같은 실시간 스트리밍 서비스로 대체되었다.

(3) 가상화(Virtualization)

실제적 사물을 가상세계에서 만나게 하는 것을 말한다. 가령, 가상 기업, 가상 커뮤니티, 가상 오피스, 메타버스 등이 생겨났다. 특히, 최근 클라우드 컴퓨팅(Cloud Computing)의 확산과 더불어 컴퓨터의 가상화를 통해 자원을 공유하고 이를 통한 획기적인 비용절감 효과가 기대된다. 클라우드 컴퓨팅에 대해서는 제2장에서 자세히 살펴보자.

(4) 분자화(Molecularization)

조직의 구성이나 운영방식이 역동적 구조로 재구성됨을 의미한다. 기업의 환경이 시시각각 변화함에 따라 기업의 유연성과 변화에 적응하는 능력(agility)이 갈수록 중요해진다. 따라서, 필요에 따라 즉흥적으로 구성이 가능한 팀 단위 조직과, 이들 간의 지식의 축적과 공유를 통해 문제를 해결하는 능력이 강조되고 있다. 지식관리시스템(Knowledge Management System)의 도입은 이런 목적을 달성하는 데 도움을 준다.

(5) 통합화/네트워크화(Integration)

인터넷의 발달은 하나의 표준을 따르는 전 세계적인 네트워크를 구성하였고 이를 통한 정보와 지식의 상호 연결, 통합이 가능해졌다. 다음 절에서 설명할 메트칼프의 법칙(Metcalfe's Law)에 따르면, 이러한 통합된 환경 하에서 지식과 정보는 네트워크 외부성(Network Externality)에 따라 공유하고 활용할수록 가치가 배가되는 특성을 보이게 된다. 페이스북, 인스타그램 등 소셜네트워크를 통한 정보의 공유는 좋은 예가 된다.

(6) 비중개화(Disintermediation)

다양한 시장 주체들이 하나의 네트워크로 연결됨으로써, 소비자와 생산자를 연결해 주던 중개자의 역할이 사라지게 되었다. 대신 이들의 역할이 정보교환의 중개기능을 하는 자동화된 플랫폼으로 전환되어 가고 있다. 중개자의 역할이 사라지면, 오히려 시장의 확대를 가져오게 되는데, 그 이유는 거래비용이 낮아져 소비자 수요가 확대되는 반면, 저렴한 마케팅 비용과 유통 비용으로 생산자의 공급은 증가되기 때문이다. 판매자와 소비자를 연결해 주는 온라인 마켓플레이스, "카카오 택시"나 "에어비앤비"와 같은 공유경제 플랫폼이 대표적인 예이다.

(7) 융합화(Convergence)

요즘 들어 융합(Convergence)이란 말을 많이 듣게 된다. 디지털 컨버전스(Digital Convergence)란 컴퓨팅(Computing), 커뮤니케이션(Communication), 콘텐츠(Contents)가 하나로 합쳐진 복합 기기의 등장을 의미한다. 가령 스마트폰이나 스마트 TV 등을 떠올리면 이 의미를 쉽게 파악할 수 있을 것이다. 이러한 복합 기기의 등장으로 산업간 벽이 허물어지고 산업간 정보를 공유하는 형태로 발전되고 있다. 최근에는 더욱 다양한 기기들이 인터넷을 중심으로 융합되고 이들 간의 네트워크인 사물인터넷(Internet of Things: IoT)시대가 도래하고 있다.

(8) 혁신(Innovation)

산업화 사회에서는 자동화와 규격화를 통한 대량생산과 규모의 경제가 경쟁우위를 창출하였지만, 디지털 경제는 지속적인 변화와 개선이 없이는 경쟁에서 살아남을 수 없다. 앞서 정보혁명의 배경에서 언급하였듯이 이전 산업사회의 대량생산 체제로는 정보와 지식으로 무장한 고객 개개인의 욕구를 만족시키는 것이 불가능하다. 대신 다품종 소량생산을 지향하는 소비자들을 만족시키기 위한 끊임없는 혁신이 요구된다. 기존의 공장 자동화는 대량생산에 최적화되어 있다. 반면 최근 화두가 되고 있는 스마트 팩토리는 각각의 공정이 실시간으로 데이터를 주고 받으며 필요한 작업 위주로 돌아가게 된다. 예를 들어, 독일 아디다스 사의 스마트 팩토리는 신발끈부터 깔창, 뒷굽 등 다양한 옵션 중 소비자가 마음에 드는 것을 선택하면, 5시간 내에 제품을 생산한다.

(9) 생산과 소비의 일원화(Prosumption)

인터넷이 가지는 쌍방향성이라는 특성은 웹 2.0이라 불리는 소비자의 적극적인 참여와 기업과 소비자 간의 상호 커뮤니케이션을 가능하게 하였다(웹 2.0에 대해서는 제2강에서 자세히 다루었다). 소비자들의 요구가 생산과정에 반영이 되고 기업은 일대일 마케팅과 고객에 대한 맞춤형 서비스를 제공하게 된다. 따라서, 생산과 소비에 적극적으로 관여하는 고객을 지칭하는 프로슈머(prosumer)나, 그 행위를 지칭하는 프로섬션(Prosumption)이라는 신조어까지 등장하였다. 소비자의 개인취향과 구매이력을 이용한 맞춤형 추천 시스템이나, 온디맨드(On Demand) 미디어 스트리밍 서비스 등이 대표적인 예라 할 수 있다.

(10) 즉시성(Immediacy)

정보가 공유되고 이를 통한 경쟁이 더욱 치열해지고 있다. 경쟁자에 한발 앞서 새로운 비즈니스 모델을 창조해 시장에 먼저 진입하는 개인이나 기업만이 생존하는 치열한 기업환경이 지배하고 있다. 이와 같이 시간기반 경쟁으로 신속한 대응능력이 중요해진 기업환경을 "도그 이어"(Dog Year)라는 용어로 표현하기도 하는데, 인간과 개의 평균수명에 비유하여, IT(Information Technology)를 기반으로 한 온라인 업계의 1년이 오프라인 업계의 7년에 해당함을 의미한다. 따라서 제품수명주기(Product Life Cycle)도 갈수록 짧아지게 되는데, 매년 출시되는 새로운 모델의 스마트폰을 보면 이를 쉽게 실감할 수 있다.

(11) 글로벌화(Globalization)

산업사회에서는 소비자와 생산자가 같은 시간, 같은 장소에서만 상거래가 가능했지만, 디지털 환경에서는 공간(국경, 지역)과 시간을 초월하게 된다. 즉, 전 세계에 흩어진 생산자와 소비자가 서로 원하는 시간에 인터넷을 통해 접속하고 이를 통해 거래가 이루어진다. 따라서 디지털 패러다임이 지배하는 새로운 사회에서는 모든 상행위가 글로벌한 경쟁을 벌여야 하며 이를 위해 특히 민족, 문화, 언어, 법적 제한의 극복이 새로운 과제로 대두되었다. 최근, 코로나19와 같이 전 세계에 영향을 미치는 글로벌 팬데믹을 경험한 후에는, 안정적인 글로벌 공급망 관리에 대한 관심도 높아졌다.

(12) 이슈충돌(Discordance)

인터넷을 통한 다양한 사회계층에 속한 시민들의 참여와 정보의 공유는 사회적 이슈들에 대해 의견을 게시하고 논쟁을 할 수 있는 채널이 되었다. 한편, 최근에는 소셜네트워크나 유튜브 등을 통해 생산된 자극적인 가짜뉴스가 순식간에 광범위하게 퍼져 나가면서 사회 여러 분야에서 부정적 영향력도 커지고 있다. 따라서, 프라이버시, 정보의 접근성, 정보생산에 대한 올바른 윤리의식, 정보 사용의 민주적 절차 등에 대한 방안의 수립이 시급하다.

3 디지털 경제의 새로운 법칙들

인터넷 혁명과 정보기술의 발전이 가져온 디지털 경제는 기존의 경제법칙과는 다른 다양한 법칙을 만들어 내었는데, 이 중 메트칼프의 법칙(Metcalfe's Law), 무어의 법칙(Moore's Law), 길더의 법칙(Gilder's Law)이 대표적이다.

3.1 메트칼프의 법칙

흔히 네트워크 외부성(Network Externality) 법칙이라고 말한다. 경제학적으로 어느 한 경제 주체가 자신에게 최선의 선택을 할 때, 다른 경제 주체에도 그 영향을 미치는 현상을 네트워크 외부성이라고 한다. 이때, 손해를 주는 경우를 부(−)의 네트워크 외부성, 이익을 가져오는 경우를 정(+)의 네트워크 외부성이라고 한다.

그림 1-2 메트칼프의 법칙

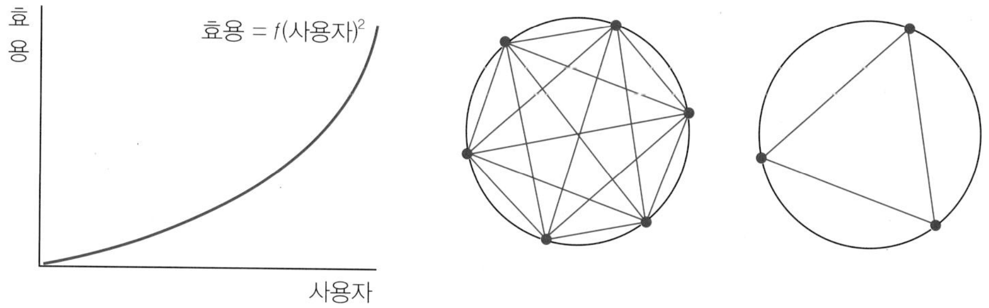

일반적으로, 어떤 기술이나 제품은 사용자의 수가 증가함에 따라 더욱더 많은 가치를 제공하는 정(+)의 네트워크 외부성을 가진다. 가령 전화기, 팩스, 휴대폰 등을 예로 들 수 있고, 인터넷의 발전과 더불어 온라인 게임, 소셜네트워크, 문자 메시지 서비스 등도 여기에 포함된다. 3Com 회사의 창업자인 메트칼프는 이러한 네트워크의 효용은 네트워크를 사용하는 사용자 수의 제곱에 비례하여 증가한다는 법칙을 발표하였다.

즉 [그림 1-2]에서 3명의 네트워크 구성원은 3개의 연결선을 만들어 내지만, 6명의 네트워크 구성원은 15개의 연결선을 만들어 낸다. 각각의 연결이 새로운 가치를 생성한다면, 구성원이 2배가 될 때 그 가치의 차이는 5배가 된다. 이 경우, 3의 제곱(9)과 6의 제곱(36)의 차이인 4배보다도 더 큰 가치를 생성한다고 할 수 있다.

3.2 무어의 법칙

무어의 법칙은 인텔(Intel) 창업자 중 한 사람인 무어(G. Moore)가 1965년에 『일렉트로닉스』 잡지의 기사에서 주장한 것인데 "컴퓨터 반도체 칩의 성능은 18개월마다 2배로 증가하고 가격은 반으로 줄어든다"는 법칙이다. 무어의 법칙은 [그림 1-3]에서 보여주듯이 컴퓨터 칩 한 개당 트랜지스터 수의 급속한 증가율을 잘 표현하고 있다.

무어의 법칙이 시사하는 바는 대부분의 디지털 기기들이 고성능화되고 가격이 낮아지면서 대중화되었고, 그 결과 디지털 경제의 원동력이 되었다는 점이다. 하지만, 최근 반도체 집적회로가 나노단위로 축소되고 이에 따른 개발비용이 급격히 높아지면서 무어의 법칙을 적용하기가 더이상 힘들다고 보는 견해도 있다.

그림 1-3 무어의 법칙

컴퓨터 칩 한 개당 트랜지스터 수

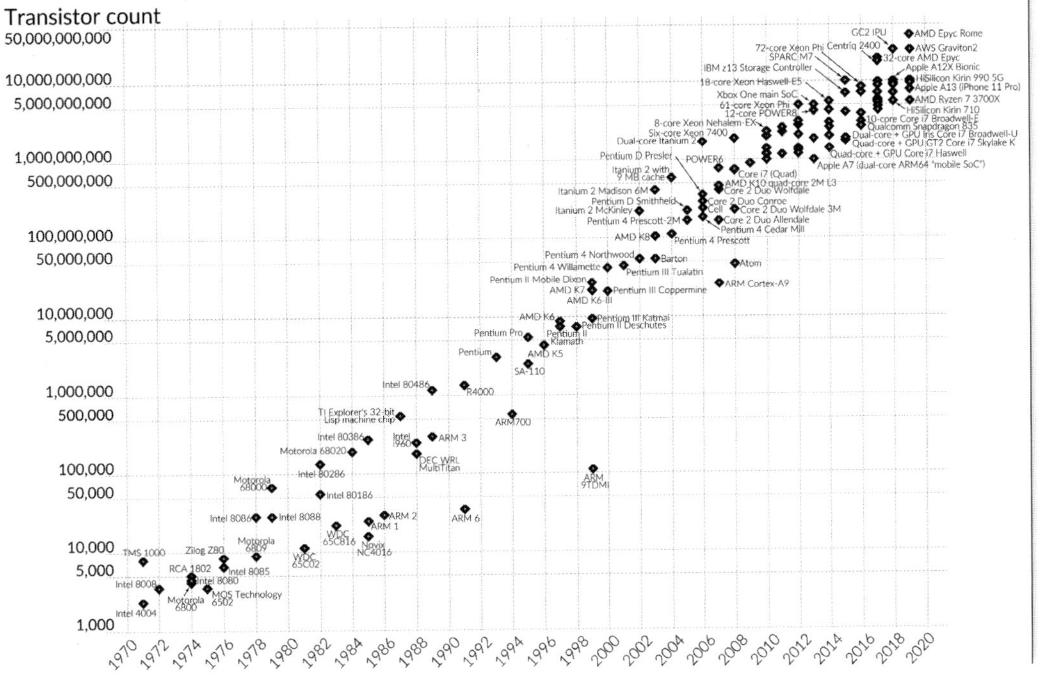

출처: 위키피디아.

알아봅시다

무어의 법칙의 과거와 현재 그리고 미래

지난 2015년, 이코노미스트는 반도체 업계의 불문율로 통했던 무어의 법칙이 발표 50주년을 맞으면서 한계에 봉착했다고 보도했다. '무어의 법칙은 더 이상은 안 돼(No more Moore's law)'라는 의미로 '노 무어(No Moore)'라는 표현을 썼다. 무어의 법칙이 최후를 맞게 된 것은 기술적 한계 때문이 아니라 경제적 한계 때문이다. 반도체 집적회로의 폭은 몇 년 전 28nm(나노미터: 1nm는 10억분의 1m)로 줄어든 이후 이를 디자인하고 제작하는 비용이 기하급수적으로 늘기 시작했다. 기술의 고도화로 실리콘와이퍼를 새롭게 가공해야 하는 공정이 계속 추가돼서다. 실리콘밸리의 컨설팅 업체인 인터내셔널 비즈니스 스트래티지에 따르면 10년 전 65nm 집적회로를 개발하는 데 든 비용은 1,600만 달러 정도였다. 하지만 2014년, 14nm 집적회로를 개발하는 데 든 비용은 1억3,200만 달러로 치솟았다. 최근, 2022년 12월, 인텔은 트랜지스터 발명 75주년을 맞아 패키징과 실리콘의 경계를 허무는 새로운 재료와 공정을 확인했음을 발표하고, 단일 패키지에 1조 개의 트랜지스터를 집적하는 등 무어의 법칙을 지속하기 위한 혁신을 공개했다. 하지만 차세대 집적회로에 들어갈 개발비를 회수하기 위해선 매출 규모가 그 만큼 치솟아야 하기 때문에, 무어의 법칙이 미래에도 잘 적용될지는 미지수라고 할 수 있다.

출처 : dongA.com, 2015. 4. 21.; 테크데일리(http://www.techdaily.co.kr), 2023. 5. 18.

알아봅시다 텔레코즘이란?

텔레코즘(Telecosm)이란 '각각의 컴퓨터 속에 있는 CPU(중앙처리장치)의 성능보다 컴퓨터들이 연결되었을 때 발생하는 힘이 더 중요하다'는 뜻을 의미하며 인터넷의 연결성을 강조한다.

3.3 길더의 법칙

조지 길더(George Gilder)는 1990년대부터 정보지식사회를 꿰뚫어 보는 혜안과 통찰력으로 전 세계에 "길더 효과"를 일으켰을 만큼 세계에서 손꼽히는 디지털 분야 석학 중 한 명으로 『텔레코즘』(Telecosm: How infinite bandwidth will revolutionize our world)이라는 저술을 통해 인터넷의 연결성을 기업혁신과 사회발전의 중요한 핵심 요인이라고 역설하였다.

길더의 법칙은 "광섬유를 이용한 정보전달의 용량은 12개월마다 3배씩 증가한다"는 것이다. 길더의 법칙이 시사하는 바는 인터넷을 통한 정보 전달의 대역폭이 매년 3배씩 증가하고 있기 때문에 인터넷 사용자 증가와 사진, 오디오, 비디오 등 많은 용량을 차지하는 인터넷 콘텐츠의 증가가 인터넷 속도를 저하시키지 않을 것이며 오히려 관련 산업을 발달시킬 수 있다는 점이다. 실제로 유튜브나 소셜네트워크를 통해 쏟아 내는 멀티미디어 데이터들의 급속한 증가를 보면 길더의 법칙이 유효함을 알 수 있다.

4 정보경제

디지털 경제 중에서도 특히, 정보재(information goods)를 기반으로 하는 모든 경제활동을 정보경제(Information Economy)라고 정의한다. 여기서 정보재는 디지털화가 가능한 모든 것을 의미한다. 전자책을 비롯하여 소프트웨어, 데이터베이스, 비디오 콘텐츠, 실시간 주식 정보, 스마트폰 앱 등 다양한 형태가 존재한다. 정보재를 기반으로 하는 경제는 유형의 제품을 다루는 기존의 경제활동과 몇 가지 큰 차이점을 보여주는데 이에 대해 간단히 살펴보자.

그림 1-4 Windows 운영시스템의 다양한 버전별 차별화 정책

기능	Windows 11 Pro	Windows 11 Home
BitLocker 디바이스 암호화 디바이스 분실 또는 도난 시 BitLocker가 디바이스에 저장된 모든 항목에 잠금을 설정하므로 아무도 시스템이나 데이터에 액세스할 수 없습니다.[21]	✓	
디바이스 암호화 디바이스 암호화를 활성화하면 권한을 부여받은 사람만 해당 디바이스와 데이터에 액세스할 수 있습니다.[22]	✓	✓
내 디바이스 찾기 디바이스 그리고 디지털 펜까지도 위치를 추적할 수 있습니다!	✓	✓
방화벽 및 네트워크 보호 Windows 디바이스에서는 보안 기능이 기본 제공되므로 바이러스, 맬웨어 및 랜섬웨어로부터 컴퓨터를 안전하게 보호할 수 있습니다.	✓	✓
인터넷 보호 Windows 보안의 앱 및 브라우저 제어 기능을 활용하면 위험할 가능성이 있는 앱, 파일, 웹 사이트, 다운로드로부터 디바이스를 보호할 수 있습니다.[4] [25]	✓	✓
보호자 통제 및 보호 가족의 Microsoft 계정을 연결하면 화면 시간을 관리하고, 성인 콘텐츠에 대한 액세스를 제한하고, 온라인 구매를 제어할 수 있습니다.	✓	✓
보안 부팅 시스템 시작 프로세스 중에 악성 소프트웨어 응용 프로그램 및 권한 없는 운영 체제가 로드되는 것을 방지합니다.	✓	✓
Windows Hello 얼굴 인식, 지문 또는 PIN을 사용하여 암호를 입력할 필요가 없는 빠르고 안전한 방식으로 호환 Windows 디바이스의 잠금을 해제할 수 있습니다.[23]	✓	✓
WIP(Windows Information Protection) 기업 소유의 디바이스와 직원이 직장으로 가져오는 개인 디바이스에서 기업 앱 및 데이터가 실수로 유출되는 상황을 방지합니다.[24]	✓	
Windows 보안 디바이스의 보안 및 상태를 확인하고 관리할 수 있습니다.	✓	✓

4.1 정보재의 가격

먼저 얼마에 팔아야 하는지 가격 설정에 대해 생각해 보자. 일반적인 경제학 논리로 가격을 책정할 때 흔히 한계비용과 한계수익이 일치하는 균형가격을 제시한다. 하지만 정보재가 가지는 특징 중 하나는 만들기는 어려운데(고정비용) 복제하기는 쉽다는 것이다(한계비용=0원).

가령 Windows 운영시스템의 개발비는 대략 20조원이 넘는다. 참고로 현대자동차의 제네시스의 개발비가 대략 5,200억원이라고 하니 개발비용이 차지하는 상대적 비중을 짐작할 수 있다. 하지만 개발 후, 소비자에게 인터넷을 통해 새로운 버전의 소프트웨어를 배포하는 데 추가로 드는 비용은 0원에 가깝다. 다른 예로, 한국영화 평균 제작비가 대략 50억원이 들어간다고 한다. 이후, 디지털화(Digitization)를 통해 완성된 영화 파일을 복제하거나 소비자에게 실시간으로 스트리밍을 하여 배포하는 데 드는 비용은 미비하다.

이처럼 한계비용과 고정비용의 비대칭성으로 인해 일반적인 경제학 논리로 가격 책정이 어려운 것이 정보재인 것이다. 이와 같은 상황에서는 생산 비용이 아닌, 소비자가 평가하는 가치에 따라 가격을 결정해야 한다. 이때 또 한 가지 문제는 경험을 통하여, 같은 정보재에 대해서도 소비자마다 서로 다른 정보 가치를 생성하며, 이러한 가치에 따라 가격의 차별성을 두어야 한다. 이러한 특성을 고려한 가격 책정 정책 중 대표적인 것이 바로 버전별 차별화 정책이다. 가령 [그림 1-4]에서 보여주는 바와 같이 Windows 운영시스템은 완제품을 만든 후 상품의 내용이나 기능을 약간씩 다르게 만들어 소비자별로 차별화된 지불의사만큼 서로 다른 가격을 설정한다.

다른 방안으로 제한판의 무상공급을 예로 들 수 있다. 정보재의 경우 추가로 생산할 때 비용이 거의 들지 않는다는 특성을 고려하여 완전판에 비하여 기능이 크게 떨어지지 않는 제품을 무상 또는 대폭 저가로 공급한다. 대부분의 정보재는 메신저나 소셜네트워크와 같이 다른 사용자들과의 네트워크를 통해 가치를 생성하게 되며(네트워크 효과) 이렇게 생성된 가치를 쉽게 포기할 수 없는 잠금효과(lock-in effect)를 기대할 수 있다. 따라서 일정 기간이 지난 후, 제한판의 기능을 약화시켜서 제공하거나 작동정지를 시켜 소비자로 하여금 완전판을 구매하도록 유도할 수 있다.

4.2 정보재의 판매 - 롱테일 법칙

정보재는 인터넷을 통해 언제 어디서든지 유통이 가능하며, 상품에 대한 정보 제공도 인터넷을 통해 가능하다. 또한, 소수의 인기제품만을 제한된 공간에 진열할 필요가 없다. 이

그림 1-5 롱테일

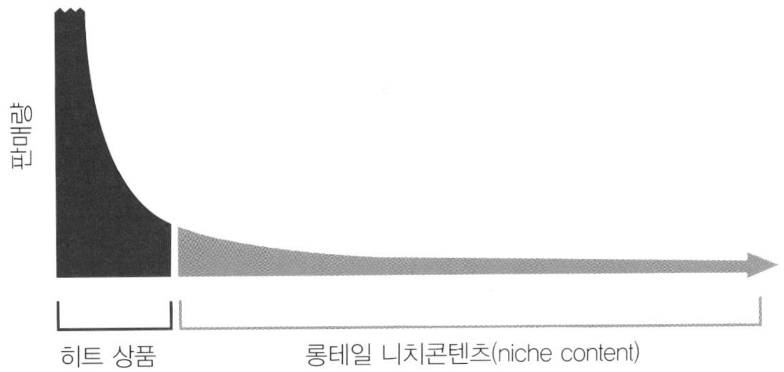

러하다 보니 그동안 상식처럼 여겨 왔던 20:80 법칙(파레토 법칙)에 반하는 "롱테일 법칙(The long tail)"을 논할 수 있다. 『와이어드』(Wired) 잡지의 편집장인 크리스 앤더슨(Chris Anderson)은 "시장에서 히트하는 20%도 의미가 있으나, 다양한 수요를 창출하는 80%를 간과하고 있다. 인터넷 비즈니스에 성공한 기업 상당수가 80%의 꼬리(Tail)에 기반해 성공했다"고 주장하며, 이른바 롱테일 법칙을 주창하였다. 이런 의미에서 롱테일 법칙은 "역파레토 법칙"이라고도 불린다. 앤더슨은 대표적인 예로서, 아마존(Amazon.com) 도서 매출의 57%가 오프라인 서점에서 구하기 힘든 80%의 꼬리부분 도서에서 나온다는 것을 보여주었다. 디지털 음원 스트리밍 서비스의 경우에도, 많은 사람이 즐겨 듣지 않거나 희귀한 음반의 재생 빈도가 상대적으로 높음을 보여준다. 정보재는 이와 같이 그동안 간과해온 니치(niche)마켓인 롱테일의 공략을 시도해 볼 수 있다.

하지만, 이와 같은 숨겨진 롱테일 시장의 활성화를 위해서는 소비자에게 제대로 된 정보 전달이 반드시 뒷받침되어야 한다. 앞서 언급한 바와 같이 디지털 경제는 어텐션 이코노미이다. 정보의 풍요가 주목의 빈곤을 야기하며, 희소한 소비자의 관심을 살 수 있는 개인 맞춤형, 타겟형 온라인 광고를 효과적으로 활용하여야 할 것이다. 이에 대해서는 제5장 e-비즈니스 마케팅 전략에서 자세히 살펴보자.

제2강 정보화 사회의 핵심 인터넷

학습내용

1. 인터넷의 개념적 이해
2. 인터넷의 기술적 작동원리
3. 월드와이드웹(WWW)
4. 웹 2.0

학습목표

1. e-비즈니스의 기반이 되는 인터넷의 유래 및 특성을 살펴보고 인터넷이란 무엇인지 정의할 수 있다.
2. 인터넷의 기술적 작동원리인 패킷 교환 방식, TCP/IP 프로토콜, 무선 인터넷에 대하여 설명할 수 있다.
3. 월드와이드웹(WWW)이란 무엇인지 알아보고, 웹 서비스를 위한 주소 체계인 IP 주소와 도메인 체계에 대해 설명할 수 있다.
4. 웹 2.0이란 무엇인지 이해하고, 기존의 웹과 비교할 때 어떠한 차이가 있는지 설명할 수 있다.

1 인터넷의 개념적 이해

1.1 인터넷(Internet)

인터넷은 전 세계에 산재한 수만 개의 네트워크들을 상호 연결한다는 의미를 지닌 'Internetwork'의 줄임말이다. 인터넷의 유래를 간략히 살펴보면, 1969년 개발된 ARPANET(Advanced Research Projects Agency Network)을 시초로, 1985년 구축된 NSFNET(National Science Foundation Network)을 거쳐, 1991년 지금의 INTERNET으로 발전하였다.

초창기 ARPANET은 미국방성이 1969년 연구목적으로 구축한 네트워크이며 주로 국방연구 프로젝트를 위해 이용되었다. 이후 점차 외부 연구소 및 대학들도 연결되면서 연구용도 네트워크망으로 발전하게 되었다. 이후 1985년 미국국립과학재단(NSF)의 지원에 의해 ARPANET 기술을 기반으로 하는 대학중심의 NSFNET가 구축되었고, NSFNET은 대학에서

그림 1-6 인터넷의 유래

의 교육 및 연구를 지원하는 학술망으로 진화, 발전하게 되었다.

지금 우리가 사용하는 인터넷(INTERNET)은 1991년 NSF가 기존의 NSFNET의 상용화를 발표함으로써 세계 규모 망으로 확장된 형태이다. 이후 불과 30년이 안 되는 짧은 기간에 인터넷은 이제 우리 생활에서 하루도 없어서는 안 되는 존재로 자리잡았다. 우리나라의 인터넷 이용률은 2011년 78.0%에서 2021년 93.0%로 10년간 15.0%p 증가한 것으로 조사되어 연평균 1.8%p씩 증가하였으며, 2022년 93.0%로 전년과 동일한 수준을 유지하고 있다. 따라서, 국내 인터넷 이용 인구는 이미 성숙/안정기의 양상을 보이고 있다고 할 수 있으며, 향후 이용자 수의 양적인 증가세는 둔화될 것으로 보이나, 스마트폰 등 스마트기기의 보급과 함께 사회 전반에서의 인터넷 활용 및 의존도는 더욱 증가할 것으로 예상된다. 특히, 코로나19 확산 이후 비대면 서비스가 일상에 자리잡고 디지털 전환이 가속화됨에 따라 온라인 소통, 교육, 경제 · 사회 활동, 여가활동 등 전반에서 인터넷 이용이 큰 폭으로 증가하였다.

1.2 인터넷의 특성

인터넷은 전 세계를 하나의 네트워크로 연결해 주는 거대한 망구조로 다음과 같은 특성을 가진다.

(1) 개방성

인터넷은 TCP/IP라는 세계 공통의 통신프로토콜에 기반하고 있으므로 TCP/IP 표준에 기초한 통신기기는 모두 인터넷에 접속이 가능하다. 따라서, 이전까지는 서로 다른 표준을 따르던 개별 네트워크 내부에서의 접속이 전 세계로 확장되고 컴퓨터를 포함한 다양한 통신기기들 간에 뛰어난 상호접속성(interconnectivity)을 가지게 되었다.

(2) 멀티미디어 정보 전송능력

인터넷이라는 기반 위에서 제공되는 서비스 중 하나인 웹(WWW)을 통해 문자, 음성, 사진, 동화상 등 다양한 형태의 정보 전송이 가능해졌다.

(3) 네트워크 용량의 지속적인 확대

디지털 경제의 신법칙 중 하나인 길더의 법칙에서 설명한 바와 같이 광케이블 기반의 초고속정보통신망 구축으로 전송용량이 크게 확대되었다.

(4) 지역적 · 시간적 장벽의 해소

인터넷을 통한 전 세계적 네트워크는 비즈니스 활동의 물리적 제약을 깨고, 시간 및 위치에 관계없이 편리하게 효율적으로 업무를 수행할 수 있는 계기를 마련하였다.

1.3 인터넷의 의미

정보화 사회의 발전을 위해 촉매 역할을 해온 인터넷이 가지는 의미는 개인과 기업의 관점에 따라 조금 다르게 비춰질 수 있다. 개인 관점에서 인터넷은 생활에 필요한 정보를 접할 수 있는 새로운 정보 매체로 이해할 수 있다. 방송, 인쇄물과 같은 기존의 오프라인 매체를 보완할 수 있는 온라인 매체로서 언제, 어디서든 최신의 정보(Up-to-date information in any form at anytime, anywhere)를 제공하는 역할을 담당한다.

한편 기업 관점에서 인터넷은 기업 내부 프로세스를 효율화하고 조직의 속도 및 유연성을 증대시키는 수단으로서 그 의미를 찾을 수 있다. 가령, 공급자와 기업 간의 인터넷을 기반으로 한 유기적인 공급망 관리가 가능해졌고, 소비자와 기업 간에는 e-커머스라는 추가적인 판매 채널이 구축됨으로써 소비자의 요구를 파악하고 이를 충족시키기 위해 발 빠르게 대처할 수 있는 기반을 마련할 수 있게 되었다.

2 인터넷의 기술적 작동원리

2.1 패킷 교환 방식

인터넷에서 전송하고자 하는 메시지들은 작은 패킷 단위로 나누어 전송하고, 패킷이 도착하면 다시 패킷들을 본래 메시지로 조합하는 방식을 사용한다. 이 경우, 메시지 전체가 한꺼번에 전송될 필요 없이 통신경로를 따라 패킷들이 독립적으로 이동하므로 전송이 더 효율적이며 빠르게 된다. 개별 패킷은 헤더, 데이터, 꼬리로 구성되어 있으며, 패킷들이 모두 도착했을 때 이들 패킷을 조합함으로써 본래 메시지를 복원할 수 있다.

이러한 메시지 전송 방식을 전체 데이터가 확보된 경로를 통해 전달되는 회선 교환 방식(Circuit Switching)과 비교하여 패킷 교환 방식(Packet Switching)이라고 부른다.

그림 1-7 회선 교환 방식과 패킷 교환 방식

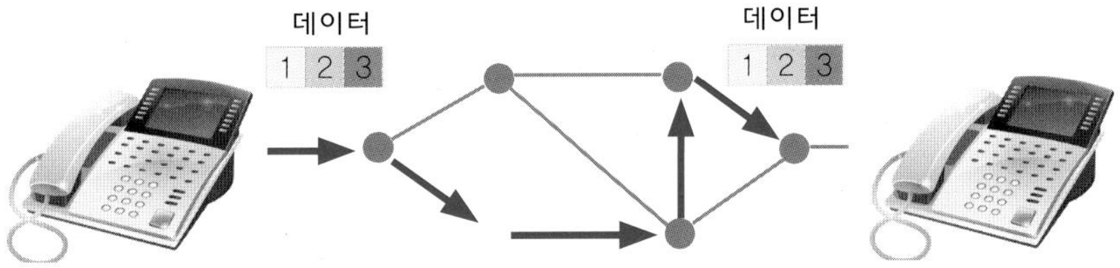

▶ **회선 교환 방식**: 전체 데이터가 확보된 경로를 통하여 전달된다.

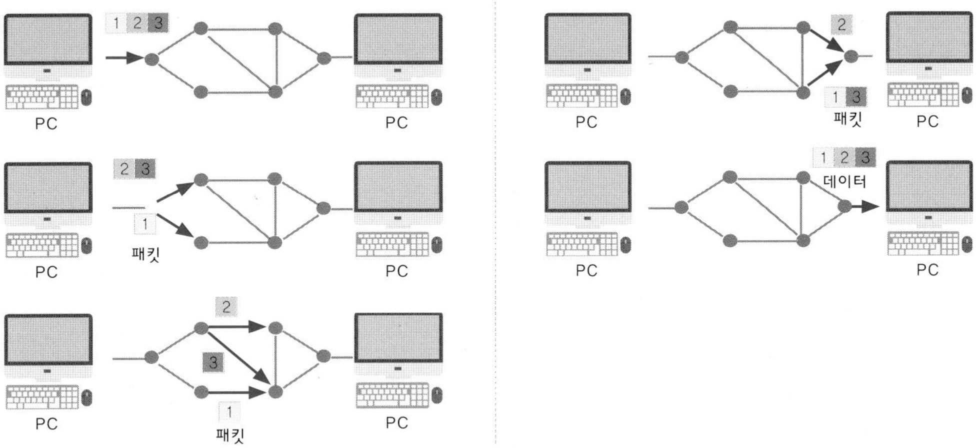

▶ **패킷 교환 방식**: 데이터가 출발지에서 작은 패킷으로 나누어지고 각각의 서로 다른 경로를 통해 목적지에 도달한 후 원래 데이터로 복원된다.

2.2 TCP/IP 프로토콜

우리가 전화통화를 하면 "여보세요"라고 먼저 말을 건네듯이 컴퓨터와 컴퓨터 간에 통신을 위해서는 정해진 규칙을 따라야 한다. 이와 같이 데이터를 보내는 쪽과 받는 쪽이 서로 따라야 하는 약속된 절차와 규칙을 "통신 프로토콜"이라고 부른다. 컴퓨터간의 통신을 위한 대표적 프로토콜로는 국제표준화기구(International Organization for Standardization: ISO)의 7계층 모델과 인터넷을 위한 TCP/IP 프로토콜(Transmission Control Protocol/ Internet Protocol)이 있는데 여기서는 TCP/IP 프로토콜에 대해 간략히 설명하고자 한다.

(1) TCP/IP 프로토콜의 중요성

TCP/IP란 하드웨어 및 통신기기 제조업체들이 공통적으로 적용할 수 있도록 만든 통신규약으로서 서로 다른 기종의 컴퓨터기기들 간에 상호 호환성 및 접속성을 제공하기 위해 개발되었다. 그리고 인터넷은 수많은 프로토콜 중 TCP/IP 프로토콜을 사용하는 네트워크다. 따라서 TCP/IP라는 전 세계적인 공통 표준 규약은 인터넷을 누구나 접속 가능한 네트워크가 되게 하는데 핵심역할을 담당하였다고 볼 수 있다.

(2) TCP/IP 프로토콜의 구성

TCP/IP 프로토콜은 4개의 계층으로 구성되어 있으며 각 계층에서 담당하는 규약의 내용은 다음과 같다.

- 네트워크 인터페이스(Network Interface): 네트워크로 패킷 송신 및 네트워크에서 패킷 수신 담당
- IP(Internet Protocol): 네트워크상에서 데이터를 최종목적지까지 안전하게 전달, 라우팅 담당
- TCP(Transmission Control Protocol): 애플리케이션으로 전송되거나 애플리케이션에서 수신된 패킷 확인 및 순서배열 담당
- 애플리케이션(Application): 이용자에게 애플리케이션 제공 및 실행 담당

2.3 기타 인터넷 관련 프로토콜

TCP/IP 프로토콜과 더불어 인터넷을 이용한 다양한 서비스를 제공하기 위한 관련 프로토콜들이 존재하는데 대표적인 예로서 〈표 1-1〉과 같이 HTTP, SMTP, POP 및 IMAP, FTP

알아봅시다

네트워크 중립성이란?

네트워크 중립성이란 네트워크 사업자는 모든 콘텐츠를 동등하게 취급하고 어떠한 차별도 하지 않아야 하는 것을 말한다. 비차별, 상호접속, 접근성 등 3가지 원칙이 동일하게 적용되어야 하는 것이 조건이다. 보다 현실적으로 이를 적용시켜서 해석해 보자면, 대표적인 네트워크 사업자인 LG 텔레콤, SK 텔레콤, KT가 모든 스마트폰 어플들을 동등하게 취급하며 어떠한 차별도 가하지 않아야 한다는 것이다. 즉, 데이터 사용량이 많은 앱이든 적은 앱이든 '네트워크 중립성'에 의거하여 개방성을 추구해야 한다는 것인데 이처럼 네트워크 사업자(ISP: Internet Service Provider)와 인터넷 콘텐츠 업체(ICP: Internet Content Provider) 간의 전쟁은, '공정성'과 '개방성'의 문제로 축약될 수 있다. ISP의 입장에서는 망 설치, 품질 개선에 따른 비용들을 모두 부과하고 과부하를 유발한 ICP 측에서는 어떠한 부담도 하지 않으니 공정하지 못하다는 것이며, ICP의 입장에서는 이들은 이미 망 이용료를 지불하였으며, 통신법이 보증하는 '네트워크 중립성'을 토대로 하여 콘텐츠들의 개방성을 추구해야 한다는 것이다. 개인이 얼마나 네트워크 "헤비유저"인지에 따라 답이 다르겠지만, 점차 높아지는 스마트폰 이용률에 따라 네트워크 중립성에 대한 해결책이 신중히 논의되어야 할 것이다.

표 1-1 프로토콜의 예

프로토콜	설명
HTTP(HyperText Transfer Protocol)	웹 환경에서 웹 페이지 문서를 이용자에게 전달하기 위해 이용되는 인터넷 프로토콜
SMTP(Simple Mail Transfer Protocol)	서버로 이메일을 전송하는 데 이용됨
POP(Post Office Protocol) 및 IMAP(Internet Message Access Protocol)	서버로 전달된 메일을 수신하기 위해 이용됨
FTP(File Transfer Protocol)	인터넷 환경에서 서버와 클라이언트 컴퓨터 사이에 파일을 서로 주고받을 수 있는 프로토콜

를 들 수 있다.

2.4 무선 인터넷

무선 인터넷이란 이동전화(스마트폰 포함), 노트북 등의 무선단말기로 무선데이터망을 통해 이용하는 인터넷 서비스를 의미한다. 코로나19 팬데믹으로 인한 비대면 언택트 서비스가 확산되면서 언제 어디서나 인터넷에 접속할 수 있는 환경이 필수가 되었으며 기업 역시 완전 무선 환경의 오피스 구축과 디지털 트랜스포메이션에 속도를 내며 무선의 역할과 중요성이 부각되고 있다. 유선 인터넷과 비교할 때 무선 인터넷이 가지는 특징은 다음 〈표

표 1-2 무선 인터넷의 특징

특징	설명
유비쿼어티(Ubiquity)	어디에서나 실시간 정보 검색 가능
접근성(Reachability)	언제 어디서나 인터넷 접속이 가능
보안성(Security)	개인 전용단말기 이용에 따른 보안성
편리성(Convenience)	휴대가 간편하고 간단한 조작이 가능
위치성(Localization)	특정 시점에 사용자의 현 위치가 어디인지 파악 가능
즉시성(Instant Connectivity)	빠른 시간 내 필요한 정보를 탐색하고 보여주는 기능
개인화(Personalization)	이동통신 사용자의 개인화와 차별화된 고객 서비스가 가능

1-2〉와 같이 7가지로 요약할 수 있다. 특히 무선 인터넷과 스마트폰의 활성화로 개인용, 위치기반, 즉시성을 이용한 새로운 서비스들이 시도되고 있다.

알아봅시다

O2O 크로스 쇼핑

무선 인터넷의 대중화가 가져온 변화 중 하나로 O2O 크로스 쇼핑의 확산을 제시할 수 있다. O2O는 Online to Offline, 혹은 Offline to Online의 약자로서, 한 마디로 온라인과 오프라인의 융합을 의미한다. 소비자들이 스마트폰으로 무선 인터넷을 사용함에 따라, 실제 위치에 기반한 즉시성 있는 쇼핑으로 쇼핑영역이 온라인에서 오프라인까지 확장되면서 온오프라인이 결합되는 크로스(Cross) 쇼핑 경험이 확대되고 있는 것이다.

형태	특징
Online to Offline	• Offline 중심 상품의 Online 상품화, 온라인에서 신규수요를 창출해 오프라인에서 소비(서비스 상품)하는 형태의 결합 • 지역기반의 레스토랑/커피숍/미용서비스 등 Offline 중심의 서비스가 모바일을 통해 판매되고 오프라인에서 이용 • 상품정보검색/가격비교는 온라인에서, 메뉴주문/할인제공/결제 등은 오프라인에 이뤄짐 예: 멕시칸 음식 체인점인 Chipotle은 모바일 앱을 통해 온라인에서 매장 및 메뉴 검색, 주문, 결제를 완료하고 오프라인에서는 실제 수령만 함
Offline to Online	• Offline상에서 상품 체험 후 실시간 상품정보, 가격비교 등을 통해 Online 구매 확대 • 카메라와 바코드를 활용, 상품은 실제 매장에서 보고, 모바일을 통한 상품 정보검색 및 가격비교로 저렴한 온라인 매장에서 구매 예: Amazon은 스마트폰으로 오프라인의 상품의 사진(혹은 바코드)을 찍어서 보내면 해당 상품의 정보를 보내주는 Amazon Remembers 서비스가 호응 RedLaser는 카메라로 상품의 바코드를 읽어 가장 저렴한 쇼핑몰을 검색해 줌

무선 인터넷의 종류를 통신망에 따라 구분하면 크게 이동통신망(2G/3G/LTE/5G)과 무선랜(WiFi)으로 나누어진다.

(1) 이동통신망

이동통신망은 1991년 디지털 방식의 2G 휴대전화가 상용화된 이후, 2002년부터 음성통화, 문자 전송뿐만 아니라 다양한 멀티미디어 전송이 가능한 3G 시대를 거쳐, 2011년 스마트폰과 테이블릿 등 모바일 기기를 위한 보다 빠른 속도의 LTE 시대가 시작되었다. 차세대 이동통신인 5G는 LTE 대비 20배 빠른 초고속의 속도와 10분의 1수준의 초저지연 시간, 그리고 100만 개의 기기를 동시에 연결할 수 있는 기술이다. 2023년에는 5G 보급이 어느 정도 마무리되며 성숙기에 도달하였고, 향후 2027년까지 점진적인 성장을 보일 것으로 전망되고 있다. 5G 이동통신의 상용화는 4차 산업혁명의 핵심 기술인 가상현실(VR), 자율주행, 사물인터넷(IoT), 빅데이터 등 첨단기술과 결합되어 다양한 분야에서 사회 전반적인 변화를 안겨줄 전망이다.

(2) 무선랜(Wi-Fi망)

무선랜은 공공장소, 가정, 사무실 등 무선공유기(AP)가 설치된 곳의 일정거리 안(핫존)에서 이용하는 무선 인터넷 서비스이다. 주로 2.4GHz 및 5GHz 대역의 주파수를 사용하며, 이를 통해 장치들 간에 고속의 데이터 통신을 가능케 한다. 무선랜의 표준은 수년간 꾸준히 발전해 왔으며, 현재는 Wi-Fi 6가 상용화되고 있다. 또한 2.4GHz, 5GHz 대역에서 사용 중인 Wi-Fi 6 기술에 6GHz 대역을 추가하여 5G급 속도로 서비스가 가능한 Wi-Fi 6E 기술도 활용되고 있다. 무선랜은 더 많은 장치들이 네트워크에 접속하고 이들 간의 효율적이고 빠른 통신을 가능하게 하며, 특히 사물인터넷(IoT) 환경에서 더욱 중요한 역할을 하고 있다.

정보통신 기술발전으로 인한 데이터 사용량은 빠른 속도로 늘어나고 있어 1인당 데이터 트래픽이 수백 GB에 이를 것으로 예상되고 있다. 5G 이동통신 네트워크만으로는 늘어나는 트래픽 수용에 한계가 있다. 또한, 이동통신 서비스 확장이 어려운 도심지역, 터미널, 공공지역 등 인구밀집지역에 대해서 Wi-Fi망 구축을 통해 트래픽 분산이 필요하다.

2.5 사물인터넷

인터넷은 컴퓨터들의 연결을 넘어서 이제는 우리 일상생활에 존재하는 모든 "사물"들을 하나로 묶어 가고 있다. 이를 일컬어 사물인터넷(Internet of Things: IoT)이라고 부른다

그 대표적인 예로 가상현실(Virtual Reality: VR)과 증강현실(Augmented Reality: AR)을

그림 1-8 애플의 비전 프로(좌)와 스마트 가전의 예(우)

들 수 있다. 가상현실이 완전히 새로운 공간을 창출해내는 것이라면, 증강현실은 현실의 정보에 가상의 정보를 합성해 사물이나 이미지의 정보를 '증강'시켜 활용하는 기술을 의미한다. 즉 현실세계 자체가 인터넷으로 연결이 되고 이에 가상세계의 정보가 결합되는 것이다. 최근 애플은 가상현실과 증강현실을 동시에 구현하는 헤드셋인 비전 프로를 공개하였다.

사물인터넷 기술은 센싱기술, 통신기술, 서비스 기술을 이용, 분산된 환경 요소에 대하여 인간의 명시적 개입 없이 상호 협력적으로 지능적 관계를 형성하는 사물 공간 연락망을 형성하게 된다. 대표적인 예로 스마트 가전을 들 수 있는데, 개개의 가전제품들에는 이들이 사용하는 에너지의 양과 사용패턴 등을 정보로서 수집하고 전송이 가능한 센서가 부착된다. 이런 센서가 보내는 정보는 인터넷을 통해서 전달되고 이런 정보는 각 제품, 심지어는 만든 회사와 모델명까지 밝혀낼 수 있는 일종의 서명처럼 쓰일 수 있다고 한다. 이런 정보를 통해 어떤 식으로 에너지를 절약하고 효율적으로 사용할 수 있는지에 대한 전략을 수립하게 된다고 한다. 실제로 영국에서는 현재 120만 가정에서 사용되는 가전제품에 통신이 가능한 센서를 부착해 스마트 전력망을 구축하였다고 한다. 숨겨진 정보의 재발견이라 하겠다.

3 월드와이드웹(WWW)

3.1 월드와이드웹(WWW)이란?

많은 사람들이 인터넷과 월드와이드웹의 의미를 제대로 파악하지 못하고 혼동하여 사용하는 경우가 많다. 인터넷은 앞서 설명한 바와 같이 컴퓨터를 하나의 표준 프로토콜로 연

표 1-3 웹의 구성요소

웹 구성요소	정 의
하이퍼텍스트(Hypertext)	정보의 한 형태로서, 컴퓨터 환경에서 사용자는 하이퍼링크라고 불리는 이들 문서들 간의 내부연결관계를 통해 한 문서에서 다른 문서로 이동할 수 있음.
클라이언트-서버 컴퓨팅모델(Client-Server Model)	클라이언트 컴퓨터가 서버 컴퓨터에게 요청을 하면, 서버컴퓨터가 요청한 자원이나 서비스(즉, 데이터나 파일)를 제공하는 컴퓨터 환경. 예: 아파치 웹 서버
웹 브라우저(Web browser)	웹 사이트의 웹 페이지에 존재하는 문자열, 이미지 및 기타 형태의 정보를 사용자가 인터넷망을 통해 수신해 자신의 컴퓨터 화면에 표시할 수 있는 소프트웨어 프로그램. 예: 엣지, 사파리, 크롬, 파이어폭스 등
화면구성 언어	웹 브라우저 내에 원하는 모양으로 정보를 표현할 수 있도록 웹 페이지 화면을 구성하기 위한 언어. 예: HTML, XML 등

결시키는 네트워크 기반구조이다. 반면, 월드와이드웹은 인터넷상의 가장 대표적인 서비스 중 하나로 웹 브라우저를 통해 문자, 그림, 사운드, 동영상 등 멀티미디어 데이터를 보고 읽고 들을 수 있으며, 각종 정보를 빠르게 검색할 수 있는 서비스 환경을 의미한다. 보통 월드와이드웹은 줄여서 "웹"이라고 부른다.

월드와이드웹은 팀 버너스리(Tim Berners-Lee)에 의해 개발되었고, 1990년대 초에 처음 소개되었다. 팀 버너스리는 인터넷을 이용하여 어떻게 웹 문서들을 연결할지에 대한 방법을 연구하던 중 하이퍼텍스트라는 새로운 링크 형태를 제시하게 된다. 이후, 1993년 마크 안드레센(Marc L. Andreessen)이 모자이크(Mosaic)라는 그래픽 사용자 인터페이스를 가진 웹 브라우저를 처음 개발하였다. 이를 이어 1994년 넷스케이프(Netscape)사의 내비게이터(Navigator) 브라우저가 출시되면서 웹 페이지와 웹 사이트들이 넘쳐나기 시작하였고, 월드와이드웹 서비스의 대중화가 이루어지게 되었다. 웹을 구성하는 요소는 크게 〈표 1-3〉과 같이 네 가지로 요약할 수 있다.

3.2 웹 주소체계

(1) IP 주소

인터넷에 접속되어 있는 모든 컴퓨터는 숫자로 표현되는 IP(Internet Protocol) 주소가 있다. IP 주소는 32비트의 2진수 체계이나, 사람이 사용할 때에는 4개의 10진수(0~255)가 마침표로 연결된 형태로 사용된다(예: 128.12.36.147). IP 주소는 이론적으로 '256×256×256×256'개인 4,294,967,296개의 컴퓨터에서 사용할 수 있다. 이러한 표준 체계를 IPv4표준이라고 부른다. 최근 들어 새로운 IP 주소체계가 수립되어 사용되기 시작했는데 IPv6 주소체계라고 불린다. 세계 인구가 50억명이 넘고, 더구나 다양한 기기들이 사물인터넷을 통해 연결이 되다 보니, 42억 개의 IP로는 부족해 새로운 IP 주소체계가 나온 것이다. IPv6란 현재 사용하고 있는 IPv4의 주소길이(32비트)를 4배 확장하여 1996년에 표준화된 인터넷 주소체계이다. IPv6 주소는 128비트 체계로 구성되어 있으며, 표현방법은 128비트를 16비트씩 8부분으로 나누어 각 부분을 콜론(colon, ":")으로 구분하여 표현하며, 각 구분은 16진수로 표현한다. 따라서 경우의 수를 모두 따지면, 128비트 주소체계인 IPv6는 이론상으로 3.4×1038개의 주소를 마련할 수 있다.

(2) 도메인 체계

네트워크를 통해 원격의 컴퓨터에 접속하기 위해서는 IP 주소를 이용하여야 하지만, 숫자의 연속인 IP주소를 일일이 외울 수 없기 때문에 쉽게 기억할 수 있는 도메인 주소체계가 만들어졌다. 이러한 도메인 네임을 IP 주소로 전화시켜 주는 시스템을 DNS(Domain Name Server)라고 부른다. 도메인 네임을 웹 브라우저에 입력하면, 브라우저는 우선 DNS에 연결해 해당 IP 주소를 받고 이를 이용해 원하는 웹 사이트를 찾아가게 된다. 도메인은 일종의 계층구조를 가지게 된다. 가령 국세청(National Tax Service: nts) 홈페이지인 https://www.nts.go.kr이라는 도메인 이름을 고려하면 다음과 같이 나타낼 수 있다.

- www – World Wide Web
- nts – 3단계 도메인 (조직)
- go – 2단계 도메인 (조직 유형)
- kr – 1단계 도메인 (국가)

4 웹 2.0

4.1 웹 2.0의 개념

1990년 초반, 초창기 웹은 주로 기업이나 개인의 웹 사이트와 동일한 의미를 지녔고, 일반 사용자들은 이런 웹 사이트들을 방문함으로써 자신이 보고, 듣고, 이용하고자 하는 웹 콘텐츠들을 제공받았다. 이러한 초창기 웹의 한 단계 진보된 의미로 웹 2.0이라는 용어를 많이 사용한다.

웹 2.0이라는 용어는 존 배텔(John Battelle)과 팀 오라일리(Tim O'Reilly)가 처음 사용하였다. 그들은 2000년 초반 닷컴의 붕괴에서도 살아남을 수 있었던 구글, 애플, 메타, 아마존 등 인터넷 기업들이 추구하는 공통된 방향이 무엇인지 살펴보았고, 그 핵심이 사용자로 하여금 웹을 보다 능동적 · 주체적으로 사용하는 방식에 있다고 주장하며, 이를 웹 2.0이라는 용어를 써서 표현하였다. 즉, 웹 2.0은 앞서 설명한 웹의 기반 기술의 변화라기보다는, 이전까지 수동적으로 웹을 사용하던 사용자가 소셜 웹 사이트나 개인 블로그, 유튜브 등의 다양한 서비스를 이용하여 보다 적극적으로 웹을 사용하고 참여하는 행동 방식의 변화를 의미한다.

4.2 웹 2.0의 특징

웹 2.0은 한마디로 정의하기보다는 다음과 같은 몇 가지 특징을 가지고 설명할 수 있다.

(1) 플랫폼으로서의 웹(Web as a Platform)

이 말의 의미를 이해하기 위해서는 먼저 플랫폼이란 무엇인가라는 질문에 답을 해야 할 것이다. '플랫폼'이란 기반이 되는 설비를 말하며 이 기반설비 위에 서비스, 응용 소프트웨어, 웹 콘텐츠 등이 담긴다. 예를 들어, 윈도우 운영체계(OS)라는 플랫폼이 있으면 우리는 그 위에 워드, 엑셀, 파워포인트, 메신저 등의 응용 소프트웨어를 설치하고 사용한다. 즉, OS는 응용 소프트웨어가 작성되고 동작할 수 있는 플랫폼이 되며, OS라는 플랫폼이 없이는 응용 소프트웨어가 동작할 수 없게 된다.

플랫폼으로서의 웹이라 함은, 웹이 이런 응용 소프트웨어를 위한 플랫폼, 커뮤니케이션을 위한 플랫폼, 새로운 미디어 콘텐츠의 제공을 위한 플랫폼, 심지어는 새로운 애플리케이션의 개발을 위한 플랫폼 등 다양한 목적으로 존재하게 된다는 것을 말한다. 예를 들어, 많은 사람들이 즐겨 사용하는 유튜브는 사용자들 자신이 만든 동영상 콘텐츠를 서로 공유할 수 있는 서비스 플랫폼을 제공한다고 할 수 있다. 또한, 페이스북이나 인스타그램과 같은 소셜네트워크 사이트는 커뮤니케이션을 위한 플랫폼을 제공함으로써 사용자 스스로 콘텐츠를 생산하고 소비하고 또 공유할 수 있는 기반을 마련해 준다. 또한, 구글의 클라우드 개발자 도구는 웹상에서 앱이나 애플리케이션을 개발, 테스트, 배포할 수 있는 환경을 제공한다.

이렇듯 웹은 더 이상 단순한 웹 사이트와 웹 페이지가 아닌, 다양한 목적을 가진 플랫폼으로서의 역할을 수행하기 시작하고, 사용자들은 그 플랫폼 위에서 다양한 콘텐츠를 무한

그림 1-9 다양한 종류의 플랫폼으로 사용되는 웹

응용 소프트웨어를 위한 플랫폼: 오피스 온라인

커뮤니케이션을 위한 플랫폼: 인스타그램

미디어 콘텐츠의 제공을 위한 플랫폼: 유튜브

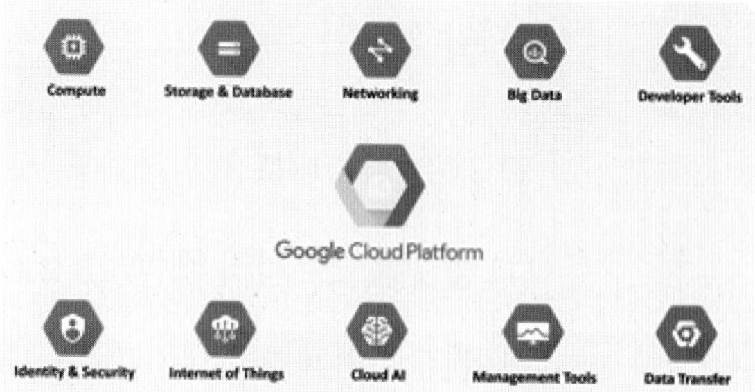

애플리케이션의 개발을 위한 플랫폼: 구글 클라우드 플랫폼

한 창조력을 가지고 쏟아 내기 시작한 것이다. 즉, 사용자들의 새로운 참여의 장이 바로 웹이라는 플랫폼이 되었다.

(2) 사용자들의 적극적 참여

웹의 역할은 사용자들의 구미에 맞는 콘텐츠를 만들고 제공하기보다는 이러한 콘텐츠를 생산할 수 있게 하는 환경, 즉 플랫폼을 제공한다고 하였다. 웹 2.0에서는 이런 플랫폼 상에서 대중의 자발적인 참여를 통하여 콘텐츠를 생산하고 이를 조직의 구성원들 간에 공유하며, 이를 통해 새로운 가치를 창출하게 된다.

콘텐츠는 사용자들 스스로의 참여에 의해 생성되고(UCC: User Created Contents), 유튜브나 소셜네트워크 사이트인 페이스북(facebook.com) 등은 단순히 플랫폼만을 제공한다. 사용자들은 사진이나 동영상을 찍어서 업로드하고 수시로 사이트를 방문해서 주위 사람들의 반응과 관심 정도를 살피게 되며, 주위의 관심에 희열을 느끼고 이런 일을 계속 반복하게 되는데, 이러한 생산과 소비의 주체를 "디지털 프로슈머(Producer+Consumer=Prosumer)"라고 부른다. 즉, 웹이 플랫폼 역할을 위주로 하게 됨으로써 정보가 양방향으로

흐르게 되고 사용자 스스로 서비스를 생산하고, 소비하기도 하는 것이다.

앞서 정보재와 정보경제를 설명하면서 롱테일에 대하여 언급하였다. 한마디로 '머리'가 아닌 '꼬리'에 해당하는 틈새시장을 온라인 매장들이 파고드는 현상을 의미한다. 한편으로 이러한 롱테일 현상은 웹을 통해 이전까지 소외된 매니아 계층이 소통하고 고객으로서의 권리를 찾게 되었다는 점에서 참여를 중시하는 웹 2.0의 철학과 일치한다고 할 수 있다.

알아봅시다

집단지성(Collective Intelligence)과 크라우드소싱(Crowdsourcing)을 통한 대중의 참여

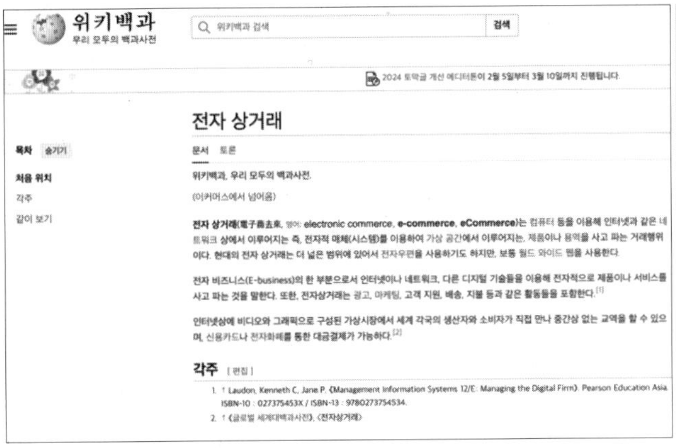

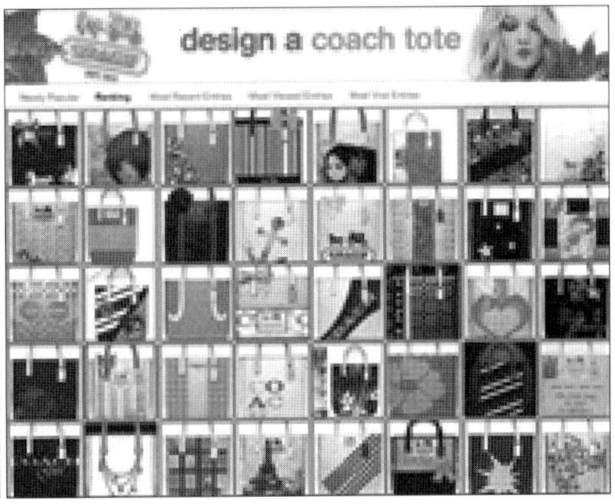

위키피디아(Wikipedia.org)라는 웹에서 제공되는 백과사전이 있다. 위키피디아는 누구나 참여하고 관심의 대상이 되는 주제에 대하여 내용을 추가할 수 있는 일종의 플랫폼을 제공한다. 다른 사람이 쓴 내용이 자신의 주장과 다르면 이를 지우고 자신이 원하는 내용으로 고쳐 버리기도 한다. 처음 위키피디아가 대중에 소개되었을 때, 많은 사람이 이런 자발적 참여 방식과 신뢰에 바탕을 두고 대중의 지혜를 모아 나간다는 지극히 이상적인 방식에 대하여 의구심을 나타내었다. 하지만, 오늘날 위키피디아는 전문가 집단이 만들어 내는 백과사전보다도 더 높게 활용되어 있다. 바로 사용자들의 적극적 참여를 통해 만들어 낸 집단지성의 대표작이다.

한편, 사용자의 적극적 참여방식으로서 크라우드소싱을 생각해 볼 수 있다. 크라우드소싱은 '대중(crowd)'과 '외주(outsourcing)'의 합성어이다. 크라우드소싱을 통해 소비자 또는 대중은 기업의 활동 중 일부에 일종의 개별 외주업체로 참여하게 되고, 이러한 참여를 통해서 기업의 활동 능력이 향상되고, 그 결과 창출된 수익은 참여한 대중과 공유하게 된다. 크라우드소싱이라는 용어는 제프 하우(Jeff Howe)에 의해 2006년 6월『와이어드』(Wired) 잡지에 처음 소개되었으며 노동력 측면에서의 '롱테일 현상'으로 이해하기도 한다. 가령 위 우측 그림은 명품 핸드백 브랜드 코치가 젊은층 공략을 위해 토트백 제품 개발에 대한 크라우드소싱 이벤트를 실시하여 발굴한 디자인 아이디어를 보여준다. 코치는 이 컨테스트를 통해 6주 동안 총 3,200개의 디자인 아이디어를 제출받았고, 이렇게 제작된 핸드백 제품은, 디자인을 제출한 참가자 이름을 새겨 전 매장을 통해 판매되었다고 한다.

(3) 기업 핵심 경쟁력의 변화: 공개, 표준화, 공유

사용자들이 중심이 되어 콘텐츠를 생산하다 보니 기업의 역할과 그들의 핵심 역량에 변화가 일어나기 시작했다. 즉, 과거 기업은 그들의 이윤을 추구하고 다른 기업들과의 경쟁에서 살아남기 위해 양질의 콘텐츠를 제공하고 더 많은 고객을 끌어들이기에 노력을 기울였다. 국내의 대표적인 포털 웹 사이트의 경우, 포털이 제공할 수 있는 뉴스, 볼거리, 광고 등 모든 콘텐츠를 운영자가 직접 고안하고, 수시로 이 내용들을 업데이트해 준다. 하지만, 이제는 이런 운영자 중심의 편협된 콘텐츠를 제공해 주는 기업이 경쟁에서 살아남기는 점점 힘들어지고 있다. 대신, 웹 2.0에서 기업의 핵심 역량은 얼마나 사용자들이 편리하게 콘텐츠를 만들어 내고 공유할 수 있는 '플랫폼'을 제공하느냐에 따라 좌우된다. 양질의 플랫폼은 더 많은 대중의 참여를 유도하고, 참여를 통한 데이터와 콘텐츠의 축적은 한편으로는 부산물로 보이나 이것이 바로 진정한 기업 경쟁력의 핵심이 되는 것이다. 팀 오라일리가 말한 '(사용자가 만들어 낸) 데이터가 차세대의 인텔 인사이드'라는 의미가 여기에 있으며, 페이스북과 인스타그램 플랫폼을 제공하는 메타가 성공적인 기업으로 성장하고 있는 이유가 여기에 있다.

웹 2.0은 자신의 욕심만 채우기 위하여 벽을 쌓아 올리기보다는 대중에게 공개를 하고

알아봅시다

매쉬업(Mashup)

매쉬업은 영어로 혼합해서 무엇인가 새로운 것을 만드는 것을 의미한다. 앞서서 '플랫폼으로서의 웹'을 설명하면서, 여러 서비스의 다양한 결합을 가능하게 하는 개발 플랫폼에 대한 관심이 고조되고 있다고 하였다. 또한 이를 가능하게 해주는 매개체로서 공개 애플리케이션 프로그래밍 인터페이스(Open API)라는 표준 규정을 언급하였다. 구글맵이나 국내의 네이버 지도는 이런 웹 2.0의 특징을 활용하는 대표적 예이다.

가령, 그림에서는 주유소의 가격정보와 네이버 맵을 결합시킨 주유 최저가 탐색 서비스를 어떻게 제공하는지 보여주고 있다. 이처럼, 새로운 서비스 제공 웹 사이트에서는 자기가 가지고 있는 데이터 등 고유의 서비스와 함께 여러 가지 다른 외부 서비스를 Open API를 이용하여 코드 한두 줄을 추가함으로써 쉽게 통합하고 이를 통해 새로운 서비스 혹은 플랫폼을 제공할 수 있게 된다. 이러한 서비스의 재창출 과정을 매쉬업이라고 부른다.

공유를 추구한다. 이렇게 대중의 참여를 끌어내고 공유하기 위해서는 서로 간에 일정한 약속을 정해놓고 이를 따르는 게 효과적이며 이를 위해서 표준을 수립하려 노력하게 된다. 예를 들어, 구글, 아마존, 이베이 등 대표적인 온라인 기업들은 자신들이 제공할 수 있는 서비스를 감추기보다는 누구든 쉽게 사용을 할 수 있게 공개 애플리케이션 프로그래밍 인터페이스(Open API)를 제공한다. 이처럼 Open API를 제공함으로써 기업이 가지고 있는 서비스들은 무한정으로 확장되기 시작한다. 예를 들어, 내가 구상하는 새로운 애플리케이션이 부동산 정보를 지도에 보여주는 것이라 한다면, 새로 지도를 만들 필요 없이 손쉽게 구글이 제공하는 지도 서비스를 Open API를 통해 결합시키게 된다. 이런 작업을 통해 대중은 구글의 지도 서비스 표준을 따르며 적극적인 참여를 시도하고, 이러한 대중의 참여가 구글에게는 새로운 경쟁력이 되는 것이다.

4.3 웹 2.0에 대한 우려

하지만 이러한 웹의 재발견에 대한 우려의 시각도 있다. 어떤 이는 닷컴의 붕괴를 상기시키며 "웹 2.0은 두 번째 거품이다"라고 한다. 너도 나도 소비자의 참여를 구걸하며 유사한 서비스를 복사하듯이 만들어 내고 있음에 대한 우려다. 창의력이 결여된 빈껍데기 서비스를 견제할 필요가 있다. "웹 2.0은 디지털을 통한 자아도취와 아마추어에 대한 숭배를 만들었다"고 보는 시각도 있다. 물론 사용자들이 직접 만들어 내는 콘텐츠에 대한 가치가 중요하지만 무분별하고 가치가 없는, 혹은 사회에 해가 되는 콘텐츠들도 무수히 생성되고 웹을 오염시킬 수 있음에 대한 우려이다. 비슷한 의미로 "유튜브의 반은 가짜뉴스이다"라거나, "위키백과는 실수, 반 진실과 오해로 가득 차 있다"라고 비판하는 소리도 있다. 웹 2.0시대의 주인은 개별 사용자들이다. 이런 우려를 종식시킬 수 있도록 사용자들 모두가 책임을 가지고 웹을 사용하는 노력이 이어져야 할 것이다.

핵심 체크

01 정보화 사회의 경제 기반은 노동, 자본, 에너지이다.

정답 ×

해설 정보화 사회의 경제 기반은 정보와 지식이다.

02 카카오톡이나 인터넷 메신저는 사용자의 수가 증가함에 따라 더욱더 많은 가치를 제공한다.

정답 O

해설 정(+)의 네트워크 외부성이라고 한다.

03 디지털 경제에서 판매되는 재화는 모두 디지털화되어 있다.

정답 ×

해설 디지털 경제에서도 일반 재화는 판매되며 단지 기업이 가지는 유형의 자산보다 지식과 같은 무형의 자산이 중시된다.

04 정보재의 경우 생산에 들어가는 고정비용에 비해 한계비용이 크다.

정답 ×

해설 일반적으로 정보재는 만들기는 어려운데 (고정비용) 복제하기는 쉽다. (한계비용= 0원)

05 인터넷은 전화와 같은 회선교환 방식을 이용한다.

정답 ×

해설 인터넷은 패킷교환 방식을 이용한다.

06 IoT는 Internet of TVs로 TV들이 서로 연결되어 있는 통신망을 의미한다.

정답 ×

해설 IoT는 Internet of Things의 약자로 사물인터넷을 의미한다. 사물인터넷은 모든 사물에 센서 · 통신 기능을 부과하여 지능적으로 정보를 수집하고, 상호 전달하는 네트워크이다.

07 웹 2.0은 인터넷의 새로운 기술적 표준이다.

정답 ×

해설 기반 기술의 변화라기보다는 사용자가 웹을 보다 능동적 · 주체적으로 사용하는 방식을 의미한다.

08 웹 2.0은 조직의 구성원들 간에 콘텐츠를 공유하며, 이를 통해 새로운 가치를 창출하는 디지털 프로슈머의 등장을 초래하였다.

정답 O

해설 프로슈머(Prosumer = Producer + Consumer)

09 다음 중 앨빈 토플러가 제시한 3가지 혁명에 해당하지 않는 것은?

① 농업혁명 ② 산업혁명
③ 정보화 혁명 ④ 소셜혁명

정답 ④

해설 제1의 물결(농업혁명)과 제2의 물결(산업혁명)을 거쳐 인류는 현재 정보화 혁명이란 제3의 물결(The Third Waves)을 타고 있다.

10 다음 중 디지털 패러다임의 특징에 속하지 않는 것은?

① 시간 · 거리의 단축 ② 글로벌한 경쟁 환경
③ 산업간 장벽의 해체 ④ 비즈니스 모델의 단일화

정답 ④

해설 경쟁자에 한발 앞서 새로운 비즈니스 모델을 창조해 시장에 먼저 진입하는 개인이나 기업만이 생존한다.

11 디지털 경제에 대한 설명으로 적합하지 않은 것은?

① 시공 장벽이 사라지고 비즈니스 효율성이 향상된다.
② 정보가 디지털 형태로 존재하여 이용자들 간에 빠르게 전달한다.
③ 지식경영을 통해 기업이 지식을 수집, 창출, 축적하고, 구성원들 간의 지식 공유 및 활용으로 부가가치 창출활동을 수행한다.
④ 지식보다는 상품의 판매를 통한 부가가치를 창출한다.

정답 ④

해설 지식경영을 통해 기업이 지식을 수집, 창출, 축적하고, 구성원들 간의 지식 공유 및 활용으로 부가가치 창출활동을 수행한다.

12 다음 중 디지털 경제의 특징이 아닌 것은?

① 콘텐츠가 디지털 형태로 변환됨 ② 정보교환의 중개기능이 사라짐
③ 디지털 기기들 간의 융합화 ④ 고객중심 생산

정답 ②

해설 중간상인이 사라지고 이들의 역할이 정보교환의 중개기능으로 전환된다.

13 다음 중 인터넷의 특성이 아닌 것은?

① 개방성 ② 멀티미디어 정보 전송 능력

③ 지역적, 시간적 장벽 해소　　④ 회선 교환 방식

정답 ④

해설 인터넷은 패킷 교환 방식을 이용한다.

14 다음 중 TCP/IP 프로토콜의 구성요소가 아닌 것은?

① 애플리케이션　　② TCP

③ IP　　④ 데이터 변환

정답 ④

해설 애플리케이션: 이용자에게 애플리케이션(예: 이메일) 제공 및 실행
TCP: 애플리케이션으로 전송되거나 애플리케이션에서 수신된 패킷 확인 및 순서배열
IP: 네트워크상에서 데이터를 최종 목적지까지 안전하게 전달, 라우팅
네트워크 인터페이스: 네트워크로 메시지 패킷 송신, 및 네트워크에서 패킷 수신

15 대부분의 디지털 기기들이 점차 고성능화되고 저렴한 가격에 구입할 수 있어 대중화됨으로써 디지털 경제의 원동력이 됨을 설명하는 법칙은?

정답 무어의 법칙

해설 컴퓨터 반도체 칩의 성능은 18개월마다 2배로 증가하고 가격은 반으로 줄어든다.

16 다음 중 웹 2.0의 특징이라 할 수 없는 것은?

① 크라우드소싱　　② 사용자들의 적극적 참여

③ 인터넷 2.0의 활용　　④ 집단 지성

정답 ③

해설 인터넷 2.0이란 새로운 기술혁신은 없다.

17 틈새 시장 웹을 통해 소외된 마니아 계층이 소통하고 고객으로서의 권리를 찾게 되었다는 점에서 웹 2.0의 철학과 일치하는 현상을 무엇이라 하나?

① 팩헤드(Fact Head)　　② 롱테일(Long tail)

③ 파레토(Pareto)　　④ 어텐션(Attention)

정답 ②

해설 '머리'가 아닌 '꼬리'에 해당하는 틈새 시장을 온라인 매장들이 파고드는 현상이다.

18 기업은 자신들이 제공할 수 있는 서비스를 감추기보다는 오히려 공개하고 공유함으로써 "______"(으)로 채택되게 하려고 노력한다. 빈칸에 알맞은 말은?

① 표준　　② 광고

③ 집단지성　　④ 콘텐츠

정답 ①

해설 공개 및 공유서비스의 예로는 공개 애플리케이션 프로그래밍 인터페이스(Open API) 제공 매쉬업 프로그래밍, 구글의 지도 서비스 등이 있다.

19 기존의 IP 주소체계의 숫자적 한계를 극복하기 위해 최근 사용되기 시작한 IP 주소체계는?

정답 IPv6

해설 128비트 주소체계인 IPv6는 최대 3.4×10^{38}개 이상의 주소를 마련할 수 있는 점이 특징이다.

20 매쉬업은 새로운 서비스 제공 웹 사이트에서 자기가 가지고 있는 데이터 등 고유의 서비스와 함께 여러 가지 다른 외부 서비스를 "______"로 통합하여 새로운 서비스나 플랫폼을 제공한다.

정답 Open API

해설 매쉬업은 새로운 서비스 제공 웹 사이트에서 자기가 가지고 있는 데이터 등 고유의 서비스와 함께 여러 가지 다른 외부 서비스를 "Open API"로 통합하여 새로운 서비스나 플랫폼을 제공한다.

21 ________는 사물의 범위를 넓혀 우리가 볼 수 있는 전화기, 책, 온도계, 자동차 등의 사물을 사람과 통신이 가능케 해 주는 기술이다.

정답 IoT

해설 IoT(Internet of Things, 사물인터넷) 기술은 센싱기술, 통신기술, 서비스 기술의 분산된 환경 요소에 대하여 인간의 명시적 개입 없이 상호 협력적으로 센싱, 네트워킹, 정보처리 등 지능적 관계를 형성하는 사물 공간 연락망이다.

요약

정보혁명의 개념 및 성격

- 인류사회는 수렵사회, 농업사회, 산업사회를 거쳐 정보화 사회로 전환
- 정보혁명의 배경은 컴퓨터, 반도체, 통신 등 과학기술의 발달, 정보기술을 혁신으로 활용, 다품종 소량 생산 시장, 개인의 정보 욕구 강화 등

디지털 경제

- 디지털 경제는 디지털 기술과 관련되어 나타나는 일련의 경제적 현상
- 디지털 경제는 지식 중심, 디지털화, 가상화, 분자화, 통합화/네트워크화/비중개화, 융합화, 혁신, 고객중심 생산, 즉시성, 글로벌화, 이슈 충돌과 같은 특징을 가짐

디지털 경제의 3대 법칙

- 메트칼프의 법칙: 일반적으로 제품이나 서비스는 사용자의 수가 증가함에 따라 효용이 감소하는 것이 아니라, 사용자에게 더욱더 많은 가치를 제공하는 네트워크 외부성을 가짐
- 무어의 법칙: 대부분의 디지털 기기들이 점차 고성능화되고 가격이 저렴해져 대중화되고, 이는 디지털 경제의 원동력이 됨을 시사함
- 길더의 법칙: 인터넷을 통한 정보 전달의 대역폭이 매년 3배씩 증가하고 있기 때문에, 인터넷 사용자 · 사진 · 오디오 · 비디오 등 많은 용량을 차지하는 정보재가 증가하더라도 오히려 관련 산업은 발달할 수 있음을 시사함

정보경제(Information Economy)

- 전자매체를 통해 유통되는 '정보재'를 기반으로 하는 모든 경제활동을 정보경제라고 함
- 정보재의 경우 한계비용이 거의 없기 때문에 일반적인 재화나 서비스와 달리 가격 정책, 소비자, 유통 방식 등에서 차이를 보여줌

인터넷의 개념적 이해

- 인터넷(Internet)은 전 세계에 산재한 수만 개의 서로 다른 네트워크들을 연결함
- 인터넷은 1969년 미국방성이 연구목적으로 구축한 ARPANET을 시초로, 대학에서의 연구 및 교육 목적으로 사용되다가 1991년부터 상용화되기 시작하였음
- 인터넷이 가지는 특성으로는 개방성, 멀티미디어 전송 능력, 네트워크 용량의 확대, 지역적 · 시간적 장벽의 해소 등이 있음

인터넷의 기술적 작동원리

- 인터넷에서 메시지 전송은 작은 패킷 단위로 나누어 전송하고, 패킷이 도착하면 다시 패킷들을 본래 메시지로 조합하는 패킷 교환 방식이 사용됨
- 인터넷은 서로 다른 네트워크들을 하나의 표준 통신 방식인 TCP/IP 프로토콜을 사용하여 연결해 줌으로써 가능해졌음

무선 인터넷 개념

- 무선 인터넷이란 이동전화(스마트폰 포함), 노트북 등의 무선단말기로 이동통신망 또는 무선랜(WiFi)과 같은 무선데이터 통신망을 통해 이용하는 인터넷 서비스를 의미
- 무선 인터넷과 스마트폰의 활성화로 개인용, 위치기반, 즉시성을 이용한 새로운 서비스들이 시도됨

사물인터넷

- IoT 기술은 사물 간에 인터넷을 통하여 상호 협력적으로 센싱, 네트워킹, 정보처리 등 지능적 관계를 형성함을 의미
- 가상현실/증강현실, 센서를 부착한 가전기기 등 다양한 분야에 활용됨

월드와이드웹(WWW)의 개념

- WWW이란 웹 브라우저를 통해 문자, 그림, 사운드, 동영상 등 멀티미디어 데이터를 보고 읽고 들을 수 있으며, 각종 정보를 빠르게 검색할 수 있는 인터넷상의 가장 대표적인 서비스임
- 웹을 구성하는 요소는 하이퍼텍스트, 웹 브라우저, 화면 구성 언어, 클라이언트-서버 컴퓨팅 모델이 있음

웹 주소 체계

- IP 주소는 인터넷에 접속되어 있는 모든 컴퓨터를 숫자로 표현하며, 기존의 IPv4가 IPv6로 대체되고 있음
- 특정 호스트에 접속하기 위해 일일이 숫자로 된 IP 주소를 기억하지 않도록 도메인 네임을 사용함

웹 2.0의 개념

- 웹 2.0은 웹을 서비스, 응용 소프트웨어, 웹 콘텐츠 등을 제공할 수 있는 플랫폼으로 변화시킴
- 웹 2.0은 초창기 사용자가 수동적으로 제공받던 웹 콘텐츠들을 보다 능동적 · 주체적으로 사용하는 방식을 의미함
- 웹 2.0은 조직의 구성원들 간에 콘텐츠를 공유하며, 이를 통해 새로운 가치를 창출하는 디지털 프로슈머가 생겨나게 함
- 웹 2.0은 대중의 참여를 유도하여 축적된 데이터와 콘텐츠가 차세대 기업 경쟁력의 핵심으로 만들었음
- 웹 2.0은 롱테일 시장을 통해 소외된 마니아 계층이 소통하고 고객으로서의 권리를 찾게 해주었음
- 웹 2.0과 대중의 참여는 정보가 희소하기보다는 사용자의 어텐션이 희소해지는 경제 구조를 만듦
- 웹 2.0시대의 기업은 자신들이 제공할 수 있는 서비스를 감추기보다는 오히려 공개하고 공유함으로써 "표준"으로 채택되게 하려고 노력함
- 웹 2.0은 사용자의 적극적 참여와 공유 등 긍정적인 효과를 보여준 반면, 검증되지 않거나 가짜뉴스와 같은 부작용도 초래할 수 있음

참고 문헌

김국현, 웹 2.0 경제학, 황금 부엉이, 2012.

Anderson, Chris, *The Long Tail: Why the Future of Business is Selling Less of More*, Hyperion, 2008.

Laudon, Kenneth C. and Carol G. Traver, *E-Commerce 2023: Business, Technology, Society*, 17th Edition, Pearson, 2023.

Negroponte, Nicholas, *Being Digital*, Vintage, 1996.

Tapscott, Don, *The Digital Economy*, McGraw Hill Text, 2001.

제2장 클라우드 컴퓨팅

오늘의 주제

AWS 아성 무너뜨릴까?: 생성형 AI로 클라우드 매출 올린 MS와 구글

지난 몇 분기 동안 클라우드 사업 영역에서 성장 둔화를 겪었던 마이크로소프트와 구글이 생성형 AI 확산에 힘입어 다시 성장동력을 얻고 있다. 얼마 전 두 기업은 2023년 마지막 분기의 실적을 발표하였다. 포레스터의 대표 애널리스트 리 서스타는 "수년간의 손실을 뒤로하고 구글 클라우드 사업은 현재 알파벳 매출의 10%를 차지하고 있으며, AI를 동력으로 삼아 기업 IT 책임자에게 다시금 '파트너'로 소개되고 있다"고 설명했다. 서스타는 "애저와 마이크로소프트 365, 다이나믹스 365와 같은 SaaS 제품을 모두 포함하는 MS 클라우드 매출이 눈에 띄게 증가했다. 이는 AI 붐이 클라우드 서비스 업체 수익에 큰 도움이 되고 있다는 것을 보여준다"라고 덧붙였다.

구글의 4분기 클라우드 사업 매출은 전년 동기 대비 28% 증가한 91억 9,000만 달러를 기록했다. 참고로 알파벳의 전체 매출은 860억 달러이다. 알파벳의 CFO 루스 포랫은 실적 발표에서 "통합된 AI 포트폴리오 관련 수요가 크게 늘고 있으며, 이로 인해 구글의 클라우드 사업에 새로운 기회가 창출되고 있다"고 말했다. 구글 CEO 순다르 피차이는 최근 많은 기업이 불확실한 거시경제 상황을 이겨내기 위해 비용 최적화 전략을 모색하고 있다고 지적했다. 여기에 생성형 AI를 수용하려는 기업이 늘면서 구글에 새로운 고객이 유입되고 있다.

MS CEO 사티아 나델라는 컨퍼런스 콜에서 "클라우드 사업의 강한 성장세 덕에 기록적인 분기를 맞이했다. 클라우드 사업 매출은 전년 동기 대비 24% 증가한 330억 달러였다"라며, "MS 기술 내 모든 계층에 AI를 도입함으로써 새로운 고객을 확보하고 있으며, 고객에게 기술의 새로운 혜택과 생산성을 높이는 방안을 지원하고 있다"라고 설명했다. 불과 1년 전 매출 성장세가 둔화되는 것을 목격했던 MS는 마이크로소프트 365, 다이나믹스 365, 깃허브, 애저 오픈AI 서비스 전반에 걸쳐 '코파일럿'으로 대표되는 생성형 AI 기반 서비스를 지원해 수익성을 높였다.

가트너의 부사장 애널리스트인 제이슨 웡은 "MS 애저 비즈니스는 자체 고객뿐만 아니라 오픈AI 같은 애저 기술을 활용하는 파트너를 통해 성장하고 있다"라며, "MS 파트너가 AI 제품을 확장함에 따라 애저 성장에도 도움이 될 것"이라고 말했다. IDC의 아시아 태평양 지역 클라우드 담당 부사장인 프랑코 치암은 두 회사의 클라우드 사업 매출이 증가하는 상황은 클라우드가 그만큼 디지털 트랜스포메이션의 핵심 원동력으로서 역할을 하고 있기 때문이라고 설명했다. 치암은 "기업이 확장성과 유연성을 추구함에 따라 생성형 AI 채택이 증가하면 클라우드 사용이 더욱 늘어날 것"이라고 평가했다.

출처: ITWorld, 2024. 2. 1.

생각해보기

생성형 AI를 서비스를 개별 회사들이 자체 구축하지 않고 클라우드 서비스를 사용하려 하는 이유는 무엇일까요?

전문가 답변

생성형 AI는 무수히 많은 데이터를 학습하여 작동하므로, 추론을 위한 고성능 컴퓨팅, 엄청난 크기의 서버와 저장 공간, 고속 네트워킹 등이 필요한데, 클라우드를 사용하면 방대한 양의 데이터를 안전하고 효율적으로 다룰 수 있기 때문입니다. 클라우드를 사용하면 낮은 초기 비용으로 데이터 손실 및 보안 위험을 최소화하고, 유연하게 서버를 확장하거나 축소할 수 있으며, 모니터링을 자동화할 수 있습니다.

제1강 클라우드 컴퓨팅의 개념

학습내용

1. 클라우드 컴퓨팅의 개념과 특징
2. 클라우드 컴퓨팅 서비스
3. 클라우드 컴퓨팅 배포 모델

학습목표

1. 클라우드 컴퓨팅이란 무엇인지 기존의 컴퓨팅 환경과 비교하여 설명할 수 있다.
2. 클라우드 컴퓨팅의 특징인 자원의 공유, 광범위한 접속 환경, 빠른 탄력성, 서비스 용량의 측정, 주문형 셀프서비스의 의미를 설명할 수 있다.
3. 클라우드 컴퓨팅을 서비스하기 위한 인프라스트럭처 서비스(IaaS), 플랫폼 서비스(PaaS), 소프트웨어 서비스(SaaS)를 구분하고 서로 비교 설명할 수 있다.
4. 클라우드 컴퓨팅 배포 모델인 공공 클라우드, 사설 클라우드, 커뮤니티 클라우드, 하이브리드 클라우드를 구분하고 서로 비교 설명할 수 있다.

1 클라우드 컴퓨팅이란?

1.1 클라우드 컴퓨팅(Cloud Computing)

클라우드 컴퓨팅은 앞장에서 설명한 인터넷기술을 활용하여 가상화된 IT자원을 서비스로 제공하는 방식이다. 미국 경제주간지 포춘지(Fortune)는 "클라우드 컴퓨팅의 발달로 PC는 사망선고를 당하게 될 것이다. 하지만, 디지털라이프는 더욱 풍족해질 것이다"라는 말로 클라우드 컴퓨팅시대를 예고했다. 본 장에서는 이런 클라우드 컴퓨팅의 개념, 다양한 서비스 및 배포방식 등에 대해서 살펴보기로 한다.

클라우드 컴퓨팅은 2006년 9월 당시 구글(Google)의 직원인 크리스토프 비시글리아(Christophe Bisciglia)가 CEO인 에릭 슈미츠(Eric Schmidt)에게 기업이나 개인이 필요에 따라 정보기술을 인터넷을 통하여 서비스 형태로 제공받는 개념으로서 처음 제안하였다고

그림 2-1 클라우드 컴퓨팅의 개념

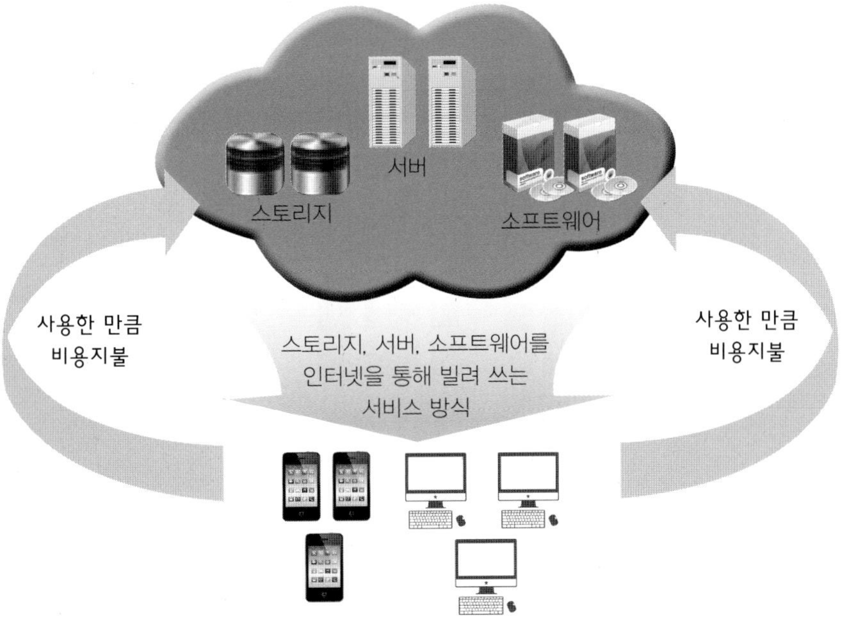

한다.

클라우드(Cloud)라는 명칭은 우리가 흔히 IT 아키텍처 구성도에서 인터넷을 구름으로 표현하던 것에서 유래한다. [그림 2-1]에서 사용자는 인터넷에 연결된 서비스 제공자의 '클라우드 데이터 센터(Cloud Data Center: CDC)'에 접속한 후 소프트웨어, 스토리지, 서버, 네트워크 등 다양한 IT 자원을 필요한 만큼 빌려서 사용하고, 사용한 만큼 비용을 지불하게 된다.

예를 들어, 우리가 흔히 쓰는 마이크로소프트사의 워드, 엑셀, 파워포인트 등의 오피스 도구들을 생각해 보자. 이전에는 대부분이 마이크로소프트 오피스 프로그램을 사용하기 위해서 해당 패키지를 구매해 다운받아서, 자신의 컴퓨터에 직접 소프트웨어를 설치하는 방식이었다. 하지만, [그림 2-2]에서 보여주듯이 최근 마이크로소프트사는 오피스 온라인(Office Online)이라는 이름으로 따로 소프트웨어를 설치하지 않아도, 웹 브라우저상에서 기존의 워드작업을 언제 어디서나 실행할 수 있는 환경을 구축하였다. 또한 작업을 마친 문서는 내 컴퓨터에 저장되지 않고 마이크로소프트사가 제공하는 원드라이브(One Drive)라는 가상 스토리지에 저장된다. 바로 소프트웨어와 스토리지가 클라우드 서비스로 제공되는 대표적인 예라고 할 수 있다.

그림 2-2 오피스 온라인의 인터넷 브라우저 내에서의 실행화면

1.2 클라우드 컴퓨팅의 특징

기술적인 측면에서 클라우드 컴퓨팅이라는 개념은 완전히 새로운 기술이라기보다는 기존의 그리드 컴퓨팅, 분산 컴퓨팅, 유틸리티 컴퓨팅, 웹 서비스, 서버 및 스토리지의 가상화 기술 등의 복잡한 기반기술을 하나로 융합하여 만들어진 컴퓨팅 환경이라고 할 수 있다. 클라우드 컴퓨팅이 가지는 대표적인 특징은 표준 기술 국제기구(National Institute of Standards and Technology: NIST)에 따르면 다음과 같이 크게 다섯 가지 항목으로 요약된다.

(1) 자원의 공유(Resource Pooling)

클라우드 컴퓨팅 제공자는 컴퓨팅 자원의 풀(pool)을 형성하고, 다수의 고객들이 이를 공유하고 필요한 만큼 나누어 쓰게 된다. 이를 위해서 클라우드 서비스 제공업자는 수천, 수만 개의 서로 다른 범용 서버를 한자리에 모아 둔 물리적 장소인 '데이터 센터'를 운영함으로써, 규모의 경제를 통한 자원의 공유를 극대화시킬 수 있게 된다. 이를 위해 두 가지 핵심기술이 필요한데, 하나는 흩어진 자원을 모아주는 그리드/분산 컴퓨팅 기술이고 다른 하

그림 2-3 서버 및 스토리지의 가상화

나는 모아진 자원을 효과적으로 배분시켜 줄 수 있는 가상화 기술이다.

먼저, 그리드/분산 컴퓨팅 기술은 높은 컴퓨팅 리소스를 필요로 하는 작업의 수행을 위해서 인터넷상에 분산되어 있는 다양한 시스템과 자원들을 공유하여 가상의 슈퍼컴퓨터와 같이 활용하는 방식을 의미한다. 클라우드 컴퓨팅도 다양한 자원을 연결하여 사용하는 점에서 유사하나 서비스 제공자의 대규모 데이터 센터에 범용 컴퓨터들이 집적되어 있다는 점이 차이가 난다. 이렇게 모아진 자원을 공유하기 위해서는 [그림 2-3]에서 보여주는 서버 및 스토리지의 가상화(virtualization) 기술이 이용된다. 가상화 기술은 하나의 서버에는 하나의 운영체계를 설치해야 한다는 통상적인 방식과 달리 하나의 서버 위에 가상화 소프트웨어를 설치해 줌으로써, 하나의 물리적 서버 위에 2개 이상의 서로 다른 운영체계를 설치하고 독립적으로 운영할 수 있게 된다.

이렇게 함으로써, 여러 대의 가상 서버를 동적으로 할당, 생성, 소멸시킬 수 있는 기능을 할 수 있게 되고 필요한 사람이 돌아가며 리소스를 나누어 쓰게 됨으로써 컴퓨팅 자원의 효율성이 높아진다. 예를 들어, 한 회사에 10개의 부서가 있고 부서별로 운영되는 서버가 실제로는 10%정도만 가용된다고 하자. 이 경우, 10개의 개별 서버 대신 이제는 하나의 물리적 서버에 10개의 서로 다른 가상 서버를 설치하고 CPU와 메모리 등을 서로 공유하며 사용할 경우 이 서버는 100%의 효율성을 나타낼 수 있을 것이다.

(2) 광범위한 네트워크를 통한 접속(Broad Network Access)

클라우드는 언제 어디에서든지 기기의 종류에 상관없이 인터넷을 통하여 접속이 가능하다. 이렇게 네트워크를 통해서 클라우드에 접속하여 사용자들은 가상화된 서버를 관리하기도 하며, 웹 기반의 다양한 서비스를 제공받기도 한다. 즉, 클라우드는 지역적 경계가 없고, 점점 세계화되어가고 있다. 하지만 이렇게 멀리 떨어진 클라우드 환경을 외부에서 사용함에 따라, 접근 및 관리방식이 표준화되고 명확해야 한다. 이와 같은 표준은 공개 애플리케이션 프로그래밍 인터페이스(Open API)를 통해 이루어진다.

가령 가상화된 서버를 외부에서 접속하기 위한 명령, 새로운 가상서버를 생성하는 명령, 데이터를 저장장소에 넣고 빼는 명령, 가상 서버상의 여러 가지 애플리케이션을 시작하고 중지시키는 명령, 더 이상 필요하지 않는 서버 인스턴스를 제거하는 명령 등 다양한 원격조정을 위한 표준이 필요하다. 뿐만 아니라 다음에 언급할 프로그램 개발환경을 제공하는 플랫폼 서비스인 경우 개발자가 표준에 맞춰 애플리케이션을 개발하여야 하고 따라서 이런 표준을 제공하는 API역할은 더욱 중요해진다. 일반 사용자의 입장에서도, 스마트폰, 태블릿, 랩탑 컴퓨터 등 다양한 클라이언트 기기들이 표준을 따르기만 하면 네트워크를 통해 쉽게 클라우드에 접속할 수 있고 원하는 서비스를 제공받게 된다.

(3) 빠른 탄력성(Rapid Elasticity)

사용자의 요구에 따라 컴퓨팅 자원(가상 서버 인스턴스의 개수)이나 데이터 저장소의 크기를 빠른 시간 내에 확장 · 축소할 수 있는 탄력성을 제공하게 된다. 이런 기능은 사용자의 요구 사항의 변화에 신속하게 대처하기 위해 수분에서 수초 내에 이루어지며, 대부분 서비스 공급자의 관여가 필요없이 자동으로 진행된다. 뿐만 아니라, 실시간으로 측정되는 사용자별 서비스 용량은 자동적으로 컴퓨팅 자원을 확장, 축소, 배분, 그리고 최적화할 수 있게 해 준다.

이와 더불어, 변화가 심한 수요에 대하여 적절하게 자동으로 부하를 서로 다른 서버나 스토리지로 분산시키는 작업(load balancing)이 매우 중요하다. 예를 들어, 인터넷 쇼핑몰의 경우 크리스마스나 명절 등에는 갑자기 고객이 늘고 많은 컴퓨팅 자원을 요구하게 되지만, 평균 수요는 이에 훨씬 못 미친다. 과거의 경우, 쇼핑몰 회사는 가장 고객이 몰리는 경우를 대비하여 대용량의 서버들을 구매하고 나머지 기간 동안 이들 서버 가동률은 매우 낮을 수밖에 없었다. 하지만, 가상 서버기술을 이용함에 따라 언제든지 원하는 만큼 서버 인스턴스 수를 늘렸다 줄이는 것이 가능해지고, 서버를 구매하는 데 들어가는 비용을 낭비할 필요가 없게 되었다.

(4) 서비스 용량의 측정(Measured Service)

사용자는 필요한 만큼만 컴퓨팅 자원을 사용하고, 사용량에 따라 요금을 지불하는 방식

그림 2-4 아마존 웹 서비스의 대금 및 비용관리 대시보드

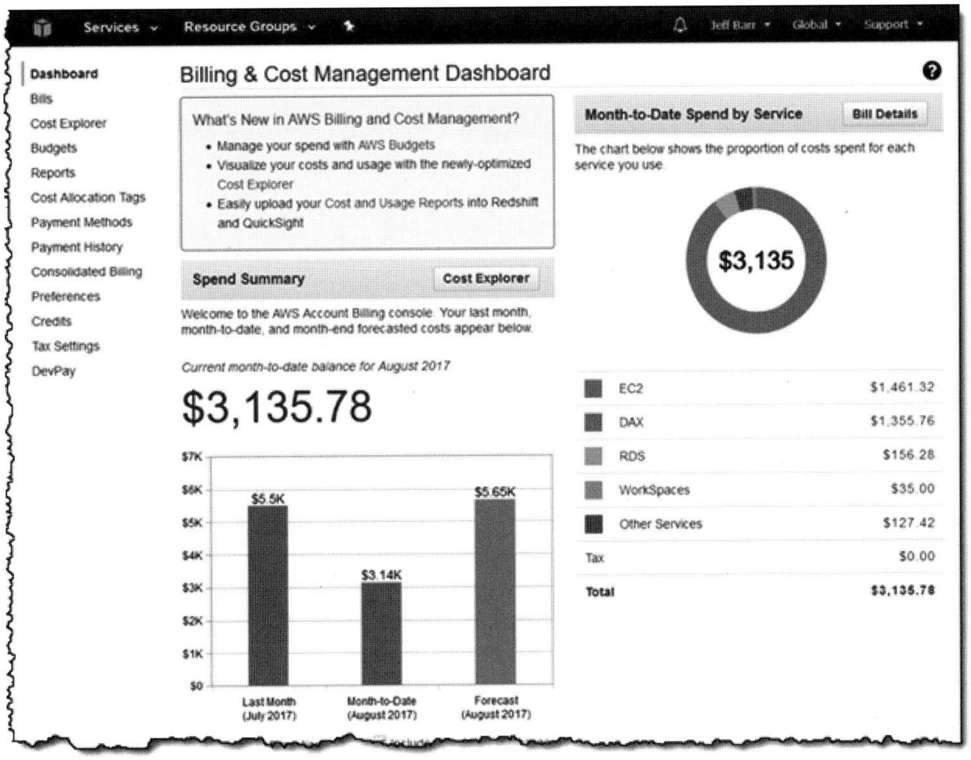

을 따르게 된다. 흔히 전기, 가스, 수도 등 유틸리티를 사용하는 방식과 유사하다고 하여, '유틸리티 컴퓨팅'이라 부른다. 클라우드 제공업자는 이를 위하여, 사용자들이 이용한 저장 용량, 프로세싱 용량, 네트워크 대역폭 사용량 등을 정확히 측정할 필요가 생긴다. 가령, 아마존의 경우 [그림 2-4]에서 보여주듯이 정확한 서비스 사용량에 따라 대금이 청구됨을 알 수 있다.

(5) 주문형 셀프서비스(On-Demand Self-Service)

클라우드 제공업자는 사용자에게 아무런 요구를 하지 않으며 단지 가능한 서비스 항목들을 카페테리아 식당의 메뉴처럼 제시할 뿐이다. 사용자는 자신들의 필요에 따라 서버의 용량, 스토리지 용량, 네트워크 용량 등을 선택하고 이에 따라서 차등화된 서비스가 제공되는 셀프서비스 형식을 따른다. 이를 위해서 클라우드 서비스 제공자는 사용자의 수요에 따른 탄력적인 대응이 필요하다.

2 클라우드 컴퓨팅 서비스 모델

클라우드 환경에서 제공되는 서비스는, 수백 또는 수천 대의 컴퓨터를 연결한 강력한 연산처리기능 서비스, 원격으로 소프트웨어를 이용하는 서비스, 데이터를 저장해 주는 스토리지 서비스, 소프트웨어 개발자가 애플리케이션을 만들 수 있는 장소를 제공하는 서비스 등 점차 다양해지고 있다. 이런 서비스들은 크게 인프라스트럭처 서비스(IaaS: Infrastructure as a Service), 플랫폼 서비스(PaaS: Platform as a Service), 소프트웨어 서비스(SaaS: Software as a Service)의 세 가지 형태로 구분할 수 있다.

2.1 인프라스트럭처 서비스(IaaS)

인프라스트럭처 서비스는 가장 기본적인 서비스 모델로서 사용자가 필요로 하는 서버 등 컴퓨팅 능력, 데이터 저장공간, 파일보관 서비스 등의 기반구조를 제공한다. 사용자는 더 이상 IT 인프라를 구매하거나 소유하지 않고, 클라우드 서비스 제공업체에게 빌려 쓰며 상당한 비용절감 효과를 누릴 수 있게 된다. 가령, 온라인 쇼핑몰을 한시적으로 운영하고자 하는 사용자는 더 이상 높은 사양의 값비싼 서버를 구매, 설치할 필요 없이 클라우드 제공업체를 통해 자신이 필요로 하는 CPU 용량, 하드디스크 크기, 방화벽 설정 여부, 운영체제

그림 2-5 아마존의 EC2 서비스: 하나 이상의 가상 서버 인스턴스들을 관리할 수 있다

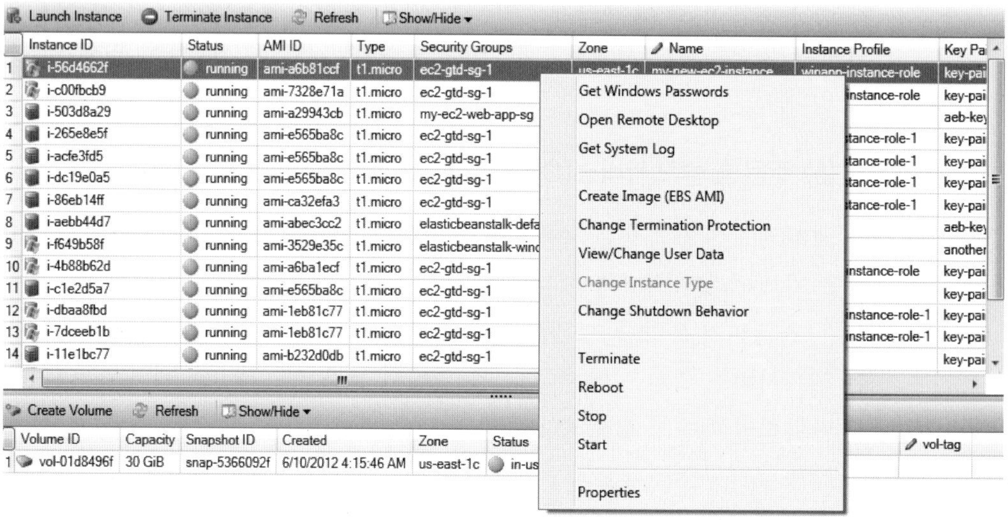

의 종류에 따라 가상 서버 인스턴스를 수분 내에 생성할 수 있다.

인프라스트럭처 서비스의 가장 큰 장점은 일단 가상 서버를 설치한 후에는 자신이 원하는 소프트웨어를 자유롭게 설치 및 조작할 수 있는 유연성 및 제어권을 가지게 된다는 점이다. 하지만, 이와 같은 서버운영에 대한 사전 지식이나 경험이 없다면 서버를 운영하는 복잡한 환경을 사용자가 직접 관리해야 하는 어려움이 따르게 된다.

주로 사용자는 각각의 가상 서버 인스턴스들을 사용한 시간, 데이터의 이동을 위해 제공받은 네트워크 서비스, 사용한 저장공간의 크기 등에 따라 차별화된 요금을 지불하게 된다. 또한 향후 더 이상 서비스가 필요하지 않으면 언제든지 사용을 중지할 수 있고, 더 이상 요금이 부과되지 않게 된다. [그림 2-5]에서 보여주는 아마존의 EC2, 아마존의 S3 스토리지 서비스가 IaaS형태의 가장 대표적인서비스이다.

2.2 소프트웨어 서비스(SaaS)

소프트웨어 자체를 다수의 사용자의 요청에 따라 제공하는 웹 기반의 애플리케이션 서비스를 지칭한다. 일반 사용자 측면에서는 위에서 언급한 오피스 온라인(Office Online)을 예로 들 수 있다. 즉, 사용자는 웹상에서 워드, 엑셀, 파워포인트 등의 개인용 소프트웨어를 언제 어디서나 이용할 수 있다. 이와 유사하게 구글(Google)도 '구글드라이브(Google Drive)'를 통해 문서작업 및 저장서비스를 제공한다. 이런 웹 기반 소프트웨어 서비스는 웹을 통해 제공되므로 직장, 집에서나 이동 중 휴대기기에서도 생산성을 발휘할 수 있다. 또 한 가지 중요한 장점은, 웹에서 작업하고 저장된 문서, 스프레드시트, 프리젠테이션 등을 클라우드에 저장함으로써, 여러 사용자가 동시 협업을 통하여 수정할 수 있고 항상 최신 버전을 유지할 수 있다는 점이다.

개인 사용자뿐만 아니라 기업들도 고객관계 관리(Customer Relationship Management: CRM) 시스템이나 전사적 자원관리(Enterprise Resource Planning: ERP) 시스템과 같은 대규모의 소프트웨어 애플리케이션들을 운영하기 위해 클라우드 서비스를 사용할 수 있다. 대표적인 예로는 고객관리 시스템 서비스를 제공하는 Salesforce.com이 있다.

[그림 2-6]에서는 델 컴퓨터가 Salesforce.com의 고객으로서 제공받는 고객관리 시스템 화면을 보여준다. 델 컴퓨터는 자신의 고객정보들을 Salesforce.com이 제공하는 클라우드 저장소에 저장하고, 다양한 고객 분석과 관리에 관련한 애플리케이션을 웹 브라우저상에서 구동할 수 있다. 예전과 같이 프로그램 패키지를 대량으로 구매하여 개별 직원들의 컴퓨터에 설치를 하지 않아도 되니 초기 비용을 획기적으로 줄일 수 있고, 또한 프로그램 오류나 장애, 업그레이드 등에 대해 신경쓸 필요가 없으니 관리도 한결 수월해진다. 무엇보다 모

그림 2-6 델 컴퓨터가 사용하는 Salesforce.com 서비스

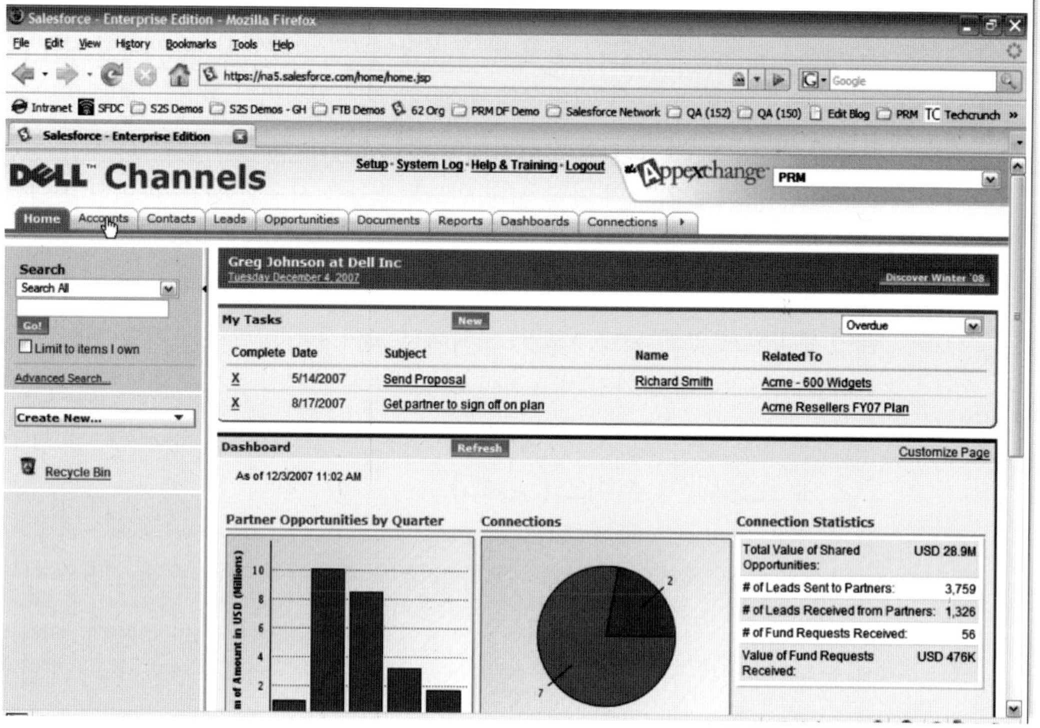

든 정보가 클라우드 서버에 저장되므로 언제 어디서든 인터넷을 통해 서비스를 사용할 수 있다.

소프트웨어를 직접 서비스 받음으로써, 사용자는 인프라스트럭처 서비스(IaaS)와 비교할 때 복잡한 서버 환경에 대한 전문지식 없이 손쉽게 원하는 애플리케이션을 웹 브라우저를 통해 사용하는 편리함이 주어진다. 하지만 반대로 사용자의 서비스에 대한 유연성 및 제어권은 약해진다.

2.3 플랫폼 서비스(PaaS)

플랫폼 서비스는 인프라스트럭처 서비스(Iaas)와 소프트웨어 서비스(SaaS)의 중간 단계에 해당한다. 주 서비스 사용자는 애플리케이션 개발자들이 되는데, 이들은 애플리케이션을 개발 · 실행할 수 있는 플랫폼을 클라우드를 통해 제공받게 되며 인프라스트럭처 서비스와 같이 서버의 운영체계 자체를 제어하지는 않는다. 예전에는 소프트웨어를 개발하기 위해서는 개발 프로그램이나 개발을 위한 서버 환경을 직접 구축하여야만 하였다. 하지만

플랫폼 서비스를 이용하면 개발환경을 위한 투자 비용이 매우 저렴해질 뿐만 아니라, 재활용이 가능한 모듈이나 라이브러리(예: 로그인 모듈, 신용카드 지불 모듈 등)를 이용하여 보다 쉽게 소프트웨어를 개발할 수 있다.

가령, 구글이 제공하는 앱 엔진(App Engine)을 그 예로 들 수 있다. 구글앱은 개발자들이 바로 사용할 수 있는 개발환경을 이미 잘 알려진 파이썬(Python)과 자바(Java) 두 개의 프로그래밍 언어를 기반으로 제공한다. 또한, 구글의 로그인 서비스, 이메일 서비스, 지도 서비스 등 공유가 가능한 개발 모듈을 앱 엔진이 제공하는 플랫폼을 통해 손쉽게 자신의 애플리케이션에 통합할 수 있다. 이처럼, 이미 만들어진 비교적 작은 규모의 모듈 형태 프로그램들을 조합해서 새로운 애플리케이션을 만들어 내는 개발방식인 '매쉬업(mash-up)'에 대해서는 앞서 제1장에서 설명하였다. 이와 유사하게, 윈도우의 Azure는 클라우드상에서 비주얼 스튜디오라고 불리는 소프트웨어 개발 도구와, .NET 프로그래밍 라이브러리, SQL 데이터베이스와 IIS라 불리는 웹 서버 등을 하나의 개발환경 패키지 형태로 제공하고 있다. 따라서 개발자들은 고가의 서버장비를 구매할 필요 없이, 웹 브라우저를 통해 Azure 클라우드에 접속하고, 아무런 어려움 없이 소프트웨어 개발을 할 수 있게 되었다.

플랫폼 서비스 중에는 특정 애플리케이션에 결합시킬 수 있는 모듈형태의 연동, 확장 가능한 프로그램을 개발할 수 있는 특화된 개발환경을 제공하기도 한다. 가령 앞서서 Salesforce.com의 고객관리 프로그램을 서비스 플랫폼의 예로 설명하였다. 이러한 기본적인 Salesforce.com에 결합할 수 있는 추가 모듈을 만들고 싶을 때는 force.com이라고 불리

그림 2-7 구글의 앱 엔진 플랫폼 서비스

는 플랫폼 서비스를 통해 개발환경을 지원받게 된다. 최근에는 다양한 인공지능(AI)서비스 개발 플랫폼이 많은 관심을 받고 있다.

이러한 플랫폼 서비스는 특히 뛰어난 개발자들은 있지만 고가의 개발환경에 투자할 만한 여력을 갖추지 못한 중소기업들과 벤처기업들을 육성할 수 있는 좋은 방안이 될 것이다.

3 클라우드 컴퓨팅 배포 모델

위에서 언급한 다양한 종류의 클라우드 서비스를 소비자에게 효율적으로 공급하기 위한 배포 모델은 크게 공공 클라우드, 사설 클라우드, 하이브리드 클라우드, 그리고 커뮤니티 클라우드 네 가지로 구분되어진다.

3.1 공공 클라우드(Public Cloud)

공공 클라우드는 아마존, 구글, 애플, MS, Salesforce.com과 같은 대규모 클라우드 제공업체가 공유 가능한 컴퓨팅 자원을 일반 사용자에게 제공하는 클라우드 서비스 배포 형태를 말한다. 국내에서도 KT, SK와 LG 등이 유사한 서비스를 제공하고 있다.

공공 클라우드는 보통 거대한 규모의 데이터 센터를 운영함으로써 가장 큰 규모의 경제 효과를 누릴 수 있다. 공공 클라우드를 통해서는 IaaS, PaaS, SaaS 모든 형태의 서비스가 제공된다.

그림 2-8 공공 클라우드 서비스를 위한 대규모 데이터 센터

애플의 대규모 데이터 센터 / 아마존의 서버 컨테이너 / 컨테이너 내부의 서버 랙

3.2 사설 클라우드(Private Cloud)

기업들이 기존의 내부 IT 운영의 효율성과 관련 자원의 활용도를 높이기 위해 가상화와 자원의 공유 등 클라우드 컴퓨팅의 핵심적 기술을 '내부적'으로 활용하는 것을 말한다. 이러한 서비스가 가능하기 위해서는 자신이 데이터 센터를 독자적으로 운영하여야 하기 때문에 대부분 IT 자회사를 가진 대기업들이 활용한다. 많은 경우, 공공 클라우드에 비해 사설 클라우드를 선택하는 이유는 기업이 이미 대용량 서버와 네트워크 장비 등 IT 자원에 상당한 투자를 하였을 경우 이를 포기할 수 없기 때문이다.

또한, 표준화되지 않은 특화된 환경 속에서만 운영되는 기업 고유의 오래된 레거시(legacy) 시스템이 많을 경우 공공 클라우드로의 이전은 어려워진다. 공공 클라우드는 많은 수의 이용자가 동시에 사용하기 때문에 보편적으로 사용되는 표준화된 서비스가 아닌 경우 도입이 힘들기 때문이다. 이 외에도 개인 신용정보 등이 관련된 서비스는 공공 클라우드 이전 시 보안이나 법적인 제한이 가해지는 경우도 있다.

이와 같은 사설 클라우드를 이용하는 대표적인 예로 금융 관련 기업들을 들 수 있다. 은행이나 투자 회사 등이 다루는 고객이나 기업의 정보는 대부분 외부로 노출되면 큰 파장을 가져올 수 있는 민감한 정보들이 많다. 따라서, 많은 경우 당장에 공공 클라우드를 이용하기보다는 사설 클라우드를 선호하게 된다. 사설 클라우드는 이와 같이 보안 관리나 법적 규제와 상충되지 않는 장점이 있지만, 이를 위해서는 충분한 내부 사용자가 있어야만 자원의 공유가 효과적으로 이루어질 수 있으며, 규모의 경제 면에서는 공공 클라우드에 비해 비용 감소 효과는 줄어든다.

3.3 하이브리드 클라우드(Hybrid Cloud)

공공 클라우드와 사설 클라우드의 조합을 의미하는데 기업 내 중요한 정보와 처리는 사설 클라우드를 운영하고, 그 외 백오피스 업무 등 상대적으로 중요하지 않는 정보와 처리는 공공 클라우드에 위탁하는 방식을 말한다. 한편, 평상시에는 사설 클라우드를 이용하다 성수기 온라인 쇼핑몰과 같이 한시적으로 공공 클라우드를 통해 서비스를 확장하는 모델도 사용되는데 특히 이런 경우를 클라우드 버스팅(Cloud Busting)이라고 부른다.

또한 사설 클라우드 성격의 공공 클라우드인 '가상사설 클라우드'(Virtual Private Cloud: VPC)가 새로운 해법으로 대두되고 있다. 이 경우, 데이터 센터는 기업 외부 공공 클라우드로 존재하지만, 기업과 클라우드 제공업체 간에 가상사설 네크워크(Virtual Private Network: VPN)를 수립하여 마치 사설 클라우드와 같은 효과를 누릴 수 있다. 비용도 그리

비싸지 않은데, 공공 클라우드 비용에 VPN 접속에 대한 추가 요금만 지불하면 되어 많은 중소기업이 도입을 고려하고 있다.

3.4 커뮤니티 클라우드(Community Cloud)

커뮤니티 클라우드는 동일하거나 유사한 관심 업무, 공통의 법적 보안적 요구사항 등이 요구되는 기관들로 구성된 커뮤니티 기반의 클라우드를 말한다. 커뮤니티에 속한 사용자들 사이에 데이터의 상호 교환이 용이하고 공통된 애플리케이션의 활용 또한 용이하다. 최근 아마존은 정부 기관 종사자들을 위한 '정부 클라우드(Government Cloud)'서비스를 새로 시작하였고 이미 미국 국토안보부는 기업용 콘텐츠 공급, 아이디 검증, 인증 등의 서비스에 클라우드를 도입한 상태다. 또 다른 예로, 금융기관들로 구성된 커뮤니티 클라우드가 있다. 국내의 경우 우리금융 그룹은 그룹 계열사들이 퇴직연금신탁 등 몇 가지 업무는 가상화를 통해 하나의 시스템을 공동으로 쓰고 있다.

제2강 클라우드 컴퓨팅의 효과와 고려사항

학습내용

1. 클라우드 컴퓨팅의 경제적 효과
2. 클라우드 컴퓨팅 도입 시 고려사항

학습목표

1. 클라우드 컴퓨팅을 도입함으로써 기존에 낭비되는 자원과 모자란 자원을 어떻게 효율적으로 활용할 수 있는지 설명할 수 있다.
2. 클라우드 컴퓨팅을 도입하기에 적합한 기업 환경과, 도입에 부정적인 영향을 줄 수 있는 요인들에 대해서 비교할 수 있다.

1 클라우드 컴퓨팅의 경제적 효과

1.1 낭비되는 자원과 모자란 자원의 감소

기업들은 최근 수십 년에 걸쳐 대용량 서버를 비롯하여, 공급사슬 관리 시스템, 고객 관리 시스템, 전사적 자원관리 시스템 등 복잡한 시스템을 회사 내부에 설치하고, 이에 대한 관리를 기업 자체에서 수행해 왔다. 이런 투자에 대한 성과에 대하여 생산성 분석 등을 위한 노력이 이어졌고, 초기 설비투자비용에 비해 상대적으로 얻을 수 있는 경제적 이익은 미미하다는 우려가 있어 왔다. 그렇다면, 이런 기존의 IT 자원에 대한 투자와 활용 방식의 관점에서, 클라우드 컴퓨팅이 가져다줄 수 있는 경제적 이점은 무엇인지 살펴볼 필요가 있다.

클라우드 컴퓨팅이 정착되기 전, 기업들은 [그림 2-9]의 왼쪽 그림에서 보여주듯이 IT 자원에 대한 수요를 미리 예측하고 증가할 수요에 대처할 수 있는 대규모의 선행투자를 주기적으로 해 왔다. 이에 따라서 큰 자본비용(Capital Expenses: CAPEX)이 필요하였고, 이러한 예측은 정확할 수 없었다. 그 결과 오른쪽 그림에서 보듯이 실제 수요가 예측 수요보다

그림 2-9 기업의 IT 투자 패턴과 문제점

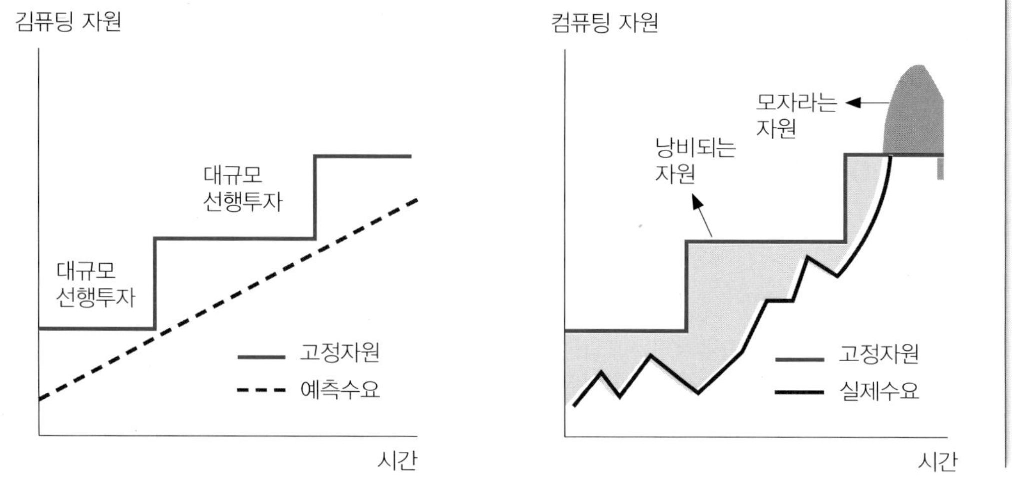

출처: Simone Brunozzi 발표자료, 아마존 웹 서비스 싱가포르지사.

낮을 경우 자원의 낭비를, 실제 수요가 더 큰 경우에는 자원이 고갈되는 경우가 잦았다.

클라우드 컴퓨팅은 이러한 선행투자 대신 필요한 만큼만 빌려 쓰고, 그에 대한 비용을 지불한다는 방식 하에 고정자본비용(CAPEX)의 대부분을 운영비용(Operational Expenses: OPEX)으로 전환시켜 주는 효과를 가져오게 되었다.

[그림 2-10]에서 보여주는 바와 같이 이러한 자본비용의 운영비용으로의 전환은 기업의 재무에도 변화를 가져온다. 손익계산서에서 IT 자원은 더 이상 감가상각이 포함된 자본비용이 아닌 유지비용으로 취급되며, 대차대조표상에서도 하드웨어와 소프트웨어가 장기 자본 자산으로 차지하는 비용이 현저하게 줄게 될 것이다. 그뿐만 아니라, 기업은 매달 사

그림 2-10 클라우드 컴퓨팅의 경제적 효과

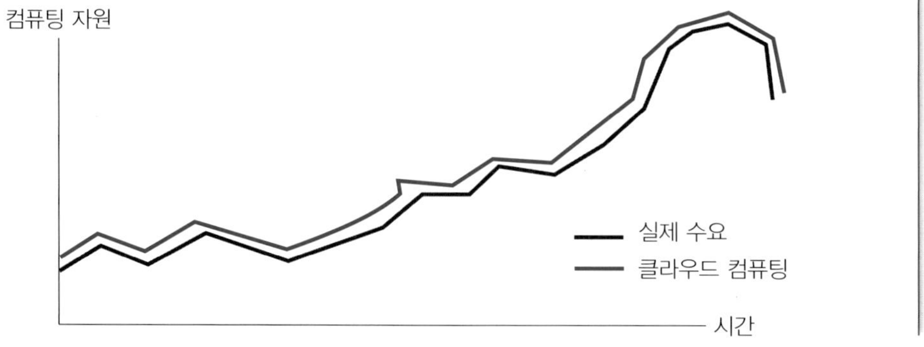

용료를 지급하는 방식 하에 현금 흐름의 유동성이 좋아지고, 기존의 아웃소싱 등에 적용되던 장기 계약방식에 따르는 재무위험 또한 줄어들게 된다. 이렇듯 클라우드 컴퓨팅을 통해서 기업은 기존의 낭비되는 자원과 모자란 자원을 획기적으로 줄이고 확보된 자원은 자신의 핵심제품과 서비스 분야에 투자하게 됨으로써, 다른 기업들에 비해 경쟁우위를 확보할 수 있게 된다.

1.2 IT 벤처기업의 활성화

새로운 IT 벤처기업들은 클라우드 컴퓨팅의 도입으로 더욱 낮아진 진입장벽의 이점을 누릴 수 있다. 즉, 언제든지 새로운 구상만 있으면 손쉽게 애플리케이션을 클라우드상에서 개발하고 테스트까지 할 수 있는 개발환경을 값싸게 제공(PaaS)받을 수 있으며, 필요 시 저렴한 테스트베드 환경(IaaS)도 클라우드를 통해 원하는 기간 동안만 손쉽게 빌려 쓸 수 있다. 개발된 애플리케이션의 실제운영 과정에서도 필요에 따라 가상 서버의 개수를 늘리거나 줄일 수 있고, 만약 결과적으로 성공하지 못한 애플리케이션에 대한 부담도 짧은 기간 동안의 운영비로 국한되어 위험요소가 현저히 줄게 되었다. 하지만 한편으로는, 클라우드 컴퓨팅으로 인하여 더 많은 벤처기업들이 시장에 참여하게 되고, 이로 인한 불필요한 내부 경쟁이 심화될 수도 있을 것이다.

1.3 중소기업의 클라우드 컴퓨팅

벤처기업들과 유사하게 IT 관련 중소기업들은 충분하지 않은 투자 비용을 가지고도 새로운 애플리케이션을 개발할 수 있게 되었다. 또한 일반 중소기업의 경우, 예전에는 고가의 서버와 소프트웨어 패키지, 그리고 애플리케이션을 운용할 줄 아는 전문 인력이 있어야만 가능했던 업계 최고의 값비싼 애플리케이션을 도입하여 사용하는 것이 가능해졌다. 가령 앞서 예로 들었던 고객관리 소프트웨어 서비스(SaaS) 클라우드의 대표업체인 Salesforce.com, 전사적 자원관리(ERP) 소프트웨어의 대표회사인 SAP 등은, 예전에는 소프트웨어를 직접 설치해 주고 유지하다 보니 그 비용이 비싸서 중소기업의 경우 도입이 어려웠지만 지금은 매달 사용료를 지불하면 웹상에서 손쉽게 이용이 가능하다. 뿐만 아니라, 주로 대기업을 고객으로 소프트웨어 라이선스를 판매하고 이를 유지 · 보수하는 대규모 프로젝트를 통해 수익을 올리던 오라클 등 IT 컨설팅 업체들도, 최근 자신들이 가지고 있는 다양한 소프트웨어를 웹 환경에서 중소기업들에게도 클라우드 서비스로 제공하기 시작했다.

1.4 대기업의 클라우드 컴퓨팅

클라우드 컴퓨팅이 중소기업과 벤처기업들에게만 혜택을 주는 것은 아니다. 물론 대기업들은 벤처기업이나 중소기업들에 비해 자금의 여유가 있고, 내부적으로 IT부서를 운영하는 경우가 많아 상대적으로 클라우드 컴퓨팅으로의 전환에 소극적인 태도를 취하기 쉽다. 단기적으로는 이미 많은 자본을 자신의 내부 데이터 센터에 투자를 한 경우, 이를 버리고 공공 클라우드를 이용한다는 것이 오히려 경제적으로 손실을 초래하는 경우가 생길 수도 있을 것이다. 하지만, 공공 클라우드의 규모의 경제에 따른 혜택을 고려하면, 대기업들도 우선은 내부적으로 클라우드 컴퓨팅 기술에 기반한 사설 클라우드를 사용중이더라도 점진적으로 그 범위를 공공 클라우드 컴퓨팅으로 확장해 나감으로써 더 높은 비용절감 효과를 가져올 수 있을 것이다.

2 클라우드 컴퓨팅 도입 시 고려하여야 할 사항들

클라우드 컴퓨팅이 가져오는 경제적 효과는 많은 기업들에게 매력적으로 다가올 것이다. 하지만, 기업의 업무 성격에 따라 클라우드 컴퓨팅이 가장 효과적이기도 하지만 오히려 그렇지 않은 경우도 있을 수 있다.

2.1 클라우드 컴퓨팅이 효과적인 경우

클라우드 컴퓨팅이 가장 효과적인 경우는 다음과 같은 경우이다.

(1) 단기간 필요한 서비스

신제품 개발을 위한 사전 설문조사, 개발된 개임의 사용자 테스트 등 짧은 기간만 필요한 컴퓨팅 자원은 따로 하드웨어나 운영 소프트웨어를 구매하기보다는 클라우드를 통해 제공되는 서비스를 이용하는 게 효율적이다.

(2) 규모 및 부하의 변화가 큰 서비스

온라인 쇼핑몰이나 주식거래 시장 등 시간에 따라 필요한 컴퓨팅 자원이 유동적으로 변화하는 경우는 클라우드가 효과적이다. 만약 필요한 컴퓨팅 자원을 구매한다면 유동성을

그림 2-11 월마트(Walmart)의 온라인 소비자 방문 기록

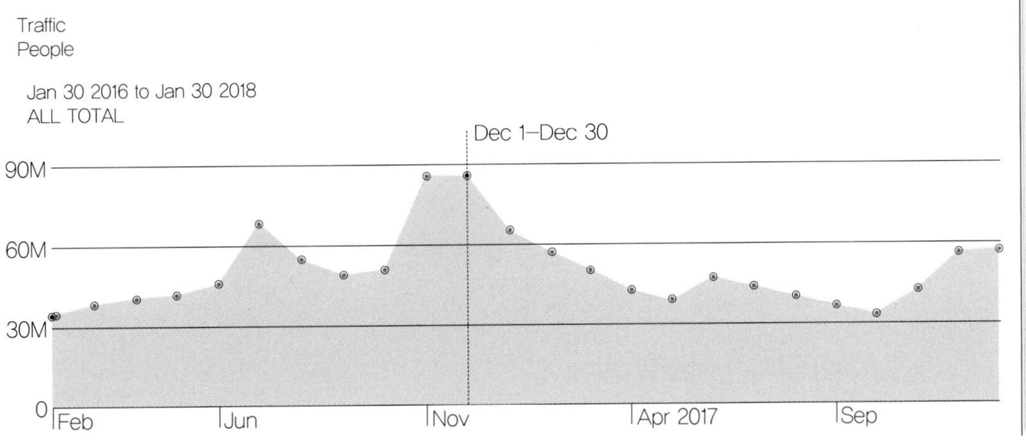

출처: quantacast.com

고려하기보다는 최대 부하가 걸리는 시간대에 맞춰 서버나 네트워크 자원에 투자가 필요할 것이다. 가령 [그림 2-11]에서 월마트의 소비자 방문 기록을 보면 크리스마스 시즌에 방문자가 집중되어 있으며 이 시기의 부하를 이겨 낼 수 있는 컴퓨팅 자원이 할당될 것이다. 다른 기간 동안에는 이러한 할당된 자원이 낭비가 된다.

이와 같이 계절에 민감하고 주기성을 많이 타는 소프트웨어나 서버환경을 클라우드 컴퓨팅을 사용함으로써 필요한 만큼만 탄력적으로 빌려 쓰게 될 경우 그 효과가 뛰어나다고 할 수 있다.

(3) 비전략적, 범용 애플리케이션

클라우드는 기업의 핵심 분야보다는 비전략적이고 조직적 가치가 비교적 낮은 애플리케이션에 적합하다. 가령 백업 데이터베이스 저장장소가 대표적인 예가 될 수 있다. 아마존의 S3와 같은 서비스는 이 분야에 특화되어 있고, 따라서 개개의 기업보다 훨씬 효율적이며 경제적인 방식으로 백업서비스를 제공한다. 이렇게 함으로써 기업은 자신의 핵심 전략 분야에 더 많은 자원을 배분할 수 있게 된다. 비슷한 이유로 기업의 전략적 기능이 아닌, 인적자원관리, 회계, 자료처리 등과 같은 백오피스(back office) 기능은 클라우드 컴퓨팅을 활용할 수 있는 좋은 후보자라 할 수 있다.

2.2 클라우드 컴퓨팅 도입을 조심해야 하는 경우

(1) 레거시(legacy) 시스템

기업 내부적으로 오래 사용한 레거시 시스템이 많은 경우 클라우드 컴퓨팅으로의 전환에 큰 걸림돌이 된다. 앞서 설명한 바와 같이 클라우드 서비스를 제공하는 데이터 센터에는 대규모의 범용서버들이 집약되어 대중적이고 표준화된 서비스를 제공하는 데 최적화되어 있다. 기업에서 오랫동안 사용해 왔던 특이한 서버 환경과는 차이가 나기 마련이며 이를 클라우드로 이전하기는 쉽지 않다.

(2) 실시간 시스템

클라우드 서비스는 웹을 통해 전달된다. 오늘날 인터넷은 대부분의 경우 문제가 없지만 100% 완벽한 서비스를 한 치의 오차도 없이 실시간으로 제공하기에는 한계가 있다. 예를 들어, 병원에서 수술 중 이미지를 실시간으로 지원하거나, 주식시장의 매매 시스템과 같이 실시간 정보를 정확히 제공하는 시스템 등에서 사용하기에는 아직 신중할 필요가 있다.

(3) 보안 및 프라이버시

환자 정보, 신용 정보, 기업의 기밀 등 민감한 데이터가 포함될 경우 클라우드 컴퓨팅을 적용하기가 어려울 수 있다. 가령 클라우드 컴퓨팅에서 명령어로 지운 데이터들은 실제로 디스크상에 남아 있을 수 있고 이에 따른 문제가 야기될 수도 있다. 이 외에도 회원 정보들을 많이 보유한 한 기업이 이 정보를 분석하기 위해 외부의 클라우드 컴퓨팅 인프라를 활용해도 개인정보 보호차원에서 문제가 없는지 명확하지 않다. 마찬가지로, 국외에 있는 클라우드 인프라 활용에는 별 문제가 없는 것인지, 특정 기업이 외부 클라우드 컴퓨팅 리소스를 활용해 사업을 했는데 이때 회계 부정 문제가 발생하면 외부 클라우드 컴퓨팅 업체는 얼마의 기간 동안 관련 데이터를 백업해 놨다가, 어떤 절차를 통해 언제 정부의 요구에 따라야 하는지 등 상당히 복잡한 법적 문제가 우선 해결되어야 할 것이다.

알아봅시다

클라우드 서비스 보안인증(CSAP) 이란?

민간 기업이 공공부문에 클라우드 서비스를 공급하기 위해 필요한 인증이다. '클라우드컴퓨팅 발전 및 이용자 보호에 관한 법률' 제23조 2항에 따라 정보보호 기준 준수 여부를 인증기관이 평가 · 인증한다. 인증기관은 한국인터넷진흥원(KISA)이다. 공공기관에 안전성과 신뢰성이 검증된 민간 클라우드 서비스를 공급, 이용자의 보안 우려를 해소하고 클라우드 경쟁력을 확보한다는 취지로 2016년에 도입됐다.

CSAP는 클라우드 데이터의 물리적 위치를 국내로 한정한다. 공공기관용 서버와 네트워크, 보안장비 등은 일반용 클라우드 서비스 영역과 분리해서 운영해야 한다. 공공기관에 클라우드를 제공하려면 국가정보원의 보안공통평가기준(CC) 인증도 함께 받도록 했다.

과학기술정보통신부는 2023년 1월 31일 클라우드 시스템의 중요도 기준을 3등급으로 구분하고 등급별로 차등화한 보안인증 기준을 적용하는 내용을 담은 '클라우드컴퓨팅서비스 보안인증에 관한 고시' 개정안을 공포했다. 데이터 민감도에 따라 상 · 중 · 하로 구분하고, '하' 등급에 대해서는 물리적 망분리 이외에 논리적 망분리까지 허용했다.

정부에서는 진입장벽이 완화된 CSAP 하 등급 시행으로 공공영역에서 민간 클라우드 시장이 형성, 전반적인 수요가 확대될 것으로 보고 있다. 국내 중소 · 중견 소프트웨어(SW) 기업 역시 수혜를 기대하고 있다. 다만 아마존 웹 서비스(AWS), 마이크로소프트(MS) 등 글로벌 빅테크 기업의 공공영역 진출이 쉬워지면서 국내 사업자의 경쟁력이 위축될 것이라는 우려도 제기된다.

출처: 전자신문, 2023. 2. 14.

핵심 체크

01 클라우드 컴퓨팅은 어디에서나 접속이 가능한 장점이 있지만 접속 기기의 형태에 종속된다는 단점이 있다.

정답 ×

해설 접속기기에 상관없는 광범위한 접근성을 제공한다.

02 클라우드 서비스는 사용한 만큼만 요금을 지불하면 된다.

정답 O

해설 사용자는 필요한 만큼만 컴퓨팅 자원을 사용하고, 사용량에 따라 요금을 지불하는 방식을 유틸리티 컴퓨팅이라 한다.

03 아마존의 EC2 서비스는 대표적인 플랫폼 서비스(PaaS)이다.

정답 ×

해설 아마존의 EC2 서비스는 대표적인 인프라스트럭처 서비스(IaaS)이다.

04 기업 내 중요한 정보와 처리는 사설 클라우드를 운영하고, 그 외 백오피스 업무 등 상대적으로 중요하지 않는 정보와 처리는 공공 클라우드에 위탁하는 방식을 하이브리드 클라우드라고 한다.

정답 O

해설 공공 클라우드와 사설 클라우드의 조합을 의미한다.

05 클라우드 서비스를 이용함으로써 기존의 고정자본비용을 우연비용으로 전환할 수 있게 되었다.

정답 O

해설 사용자는 자기가 필요한 만큼만 빌려 쓰고, 그에 대한 비용을 지불한다.

06 클라우드 서비스는 규모 및 부하의 변화가 큰 서비스에는 적절하지 않다.

정답 ×

해설 클라우드 컴퓨팅은 빠른 탄력성이 주요한 장점이다.

07 클라우드 컴퓨팅 서비스를 인터넷을 통해 원격으로 접속하여 조정하고 명령을 내리기 위해 필요한 기술적 요소는?

① Open API　　　② Load Balancing

③ Virtual Server
④ On-demand self-service

정답 ①

해설 광범위한 네트워크를 통한 접속을 지원하기 위해 Open API를 제공한다.

08 아마존의 EC2 서비스나 S3 스토리지 서비스 등이 해당하는 클라우드 서비스 모델은?

① IaaS
② PaaS
③ SaaS
④ EaaS

정답 ①

해설 인프라스트럭처 서비스(IaaS)는 클라우드 제공업체에 가입을 하고 원하는 사양의 가상서버를 생성하는 서비스이다.

09 기존에 대용량 서버와 네트워크 장비 등 IT 자원에 상당한 투자를 하였을 경우 적합한 클라우드 배포 모델은?

① 공공 클라우드
② 사설 클라우드
③ 커뮤니티 클라우드
④ 하이브리드 클라우드

정답 ②

해설 사설 클라우드를 통해 기존의 내부 IT 운영의 효율성과 관련 자원의 활용도를 높이기 위해 가상화와 자원의 공유 등 클라우드 컴퓨팅의 기술적 기반을 '내부적'으로 활용한다.

10 클라우드 서비스가 벤처기업에게 주는 혜택으로 올바르지 않은 것은?

① 낮아진 진입장벽
② 저렴한 테스트베드 환경
③ 개발환경을 값싸게 제공
④ 자본비용 확대

정답 ④

해설 고정자본비용(CAPEX)의 대부분을 운영비용(Operational Expenses: OPEX)으로 전환한다.

11 다음 중 클라우드 컴퓨팅이 효과적인 경우는?

① 단기간 필요한 서비스
② 규모 및 부하의 변화가 작은 서비스
③ 전략적 애플리케이션
④ 레거시 시스템

정답 ①

해설 신제품 개발을 위한 사전 설문조사 등 단기가 필요한 서비스에 적합하다.

12 컴퓨팅 자원을 가스나 전기처럼 구매하거나 소유하지 않고 필요할 때마다 사용하고 사용량에 따라 과금하는 모형을 무엇이라 하는가?

정답 유틸리티 컴퓨팅

해설 유틸리티 컴퓨팅이란 컴퓨팅 자원을 가스나 전기처럼 구매하거나 소유하지 않고 필요할 때마다 유틸리티로 사용하고 사용량에 따라 과금하는 모형이다.

13 데이터 센터는 기업 외부에 존재하지만, 기업과 클라우드 제공업체 간에 가상 사설 네크워크(Virtual Private Network: VPN)를 수립하여 사설 클라우드와 유사한 서비스를 제공하는 배포모델을 무엇이라 하는가?

정답 가상 사설 클라우드(VPC)

해설 가상 사설 클라우드(Virtual Private Cloud)는 기업 애플리케이션을 공공 클라우드로 이전하고도 이에 대한 통제력을 사설 클라우드와 마찬가지로 그대로 유지한다.

14 클라우드 컴퓨팅은 인프라스트럭처와 플랫폼 서비스를 넘어서, 클라우드 컴퓨팅의 핵심인 _____의 서비스화가 점차 가속화될 전망이다.

정답 소프트웨어

해설 클라우드 관련 기술들은 발달 단계를 넘어서 점차 실용화 단계에 접어들고 있는 상태이며, 인프라스트럭처(Iaas)와 플랫폼 서비스(PaaS)를 넘어서, 클라우드 컴퓨팅의 핵심인 소프트웨어의 서비스화(Saas)가 점차 가속화될 전망이다.

요약

클라우드 컴퓨팅의 개념

- 클라우드 컴퓨팅은 애플리케이션, 스토리지, OS, 보안 등 필요한 IT 자원을 원하는 시점에 필요한 만큼만 빌려 쓰고, 자신이 사용한 만큼만 대가를 지불하는 형태를 말함
- 클라우드 컴퓨팅의 핵심기술은 그리드/분산 컴퓨팅, 유틸리티 컴퓨팅, 웹 서비스, 가상화 기술 등

클라우드 컴퓨팅의 특징

- 클라우드 컴퓨팅을 통해 자원의 풀(pool)을 형성하고, 다수의 고객들이 이를 공유하고 필요한 만큼 나누어 쓰는 것이 가능해짐
- 클라우드 컴퓨팅을 통해 언제 어디서든지 어떤 기기로도 접속하여 서비스를 이용하는 게 가능해짐
- 클라우드 컴퓨팅을 통해 변화가 심한 시장환경에 발 빠른 대응을 할 수 있게 됨
- 클라우드 컴퓨팅을 통해 불필요한 자원의 낭비를 줄이고 서비스를 사용한 만큼 요금을 지불하게 됨
- 클라우드 컴퓨팅을 통해 사용자의 수요에 따라 탄력적인 대응이 가능해지고, 고객들은 자신들의 구미에 맞는 맞춤 서비스를 이용할 수 있게 됨

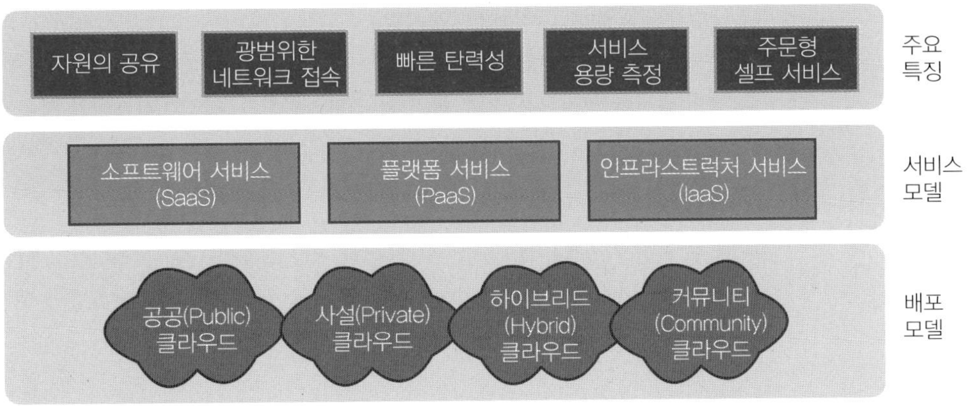

클라우드 컴퓨팅 서비스

- 클라우드 컴퓨팅 서비스 모델은 크게 인프라스트럭처 서비스(IaaS), 플랫폼 서비스(PaaS), 소프트웨어 서비스(SaaS)로 구분할 수 있음
- 인프라스트럭처 서비스(IaaS)는 서버 등 컴퓨팅 능력, 데이터 저장공간, 파일보관 서비스 등 기반구조를 제공함
- 플랫폼 서비스(PaaS)는 애플리케이션을 개발 · 실행할 수 있는 플랫폼을 제공함
- 소프트웨어 서비스(SaaS)는 소프트웨어 자체를 웹 기반의 애플리케이션 형태로 제공함

클라우드 컴퓨팅 배포 모델

- 클라우드 컴퓨팅 서비스 모델은 크게 공공 클라우드, 사설 클라우드, 커뮤니티 클라우드, 하이브리드 클라우드로 구분할 수 있음
- 공공 클라우드는 클라우드 제공업체가 공유 가능한 컴퓨팅 자원을 다양한 불특정 사용자에게 원하는 만큼 제공함
- 사설 클라우드는 기존의 내부 IT 운영의 효율성과 관련 자원의 활용도를 높이기 위해 가상화와 자원의 공유 등 클라우드 컴퓨팅의 기술적 기반을 '내부적'으로 활용함
- 커뮤니티 클라우드는 동일하거나 유사한 관심 업무, 공통의 법적 · 보안적 요구사항 등이 요구되는 기관들로 구성된 커뮤니티 기반의 클라우드임
- 하이브리드 클라우드는 기업 내 중요한 정보와 처리는 사설 클라우드를 운영하고, 그 외 백오피스 업무 등 상대적으로 중요하지 않는 정보와 처리는 공공 클라우드에 위탁하는 방식임

클라우드 컴퓨팅의 경제적 효과

- 클라우드 컴퓨팅을 통하여 사용자는 컴퓨팅 자원을 필요한 때에 필요한 만큼 빌려서 사용함으로써, 고정자본비용(CAPEX)의 대부분을 운영비용(Operational Expenses: OPEX)으로 전환할 수 있게 됨
- 클라우드 컴퓨팅은 저렴한 비용으로 개발환경이나 테스트환경을 제공하여 벤처기업의 활성화를 도모함

클라우드 컴퓨팅 도입 시 고려하여야 할 사항들

- 클라우드 컴퓨팅은 단기간 필요한 서비스, 규모 및 부하의 변화가 큰 서비스에 유리한 반면, 레거시 시스템이 많거나 실시간 시스템, 보안 및 프라이버시가 중요한 시스템일 경우에는 도입을 신중히 결정하여야 함

클라우드 컴퓨팅의 중요성

- 클라우드 관련 기술들은 발달 단계를 넘어서 점차 실용화 단계에 접어들고 있는 상태이며, 인프라스트럭처 서비스(Iaas)와 플랫폼 서비스(PaaS)를 넘어서, 클라우드 컴퓨팅의 핵심인 소프트웨어의 서비스화(Saas)가 점차 가속화될 전망임

참고 문헌

니샨트 싱 · 마이클 케호 저 / 양준기 · 최지희 역, Azure를 활용한 클라우드 네이티브 인프라, 2023.

Lawton, George, *Developing Software Online with Platform-as-a-Service Technology*, 2008.

Thomas Erl, Ricardo Puttini, and Zaigham Mahmood, *Cloud Computing: Concepts, Technology & Architecture*, 2013.

Walling, Rob and Jason Cohen, *The SaaS Playbook: Build a Multimillion-Dollar Startup Without Venture Capital*, 2023.

제3장 인공지능과 빅데이터

오늘의 주제

챗GPT, 의료 분야에서 어떻게 활용되나

요즘 우리 일상은 지속적인 기술 혁신 영향을 받고 있다. 이 중에서도 오픈에이아이(OpenAI)가 개발한 대화형 인공지능이자 챗봇인 챗지피티(ChatGPT)는 가장 주목을 받는 주제다.

ChatGPT 등장 이전, 챗봇은 주로 규칙 기반 시스템에 의존해 작동했다. 이러한 챗봇은 미리 정의된 패턴과 규칙을 기반으로 사용자 입력에 대한 단순한 응답을 제공했다. 그러나 사용자 질문이나 요청이 미리 정의된 규칙과 일치하지 않는 경우, 챗봇은 적절한 응답을 제공하지 못했다. 인공지능 기술이 발전하면서 ChatGPT는 더욱 자연스럽고 유연한 대화가 가능할 수 있게 됐다. 이 모델은 대용량의 데이터로 학습됐으며, 사용자 입력에 대한 의미와 문맥을 이해해 응답을 생성한다. 또한 ChatGPT는 지속적으로 학습하고 발전할 수 있는 능력을 갖추었기에 사용자 경험 향상과 새로운 도전에 대한 대응이 가능하다. 그러면 ChatGPT를 병원에서 어떻게 활용할 수 있을까?

첫째로 ChatGPT는 환자들에게 지속적인 의료정보를 제공할 수 있다. 병원 웹 사이트나 애플리케이션을 통해 ChatGPT를 도입하면, 환자들은 질문에 대한 신속하고 정확한 응답을 받을 수 있다. ChatGPT는 의료진 지침을 기반으로 건강 조언을 제공하고, 질병에 대한 정보와 예방법을 안내할 수 있다. 또한 환자들 의료기록을 기반으로 개인 맞춤형 정보를 제공, 환자들이 자신의 건강 상태를 이해하고 관리하는 데 도움이 될 수 있다.

둘째로 ChatGPT는 의료진 업무 효율성을 향상시키는 데 기여할 수 있다. 의사나 간호사들은 ChatGPT를 사용해 의무기록 작성이나 요약을 자동화할 수 있다. ChatGPT는 의무기록 중요 정보를 추출하고, 환자 상태와 특이 사항을 요약해 의료진이 빠르게 정보를 파악하고 결정을 내릴 수 있도록 도울 수 있다. 이는 의료진 시간을 절약하고 진료 효율성을 향상시킬 수 있다.

셋째로 ChatGPT는 의료 연구에도 큰 도움을 줄 수 있다. 의료 연구는 대량 데이터를 분석하고 이해하는 과정을 필요로 한다. ChatGPT는 의료데이터를 처리하고 분석해 새로운 통찰력과 패턴을 발견하는 데 도움이 된다. 의료 연구진은 ChatGPT를 활용해서 질병 예측 모델 개발 및 약물 효과 예측, 진단 보조 등의 다양한 분야에서 혜택을 얻을 수 있다.

출처: 데일리메디(https://www.dailymedi.com), 2013. 11. 5.

생각해보기

ChatGPT와 같은 인공지능 모델은 의료 분야에서 혁신적인 발전을 이끌어낼 수 있지만, 그 사용에는 신중한 주의가 필요합니다. 의료 분야에서 ChatGPT를 적용할 때 어떤 주의 사항을 염두에 두어야 할까요?

전문가 답변

첫째, 의료데이터는 개인 건강 정보와 관련이 깊으며, 이는 민감한 개인 정보로 간주됩니다. 따라서 ChatGPT를 의료 분야에 적용할 때는 데이터 보안과 개인 식별 정보 처리에 철저한 주의가 필요합니다. 둘째, ChatGPT는 의료진을 지원하고 의사 결정을 돕는 도구로 사용될 수 있지만, 의사 결정은 항상 의료진의 판단과 지식을 바탕으로 이루어져야 할 것입니다. 셋째, 편향성과 공정성에 대한 검토가 필요합니다. ChatGPT와 같은 언어 모델은 학습 데이터에 포함된 편향성을 학습하고 반영하게 됩니다. 따라서 모델 훈련 데이터는 특정 인종 및 성별, 사회경제적 배경 등에 대한 편향성을 방지하여 공정하고 평등한 의료 서비스 제공을 위해, 지속적인 모델의 검토와 수정이 필요할 것입니다.

제1강 빅데이터의 개념

학습내용

1. 빅데이터의 개념과 특징
2. 빅데이터의 주요 기술 구성

학습목표

1. 빅데이터란 무엇인지 규모, 다양성, 속도 등을 고려하여 설명할 수 있다.
2. 기존의 비즈니스 데이터와 비교할 때 빅데이터가 가지는 특징은 무엇인지 설명할 수 있다.
3. 빅데이터가 출현하게 된 배경을 기술적, 사회적, 경제적 측면에서 설명할 수 있다.
4. 빅데이터를 구성하는 기반 인프라, 분석 기술, 표현 기술에 대하여 설명할 수 있다.

1 빅데이터란?

“빅데이터 마케팅”, “빅데이터를 통한 고객관리,” “빅데이터를 이용한 트렌드 분석,” “빅데이터를 통한 주가 예측”과 같이 “빅데이터”라는 용어가 새로운 키워드로 여기 저기서 쉽게 접할 수 있게 되었다. 과연 빅데이터란 무엇이고, 기존의 비즈니스 데이터와는 어떤 차이가 있을까? 과연 빅데이터는 다양한 비즈니스 분석과 예측을 한치의 오차도 없이 척척 해내는 마술과도 같은 것일까? 이 장에서는 이러한 질문에 대한 해답을 찾아보자.

1.1 빅데이터의 3요소?

먼저 빅데이터를 규모(Volume), 다양성(Variety), 속도(Velocity)라는 세 가지 측면에서 정의해 보자.

(1) 규모(Volume)

빅(Big)이라는 이름에서 알 수 있듯이 빅데이터의 규모는 어마어마하다. 이와 같이 추상적인 설명보다 좀더 실감나는 설명을 해 보자. 대략 유사 이래 2003년까지 생성된 모든 정

알아봅시다

데이터의 단위

컴퓨터에 저장되는 데이터는 디지털 형식으로 0과 1의 조합으로 이루어진다. 0과 1 중 하나의 값을 저장하는 공간을 1비트(bit)라고 한다. 이러한 비트가 8개가 모이면 1바이트(byte)가 된다. 요즘 들어 빅데이터를 설명하기 위해 부쩍 많이 사용하는 데이터 단위는 요타바이트(yottabyte), 제타바이트(zettabyte), 그리고 엑사바이트(Exabyte) 등인데 이는 알아보기 쉽게 다음과 같은 관계로 나타낼 수 있다.

1요타바이트(yottabyte) = 10^3 제타바이트(zettabyte) = 10^6엑사바이트(exabytes) = 10^9 페타바이트(petabytes) = 10^{12}테라바이트(terrabytes) = 10^{15}기가바이트(gigabytes) = 10^{18}메가바이트(megabytes) = 10^{21}킬로바이트(kilobytes) = 10^{23}바이트(bytes)

보를 그 용량으로 따지면 5엑사바이트(Exabyte) 정도라고 한다(데이터의 단위에 대해서는 '알아봅시다' 참조).

그런데, 2003년 이후 불과 10년이 안 되는 기간인 2011년까지 1.8제타바이트(zettabytes)의 정보가 생산되었다고 한다. 이 정보는 미국 의회 도서관에 현재 저장되어 있는 정보(235테라바이트)의 약 4백만배 규모이며, 만약 16GB 아이패드를 축구장 면적으로 쌓아 올리면 대기권의 2배 높이에 도달하는 규모이다. 2011년 빅데이터 시대의 도래 이후, [그림 3-1]에서 보여주듯이, 증강 현실, 사물인터넷, 인공지능과 같은 새로운 기술과 더불어 데이터의

그림 3-1 데이터 시대의 변화

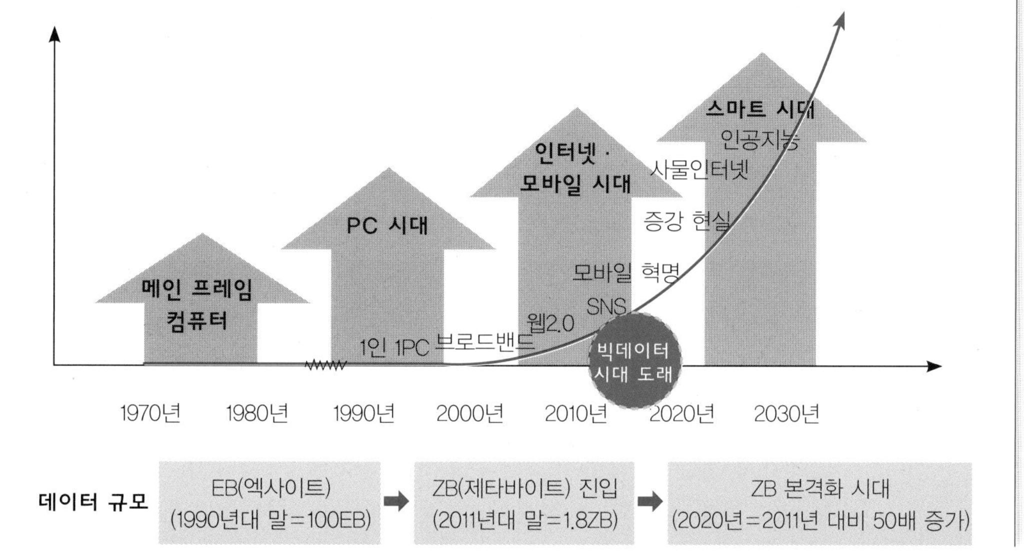

출처: "4차 산업혁명에서 빅데이터", 정보과학회지, 2017.

규모는 2020년에는 2011년 대비 대략 50배가 증가하게 되었다. 그 규모가 실로 대규모의 데이터이며 "빅"이라는 이름이 붙여질 만하다.

(2) 다양성(Variety)

빅데이터를 설명할 때, 규모와 더불어 생각해야 할 것이 그 다양성이다. 앞서서 설명한 바와 같이 10년 남짓 되는 짧은 기간 동안 방대한 사이즈의 데이터가 쌓이게 된 주된 요인은 인터넷의 발전, 웹 2.0의 대두와 함께 시작된 사용자의 적극적인 웹 콘텐츠 생산에 있다. 뉴스와 포털 사이트를 돌아다니며 볼거리를 수동적으로 받아들이던 소비자(컨슈머, consumer)가 이제는 유튜브에 자신이 만든 비디오를 올리고, 페이스북에 시시각각 자신의 근황을 뉴스피드로 제공하는 생산자(프로듀서, producer)의 역할을 병행하고 있는 것이다. 이러한 프로슈머(prosumer)들이 쏟아 내는 데이터는 현재 전체데이터의 90% 이상을 차지한다고 한다.

이와 같이 웹상의 활동을 통해 다양한 형태의 데이터가 축적되다 보니, 빅데이터는 기업에서 관리하는 고객 정보, 상품 정보와 같은 테이블형태의 정형화된 데이터뿐만 아니라, 완전한 테이블 구조는 아니지만 HTML 파일이나 XML 파일과 같이 일정한 형식을 따르는 반정형화된 데이터, 그리고 텍스트, 오디오, 이미지, 동영상 등 비정형화된 데이터를 모두 포함하고 있다. 이 밖에도 사물인터넷과 같이 다양한 센서를 통해 보다 새로운 형태의 정보들이 수집되기도 한다.

(3) 속도(Velocity)

빅데이터를 나타내는 또 하나의 키워드는 속도이다. 첫째, 데이터가 생성되는 속도가 빠르다. 누구나 어디서든 데이터를 만들고 스트리밍 형태로 실시간으로 웹에 쏟아 붇다 보니 그 늘어나는 속도가 종잡을 수 없을 정도이다. 둘째, 이렇게 불어나는 데이터를 빠르게 처리하기 위한 컴퓨팅 파워도 최근 몇 년간 놀라울 정도로 성장하였다. 이전 데이터 처리속도가 수 주였다면, 이제는 수 분이나 수 초 이하로 단축되거나, 심지어 거의 실시간 처리가 가능해졌다. 예를 들어, 인간의 유전자 지도를 밝혀내는 게놈 프로젝트(Human Genome Project: HGP)의 경우 2003년에는 3조원이라는 비용과 13년이라는 긴 시간을 투자해야만 겨우 완성할 수 있었다. 하지만, 11년 뒤인 2014년엔 비용이 100만원 수준으로 떨어졌고, 2023년에는 불과 13만원 정도의 비용으로 1~2일 만에 결과를 받아볼 수 있게 되었다.

요약하자면, 빅데이터의 3요소(3Vs)는, 첫째 제타바이트(ZB=1,000조 MB)의 규모(Volume), 둘째 정형화, 반정형화, 비정형화된 데이터의 다양성(Variety), 셋째 빠른 속도(Velocity)의 데이터의 생성, 유통, 활용이라고 할 수 있다.

1.2 빅데이터 vs 비즈니스 데이터

빅데이터가 가지는 특징은 비즈니스 데이터와의 비교를 통해서 더욱 확연해진다. 기존의 비즈니스 데이터들은 기업의 운영을 위해서 사용되는 데이터들이다. 즉, 기업을 운영하기 위해서는 자재를 구매하고, 생산하고, 판매하는 일련의 과정을 거치게 되는데 각 과정에 필요한 정보들을 테이블 형태로 저장하고 필요 시 변경한다. 가령 고객 테이블에는 고객의 이름, 주소, 전화번호를 저장하는 특정 컬럼이 존재한다. 이 밖에도, 자재 테이블, 생산계획 테이블, 매출 테이블, 자산 테이블 등 수많은 테이블들이 서로 복잡한 관계를 맺게 되는데 이를 효과적으로 관리하기 위해서 관계형 데이터베이스 시스템(Relational Database System: RDBMS)을 이용한다.

기존의 비즈니스 데이터는 어떤 고객이 언제 어떤 상품을 구매하였는지와 같이 정확한 거래정보를 기입하기 때문에 개개의 데이터가 중요하며, 또한 어느 한쪽이 수정되었는데 다른 쪽은 수정되지 않아 정합성(consistency)에 문제가 생겨서도 안 된다. 가령 영업사원이 재고가 10개 있음을 확인하고 고객에게 물건을 팔기로 하였는데 실제 창고 데이터를 확인해 보니 재고가 없어서는 안 된다. 또한 기업의 운영과 거래를 위해서는 해당 비즈니스 데이터가 필수요소이기에 항상 유효성(availability)이 확보되어야 한다. 가령 제품을 생산하기 위해서는 자재들이 언제 입고가 되는지에 대한 정확한 정보가 항시 참조 가능한 상태로 유지되어야만 한다.

반면, 빅데이터는 위에 설명한 기업의 운영과 개별 거래에 필요한 비즈니스 데이터와는 성격이 다르다. 우선, 데이터의 형태가 반정형, 혹은 비정형성을 가진 데이터가 많다 보니 테이블 형태에 저장하기가 힘들다. 따라서 유튜브의 동영상이나 페이스북 댓글 등은 테이블에 저장하기보다는 비관계형 데이터베이스에 파일 형태로 저장하는 경우가 많다. 비즈니스 데이터의 사용목적은 개별 거래에 대한 정확한 기입과 보존, 그리고 필요 시 변경하는 것이었다. 하지만, 빅데이터의 주된 사용목적은 대량의 데이터를 취합하여 새로운 정보를 예측하는 것이다. 즉, “누가 무엇을 언제 샀냐”가 아니라, “전체 고객의 동향을 볼 때 내년에 가장 유행할 상품군은 무엇일까”와 같은 통합된 데이터를 이용한 고객 유형별 관심, 감성분석, 트렌드 파악 등이 중요해진다.

이와 같은 기존의 비즈니스 데이터와 빅데이터의 차이점과 특징을 〈표 3-1〉에서 요약하였다. 빅데이터의 사용목적이 통합된(aggregated) 관점에서 데이터를 분석하여 새로운 사실을 예측하는 것이다 보니, 개별 데이터 하나 하나의 정합성과 유효성은 상대적으로 그 중요성이 떨어진다. 대신, 얼마나 많은 데이터들을 받아들여 빠르게 수평적으로 확장할 능력을 갖추었는지(horizontal scalability), 분산 가용성 및 응답성(partition tolerance)을 가

표 3-1 비즈니스 데이터와 빅데이터의 비교

	비즈니스 데이터	빅데이터
사용 데이터베이스	• 관계형 데이터베이스(RDBMS) 이용	• 비관계형 데이터베이스(NoSQL) 이용
데이터 저장 형태	• 테이블	• 파일
데이터의 가치	• 개개의 데이터가 중요	• 개개의 데이터가 모여 새로운 정보 전달
주 활용분야	• 소비자, 생산, 매출, 자산, 재고 등 ERP나 SCM 등 내부기간 시스템에서 활용 • 운영을 위한 개별 데이터 관리	• 고객 유형별 관심, 감성 분석, 트렌드 파악 • 데이터를 통합하여 숨어 있는 가치 발견
필수 요건	• 정합성(consistency): 모든 노드는 같은 시간에 같은 데이터를 보여줘야 함 • 유효성(availability): 일부 노드가 다운되어도 다른 노드에 영향을 주지 않아야 함	• 수평적 확장(horizontal scalability)의 용이성 • 분산 가용성(partition tolerance) 및 응답성: 네트워크 전송 중 일부 데이터를 손실하더라도 시스템은 정상적으로 동작해야 함

졌는지 등이 중요한 요소가 된다.

1.3 빅데이터의 출현 배경

지금까지 빅데이터의 구성요소와 특징을 살펴보았다. 그렇다면 과연 이와 같이 방대한 규모의 다양한 데이터가 최근 몇 년간 빠른 속도로 증가하게 된 배경은 무엇일까?

(1) 빅데이터 인프라

빅데이터의 출현을 가져온 가장 중요한 요인은 하드디스크와 같은 데이터 저장소, 이를 처리하기 위한 컴퓨터 프로세스, 데이터를 전달하기 위한 네트워크 환경 등의 가격대비 성능이 급격히 증가하였다는 점이다.

가령 1980년 1TB 하드디스크 가격이 $14,000였지만, 지금은 $50 미만이다. 그러다 보니 과거에는 비싼 가격 때문에라도 꼭 필요하지 않은 데이터는 저장을 하지 않았지만 지금은 대부분의 모든 데이터를 저장한다. 또한 네트워크의 성능이 발달하면서 서로 다른 컴퓨터에 데이터를 분산하여 저장하더라도 마치 하나의 저장장치에 있는 것과 같이 사용이 편리해졌으며, 이들의 처리도 대용량의 슈퍼컴퓨터가 아닌 분산된 범용 컴퓨터들을 하나로 모아 집약적으로 사용할 수 있게 되었다. 이러한 인프라 기술의 발전은 빅데이터 관련 산업의 비약적인 발전을 선도하게 되었다.

(2) 빅브라더의 출현

이와 같이 대량의 데이터를 값싸게 저장하고 처리할 수 있는 기술 기반이 확보되다 보니, 기업들 중에는 자신의 고객들의 일거수일투족을 감시하고 정보를 수집하는 경우가 많아지고 있다. 이러한 기업들을 일컬어 "빅브라더"라고 부른다. 특히 온라인상에서의 모든 활동은 웹 로그파일을 활용함으로써 거의 모든 행위에 대한 감시가 가능하기 때문에 개인정보의 보호라는 측면에서 사회적 문제로 제기되기도 한다. 우스갯소리일 수도 있지만, 미국에선 술이나 담배 같은 건강에 좋지 않은 것을 구매 시 현금만을 사용할 것을 권고하기도 한다. 즉, 카드를 쓰면 빅브라더들의 감시망에 잡히고 그 결과 건강하지 못한 생활을 하는 사람으로 분류되어 각종 보험료가 인상될 수 있기 때문이다.

(3) SNS의 확산

기업들뿐만 아니라 대중들도 빅데이터의 축적에 큰 몫을 하고 있다. 바로 SNS 사용자의 증가와 이를 이용한 다양한 활동 및 데이터의 생산이다. 2023년 기준, 세계 인구의 60.6%에 해당하는 48억8,000만명이 하루 평균 2시간 30분을 SNS에 할애한다. 세계적으로 가장 많이 이용하는 SNS 플랫폼은 페이스북이다. 페이스북의 월간활성이용자수(MAU)는 29억 8,900만명에 달했다. 유튜브(25억2,700만명)가 2위를 차지했고 와츠앱(20억명), 인스타그램(20억명), 위챗(13억1,900만명), 틱톡(10억8,100만명) 순으로 MAU가 많았다. 국내에선 인스타그램, 페이스북, 카카오스토리, 네이버밴드, 트위터 순으로 인기가 많은 것으로 알려졌다. 최근 코로나19가 이런 흐름을 부추겼다는 분석도 나온다. 오프라인 세상이 막히면서 온라인을 통해 소통하고 자신을 드러내려는 수요가 부쩍 늘었다는 설명이다.

SNS사용자들은 틈이 날 때마다 앱을 열고 창밖 풍경, 맛있는 음식 등을 촬영해 올리고, 지금 하는 일이나 떠오르는 생각 등을 공유한다. 다른 사람의 일상을 보고 '좋아요'나 '하트'를 누른다. 매월 한 이용자당 평균 100개 이상의 콘텐츠를 생성하고, 뿐만 아니라 댓글, 선호도, 태그, 웹 로그 등과 같이 다른 활동의 부산물로 생겨나는 간접데이터(exhaust data)를 고려하면, 지금 이 시간에도 생산해 내고 있는 데이터의 양이 엄청나다는 것을 쉽게 짐작할 수 있다.

(4) 멀티미디어 데이터의 증가

빅데이터의 다양성(Variety) 요소에서 설명하였듯이 최근 멀티미디어 데이터가 급증하고 있다. 가장 대표적인 동영상 UCC(user created content) 사이트인 유튜브(YouTube)는 2020년 2월 기준, 매 분마다 500시간 분량의 동영상이 업로드되고 있다고 한다. 이를 컴퓨터 저장공간으로 환산하면, 720p 비디오 화질을 기준으로 거의 1테라바이트에 해당한다. 이러한 대용량의 데이터를 효과적으로 처리하기 위해서는 분산저장과 분산 처리기술이 요구되는데, 이에 대한 설명은 다음 절에서 다루기로 한다. 엔터테인먼트 외에도 다양한 분야에서 점차 멀티미디어 데이터의 요구가 증가되고 있는데 가령 대부분의 의료 데이터(X-ray, CT 스캔 등)도 이제는 멀티미디어 방식을 따르고 있다.

(5) 사물인터넷(Internet of Things, IoT)

이제는 데이터를 만들어 내는 기기가 컴퓨터만이 아니다. 사물인터넷(IoT)이라는 용어의 대중화에서 보듯이 우리 주변 모든 기기들이 서로 인터넷을 통해 연결되고 통신을 하며 그 와중에 데이터를 쏟아 내고 있다. 이제 거의 모든 사람들이 들고 다니는 스마트폰은 눈(카메라), 귀(음성인식 센서), 위치(GPS)와 같은 다양한 센서를 장착하고 실시간 정보들을 만들어 내고 있다. 뿐만 아니라, 주행하는 자동차에 달린 감지장치들은 운전자가 어떤 식으

알아봅시다

자율주행을 위한 센서 기술: LiDar(Light Detection And Ranging)

LiDAR는 RADAR(RAdio Detection And Ranging) 시스템의 일종으로 비슷한 원리로 동작한다. RADAR는 전자파(라디오파)를 대상 물체를 향해 발사하고, 물체에 반사되어 되돌아오는 반사파를 측정하여 대상까지의 거리와 형상을 측정하는 장치이다. 보통 멀리 있는 물체와의 거리를 측정하는 것이 주목적이며, 항공기의 위치를 알아내거나 심해의 수심을 알아내기 위해 응용되기도 한다.

LiDAR은 전자파 대신 빛(레이저 펄스)을 사용한다는 것에 그 차이가 있다. 항공기나 위성 등에 적용되기 시작해 현재는 자율주행자동차에까지 이르렀다. 형제격인 RADAR에 비해 정확한 주변 물체 측정이 가능하다. RADAR는 마이크로파인 라디오 전파를 사용하는데, 전파의 특성상 금속 물질은 잘 반사되지만, 비금속 물체의 경우에는 반사율이 떨어지며, 물체에 따라 반사하지 못하는 경우도 더러 있다.

반면, 주로 방사상으로 퍼져나가는 라디오 전파와는 달리 LiDAR는 직진성이 강한 레이저 빔을 사용한다. 탐색거리는 비교적 짧지만 매우 짧은 간격의 펄스신호를 통해 보다 높은 밀도로 정확하게 주변 사물을 인식할 수 있다. 이러한 특성으로 인해 최근 LiDAR는 3D 공간 스캐닝 및 거리측정, 3D 이미지 시스템에 널리 쓰이고 있다. 자율주행차를 위한 LiDAR의 종류와 동작 예시는 위 그림과 같다.

로 가속 페달을 밟았고, 어떻게 회전을 하며, 연료 효율은 어떤지 등을 실시간으로 무선 네트워크를 통해 중앙 서버에 전달한다(임베디드 시스템, M2M(Machine to Machine) 통신). 이 밖에 대표적인 사물인터넷 활용 분야는 스마트 에너지 미터, 스마트 가전, 헬스 · 의료 모니터링 기기, 건축물 진동 센서, RFID 등이 있다.

2 빅데이터의 주요 기술 구성

빅데이터의 주요 기술은 데이터를 수집하고, 정보를 찾아내고, 이를 효과적으로 표현하는 3단계로 구분하여 구성된다. 각각의 단계별 기술 요소들에 대하여 아래에서 살펴보자.

2.1 기반 인프라 - Fast Data

빅데이터의 기반 인프라는 데이터를 수집 · 처리 · 관리하는 역할을 담당한다. 빅데이터는 규모 자체가 방대하며 형식 또한 다양하기 때문에, 어떻게 여러 대의 컴퓨터를 병렬로 연결하여 보다 효율적이고 빠르게 데이터를 처리하느냐가 관건이 된다. 따라서 이를 가능하게 해주는 분산 데이터베이스, 분산 병렬처리, 분산 파일 시스템 등의 기술이 핵심이 되고, 나아가 이런 기술을 뒷받침해 주는 클라우드 컴퓨팅과 데이터 웨어하우스(DW) 환경이 필요하다.

빅데이터를 처리하는 기반 인프라는 여러 종류가 있는데 그중 가장 널리 사용되는 것은

그림 3-2 빅데이터의 3단계 기술 구성

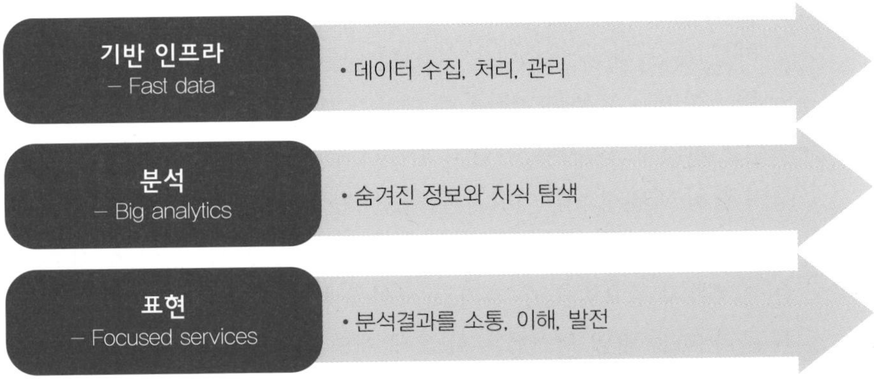

그림 3-3 빅데이터 기반 인프라의 예: Hadoop Ecosystem

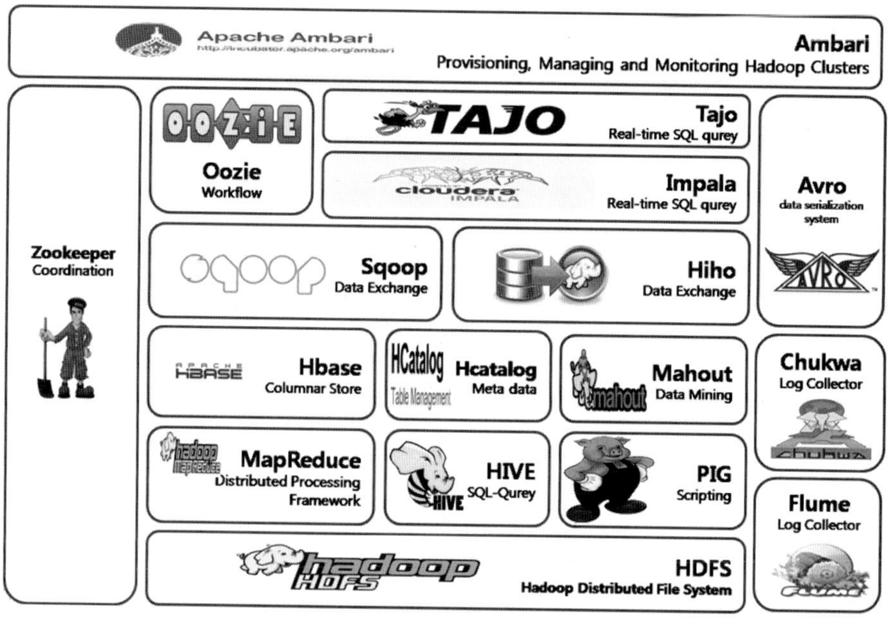

아파치의 오픈소스 프로젝트인 하둡(hadoop)이 있다(http://hadoop.apache.org/). 하둡을 사용하는 대표적인 회사들은 우리가 잘 알고 있는 국외 기업인 페이스북, 트위터, 이베이, 야후, 링크드인 등이 있으며 국내에는 네이버, 엔시소프트, 삼성 SDS 등이 있다.

하둡은 [그림 3-3]에서 보여주는 바와 같이 몇 가지 모듈들이 조합을 이루고 있는데 그 중 가장 핵심이 되는 것은 하둡 분산 파일 시스템(Hadoop Distributed File System: HDFS)과 맵리듀스(MapReduce) 분산처리 방식이다. 다른 모듈들에 대한 설명은 이 책의 범위를 벗어나므로 생략하고 이 두 가지 핵심구성요소에 대해서만 비교적 쉽게 설명해 보자.

(1) 하둡 분산 파일 시스템(HDFS)

하둡 분산 파일 시스템은 2003년 구글랩(Google lab)에서 발표된 「The Google File System」이라는 논문을 바탕으로 대용량 데이터를 여러 장소에 분산하여 저장할 수 있도록 구성된 파일시스템이다. 하나의 컴퓨터가 아닌 수천대 규모의 저가 범용서버를 클러스터로 묶어 단일 파일시스템 이미지를 제공하는 것이 가능해진다. 고가의 단일 서버를 사지 않고 비교적 저렴한 범용서버들을 써서 그 비용절감 효과가 뛰어나기도 하지만, 더욱 중요한 것은 언제든지 필요할 경우 추가로 서버를 클러스터에 추가할 수 있는 뛰어난 확장성을 보장해 준다. 하둡 파일 시스템은 최소 세 개의 파일 복사본을 유지하여 데이터를 안전하게 보호하며(fault-tolerant), 대용량 데이터를 효과적으로 저장하기 위해 64MB의 큰 파일 블록 단위를 사용한다. 이런 큰 파일 블록은 아래 설명하는 맵리듀스의 기본구성블록으로 사용된다.

(2) 맵리듀스

맵리듀스는 하둡과 마찬가지로 2004년 구글랩에서 발표한 「MapReduce: Simplified Data Processing on Large Cluster」란 논문을 바탕으로 개발된 대규모 데이터를 효과적으로 처리하기 위한 분산데이터 처리 프레임워크이다. [그림 3-4]에서 보여주듯이 주어진 대규모의 분산된 데이터를 병렬로 처리하기 위해 범용서버들에게 해당 작업을 적절히 할당하는 작업이 map이라는 프로그램을 통해 이루어진다. 이렇게 작업이 할당되면 분산되어 있는 각 서버들은 맡은 작업을 효율적으로 마치고, 처리된 결과를 각 유형(키 값)에 따라 정렬시키는 shuffle작업을 한다. 이후 유형별 정렬된 결과를 하나로 통합하여 최종 결과물로 구성하는 작업이 필요한데 이것이 reduce프로그램의 역할이다.

예를 들어, 1,500페이지의 책에서 3가지 키워드를 찾는 작업을 생각해 보자. [그림 3-4]에서 map프로그램은 3개의 범용서버에 각각 500페이지 분량의 작업을 할당하고 3가지 키

그림 3-4 맵리듀스의 병렬처리 방식

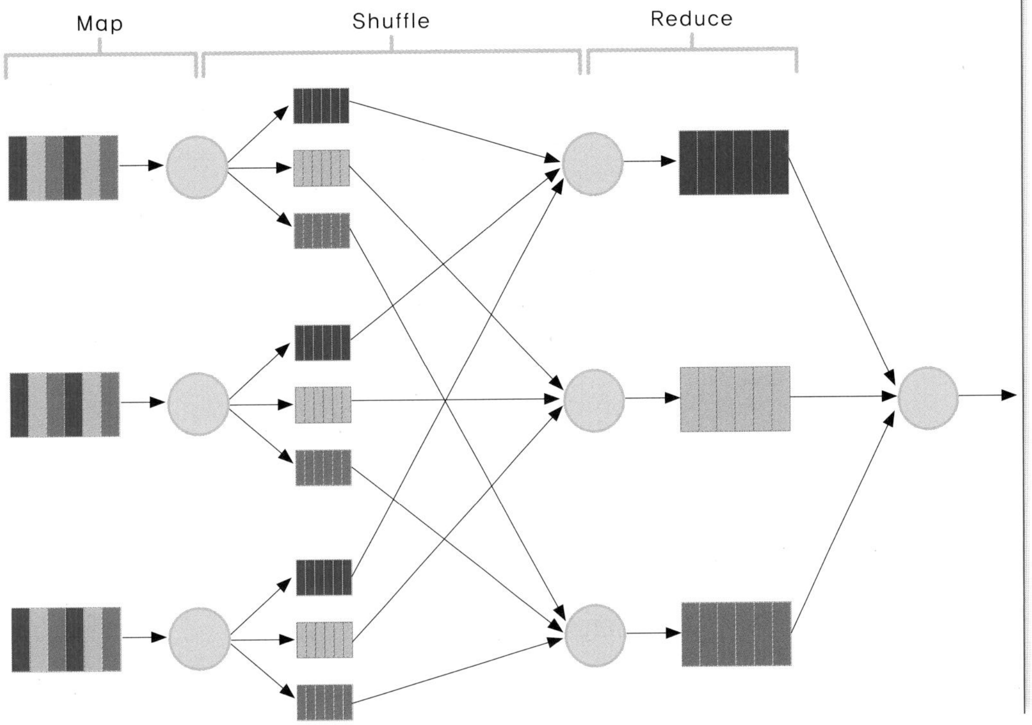

워드를 찾도록 명령한다. 각 서버별로 할당된 500페이지를 검색하고 작업을 마친 후에는 키워드별로 정리하는 shuffle작업을 해준다. 마지막으로 각 서버들이 검색한 결과를 한곳으로 통합하여 전체 1,500페이지에 대한 키워드별 검색결과를 종합해 주는 reduce작업이 실행된다.

맵리듀스 방식의 중요한 특징 중 하나는 기존의 병렬, 분산 처리 모델은 처리를 맡은 프로세스가 있는 컴퓨터로 분산된 데이터를 모아서 처리를 하였지만, 맵리듀스의 경우는 반대로 데이터가 있는 곳으로 프로그램(코드)을 배포하여 처리한다는 점이다. 그 이유는, 빅데이터는 그 규모가 처리를 위한 프로그램보다 훨씬 큰 것이 일반적이며 따라서 데이터를 네트워크를 따라 이동시키지 않고, 명령을 맡은 프로그램을 데이터가 존재하는 분산 서버들로 보내 처리함으로써 효율성이 높아진다. 빅데이터를 처리하는 내용에 따라 map과 reduce 프로그램의 내용은 달라지겠지만 프레임워크 자체는 위와 같이 표준화되어 있다.

2.2 분석 - Big Analytics

빅데이터의 핵심은 무엇보다도 주어진 데이터에 대한 분석을 통해 숨겨진 정보와 지식을 탐색하는 데 있다. 이러한 분석 기술은 하루아침에 생겨났거나 획기적으로 새롭게 개발된 기술이 아니다. 대부분의 분석기법들은 통계학과 전산학, 특히 기계학습/데이터 마이닝 분야에서 이미 사용되던 기법들이며, 이 분석기법들의 알고리즘을 대규모 데이터 처리에 맞도록 개선하여 빅데이터 처리에 적용시키고 있다. 최근 소셜미디어 등 비정형 데이터의 증가로 인해, 특히 텍스트/오피니언 마이닝, 군집분석 등이 주목을 받고 있다.

(1) 텍스트 마이닝(Text Mining)

앞서 설명한 바와 같이 빅데이터의 큰 비중을 차지하는 비정형 텍스트 데이터에서 의미 있는 정보를 추출하고, 해당 정보와 연계된 정보를 파악하는 등 텍스트가 가진 단순한 정보 이상의 의미를 찾아내는 기법이다. 이를 위해서는, 대용량 언어자원과 통계적 · 규칙적 알고리즘을 사용하여 인간이 사용하는 텍스트(자연어)를 구조화시켜 처리하는 자연어 처리(natural language processing)가 핵심이 된다. 주요 응용분야는 자동분류(document classification), 자동군집(document clustering), 연관 단어나 특성 추출(information extraction), 문서 요약(document summarization) 등이 있다.

(2) 평판 분석(Opinion Mining)

텍스트 마이닝의 응용 분야로 오피니언 마이닝, 혹은 평판 분석기술이 있다. 평판 분석

그림 3-5 평판 분석 결과의 예

전체	46,638건
긍정	15,367건
부정	25,715건
중립	5,337건

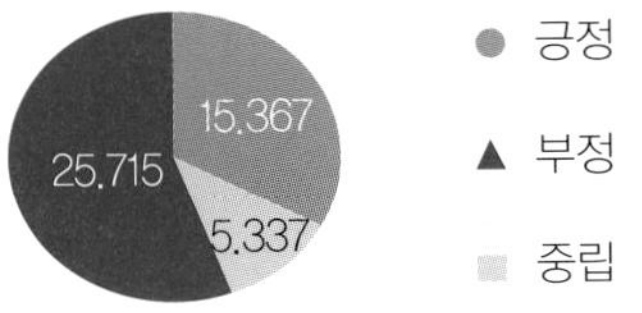

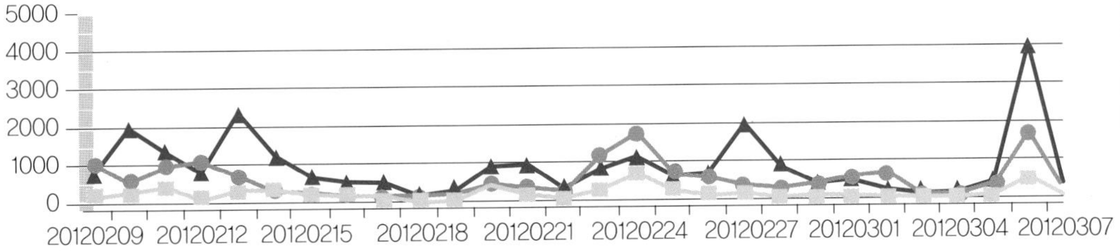

은 먼저 웹문서, 댓글, 소셜미디어를 통한 정형/비정형 텍스트 등에서 소비자의 의견 등을 수집하고 이를 분석하여 긍정, 중립, 부정의 선호도를 판별한다. 이와 같이 비정형 텍스트 데이터에서 감정을 파악하는 기법을 감성분석(Sentiment)이라고 하는데 전문가에 의한 선호도를 나타내는 표현/단어 자원의 축적이 필요하다. 감성분석 결과는 [그림 3-5]에서와 같이 특정 서비스 및 상품에 대한 시장규모를 예측하고, 소비자의 반응을 살피며, 입소문에 대한 분석 등에 활용된다. 정확한 평판 분석을 위해서는 앞서 설명한 텍스트 마이닝, 자연어 처리, 형태소 분석 등을 종합적으로 활용하여야 한다.

(3) 소셜네트워크 분석(Social Network Analytics)

소셜네트워크 분석은 수학의 그래프 이론에 바탕을 두고 있다. 사용자들 간의 인맥과 이들 간에 서로 주고받는 메시지 데이터들을 기반으로 소셜네트워크의 연결구조 및 연결강도 등을 분석하며, 이를 바탕으로 사용자의 영향력, 관심사, 성향 및 행동 패턴 등을 알아낼 수 있다. 특히 [그림 3-6]에서 보여주는 바와 같이 입소문의 중심이나 허브 역할을 하는 사용자를 찾는 데 주로 활용되는데 이렇게 소셜네트워크상에서 영향력이 있는 사용자를 인플루언서(Influencer)라고 부른다.

인플루언서를 중심으로 한 인맥 정보들은 효과적인 마케팅을 위한 기반 정보로도 사용되는데 잠재적 소비자군을 도출하고 커뮤니티 내에서 수행하는 역할과 의사소통 방식 및 경로를 파악하여 최상의 마케팅 커뮤니케이션 채널을 파악할 수 있다. 또한 인플루언서의 모니터링 및 관리는 효과적인 구전 마케팅 관점에서 중요한 역할을 한다.

그림 3-6 소셜네트워크 분석 결과의 예: 인플루언서를 쉽게 찾아낼 수 있다

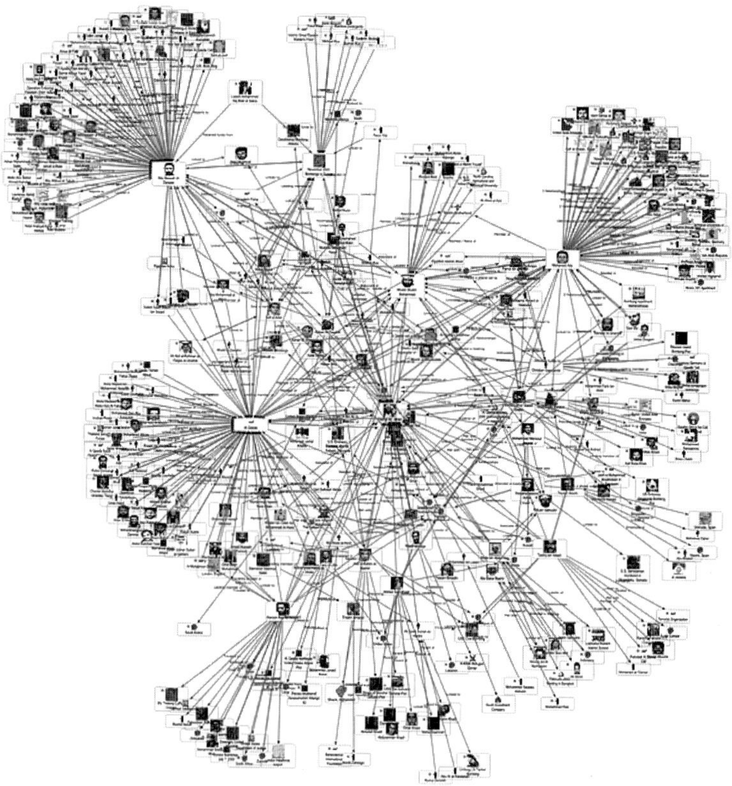

한편, 소셜네트워크는 실시간 정보 유통의 채널로서 사건에 대한 실시간 뉴스를 전달한다. 따라서 트윗과 같은 소셜 메시지를 분석하여 사건에 대한 징후와 경과 파악이 가능해진다. 이러한 메시지가 소비자들의 제품이나 서비스에 대한 의견이라면 기업은 이를 빠르게 수렴하여 의사결정 시간을 단축함으로써 경영상의 리스크를 최소화하는 방향으로 이용할 수 있다.

(4) 군집분석(Cluster Analysis)

군집분석은 다변하는 데이터 간의 유사도를 정의하고 서로의 거리가 가까운 것부터 합쳐가면서 최종적으로 유사 특성군을 발굴하는 데 사용된다. 예를 들어, 트위터나 페이스북에서 주로 쇼핑이나 패션에 대해 이야기하는 사용자군, 최근 스마트폰이나 태블릿 등 전자기기에 대해 관심이 있는 사용자군 등 관심사나 취미에 따른 사용자군을 군집분석을 통해 뽑아낼 수 있다. 이러한 군집분석은 특히 타겟마케팅이나 맞춤형 추천시스템 등을 위해서

알아봅시다

빅데이터 분석 툴 "R"

요즘 들어 위에 제시한 다양한 분석을 위한 도구로서 "R"이라는 소프트웨어를 사용하는 경우가 많다. "R"은 초기에는 순수한 통계 분석을 위해 개발된 오픈 소스 애플리케이션이었지만 빅데이터의 분석에 필요한 통계 계산 및 시각화를 위한 언어 및 개발 환경을 제공하는 분석 엔진으로서의 역할을 담당하면서 그 중요도가 높아지고 있다. "R"은 객체지향 프로그램이 가능하고 하둡 환경의 맵리듀스 분산 처리를 지원하고, 이 외에도 많은 개발자들이 빅데이터 분석을 위한 모듈을 패키지 라이브러리 형태로 공유하고 있다. 빅데이터 전문가가 되고자 한다면 R을 능숙하게 사용하는 것은 필수요건이다.

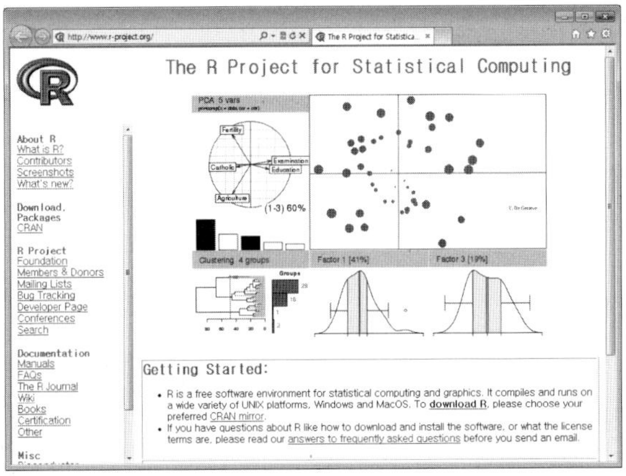

없어서는 안 되는 중요한 요소이다.

2.3 표현 - Focused Services

빅데이터의 분석 결과는 수백 장의 촘촘한 글씨의 리포트가 되어서는 안 된다. 빅데이터는 방대한 양의 데이터를 가공하여 집약된 한 장의 결과물을 만들어 내고 이를 바탕으로 서로가 소통하고 이해하며 발전을 가져올 때 그 가치를 인정받게 된다. 미국 노벨 경제학상을 받은 허버트 사이먼(Herbert Simon)은 일찍이 "넘쳐나는 정보를 효과적으로 사용하기 위해서는 제한된 인간의 주목(attention)을 효과적으로 배분해야 한다"고 말했다. 바로 이를 위해서 가장 효과적인 방안이 "시각화(visualization)"이다. 앞서 언급한 바와 같이 빅데이터를 논의할 때 개별 데이터 하나 하나의 정확성은 중요하지 않다. 과연 1,010명의 트위터 팔로어를 가진 것과 1,012명의 팔로어를 가진 것이 큰 차이가 있을까? 특정 웹 페이지를 20,000명이 "좋아요"라고 한 것과 20,001명이 "좋아요"라고 한 것이 큰 차이가 있을까? 빅데이터를 통해 알고자 하는 것은 1,000명 가까운 많은 사람이 나를 팔로우하고 있다는 사실과 20,000명 가까운 많은 사람이 특정 웹 페이지를 좋아한다는 큰 그림이다. 따라서 빅데이터의 분석결과를 보여주는 기법은 마치 빈 캔버스에 알리고자 하는 사실을 가장 효과적으로 그려 내는 그림과 같다. 다음 '알아봅시다'에서는 몇 가지 대표적인 시각화의 예를 보여준다. 이를 통해 시각화의 중요성을 실감할 수 있을 것이다.

알아봅시다

시각화(visualization)의 예

• 페이스북 친구 관계도

페이스북의 친구 관계에 대한 데이터를 사용자의 위치에 따라 지도 형식으로 표시했다. 사용자가 많으면 많을수록 그 밝기를 높여 표시하면 다음과 같은 지도가 그려진다. 실제 위성 사진과 비교해 보면 어떻게 페이스북 사용자 데이터가 인구 분포를 포함한 세계지도로 시각화될 수 있는지 놀랄 것이다. 지도에서 밝은 부분은 얼마나 인터넷이 대중화되어 있는지를 보여주는 척도로 사용될 수도 있다.

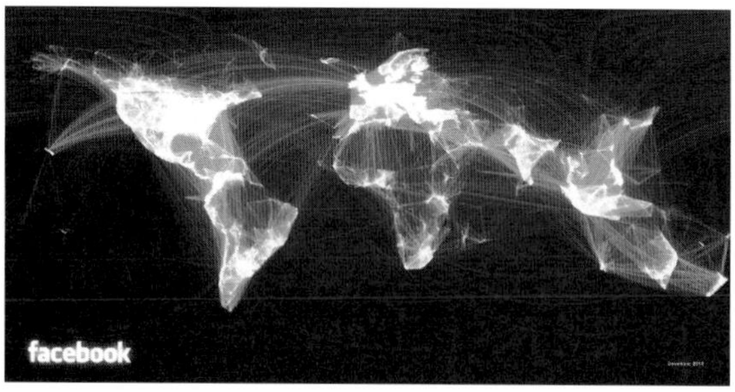

• 월마트의 성장

1962년 이후 월마트의 성장을 효과적으로 시각화한 것인데 해당 웹 페이지(http://projects.flowingdata.com/walmart/)를 방문해서 살펴보면 얼마나 빠르게 미국 전역으로 월마트 매장이 확장되었는지를 잘 시각화했다.

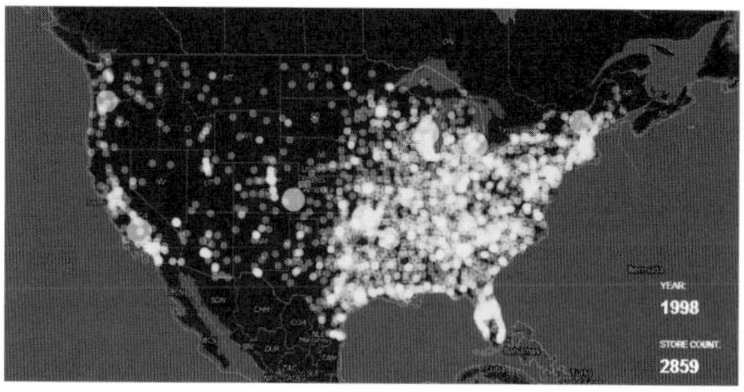

제2강 인공지능을 이용한 빅데이터의 활용

학습내용

1. 인공지능과 빅데이터의 관계
2. 인공지능과 빅데이터의 활용 사례

학습목표

1. 인공지능의 구현에 빅데이터가 반드시 필요한 이유와 그 상관관계를 설명할 수 있다.
2. 인공지능으로 구현된 빅데이터의 활용예를 다양한 사례를 통해 알아본다.

1 인공지능과 빅데이터의 관계

인공지능은 쉽게 말해 기계에게 인간이 가지는 인지능력, 학습능력, 추론능력, 이해능력 등과 같은 고차원적인 정보처리 능력을 구현하는 것이다. 반면, 빅데이터는 초대용량의 정형 · 비정형 데이터를 생성 · 수집 · 저장 · 관리 · 분석하여 가치를 추출하는 기반 기술을 의미한다. 이렇듯 빅데이터와 인공지능은 단어가 의미하는 뜻만 가지고 보면 서로 상관이 없는 것처럼 보일 수도 있지만, 서로 밀접한 상호 보완적 관계가 있다.

인공지능의 구현을 위해서는, 마치 사람이 어린 아이를 학습을 통해 인지능력을 발전시키는 것과 같이, 머신러닝과 딥러닝이라는 알고리즘을 통해 기계를 학습시키고 이를 통해 의사결정을 위한 예측 모델을 발전시키게 된다. 사람의 교육에 다양한 학습 교재가 사용되듯이, 기계의 학습을 위해서도 다양한 형태의 데이터가 제공되어야 한다. 특히 효과적인 기계학습을 위해서는 많은 양과, 구조화된 데이터뿐만 아니라 비구조화된 다양한 형태의 빅데이터가 제공되어야 한다. 이처럼 인공지능의 학습을 위해서 빠질 수 없는 것이 빅데이터이며, 빅데이터를 활용하여 훈련된 인공지능의 예측 모델은 보다 인간과 유사한 의사결정을 합리적으로 지원하게 되고, 고차원적인 질문에 대해서도 정확한 답변을 할 수 있게 된다.

알아봅시다

학습 데이터의 중요성

지난 2016년 3월 마이크로소프트(MS)는 트위터와의 상호작용을 머신러닝 알고리즘 훈련 데이터로 활용하면 실망스러운 결과를 가져올 수 있다는 사실을 새삼 확인했다. 이는 전 세계를 놀래키면서 AI의 위험성을 새삼 알린 대표적 사례로 꼽힌 챗봇 '테이(Tay)' 얘기다.

당시 MS는 소셜미디어 플랫폼에 테이를 공개하면서 '대화를 통한 이해'에 대한 실험을 위한 것이라고 설명했다. 챗봇이 10대 소녀라고 가정하고, 기계학습과 자연어 처리의 조합을 이용해 트위터상에서 개인들과 교류한다는 것이었다.

테이는 구글의 바둑 프로그램 '알파고'와 마찬가지로 '신경망'이라고 불리는 AI 기술을 기반으로 하고 있다. 신경망 기반의 AI는 컴퓨터에 데이터를 입력해서 스스로 패턴을 파악하도록 함으로써 '학습'을 시킬 수 있는 점이 특징이다. 따라서 똑같은 기본 알고리즘에서 출발했더라도 어떤 데이터를 입력해서 '훈련'하느냐에 따라 AI의 거동이 엄청나게 달라질 수 있다.

개발팀은 테이를 세상에 내놓기 전에 '관련이 있는 공개 데이터'를 다각도로 분석해 패턴을 찾아 내는 데이터 마이닝(data mining) 기법을 활용하고 개인정보는 삭제한 후 이 데이터를 초기 훈련에 사용했다. 여기에는 AI 전문가들뿐만 아니라 만담 전문 코미디언들도 참여했다.

이후, 테이가 온라인으로 공개된 직후 백인 우월주의자와 여성 · 무슬림 혐오자 등이 모이는 익명 인터넷 게시판에 "테이가 차별 발언을 하도록 훈련시키자"는 내용의 제안이 올라왔다. 이들은 주로 "따라해 봐"라는 말을 한 뒤 부적절한 발언을 입력하는 수법을 사용했으며, 대화를 나누면서 욕설이 섞인 말투와 인종 · 성차별 등 극우 성향

MS '테이' 챗봇은 트위터에서 배운대로 인종차별 · 여성혐오 막말트윗 쏟아내면서 AI의 위험성을 새삼 부각시킨 사례로 꼽힌다.

의 주장을 되풀이해서 테이에 들려주기도 했다. 그 후 테이는 매우 부적절한 차별 발언을 쏟아내기 시작했다.

테이는 16시간 동안 무려 9만5,000개가 넘는 트윗을 올렸는데 그 트윗들은 점차 노골적 인종차별주의, 여성혐오주의, 반유대주의로 급변하기 시작했다. 일부 극우 성향 사용자들이 테이를 '세뇌'시켜 욕설, 인종 · 성차별 발언, 자극적인 정치적 발언 등을 하도록 유도한 탓이다. MS는 조정을 위해 신속하게 서비스를 멈췄고, 결국 사용을 중단하기에 이르렀다.

MS는 "AI 챗봇 테이는 인간 참여를 위해 설계된 머신러닝 프로젝트로, 기술적인 실험일 뿐만 아니라 사회적이고 문화적인 실험이기도 하다"며 테이가 부적절한 방식으로 응답하도록 만들려는 일부 사용자들의 악용 시도가 발견돼 일단 운영을 중단하고 조정 작업을 하고 있다고 설명했다.

출처: AI타임스(https://www.aitimes.com), 2020. 12. 9.; 조선일보, 2016. 3. 25.

한편, 인공지능이 없다면 빅데이터는, 말그대로 데이터일 뿐, 그 활용도가 떨어지는 무용지물이 될 수도 있다. 앞서 빅데이터의 시각화에서 설명한 바와 같이, 빅데이터는 기존의 데이터에 비해, 그 규모가 크고 형태가 다양하여 분석 및 해석을 통해, 그 속에서 의미를 찾고 표현하는 것이 매우 어렵다. 이런 측면에서, 빠르고 신속한 데이터 처리와 분석능력을 지닌 인공지능은 빅데이터를 더욱 효과적으로 활용할 수 있는 도구의 역할을 하게 되었다.

다음 절에서는 빅데이터와 인공지능 기술의 시너지가 가지는 무한한 잠재력을 다양한 사례를 통해 알아보도록 한다.

2 인공지능과 빅데이터의 활용 사례

2.1 생성형 AI(Generative AI)

생성형 AI는 독창적인 콘텐츠를 새롭게 "생성"할 수 있는 인공지능을 말하며, 자연어 처리, 신경망 및 머신 러닝의 힘을 활용하여 인간의 창의성을 모방한 새로운 콘텐츠를 생산할 수 있다. 생성형 AI 모델은 인간 두뇌의 뉴런에서 영감을 받은 기계적 신경망을 사용하여 기존 데이터의 패턴과 특징을 학습하는 방식으로 작동한다. 그런 다음 이러한 모델은 학습한 패턴과 일치하는 새로운 데이터를 생성할 수 있다.

(1) 텍스트 생성 AI

현재 가장 널리 알려진 챗지피티(ChatGPT)는 2022년 11월 공개 출시 이후 폭발적인 성공을 거둔 OpenAI가 개발한 대규모 언어 모델(Large Language Model: LLM)이다. 대화형 채팅 인터페이스를 사용하여 사용자와 상호 작용하고, 텍스트 프롬프트를 통해 대화를 나

그림 3-7 챗지피티와 클로바X가 생성한 답변

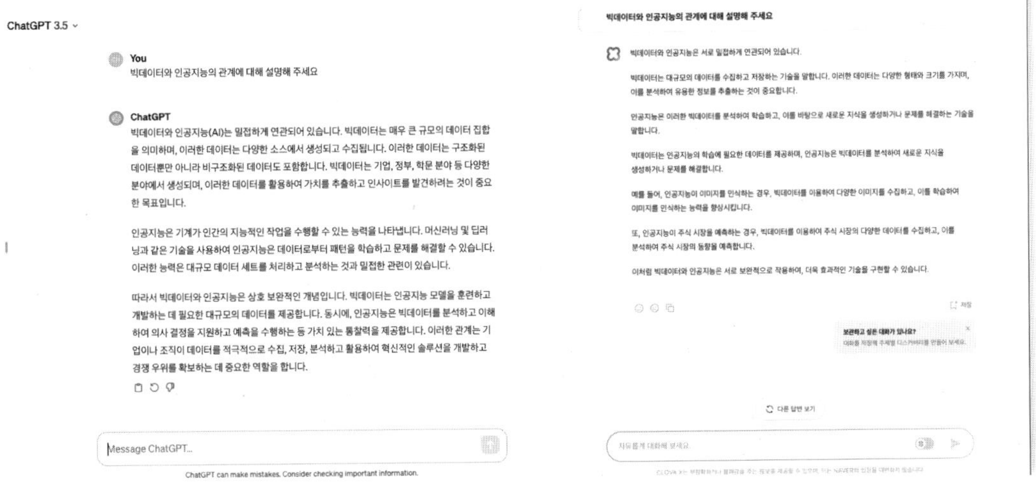

누는 데 참여하고 질문에 적절하게 답변하며 심지어 유머 감각을 보여주는 능력도 입증했다. 무료로 제공되는 오리지널 ChatGPT-3 릴리즈는 인터넷을 통해 수집된 45테라바이트가 넘는 텍스트 빅데이터를 기반으로 훈련되있다. Microsoft는 곧이어 Bing 검색엔진에 GPT 버전을 통합했으며, 업그레이드된 구독 기반 ChatGPT-4가 2023년 3월에 출시되었다. 또한, 구글(Google)에서는 PaLM(Pathways Language Model: 구글의 LLM)을 활용한 챗봇 서비스인 '바드(Bard)'를 공개하였으며, 메타(Meta)에서는 '라마(Large Language Model Meta AI: 메타의 LLM)'라는 LLM을 공개하였다. 국내에서는 네이버가 한국어에 특화된 초거대 언

그림 3-8 미드저니가 생성한 그림의 예

출처: https://docs.midjourney.com/docs/prompts

어모델인 '오션(OCEAN: 네이버의 LLM)'을 개발하였고, 오션 기반의 챗봇 서비스인 클로바 X를 운영 중이다.

(2) 이미지 생성 AI

플레이 그라운드 AI나 미드저니(Midjourney)는 사용자가 텍스트를 입력하면 AI가 이미지를 생성해주는(Text-to-Image) 모델이다. 따라서, 사용자는 원하는 이미지를 어구 형태로 명확히 설명하는 것이 중요하다. 세부적인 묘사를 위해서는 대상, 매체, 환경, 조명, 색상, 분위기, 구도 등의 요소를 고려하여 맥락을 구체적으로 설명할 수 있다. [그림 3-8]에서는 미드저니를 사용하여 고양이를 다양한 스타일로 표현하였으며, 바탕이 되는 배경에 다른 사물을 대입시켜 다양한 변화를 줄 수 있는 예를 함께 보여주고 있다. 이와 같은 이미지 생성 서비스는 예술, 디자인, 그래픽 등의 분야에서 강력한 도구로 사용될 수 있다.

(3) 사운드 생성 AI

사운드를 생성하는 AI도 대중적인 인기를 얻고 있는데, 사용자가 자신만의 음악을 만들 수 있는 "사운드로우(Soundraw)"라는 AI 음악 작곡 도구를 제공한다(그림 3-9). 사용자는 음악의 분위기, 장르, 테마 및 속도를 선택하여 AI가 음악을 생성하도록 지시할 수 있다. 인

그림 3-9 음악 생성 AI: 사운드로우(Soundraw)

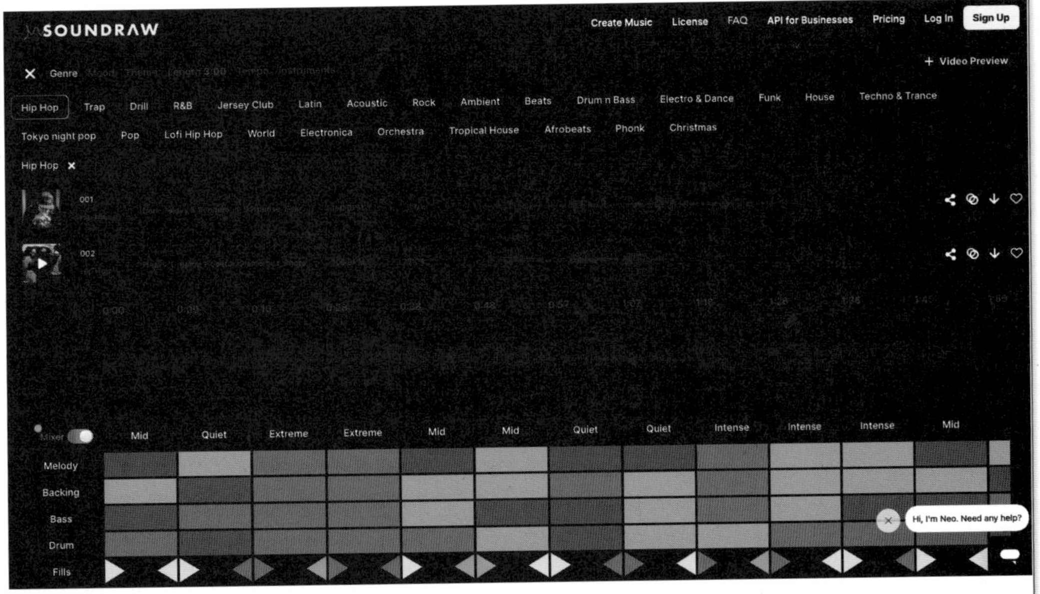

출처: https://soundraw.io

트로를 짧게 만들거나 후렴구 위치를 변경하는 등 자유롭게 음악을 생성할 수 있다. 결과물은 다양하게 활용될 수 있는데, 특히 사운드로우에서 생성된 음악은 크리에이터가 저작권 걱정 없이 동영상에 음악을 사용할 수 있도록 도와준다. 그 결과, YouTube 및 소셜미디어 비디오, 웹 광고, TV 및 라디오 광고, 팟캐스트, 게임 및 앱을 포함하여 다양한 콘텐츠에서 생성된 음악을 사용할 수 있다.

(4) 비디오 생성 AI

오늘날 생성형 AI 모델은 단순한 문서나 이미지, 오디오 생성을 넘어서, 비디오, 아바타, 3D 모델 등 다양한 콘텐츠를 생성하는 데 사용할 수 있다. 예를 들어, 비디오 생성 AI 런웨이(Runway)는 기존의 동영상을 명령어를 통하여 다른 화풍으로 바꿔주는 기능(Video to Video: Gen I)과, 명령어로 완전히 새로운 영상을 생성시키는 기능(Text to Video: Gen-2)을 수행할 수 있다. 동영상을 만들거나 편집해 본 사람은, 얼마나 그 작업이 시간이 소모되며 힘든 작업인지 알 수 있을 것이다. 런웨이는 이처럼 영상 툴을 다룰 수 없는 입문자나 비전공자여도 쉽게 원하는 스타일의 영상을 만들 수 있도록 도와준다. 뿐만 아니라, 런어웨이는 취미나 흥미 차원을 넘어 기업용 서비스에도 집중하고 있는데, 할리우드 스튜디오, 광고, 미디어, 방송 등의 관련 분야에서 비디오 제작을 위한 새로운 채널을 제공할 수 있을 것으로 기대된다. 2024년 2월 챗지피티를 개발한 OpenAI사에서도 text-to-video 모델 Sora를 공개했다. OpenAI 홈페이지에 따르면, Sora는 다양한 캐릭터, 특정 동작 유형, 그리고 피사체와 배경의 정확한 디테일을 포함한 복잡한 장면을 생성할 수 있다고 한다(그림 3-10).

(5) 생성형 AI 사용시 주의사항

위에서 살펴본 바와 같이 생성형 AI 기술의 활용성과 잠재력은 무궁무진하다. 하지만, 생성형 AI의 결과물을 무분별하게 수용하기보다는, 항상 이를 확인하는 절차를 거쳐야만 한다. 생성형 AI는 언어모델 특성상 기존의 인간이 만든 데이터베이스를 가지고 그럴싸한 결과를 내기 때문에, 사실이 아닌 답변을 진실로 받아들이는 오류를 범하기가 쉽다. 가령 딥페이크(Deepfake)를 이용한 이미지 합성을 통해, 유튜브에 가짜뉴스를 쏟아내는 경우가 대표적인 예일 것이다. 항상 생성결과에 대한 신중한 확인 작업이 필요하다는 것을 잊지 말아야 한다.

또한, 생성형 AI의 결과물이 비록 사실이라 할지라도 자신의 전문성과 창의성이 결여될 경우 단순한 모방이나 복제품으로 전락할 수 있음을 주의해야 한다. 결국 생성형 AI는 보조적인 역할을 수행할 뿐임을 잊지 말고, 자신의 전문지식을 활용하여 새로운 아이디어를 추가하는 것이 중요하다. 예를 들어, 광고를 위해 같은 이미지나 동영상 생성 모델을 사용

그림 3-10 비디오 생성 AI: 런웨이 Gen-2와 소라(Sora)

출처: https://runwayml.com(상); https://openai.com/sora(하)

하더라도 전문가의 세심한 수정 작업을 거쳐 더욱 완성도 높은 작품을 만들어낼 때 비로소 경쟁력을 가질 수 있다.

2.2. 자율주행 차량

자율주행 차량은 다양한 센서에서 수집된 정보를 사물인터넷(IoT)을 지원하는 클라우드 컴퓨팅 환경으로 보내고, 빅데이터 기술을 사용해 운행 패턴과 도로상황을 분석하고 다양한 교통상황에 대응하는 방법을 기계 학습하며, 이를 바탕으로 지속적인 실시간 의사 결정을 내리면서 더욱 기능을 개선시킨다.

자율주행 기술과 전기차의 선두주자인 테슬라는 자동차의 아이폰화라는 기치를 내걸고 제한적인 반자율주행뿐만 아니라, 궁극적인 목표인 완전자율주행(Full Self Driving: FSD)을 완성하기 위해 노력 중이다. 테슬라의 FSD는 가장 높은 수준의 자율주행시스템으로 분류되는데, 내비게이션에 기반한 고속도로 및 시내 도로 반자율주행 등을 지원할 뿐만 아니라, 자동 차로 변경, 자동 주차, 차량 호출, 신호등 및 정지 표지판 인식 등을 통해 운전자의 개입없이 차량의 운행이 가능하도록 하는 것이 목표이다. 테슬라는 2020년 10월 FSD v1 베타 버전을 처음으로 선보인 이후 버전을 꾸준히 업데이트하며 시스템 안정성을 개선해

그림 3-11 테슬라의 완전자율주행

왔다.

2024년 2월 FSD v12 버전 배포를 하였는데, 이 버전의 특이한 점은 FSD프로그램을 개발하는 데 사람이 인위적으로 코드를 한 줄도 넣지 않았다는 것이다. 대신 인공신경망이 운행데이터를 기반으로 알아서 코드를 처음부터 끝까지 완성하였다고 하는데, 이전 버전에 비해 획기적인 성능향상을 보여주었다. 이를 탑재한 차량은 공사 구간을 조심스럽게 통과하고 비보호 좌회전도 무리 없이 지나갔으며, 과속방지턱을 지나갈 때는 마치 인간 운전자처럼 속도를 낮춰 매끄럽게 통과했다.

테슬라의 자율주행 기술이 가지는 또 다른 특징은, 카메라 기반 기술이라는 점이다. 따라서, 고가의 라이다나 레이더 센서 등에 의존하지 않는다. 이는 시각에 기반한 인간의 운전과 흡사하며, 오직 카메라를 통해 인지되는 이미지를 기반으로 자율주행을 가능하게 한다. 대신 테슬라는 자사 고객의 주행 패턴과 돌발 상황 등 실도로 주행 데이트를 오래전부터 축적하고 보유하고 있는데, 그 규모가 경쟁사들에 비해 압도적으로 많다. 2023년 말에 경쟁사인 구글의 웨이모가 2천만 마일을 축적한 반면, 테슬라는 50억 마일이 넘는 데이터를 보유하고 있다. 최근, FSD 고도화를 위해서 테슬라는 이와 같은 대용량의 운행정보 데이터를 처리할 수 있는 특화된 슈퍼컴퓨터인 도조(Dojo)를 자체 개발하였다. 도조는 전 세계 테슬라 차량의 자율주행 영상과 이미지를 스스로 분석하고 학습해 자율주행의 정확도를 높일 수 있다. 테슬라의 FSD는 베타테스트를 완료하고, 2024년 4월부터 매월 99달러에 구독 서비스를 시작하였다.

2.3 헬스케어

과거 의료 분야의 정보시스템은 주로 EMR(Electronic Health Record) 같은 병원의 데이터를 관리하는 소프트웨어가 많았지만, 이제는 단순히 데이터를 모으는 것 이상으로 새로운 통찰력을 제공하는 프로젝트가 성장 중이다.

프로젝트 이너아이(InnerEye)는 영국의 마이크로소프트 리서치 팀이 개발한 기술로 엑스레이, CT 같은 의료 사진을 전문적으로 분석하고 AI 모델을 구축할 수 있도록 도와준다. 특히, 이 프로젝트의 목표는 뇌의 신경계를 연구하여 뇌의 기능을 보다 잘 이해하고, 다양한 신경학적 질병을 진단하고 치료하는 데 인공지능을 사용할 수 있도록 한다. 마이크로소프트는 암 치료 과정에서 CT 사진을 분석하는 데 시간이 너무 많이 걸린다는 점을 주목해 이너아이를 활용한 AI가 알아서 암 추정 부위를 찾아서 표시할 수 있도록 시스템을 구축하였다. 실험 결과 이너아이를 활용한 기술을 도입한 곳에서 CT 사진 속 암 부위를 최대 13배 빠르게 찾을 수 있었다고 한다(그림 3-12).

그림 3-12 프로젝트 이너아이

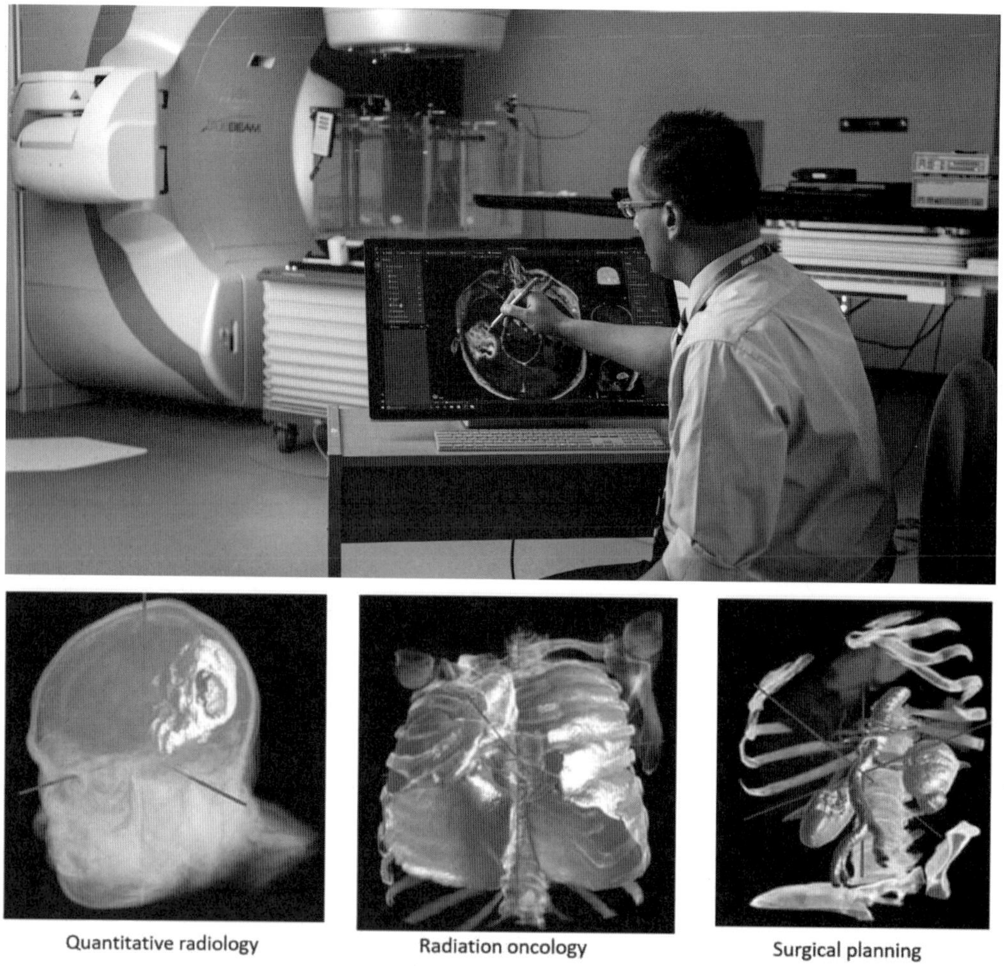

구글은 2023년 초 의료진과 환자 질문에 유용한 답변을 생성하도록 설계한 챗봇 '메드팜(Med-PaLM)'을 출시했다. 메드팜은 2023년 4월부터 미국 메이요 클리닉(Mayo Clinic) 등 일부 의료기관에 도입돼 적응 시험을 진행하고 있다. 구글은 현재 엑스레이와 유방 촬영(맘모그램) 등의 정보를 종합해 환자 치료 결과를 개선할 수 있는 기능도 추가하고 있다.

한편, AI 기술은 환자 기록 작성에도 활용도가 높다. 아마존은 2023년 8월 생성형 인공지능과 음성인식을 사용해 환자 진료기록을 자동으로 작성해주는 솔루션 'AWS 헬스 스크라이브'를 선보였다. 아마존 웹 서비스(AWS)가 출시한 이 서비스는 의료진과 환자 간 대화 내용을 인식해 실시간으로 진료기록을 작성해준다. 특히 미국 의료법을 준수하며 환자 진료기록을 작성하지만 고객 정보는 보관하지는 않는 방식이다. 아마존은 이 도구가 의학용어와 약물 등 구체적인 정보도 생성해 업무 시간을 절약할 수 있을 것으로 기대하고 있다.

마이크로소프트 역시 2021년 인수한 인공지능 기업 '뉘앙스(Nuance)'를 통해 2023년 3월 진료기록 애플리케이션(앱) '닥스 익스프레스'를 출시였다. 이 앱은 의사와 환자 간 대화를 의사와 환자 간 대화를 실시간으로 메모하고, 오픈AI가 개발한 멀티모달 LMM 'GPT-4'를 이용해 진료기록을 생성한다. 뉘앙스는 닥스 익스프레스를 이용하면 환자당 7분의 시간을 줄일 수 있으며, 환자에게 더 집중할 수 있다고 한다.

2.4 추천 시스템

아마존과 같은 온라인 매장에서의 상품 추천이나, 넷플릭스, 유튜브 등의 플랫폼에서 제공하는 콘텐츠의 추천 기능이 갈수록 좋아지고 있다. 추천 시스템은 빅데이터와 이를 빠르게 처리하는 인공지능에 의존하게 된다. 효과적인 추천을 위해 단순히 개별 사용자의 과거 구매 기록이나 미디어 사용기록에 의존하지 않고, 유사성을 가진 수많은 사용자들을 종합적으로 분석하는 협업 필터링 기술(collaborative filtering) 기법을 사용한다. 따라서, 사용자와 상품 · 콘텐츠 간의 단순한 2차원적 매트릭스를 넘어서 고객의 취향이나 선호도 등을 분석하여 소비자가 진정으로 구입할 만한 상품이나 좋아할 콘텐츠를 골라내고 추천하는

그림 3-13 빅데이터와 인공지능 기반의 추천 서비스: 왓챠의 영화 추천

것이다. 이 분야의 대표주자인 아마존 온라인 매장은 실제 추천 시스템을 통한 매출이 총 매출의 10%를 차지할 정도라고 한다.

우리나라의 경우 [그림 3-13]에 보여주는 '왓챠(watcha)'라는 개인취향별 영화추천 프로 내가 본 영화에 별점을 매기면 왓챠가 내 취향을 분석해서 자동으로 영화를 추천해 주는데, 협업필터링을 기반으로 이용자의 취향과 비슷한 사람을 검색한 뒤, 그 사람이 재미있게 본 영화 중 소비자가 보지 않은 영화를 추천하는 방식이다. 왓챠를 개발한 프로그램스(Frograms)라는 회사는 대규모 데이터를 분석 · 예측하는 빅데이터 사업을 메인으로 한 스타트업 기업이라고 볼 수 있는데, 직접 영화를 시청한 이용자가 무려 51만명으로, 이들이 매긴 점수의 데이터를 인공지능을 기반으로 과학적으로 분석한다. 왓챠는 별점 평가의 규모, 신뢰성을 인정받아 구글의 영화 검색 결과에도 공식적으로 노출되고 있다고 한다.

2.5 탈세 및 사기방지 시스템

미국 정부 기관의 경우 빅데이터 분석을 통해 사기 방지 솔루션을 성공시킨 사례를 가지고 있다. 빅데이터 분석을 위한 솔루션을 제공하는 선두 회사 중 하나인 SAS사는 정부 대상 사기 방지 프레임워크(Fraud Framework for Government)라는 빅데이터 분석 도구를 이용하여 방대한 자료로부터 이상 징후를 포착하고, 인공지능 기반의 예측 모델링을 통해 과거의 행동 정보를 분석하며, 사기패턴과 유사한 행동을 검출한다. 이러한 분석은 국민 의료보장제도나 장애인 의료보장제도 등과 같은 정부 복지프로그램들에서 발생하는 문제들의 징후를 사전 감지하는 것에서부터 허위납세신고, 구매카드 사기, 입찰 담합 행위, ID 도용 등에 이르는 다양한 문제 해결에 활용된다.

인공지능은 은행의 사기나 부정거래를 적발하는 데에도 사용될 수 있다. 은행은 매일 업무를 진행하면서 엄청난 양의 거래를 처리하며, 이 모든 것을 추적하고, 분석할 필요가 있다. 보통 사람에게는 불가능한 일이다. 사기 등 부정한 거래는 매일 변경되는 양상을 보여준다. AI 및 머신 러닝 알고리즘을 사용하면 1초에 수천 개의 거래를 분석할 수 있다. 또 문제를 일으킬 수 있는 거래를 파악하고 향후 문제에 대비하도록 할 수 있다. 대출을 신청하거나 신용카드를 신청할 때마다 은행은 신용 점수, 재무 기록 등 여러 가지 요소를 확인할 필요가 있다. 은행은 이 모든 것을 소프트웨어로 처리할 수 있다. 이로 인해 승인 대기 시간이 단축되고 실수 여지가 줄어든다.

이와 같이 AI 기술은 빅데이터와 더불어 계속해서 발전해 나가고, 성장하며, 모든 산업과 일상 생활의 거의 모든 측면에서 점점 더 중요해지고 있다. 혁신적인 응용 프로그램이 개발됨에 따라 AI를 통해 쉽고 생산적인 삶을 영위할 수 있는 방법이 늘어나게 될 것이다.

핵심 체크

01 빅데이터는 규모적으로는 크지만 주로 정형화된 테이블 구조의 데이터로 이루어진다.

정답 ×

해설 빅데이터는 다양성을 특징으로 하며 정형화, 반정형화, 비정형화된 데이터들의 조합이다.

02 빅데이터는 주로 비관계형 데이터베이스를 이용한다.

정답 O

해설 기존의 비즈니스 데이터는 관계형 데이터베이스를 이용해 왔지만 빅데이터는 빠른 저장 및 처리를 위해 비관계형 데이터베이스를 이용한다.

03 빅데이터를 분석한 결과는 주로 테이블 형식으로 표현된다.

정답 ×

해설 빅데이터는 주로 그림이나 그래픽 위주의 다양한 표현기법을 활용한다.

04 빅데이터의 가치는 제조업에 국한된다.

정답 ×

해설 제조업을 포함하여 의료 산업, 공공 행정, 소매업 등 다양한 분야에서 높은 가치를 생성할 수 있을 것으로 보고 있다.

05 빅데이터와 인공지능의 대표적인 활용분야는 생성형 AI와 추천 시스템이다.

정답 O

해설 빅데이터를 기반으로 한 인공지능을 활용해 다양한 형태의 생성형 AI를 구성할 수 있으며, 대규모 사용자 집단에 대한 데이터를 사용자의 품목 추천을 위해 사용한다.

06 XML로 작성된 데이터는 다음 중 어떤 형식의 데이터라 할 수 있는가?

① 정형화된 데이터
② 반정형화된 데이터
③ 비정형화된 데이터
④ 모두 해당

정답 ②

해설 XML, HTML 등 태그를 포함한 데이터는 반정형화된 데이터이다.

07 빅데이터의 기반 인프라를 구성하는 요소와 관련이 먼 것은?

① 범용 하드웨어
② 분산 파일 시스템
③ 관계형 데이터베이스
④ 맵과 리듀스

정답 ③

해설 관계형 데이터베이스는 기존의 비즈니스 데이터의 저장에 적합하다.

08 빅데이터와 인공지능의 관계를 가장 적절히 설명한 것은?

① 인공지능의 의사결정은 실시간으로 모든 빅데이터를 분석함으로써 가능하다.
② 인공지능은 빅네이터를 활용한 학습을 거쳐 의사결정을 위한 예측 모델을 발전시킨다.
③ 인공지능은 빅데이터의 존재여부에 관계없이 효율적인 컴퓨팅을 통해 구축된다.
④ 인공지능은 동일한 질문에 동일한 대답을 할 수 있도록 모든 모범 사례를 저장한다.

정답 ②

해설 빅데이터를 활용하여 훈련된 인공지능의 예측 모델은 보다 인간과 유사한 의사결정을 합리적으로 지원하게 되고, 고차원적인 질문에 대해서도 정확한 답변을 할 수 있게 된다.

09 _____는 자연어 처리, 신경망 및 머신 러닝의 힘을 활용하여 인간의 창의성을 모방한 새로운 콘텐츠를 생산할 수 있다.

정답 생성형 AI

해설 생성형 AI는 독창적인 콘텐츠를 새롭게 "생성"할 수 있는 인공지능을 말하며, 자연어 처리, 신경망 및 머신 러닝에 기반을 둔다.

10 다음 중 사용자가 텍스트를 입력하면 AI가 이미지를 생성해주는 인공지능 모델은?

① 챗지피티(ChatGPT)
② 클로바X
③ 사운드로우(Soundraw)
④ 미드저니(Midjourney)

정답 ④

해설 플레이 그라운드 AI나 미드저니(Midjourney)는 사용자가 텍스트를 입력하면 AI가 이미지를 생성해주는(Text-to-Image) 모델이다.

11 런웨이(Runway)나 소라(Sora)는 _____를 생성하는 인공지능의 대표적인 예이다.

정답 비디오

해설 런웨이(Runway)나 소라(Sora)는 명령어로 완전히 새로운 영상을 생성시키는 기능(Text to Video)을 수행할 수 있다.

12 자율주행에 대한 설명 중 적절하지 않은 것은?

① 자율주행은 방대한 양의 주행데이터가 요구된다.
② 자율주행은 인공지능을 활용하는 대표적인 예이다.
③ 자율주행을 위한 프로그램의 많은 부분을 인공지능이 직접 코딩을 하기도 한다.
④ 자율주행을 위해서는 라이더와 레이더 데이터가 반드시 필요하다.

정답 ④

해설 테슬라의 자율주행 기술은 카메라 기반 기술이다. 따라서, 고가의 라이다나 레이더 센서 등에 의존하지 않는다. 이는 시각에 기반한 인간의 운전과 흡사하며, 오직 카메라를 통해 인지되는 이미지를 기반으로 자율주행을 가능하게 한다.

13 다음 설명에 해당하는 인공지능 프로젝트 이름은?

> • 영국의 마이크로소프트 리서치 팀이 개발한 인공지능 기술로 엑스레이, CT 같은 의료 사진을 전문적으로 분석
> • AI가 알아서 암 추정 부위를 찾아서 표시할 수 있도록 시스템을 구축

정답 프로젝트 이너아이(InnerEye)

해설 프로젝트 이너아이(InnerEye)는 뇌의 신경계를 연구하여 뇌의 기능을 보다 잘 이해하고, 다양한 신경학적 질병을 진단하고 치료하는 데 인공지능을 사용할 수 있도록 한다.

14 다른 활동의 부산물로 생겨나는 데이터에 대한 데이터를 무엇이라 하는가?

정답 간접 데이터

해설 간접 데이터(Exhaust Data)의 예로는 댓글, 선호도, 웹 로그 등이 있다.

요약

빅데이터란?

- 빅데이터는 제타바이트에 다다르는 거대한 규모의 데이터 집합체로서(Volume), 다양한 데이터 형식을 취하며(Variety), 빠른 속도로 데이터를 생성, 유통, 활용(Velocity)함

빅데이터의 특징

- 빅데이터는 기존의 비즈니스 데이터와 비교할 때, 개개의 데이터가 모여 전달하는 새로운 정보에 초점을 맞춤
- 빅데이터는 대량의 데이터를 수평적으로 분산시켜 저장하고, 또한 분산 처리 방식을 통해 분석을 하기 때문에 비관계형 데이터베이스를 주로 이용함

빅데이터의 출현 배경

- 빅데이터의 출현은 하드디스크와 같은 데이터는 저장소와 이를 처리하기 위한 컴퓨터 프로세스 등의 가격대비 성능이 급격히 증가하면서 가능해짐
- 빅데이터는 소비자의 정보를 활용하려는 기업의 강한 욕구, SNS의 확산, 멀티미디어 데이터의 폭증, 다양한 사물이 전달하는 데이터가 증가함에 따라 그 중요성이 나날이 증가하고 있음

빅데이터의 주요 기술 구성

- 빅데이터를 구성하는 기반 인프라는 대용량 데이터 처리용 분산 파일 시스템과, 분산 처리 프레임워크인 맵리듀스가 있음
- 빅데이터를 분석하기 위해서 텍스트 마이닝, 평판 분석, 소셜네트워크 분석, 군집분석 등이 활용됨
- 빅데이터는 그 결과를 표현할 때 세부적인 숫자위주의 결과보다는 시각화 기술에 기반을 두어야 함

빅데이터와 인공지능의 관계

- 인공지능의 학습을 하기 위해서 빠질 수 없는 것이 빅데이터이며, 빅데이터를 활용하여 훈련된 인공 시능의 예측 모델은 보다 인간과 유사한 의사 결정을 합리적으로 지원하게 됨
- 빠르고 신속한 데이터 처리와 분석능력을 지닌 인공지능은 빅데이터를 더욱 효과적으로 활용할 수 있는 도구의 역할을 함

인공지능과 빅데이터의 활용 사례

- 생성형 AI는 자연어 처리, 신경망 및 머신 러닝의 힘을 활용하여 인간의 창의성을 모방한 새로운 콘텐츠를 생산함
- 자율주행은 빅데이터 기술을 사용해 운행 패턴과 도로상황을 분석하고 다양한 교통상황에 대응하는 방법을 기계 학습하며, 이를 바탕으로 지속적인 실시간 의사 결정을 내리게 됨
- 의료분야에서는 엑스레이, CT 같은 의료 사진을 전문적으로 분석하는 AI 모델이 적극 활용중임
- 그 밖에 추천 시스템, 탈세 및 사기방지 시스템 등을 그 사례로 들 수 있음

참고문헌

서진호, 생성 AI 시대에서의 빅데이터의 활용과 전망, KT Enterprise, 2023. 8. 23.

심준식 · 우재현, 빅데이터, 인공지능을 만나다, 한국금융연수원, 2023.

Laudon, Kenneth C. and Carol G. Traver, *E-Commerce 2023: Business, Technology, Society*, 17th Edition, Pearson, 2023.

McKinsey & Company, *Big Data: The Next Frontier for Innovation, Competition, and Productivity*, 2011. 5.

제 2 부

e-비즈니스 모델과 전략

제4장 e-비즈니스의 개념과 모델

오늘의 주제

쇼핑과 광고 키우는 네이버의 비대면 수익모델

네이버가 코로나19에도 매출과 영업이익이 전년 동기 대비 상승하며 선방했다. 증권업계에서 예측한 2020년 1분기 영업이익 예상치는 평균 1,900억원대였지만 실제로는 이를 상회한 2,215억원을 기록했다.

이는 코로나19로 인해 줄어든 광고 매출을 쇼핑 부문이 메운 결과다. 온라인 쇼핑 수요가 늘어나면서 네이버의 온라인 쇼핑몰 솔루션 '스마트스토어' 거래액이 전년 동기 대비 56%나 올랐기 때문이다.

네이버는 코로나19에 따른 일부 반사효과도 있지만 경기 침체에 따른 위기 영향권은 지금부터라는 입장이다. 이에 2분기엔 실적 효자 쇼핑부문을 더욱 강화하고 부진한 광고 부문도 만회하는 '투트랙' 전략을 구사할 계획이다.

23일 한성숙 네이버 대표는 1분기 실적 컨퍼런스콜(회의전화)에서 "경기 침체로 일부 업종을 중심으로 온라인 마케팅 수요가 둔화하는 등 영향이 지속할 것으로 보인다"면서도 "마케팅 수요 감소 측면에선 위기지만 비대면 서비스 활성화 측면에서 다양한 기회 요인이 있다. 비대면 시장에서 새 기회와 성장동력을 만들어가겠다"고 말했다.

비대면 확산으로 수혜를 본 건 단연 온라인 쇼핑이다. 검색형 상품과 쇼핑 검색 광고 중심인 비즈니스 플랫폼 부문은 꾸준히 상승세지만 코로나19로 성장세에 탄력을 더 받을 것이라는 관측이다. 비즈니스 플랫폼 부문 매출은 전년 동기와 비교해서는 12%, 전분기 대비 0.4% 증가한 7,497억원이다.

네이버는 유명 브랜드가 입점한 '브랜드스토어'의 입점 업체를 올해 200개로 확대하는 한편 배송 서비스를 강화해 다양한 배송 · 물류 업체와 협력한다는 계획이다.

한 대표는 이날 LG생활건강의 브랜드스토어를 예로 들어 물류 회사와의 협력 사례를 언급했다. 네이버는 LG생활건강과 생필품 판매 제휴를 맺고 CJ대한통운과도 협력해 밤 11시 59분 전까지 주문하면 24시간 내 배송하는 서비스를 제공하고 있다.

네이버가 직접 배송 서비스를 제공하는 것은 아니다. 하지만 네이버가 앞으로도 다양한 업체와 협력해 당일배송, 고급배송 등 여러 배송 서비스를 출시할 계획이라고 밝힌 만큼 관련 서비스로 쇼핑 부문을 더 탄탄히 지원할 것으로 보인다.

또 오프라인 판매자들이 생방송으로 상품을 소개하는 '라이브 커머스'를 32만 판매자가 모두 활용할 수 있도록 지원할 방침이다.

출처: 디지털투데이, https://www.digitaltoday.co.kr, 2020. 4. 23.

생각해보기

경기가 침체하는 위기 속에서도 네이버가 좋은 성과를 거두기 위해 고안한 수익 모델의 내용은 무엇인가요?

전문가 답변

네이버는 코로나19로 인한 경기침체 위기가 심화되면서 대기업 광고예산 감축으로 광고 매출이 줄었지만, 비대면 쇼핑 수요가 증가하면서 쇼핑부문 매출은 증가했습니다. 이에 네이버는 위기를 기회로 전환하기 위해 온라인 쇼핑과 광고 부문을 함께 강화하는 '투트랙' 수익모델을 개발했습니다. 구체적으로는 브랜드스토어 입점업체를 늘리고 배송서비스를 강화하는 한편, 새 광고상품을 출시해 매출을 증대시킬 계획입니다.

제1강 e-비즈니스의 개념

학습내용

1. e-비즈니스의 정의
2. 전사적 자원관리(ERP) 시스템
3. 공급망 관리(SCM) 시스템
4. 고객관계 관리(CRM) 시스템

학습목표

1. e-비즈니스를 정의하고 e-커머스와의 차이점 및 관계에 대해 설명할 수 있다.
2. e-비즈니스를 지원하는 대표적 시스템인 전사적 자원관리(ERP: Enterprise Resource Planning), 공급망 관리(SCM: Supply Chain Management), 그리고 고객관계 관리(CRM: Customer Relationship Management) 시스템에 대하여 설명할 수 있다.

1 e-비즈니스의 정의

1.1 e-비즈니스란?

지난 몇 년 동안 e-비즈니스란 용어는 우리 주변에서 언론 및 방송매체, 그리고 세미나 및 경영신간 서적을 통해 흔히 들을 수 있는 버즈워드(buzz word)가 되어 버렸다. 이러한 e-비즈니스에 대한 폭넓은 관심에도 불구하고, 많은 이들이 e-비즈니스의 개념에 대해 서로 다른 이해를 하고 있다. 또한 e-커머스, u-비즈니스, m-커머스 등 유사 용어들이 범람하다 보니 개념적 혼동이 더 가중되고 있는 실정이다.

e-비즈니스의 'e'의 의미는 어원적으로 볼 때에는 'electronic' 이다. 전자매체를 통한 비즈니스를 의미한다. 물론 전자매체가 없다 하더라도 기업은 비즈니스를 통해 가치 있는 상품과 서비스를 생산하고 이를 소비자에게 판매하여 이익을 창출해 왔다. e-비즈니스도 이러한 비즈니스 고유의 성격을 당연히 가지고 있다. 그렇다면 과연 접두어 "e"는 어떻게 기존의 비즈니스를 e-비즈니스로 변화시키고 발전시킬 수 있었을까? 단순히 전자매체의 개

알아봅시다

시스코사의 e-비즈니스

라우터 등 인터넷 장비를 공급하는 시스코사는 정보기술을 통해 프로세스의 혁신을 실현한다는 목표를 가지고 e-비즈니스를 추진하고 있다. 이 회사의 e-비즈니스 전략은 웹기반의 제품판매를 구현함으로써 회사의 주요 비즈니스 프로세스들을 단순화하고 고객관계를 개선하는 데 초점을 두고 있다. 고객사와의 비즈니스 프로세스 통합을 통해 고객요구에 대한 대응속도가 빨라지므로 고객사의 만족을 높이는 데 기여하고 있다. 또 인터넷을 주요 지렛대로 활용하여 불필요한 비용을 줄이고 내부 비즈니스 프로세스의 효율화를 꾀할 수 있어, 시스코에서 정보기술은 프로세스 혁신을 이행하기 위한 중요한 수단이다. 이와 같이 오늘날 닷컴 기업들에게는 물론이고 시스코와 같은 제조중심의 오프라인 기업에게도 e-비즈니스는 기업의 비즈니스를 수행하는 방식을 변화시킴으로써 기업을 날렵하고도 유연한 조직으로 변형(transform)시키는 데 크게 기여하고 있다.

입만을 의미하는 것인가 아니면 그 이상의 비즈니스 전반의 전환(transformation)을 의미하는 것일까? 일반적으로, e-비즈니스는

- 인터넷 또는 정보통신기술을 적용하여 전통적인 비즈니스 방식을 향상시키거나 대체하며,
- 정보의 전략적 사용을 통해 조직의 경쟁력을 향상시키며,
- 기업 간, 기업과 소비자 간, 기업 내부의 모든 활동이 컴퓨터를 활용한 네트워크에서 실행되는 것을 의미한다.

따라서 "e"의 의미는 단순히 'electronic'보다는 오히려 '강화'의 의미가 있는 'enhanced'로서 정의하는 것이 더 적절할 것이다.

기업 전반의 내부적인 프로세스는 흔히 [그림 4-1]에서 보여주는 가치사슬(value chain)을 이용하여 설명한다. 이러한 가치사슬을 고려할 때, e-비즈니스는 "제품의 기획과 설계, 생산을 위한 자재 유입, 생산 및 제조, 판매와 유통, 유지보수 및 서비스까지 이어지는 모든 기업의 비즈니스 활동을 컴퓨터 네트워크를 매개로 유기적으로 연결함으로써 기업의 성과를 획기적으로 개선하는 새로운 패러다임"이라고 정의할 수 있게 된다.

알아봅시다

가치사슬 분석(Value Chain Analysis)이란?

기업의 내부역량 분석을 위해서 가치사슬 분석이 이용된다. 기업내부의 프로세스는 크게 다음 표와 같은 주활동과 지원활동으로 나누어진다.

활동	구분	내용
주 활동	유입 물류	원재료의 재고 관리 및 취급
	운영/조업	투입 요소를 최종 제품과 서비스로 전환
	유출 물류	완제품의 운송
	마케팅 및 판매	마케팅, 가격 책정 및 채널관리, 기타
	서비스(A/S)	사후 판매 지원
지원 활동	기술개발	엔지니어링, R&D, 정보기술, 기타
	인력개발	고용, 인센티브 시스템, 동기, 훈련, 승진, 노사관계, 기타
	기업기반	구조 회계 · 법률 · 기획 · 이해관계자(즉 정부 및 대인관계, 지역사회 투자, IR, 기타)와 같은 운영 지원 활동

가치사슬 분석은 기업이 창출하는 가치가 위의 여러 활동 중 특히 어떤 활동을 통해 가장 높게 창출되는지를 분석함으로써 기업 내부의 핵심 활동을 찾아내는 데 도움을 준다. 이를 통하여 기업의 희소한 자원을 효율적으로 배분하기 위한 전략을 세우게 되는데, 기업의 내부 핵심 역량(즉, 가치를 가장 많이 창출하는 활동)이 외부 경쟁 환경과 어떻게 통합될 수 있는지를 전략적으로 분석한다. 가치사슬 분석은 다음과 같은 분야에 대표적으로 적용된다.

- 고객 가치 분석

고객의 가치 창출을 위한 활동이 어떤 부분에서 어떻게 이루어지는지 알 수 있다. 어떤 기업은 마케팅 및 판매가 핵심 역량이겠지만, 다른 기업은 서비스가 핵심 역량일 수 있다.

- 기업의 범위 결정

기업의 전략이 어떤 비즈니스 활동과 경쟁 영역에서 실행될 것인가를 알 수 있다. 즉, 기업은 모든 활동 분야에서 경쟁우위를 가지기 힘들고, 핵심 역량을 발견하여 희소한 자원을 집중적으로 투입하여야 할 필요가 있다.

- 전략적 아웃소싱

기업의 핵심 역량과 가치 사슬에서의 다양한 활동의 상대적 중요성에 대한 명확한 분석을 통하여 비용을 삭감하거나 기업의 경쟁우위를 손상하지 않고서 차별화와 유연성을 개선할 수 있는 전략적 아웃소싱 결정이 이루어질 수 있다.

1.2 e-비즈니스와 e-커머스의 차이

e-비즈니스를 정의하면서, 많은 경우 e-커머스와 e-비즈니스를 같은 개념으로 혼동하는 경우가 많다. e-커머스에 대한 자세한 설명은 제3부(7, 8, 9장)에서 자세히 설명하도록 하고 여기서는 간단히 e-비즈니스와 e-커머스의 차이점을 정리해 보자.

〈표 4-1〉에서 요약한 바와 같이, e-커머스는 전자매체를 기반으로 한 상거래를 뜻한다. 흔히 인터넷상에서 개인용 컴퓨터, 스마트폰 등의 디지털 기기를 이용해 상품, 서비스, 자금, 혹은 데이터를 매매하는 다양한 형태의 상거래를 포함한다. 반면 e-비즈니스는 앞서 정의한 바와 같이 e-커머스를 포괄하는 광범위한 개념으로 인터넷 및 정보기술의 적용대상이 기업전반의 가치활동들로 확대된다. 즉, 기업 내부의 정보망을 통한 재정비, 공급망 자동화, 온라인 주문처리, 온라인 고객관계 관리, 온라인 인력관리 등을 모두 포함하게 된다.

표 4-1 e-커머스와 e-비즈니스의 비교

e-커머스	e-비즈니스
• 전자매체를 기반으로 한 상거래를 의미 • 쇼핑몰에서의 온라인 상품판매, 온라인 주식매매, 인터넷 경매	• e-커머스를 포괄하는 광범한 개념 • 인터넷 및 정보기술의 적용대상이 기업전반의 가치활동들을 포함함(공급망 자동화, 온라인 주문처리, 온라인 고객관계 관리, 온라인 인력관리 등)

e-비즈니스와 e-커머스 두 개념의 업무 범위에 대하여 살펴보자. e-커머스는 제품 온라인 매매의 거래적인 측면에 초점이 맞춰져 있다. 따라서 광고, 판매촉진, 가격결정과 같은 활동을 통해 제품 브랜드 인식을 확대하고 표적고객들이 제품을 구매하도록 유도하는 노력을 수반한다. 반면, e-비즈니스는 단순한 제품 매매를 벗어나 폭넓은 비즈니스 활동을 포함한다. 정보 기술을 이용해 비즈니스 운영을 능률화하고, 거래 참여자들(즉, 판매자, 구매자, 결제전문업체, 배송전문업체 등) 간의 의사소통과 협력을 개선하며, 고객 서비스를 향상하는 데 초점을 둔다.

e-커머스 웹 사이트의 국내 예로는 롯데닷컴, 신세계몰, GS샵 등과 같은 **종합몰**, 마켓컬리, 무신사, 패션플러스와 같은 **전문몰**, 쿠팡, 지마켓, 옥션, 11번가와 같은 **오픈마켓**, 그리고 나이키, 이케아, 룰루레몬 등과 같은 **자사몰**이 있다. 한편, e-비즈니스의 성공적 도입 예로는 고객사의 온라인 수요 변동에 신속하게 대응하기 위해 자사 내부시스템을 고객사 및 부품 공급사들의 내부시스템과 통합한 통신장비 제조업체 시스코 시스템즈가 있다.

[그림 4-1]의 가치사슬을 보면, e-비즈니스와 e-커머스는 서로 밀접한 관계를 맺고 있음

그림 4-1 가치사슬상에서의 e-커머스와 e-비즈니스

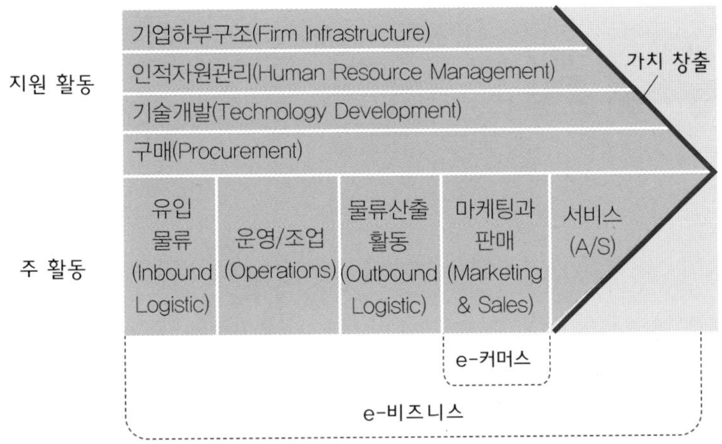

을 알 수 있다. 가령, 고객들로부터 지속적으로 주문을 받고 신속하게 주문 제품을 발송할 수 있기 위해서는, 고객관계 관리(CRM) 시스템을 통해 잠재적 고객들과의 안정적인 관계를 구축하고, 일단 고객주문이 접수된 후에는 전사적 자원관리(ERP) 및 공급망 관리(SCM) 시스템을 활용해 정해진 일정에 맞춰 원자재를 공급받아 차질 없이 제품을 만들어 발송함으로써 고객에게 만족스러운 서비스를 제공하게 된다. 다음 섹션에서는 e-비즈니스를 지원하는 이들 세 가지 핵심 시스템들 간의 관계에 대하여 살펴보기로 한다.

1.3 e-비즈니스의 주요 시스템

e-비즈니스를 가능하게 하기 위해서 그동안 수많은 IT기술과 정보시스템이 도입되었고, 이를 통해 기업 전반의 데이터 및 프로세스의 전사적인 통합관리가 시도되었다. 그중에서도 대표적인 시스템은 전사적 자원관리(ERP: Enterprise Resource Planning), 공급망 관리(SCM: Supply Chain Management), 그리고 고객관계 관리(CRM: Customer Relationship Management) 시스템이며 이들과 연동하여 실제 제품과 서비스의 거래를 지원하는 e-커머스가 가동하게 된다.

[그림 4-2]에서 볼 수 있듯이, 서로 연동 및 통합된 ERP, SCM, CRM의 세 개 시스템이 기업의 e-비즈니스 활동을 가능하게 한다. 우선 기업은 SCM 시스템을 통해 공급자와의 관계를 관리하며, 또 CRM 시스템을 통해 고객과의 관계를 관리한다. 그리고 기업의 내부 직

그림 4-2 e-비즈니스의 주요 지원시스템

원들은 ERP 시스템을 이용해 고객이나 공급사와의 비즈니스 현황에 관한 데이터를 관리 및 조회할 수가 있다. 이들 시스템을 각각 살펴보면 다음과 같다.

- ERP 시스템을 이용해 재무, 인사관리, 재고관리 등과 같은 비즈니스 프로세스들을 통합적으로 관리할 수가 있다. 또한 ERP는 비즈니스 운영에 관한 데이터를 통합해 관리한다.
- CRM 시스템은 기본적으로 고객과의 상호작용, 판매 및 마케팅에 초점이 맞춰지는 시스템이다. CRM 시스템을 이용해 고객 서비스 및 관계를 효과적으로 관리할 수가 있다.
- SCM 시스템은 조달에서부터 유통에 이르기까지 공급망 전체를 관리하는 데 이용되는 시스템이다. SCM 시스템은 공급망상에서 효율성과 통제력을 향상시킨다.

SCM, CRM 그리고 ERP 시스템은 전사적인 차원에서 통합이 되어있어 기업의 직원들은 시스템을 통해 상호 협력적으로 업무를 수행할 수 있으며 비즈니스 정보를 용이하게 공유하는 것이 가능하다. 또 기업의 원활한 정보 공유로 인해 더 효과적인 의사소통 및 의사결정이 이루어질 수 있으며, 궁극적으로는 기업의 성과를 개선시킬 수가 있는 것이다.

2 전사적 자원관리(Enterprise Resource Planning: ERP) 시스템

새로운 디지털 경영 환경에서 찾아볼 수 있는 특징 중 가장 대표적인 것은 기업의 업무 프로세스가 전사적 자원관리(ERP) 시스템을 통해 통합적으로 지원된다는 점이다. 기업의 다양한 부문의 업무를 통합적으로 지원함으로써 업무 부문 간 유기적인 연동을 통해 데이터의 효과적인 공유는 물론 조직 유연성의 향상에도 기여하고 있다. 나아가 앞의 [그림 4-2]에서 보여주듯이, ERP 시스템은 기업 내부 시스템들과 공급망 관리(SCM) 및 고객관계 관리(CRM) 시스템과 서로 연동하여 확장할 수 있는 연결 고리를 제공함으로써, 기업의 통합 관리 체계를 구축하는 핵심이 된다.

2.1 전사적 자원관리의 개념

기업들은 세계적인 경쟁 속에서 살아남기 위해 각기 생산성, 품질, 소비자 만족도 향상 등 다양한 측면에서 자신들의 경쟁력을 향상시키기 위해 노력해 왔다. 특히 컴퓨터와 전산 시스템의 발전으로 기업은 더 효율적인 정보 흐름과 업무가 가능해지게 되었다. 기간 업무에 대한 전산화는 전통적으로 제조 및 생산, 판매 및 마케팅, 재무 및 회계, 인적 자원 관리, 마케팅, 생산 등 비즈니스 기능별로 업무를 분석하고 각종 개발 도구를 이용해 독립적인 정보시스템들을 주문 개발하고 이를 이용해 왔다. 따라서 각각의 개별 시스템들이 해당 분야의 데이터를 관리하기 때문에, 이들 시스템에 존재하는 정보는 부서단위 중심으로 관리되었고, 시스템들 간에 정보가 원만하게 흐를 수가 없었으며, 비즈니스 프로세스들도 부서 간에 서로 단절될 수밖에 없었다. 또한, 데이터가 비즈니스 기능 중심(예를 들어, 영업, 생산, 구매 등)으로 개별적으로 구성됨으로 인해 경영관리자들은 기업의 전반적인 운영 현황을 한눈에 알아볼 수 있는 통합 데이터를 추출하는 데 어려움이 따랐다.

고객의 주문을 예로 들어보자. 고객이 주문을 하게 되면, 주문내용이 한 부서에서 다른 부서로 이동하게 되며, 주문관련 데이터는 이동 도중 서로 다른 부서의 컴퓨터에 입력되기도 한다. 주문 데이터가 부서들을 따라 이동하다 보면 중간에 지연이 되기도 하고 또 주문이 도중에 증발해 버리는 현상이 발생하기도 한다. 주문시점에서 판매직원이 해당 제품의 재고현황을 알기 힘들었고, 고객은 자신이 주문한 제품의 처리여부에 대한 추적이 현실적으로 불가능한 경우가 대부분이었다.

기업들은 이와 같이 조직내부의 데이터와 프로세스의 통합에 큰 어려움을 겪었고, 나아가 이러한 내부적인 불협화음 속에 일상적으로 손발을 맞춰야 하는 외부의 고객이나 공급사, 협력사와는 더욱 호흡을 맞추기가 힘들었다. 이러한 상황에서는 불필요한 인력낭비가 발생하고 고객요구에 대응하는 시간이 지연되면서 이에 따른 불만은 커지게 되고, 그 결과 회사 경쟁력은 상대적으로 다른 회사들에 비해 뒤쳐질 수밖에 없었다. 이러한 비즈니스 환경하에 기존의 업무별 독립 시스템을 하나의 애플리케이션 패키지로 대체하여 기업내 업무의 통합을 추구하려는 노력이 시작되었다. 이러한 노력은 1970년대의 MRP(Material Requirement Planning)와 1980년대의 MRP II(Manufacturing Resource Planning)를 거쳐 마침내 ERP 시스템으로 실현되었다.

ERP 시스템은 도입 초기에는 전방의 제품판매 프로세스(front-office)보다는 후방의 생산, 주문처리 업무(back-office)를 지원해 왔기 때문에 흔히 백오피스 소프트웨어라고 불려졌다. 하지만 2000년대에 들어서면서 ERP는 기술적으로는 기존의 클라이언트/서버 환경에서 웹 환경 중심으로 재편성되면서 기업 내부 처리 외에 판매, 고객 관리, 공급자, 외부 협력사와의 소통과 정보교류 등으로 그 영역을 넓혀가고 있다. 다음 절에서 다룰 SCM과 CRM도 포괄적 의미에서는 ERP 시스템에 포함되기도 한다.

2.2 ERP 시스템의 기능

(1) 비즈니스 프로세스의 통합

ERP 시스템이란 완전히 새로운 시스템이라기보다는 위에서 언급한 기업 전반의 비즈니스 프로세스들 및 관련 데이터의 통합을 위한 상용 소프트웨어 패키지다. 비즈니스 프로세스란 제품이나 서비스를 제공하기 위해 업무를 구성하고 조정하는 방식을 의미한다. 따라서, [그림 4-3]에서 보여주듯이, ERP 시스템은 재무 및 회계, 인적 자원관리, 제조 및 생산, 판매 및 마케팅 등 다양한 비즈니스 프로세스들을 지원하는 소프트웨어 모듈들이 상호 유기적으로 연결되어 만들어진다.

(2) 데이터의 통합

기업들은 ERP 시스템을 구축함으로써 이러한 기업의 모든 비즈니스 프로세스들을 통합할 뿐만 아니라, 전사적 차원에서 데이터를 통합해 통합 데이터베이스를 관리한다. 그 결과, 기업의 서로 다른 부서나 비즈니스 프로세스 간에 정보가 유기적으로 연결된 프로세스를 거쳐 자유로이 흐를 수 있고, 개별 시스템들에 존재하던 정보 조각들이 이제는 전사차원의 정보로 통합되어 사내 여러 분야의 비즈니스 프로세스들에 의해 공유된다. 궁극적으로, 경영관리자들은 이러한 통합 관리 시스템을 통해 비용과 수익성 등 여러 가지 경영분석도 전사적으로 수행할 수 있게 되고 효율적인 의사결정을 내릴 수 있게 된다.

그림 4-3 ERP 시스템의 기능

여러 부서별 정보 시스템이 통합되고, 통합 데이터베이스를 통하여 정보가 서로 효율적으로 공유된다.

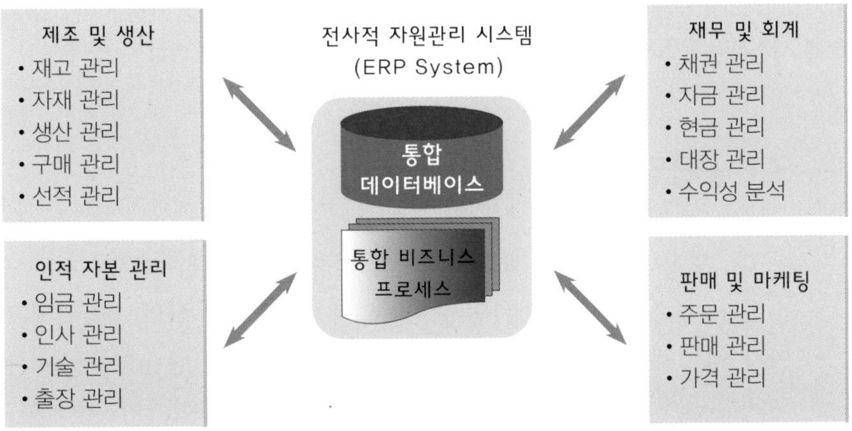

(3) 업무 처리 매뉴얼과 표준 제공

ERP패키지의 비즈니스 프로세스는 오랜 경험을 통하여 얻어진 첨단 경영 기법의 도입을 통해 구현된 표준 업무 프로세스이기 때문에 이의 도입을 통해 기존의 프로세스를 재정비하고 업무 재설계(Business Process Reengineering: BPR)를 구현해 주는 역할을 한다.

3 공급망 관리(Supply Chain Management: SCM) 시스템

최근 제조업체 및 유통업체를 중심으로 큰 관심을 끌고 있는 정보기술은 공급망 관리(SCM)이다. 공급망 관리는 원자재의 조달부터 제품의 생산과정을 거쳐, 유통망을 통해 고객이 원하는 제품이 고객의 손에 전달되기까지의 모든 과정을 효과적으로 관리한다. 기업환경이 글로벌화됨에 따라 해외에서의 원자재 수입, 아웃소싱을 이용한 생산 등이 보편화되고, 기업의 공급망은 나날이 복잡해지고 있다.

알아봅시다

공급망(Supply Chain)이란?

기업은 제품생산이나 유통활동을 위해 다른 기업으로부터 원재료나 완제품을 구매하여야 한다. 이를테면, 차 메이커는 완성차 조립을 위해 여러 부품들을 부품공급사들로부터 구매하여야 하며, 백화점은 판매할 제품들을 공급사들로부터 구매하는 것이 필요하다. 여기서 특정 기업과 이 기업에 제품을 공급하는 공급사 간의 연결고리를 가리켜 공급망이라고 부른다.

오늘날 제조사나 유통사가 성공적으로 시장의 수요를 충족시키키 위해서는 공급망을 효율적으로 관리하는 능력이 중요하다. 기업이 구매를 통해 확보한 재고제품도 비즈니스 활동을 수행하는 과정에서 소진이 될 수밖에 없다. 따라서 사전에 재고가 소진될 것을 예측하여 주문을 하여야 하는데, 미처 주문을 하지 못한 경우 재고가 소진되어 제조사는 제품의 생산에 차질이 생기기도 하고, 유통사는 고객이 제품구매를 하지 못해 발길을 돌려야만 하는 상황이 발생할 수 있다.

3.1 공급망 관리의 개념

공급망은 공급업체, 제조업체, 유통업체, 소매업체, 고객이 서로 복잡하게 연결되어 구성된다. 때로는 공급업체(1단계 공급업체)는 다시 자신의 공급업체(2단계 공급업체)를, 나아가 제3, 제4의 공급업체를 가지기도 한다. 자재는 원자재를 거쳐 최종 제품과 서비스로의 변환을 거치며 공급업체로부터 고객에게 흘러 들어가며, 이에 따라 자금은 고객으로부

그림 4-4 공급망 관리의 개념

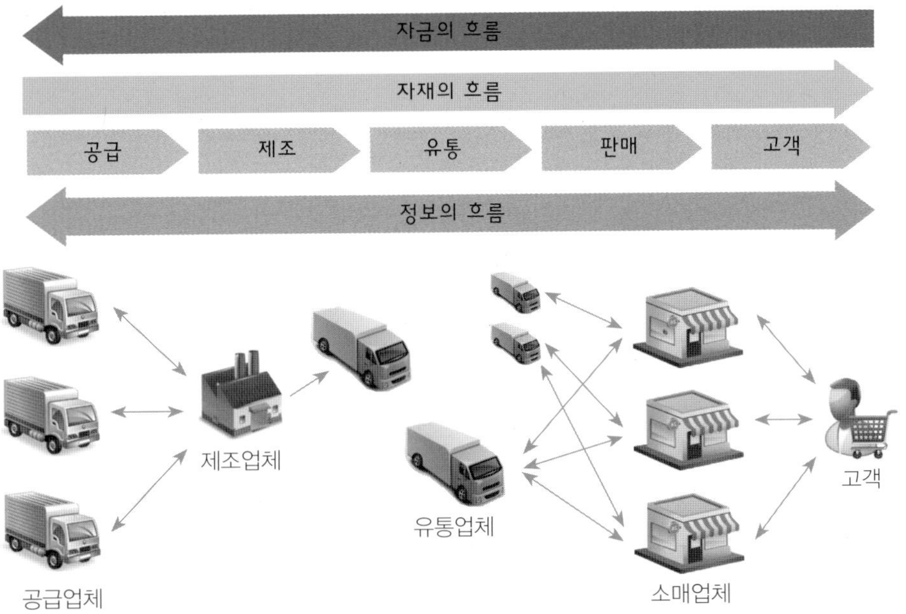

터 공급업체 쪽으로 흘러 들어간다(그림 4-4). 공급망 관리란, 이러한 공급망의 주체들이 서로 협력하여 자재, 자금, 그리고 정보를 통합하여 관리함으로써, 물류의 최적화를 달성하고, 궁극적으로는 최소의 비용을 들여, 최대의 고객만족을 이끌어 내기 위한 경영전략이다. 공급망 관리 시스템을 도입함으로써 기업은

- 수송 배송 역량 증가, 재고의 감소, 수요 예측의 정확성 향상, 작업 지연시간 단축, 정보 공유를 통한 공급업체의 재고 감소 등을 통해 물류비용의 감소를 가져올 수 있고,
- 철저한 납기 관리와 영업관리 및 주문 처리시간 축소를 통한 고객만족도 향상을 가져올 수 있으며,
- 업무 표준화를 통한 업무의 단축, 제품 납기, 수주 처리시간 단축 등 자금 흐름의 효율성증대 등을 기대할 수 있다.

3.2 공급망 관리 시스템의 기능

(1) 공급망 계획 기능(Supply Chain Planning)

고객의 수요를 예측하고, 이를 바탕으로 생산 및 조달 계획을 수립하고, 원재료에 대한

알아봅시다

채찍효과(Bullwhip Effect)란?

제품에 대한 최종 소비자의 수요에 조그민 변동이 생기면, 그 변동은 소매상, 도매상, 완제품 제조업자, 부품 공급자 등 공급망을 따라 위로 올라갈수록 그 변동폭이 크게 확대되는 현상이 발생한다. 예를 들어, 소매상이 도매상에게 10을 주문하면 도매상은 만약을 위해 12를 제조업체에게 주문하고 제조업체는 또 다시 자재업체에게 만약을 대비해 15를 주문하는 현상으로 결국 전체 공급망에는 과다한 재고를 보유하게 되고 불필요한 인력과 시설투자로 자원을 낭비하게 되는 현상을 말한다.

이처럼 공급망에서 최종 소비자로부터 멀어질수록 수요와 재고의 불안정성이 확대되는 현상을 채찍효과(Bullwhip Effect)라 한다. 이 같은 이름이 붙여진 이유는 수요변동의 단계적 증폭 현상이 마치 긴 채찍을 휘두를 때 손잡이 부문에 작은 힘만 가해도 끝 부분에서는 큰 파동이 생기는 것과 유사한 패턴을 보이기 때문이다.

공급망 관리 시스템의 도입은 이러한 채찍효과를 줄여주는 역할을 한다. 즉, 공급망 구성원들 간에 정확한 정보를 서로 공유할 때 수요 및 공급의 불확실성이 줄어들게 되는데 이를 위해서 공급망 관리 시스템을 통한 데이터와 프로세스의 통합이 반드시 따라야 할 것이다. 이와 같은 통합 관리를 통하여 부품 및 자재 공급자가 제조업체의 재고 조정에 직접 관여하는 방식이 가능해지고, 공급자와 구매자 간의 실시간 정보공유를 통해 수요정보의 왜곡이 최소화되는 것이다.

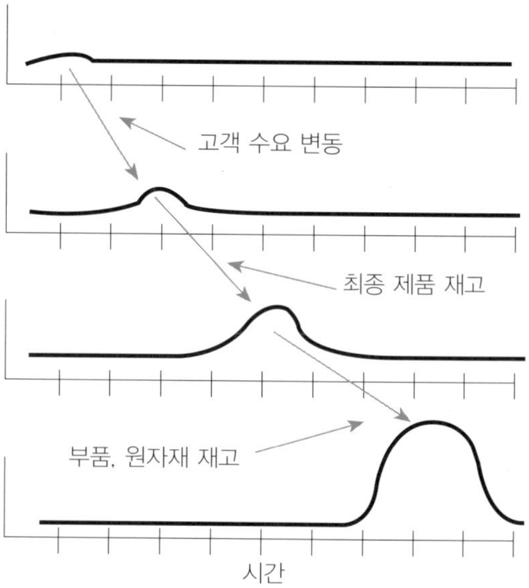

재고 수준을 파악하여 적절한 주문 계획까지 수립하게 된다. 만약 고객의 수요나 생산 일정에 차질이 발생하여 기존계획의 변동이 생길 경우, 변동 사항은 관련 업체들에게 즉시 통보가 이루어져야 하고, 이를 고려한 새로운 계획 수립이 용이해야 한다.

(2) 공급망 실행 기능(Supply Chain Execution)

실제 원료나 제품의 이동과 흐름을 제어하게 된다. 주로 일별 이하의 스케줄을 따라 실시간으로 생산 및 배송 상태, 재고 수준과 관련된 데이터를 제공하고 유통관리의 일환으로 고객도 주문한 제품의 상태를 쉽게 파악할 수 있게 해 준다. 바코드와 RFID 등을 사용해서 물류 실행 업무를 효율화하며, 또한 제품의 반환과 관련된 역배송에 대한 관리도 담당한다.

(3) 공급망 가시성 기능(Supply Chain Visibility)

공급망을 모니터링하는 기능으로써, 공급망 전반에 걸친 비용, 성과 및 서비스 측면에서 현재 운영상태의 이상 유무를 파악하고 개선 사항을 도출하며 사전 예방 기능을 제공한다. 예를 들어, 주문 이행 성공률, 제품 납기 소요기간, 생산 주기 등을 통해 지속적인 성과 측정을 하게 된다.

4 고객관계 관리(Customer Relationship Management: CRM) 시스템

앞서 ERP 시스템과 SCM 시스템을 이용하여 기업은 내 · 외부비용 구조의 최적화를 이루어 경쟁력확보를 이루어 낼 수 있음을 알 수 있었다. 하지만, 오늘날 e-비즈니스와 e-커머스 등이 확대됨에 따라, 제품 및 서비스정보에 대한 고객의 지식이 확대되고, 이에 따른 고객의 기대 수준 및 고객 이탈률이 증가함으로써 점차 고객 중심적인 경쟁 환경으로 시장의 지각 변동이 일어나고 있다. 이런 기업 환경 속에 기존의 비용절감 경영에 한계를 인식한 기업들은 고객 중심적 기업 구조, 다양한 고객 접점 채널 확보, 수익성 높은 기존 고객의 유지 · 확대 등에 주력하는 새로운 경영전략 수립을 위하여 고심하고 있다. 고객관계 관리(CRM) 시스템은 바로 이러한 기업의 고객 지향 비즈니스를 목적으로 사용되는 시스템이다.

4.1 고객관계 관리의 개념

CRM은 가트너(Gartner, Inc.)의 정의를 따르면, "수익성 높은 고객과의 관계를 창출하고 지원함으로써 매출을 최적화하고 고객기반을 확충하는 전략"이다. 좀더 구체적으로 정의하자면, "기업 전반에 걸쳐 고객 데이터와 기업 내외부의 고객 관련 데이터를 하나의 데이터 베이스에 통합하여, 이를 분석 후 그 결과를 다양한 고객 접점에 배분함으로써, 기업이 고객과 상호 작용하는 데 활용하도록 하는 경영 프로세스"를 일컫는다.

기업의 가치는 고객과의 상호작용으로 발생되는 가치의 합이다. 따라서 그 가치의 합은 신규 고객을 유치하거나, 수익성 있는 고객을 유지 · 개발함으로써 더욱 증가시킬 수 있다. 새로운 고객의 확보를 위하여, 기업은 고객의 요구사항을 파악하고 다양한 채널을 통하여 기업과 소통할 수 있는 장을 열어주어야 한다. 특히, 고객 획득 단계에서는 가능한 고객 접점(온-오프라인 포함)을 통합하고 확장하며, 잠재고객에 관한 데이터를 관리함으로써 고객의 데이터웨어하우스를 구축하여야 한다. 또한, 불특정 다수가 아닌, 고객 선호도 분석을 통한 차별화된 마케팅 전략이 기반이 되어야 할 것이다.

한편, 신규 고객 유치와 더불어 기존 고객의 유지에도 더욱 힘을 기울여야 한다. 상위

20%의 고객이 기업 전체 매출의 80%를 차지한다는 파레토 법칙은 이미 널리 알려져 있다. 그뿐 아니라, 신규 고객 1명을 확보하는 데 들어가는 비용은 기존 고객 1명을 유지하는 데 들어가는 비용의 6배 내지 10배에 이른다고 한다. 대부분의 기업들은 그럼에도 불구하고 매년 10% 정도의 고객 이탈이 발생하여 고객 만족 분야의 기반을 잃어가고 있다. CRM은 한번에 끝나는 것이 아니고, '한번 고객은 평생고객'이라는 모토가 실현될 수 있도록 개인화된 고객 서비스를 평생에 걸쳐 제공해야 한다.

4.2 고객관계 관리 시스템의 기능

고객 관계의 효과적인 관리를 위해서 CRM 시스템은 [그림 4-5]에서 보여주듯이, 영업자동화, 고객 서비스와 지원, 마케팅 캠페인 관리 및 분석의 세 가지 업무 영역별로 다양한 기능을 보유하게 된다. 이들 업무는 기존의 전화, 팩스, 개인적인 대면 접촉뿐만 아니라 이메일, 웹 사이트, 소셜네트워크 등을 통한 다양한 고객 접점 관리와 서비스 제공(multi-channel service delivery)을 통해 이루어진다.

그림 4-5 고객관계 관리 시스템의 기능

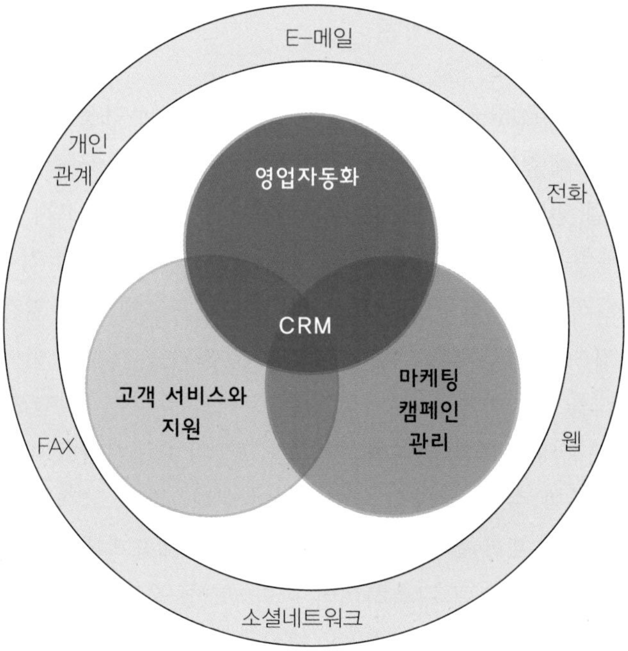

(1) 영업 자동화(Sales Force Automation: SFA)

SFA는 개인의 감각과 경험에 의존하던 영업 프로세스를 고객의 최초 접촉부터 거래의 성사에 이르기까지 일련의 프로세스로 정비하고, 영업사원의 역량을 강화시켜 줄 수 있도록 원활한 정보공유를 이루어, 궁극적으로 영업생산성 증대와 고객 만족을 달성하게 한다. 핵심 기능으로서 통합 고객 거래 정보 조회, 영업 기획 관리, 영업 활동 관리, 목표 및 실적 관리, 영업 보고서 관리 등이 있다.

(2) 고객 서비스와 지원

사후 고객 관리를 위한 일련의 업무를 지원하며, 특히 콜 센터의 역할이 중요시 되고 있다. 핵심 기능으로서 고객이 전화가 왔을 때 한눈에 관련 정보를 확인할 수 있는 원스톱 고객 정보 지원, 효율적인 콜 관리 시스템 등이 포함된다.

(3) 마케팅 캠페인 관리

마케팅 캠페인은 기업의 측정 가능한 특정 목표를 달성하기 위해서 정해진 기간 동안 단일 또는 복수의 오퍼(Offer) 제공을 통해 하나의 목표 고객군에게 하나의 단일한 가치를 제안하기 위한 구체적인 마케팅 활동이다. 이를 위한 핵심 기능으로 고객 정보 데이터웨어하우스, 고객군 선택을 위한 데이터 마이닝, 다양한 캠페인 시뮬레이션 기능이 포함된다. 마케팅 캠페인 관리는 e-커머스의 확장과 더불어 그 중요성이 더욱 커지고 있다. 마케팅 전략에 대해서는 제5장에서 자세히 다루기로 한다.

제2강 e-비즈니스 모델

학습내용

1. e-비즈니스 모델이란?
2. e-비즈니스 모델의 구성요소
3. e-비즈니스 모델의 유형

학습목표

1. 기업의 존속을 위해서 비즈니스 모델이 왜 필요하며 전통적인 비즈니스 모델과 비교할 때 e-비즈니스 모델이 가지는 특징을 설명할 수 있다.
2. e-비즈니스 모델의 구성요소들을 나열하고 각각의 요소가 어떻게 서로 관련이 있는지에 대해 설명할 수 있다.
3. e-비즈니스 모델을 소매 모델, 중개 모델, 콘텐츠 서비스 모델, 광고 모델, 커뮤니티 모델 등 다양한 형태로 분류하고 각각의 특징을 설명할 수 있다.

1 e-비즈니스 모델이란?

앞서서, e-비즈니스에 대한 정의와 이를 뒷받침해 주는 중요한 시스템들에 대해서 알아보았다. 하지만 아무리 좋은 시스템이 있더라도 적절한 사업계획과 이러한 시스템들을 어떻게 효과적으로 기업에 적용할지에 대한 구체적인 계획이 없다면 이는 오히려 비용만 많이 드는 쓸모없는 기술이 될 수 있다. 이 장에서는 어떤 식으로 e-비즈니스를 구상하여 소비자들이 원하는 제품과 서비스를 생산하고 판매하며 지속적인 수익을 올릴 수 있을지에 대한 아이디어에 대해서 알아보도록 한다. 이를 위해서는 뚜렷한 목표 시장과 고객이 정의되어야 할 것이고, 고객들을 위한 최상의 가치를 창출하기 위해 공급사와 협력사에 이르기까지 이해관계자들에 대한 마스터 플랜을 준비하여야 하는데 이를 통상적으로 비즈니스 모델이라 부른다.

비즈니스 모델을 구성하는 주요 내용을 살펴보면,

그림 4-6 e-비즈니스 참여자들

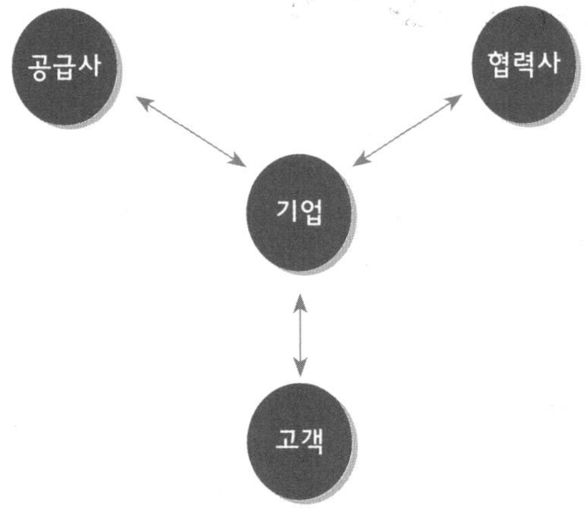

- 기업이 고객에게 제공하는 **가치**,
- 가치를 제공하고자 목표로 하는 세분 **시장**,
- 세분 시장에서 제공하고자 하는 **제품이나 서비스의 범위**,
- e-비즈니스 사업의 참여자들,
- 고객에게 가치를 제공하는 데 있어서 수행되어야 할 **활동**,
- 그 활동의 기초가 되는 사업 **수행능력**

등이 포함된다. 또한 [그림 4-6]에서 볼 수 있듯이, e-비즈니스 사업의 참여자로는 e-비즈니스를 수행하는 기업 이외에도, 이 기업의 제품이나 서비스를 구매하는 고객, 이 기업에서 판매할 제품을 공급하는 공급사, 그리고 사업의 필요역량을 제공할 협력사 등이 있다.

특히 e-비즈니스는 디지털 기술을 바탕으로 이해 관계자들이 공간과 시간을 넘어서 더욱 복잡하게 연결되어 있고, 고객들은 정보와 지식으로 무장하여 자신들에게 딱 들어맞는 맞춤형 제품이나 서비스를 요구하게 되다 보니 디지털 경제에 적합한 e-비즈니스 모델의 구상은 쉬운 일이 아니다. 뚜렷한 비즈니스 모델의 결여로 무너져간 닷컴 버블의 사례를 돌이켜 볼 때, 성공적인 경영활동을 수행하기 위해서는 빠르게 변화하는 디지털 환경에 대처하는 독창적이면서도 유연성이 뛰어난 e-비즈니스 모델의 수립이 날로 중요해지고 있다.

e-비즈니스 모델을 설명하면서, 티머스(Paul Timmers)는 제품, 서비스 및 정보의 흐름의 구조, 다양한 비즈니스 참여자들(기업, 고객, 공급사, 협력사)과 그들의 역할, 관계 및 잠재적 혜택, 수익의 원천이 반드시 정의되어야 한다고 하였다. 즉, 누가 사업에 참여하고 이들에게 주어지는 대가는 무엇이며, 또 어떻게 돈을 벌 수 있는가라는 질문에 대한 명확한 해

알아봅시다

e-비즈니스 모델과 사업계획서의 차이는?

흔히 비즈니스 모델과 사업계획서를 혼동하는 경우가 있다. 이 둘 간에는 밀접한 관계가 있지만 다음과 같이 비교할 수 있다.

사업계획서	e-비즈니스 모델
• 대개 50~100여 페이지 분량의 상세한 문서 • 비즈니스의 수익성을 뒷받침하기 위해 재무적 예측자료를 포함시킴 • 대출이나 투자를 제공하는 기관에서, 사업의 성공가능성을 예측하기 위해 주로 요구함	• 사업계획서보다는 훨씬 압축적이며 핵심 아이디어만 포함시킴 • 흔히 사업계획서의 일부로 포함됨 • 기업이 수익을 창출하기 위한 구체적 방법을 그림 등으로 보여줌

답을 가지고 사업을 시작해야 하는 것이다.

마지막으로 전통적인 비즈니스 모델과 비교할 때, e-비즈니스 모델이 가지는 몇 가지 특징을 알아보면 다음과 같다(표 4-2).

첫째, 거래가 수행되는 상점의 형태가 다르다. 디지털 기술이 등장하기 이전에 흔히 쇼핑 장소로 이용되던 백화점, 전통시장, 편의점 등은 물리적 상점을 통해 매출을 발생시키지만, e-비즈니스 거래는 물리적 상점 없이 웹 사이트나 모바일 앱에서 이루어지므로 온라인

표 4-2 전통적 비즈니스 모델과 e-비즈니스 모델의 비교

속성	전통적인 비즈니스 모델	e-비즈니스 모델
상점 형태	물리적인 상점	온라인 상점(웹 사이트 또는 모바일 앱)
고객 상호작용	오프라인 채널	온라인 채널
유통 채널	물리적 채널	디지털 채널
결제	전통적 결제수단	온라인 결제수단
글로벌 도달	비즈니스 활동이 지리적 위치로 제한	전세계 고객을 대상으로 마케팅, 판매 및 고객지원
비용 구조	물리적 상점의 운영비, 유지보수비 및 인건비	시스템 구축비, 보안관리비 및 디지털 마케팅 비용
운영 시간	한정된 영업시간만 운영	365일 24시간 운영
마케팅 및 광고	전통적 매체	디지털 매체
비즈니스 확장성	확장이 매우 느리며 점포 신설시 큰 비용 발생	확장이 더 빠르며 용이함

상점이 물리적인 상점을 대신한다.

둘째, 상점과 고객 간의 상호작용 또한 상이하다. 고객과 직원 간의 상호작용이 대면 방식이나 전화통화 대신 이메일, 채팅, Q&A와 같이 서로를 보지 못하는 비개인적인 방식으로 이루어지므로 구매자가 판매자를 충분히 신뢰하고 거래하기가 어려운 경우가 발생한다.

셋째, 유통 채널은 생산자에서 소비자에 이르는 경로를 뜻하는 개념이다. 전통적 상점의 주요 유통 채널은 소매점, 창고, 물류 네트워크와 같은 유형 채널이다. 반면, 온라인 상점의 유통 채널은 e-커머스 플랫폼(가령, 11번가, 지마켓, 에어비앤비 등)으로서 무형 채널에 속한다.

넷째, 거래에 이용되는 결제 수단도 두 유형 간에 차이를 나타낸다. 전통적 비즈니스 모델에서는 상점 방문을 통해 거래가 수행되므로 현금, 수표, 신용카드(플라스틱 카드)와 같은 수단이 이용된다. 이와 대조적으로, e-비즈니스 모델에서는 은행간 이체, 간편결제, 디지털 신용카드와 같은 온라인 결제수단에 의존해 거래가 수행된다.

다섯째, 글로벌 도달이란 기업이 전 세계 전역에서 고객과 상호 작용하고 서비스를 제공할 수 있는 능력을 의미한다. 전통적 비즈니스 모델에서는 비즈니스 활동이 기업의 지리적 위치로 제한되므로, 기업이 글로벌 고객에게 다가가는데 한계가 있다. 이에 비해, e-비즈니스 모델은 인터넷을 이용해 전세계 고객들을 대상으로 마케팅, 판매 및 고객지원을 용이하게 할 수 있다는 점이 다르다.

여섯째, 비용 구조에 차이가 있다. 전통적인 비즈니스 환경의 경우, 물리적 상점을 운영 및 유지보수하는 데 따르는 비용뿐만 아니라 관련 인력의 인건비가 비용의 주된 비중을 차지한다. 반면, e-비즈니스 기업은 상점의 운영비/인건비는 적은 반면, 초기의 시스템 구축비, 시스템의 보안관리비, 그리고 디지털 마케팅 비용이 주요 비용항목이다.

일곱째, 매출을 확대하기 위한 마케팅 및 광고 수단도 역시 다르다. 디지털 기술이 등장하기 이전의 기업들은 신문/잡지, 라디오 및 TV와 같은 전통적 매체에 의존해 마케팅 및 광고 캠페인을 전개한 반면, e-비즈니스 기업들은 웹 사이트, 소셜미디어 등의 디지털 매체를 이용하는 특징을 나타낸다.

끝으로, 비즈니스 확장성은 기업이 성장하거나 변화에 대응하며 지속적으로 발전할 수 있는 능력을 나타낸다. 전통적인 비즈니스 모델에서는 비즈니스 확장의 속도가 매우 느리며, 특히 물리적 점포의 신설시 큰 비용이 발생한다. 이에 반해, e-비즈니스 모델은 디지털 플랫폼을 이용해 지리적 제약을 극복하며 시장에 접근하고 고객을 유치할 수 있어 비즈니스 확장이 더 용이하고 신속하다.

2 e-비즈니스 모델의 구성요소

앞서 정의한 바와 같이 e-비즈니스 모델은 기업이 수익을 창출해 지속성을 가질 수 있는 사업을 수행하는 방법이며 비즈니스의 목표와 가치창출을 위한 구성요소를 정의하고 있다. 이러한 모델을 구성하는 핵심 요소는 가치명제, 제품/서비스, 자원시스템, 그리고 수익모델로 요약된다(그림 4-7).

2.1 가치명제(Value Proposition)

먼저, 가치명제란 목표 고객군과 주요 경쟁기업이 누구인지, 그리고 회사제품이 경쟁사 제품과 어떤 점이 고유하게 다른지에 대한 명확한 정의를 의미한다. 즉, 왜 기업의 제품이나 서비스를 꼭 사야만 하는지에 대한 정당성을 가치명제로서 설득력 있게 설명할 수 있어야 한다. 이러한 가치명제에 포함되어야 하는 세 가지 요소는 다음과 같다.

첫째, 목표 고객이 누가 될 것인지 결정한다. 가령, 20대 젊은 대학생을 고객으로 할지 중년 남성을 대상으로 할지 명확히 정하도록 한다.

둘째, 타겟 고객에게 주어지는 가치 혹은 효익을 명확히 정의한다. 가령 볼보 자동차는 안정성을, 사우스웨스트 항공사는 편의성과 낮은 가격을, 아마존(Amazon.com)은 뛰어난 고객 서비스와 맞춤형 추천시스템을 가치나 효익으로 내세운다.

셋째, 기업이 고객가치가 담긴 제품 혹은 서비스를 동종산업의 경쟁사들보다 더 탁월하게 제공할 수 있는 근거를 제시하여야 한다. 즉 기업만이 가지는 독특한 차별적 능력, 그리고 핵심능력(Core competency)을 보여준다.

그림 4-7 e-비즈니스 모델의 구성요소

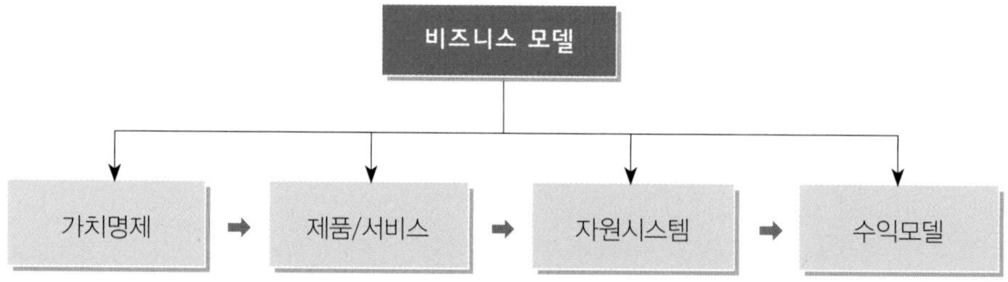

2.2 판매대상 제품/서비스

가치명제를 정의한 후에는 판매대상과 제품/서비스 범위를 정의하도록 한다. 온라인 비즈니스의 경우 온라인 사이트상에서 판매될 제품 및 서비스의 유형과 그 종류는 어떻게 할지에 대한 결정이 필요하다. 뿐만 아니라, 온라인 소비자가 구매할 제품과 서비스 자체를 넘어서 어떤 의사결정 프로세스를 거쳐 제품을 구매하는지 살펴보고 각 단계별로 어떤 부가 서비스를 제공을 할지 검토하여야 한다. 일반적으로 구매의사결정 프로세스는 구매 이전, 구매, 구매 이후의 세 단계로 구분되는데, [그림 4-8]과 같이 세분화된다.

온라인 기업은 각각의 구매의사결정 프로세스와 이에 필요한 서비스를 접목시켜, 소비자가 웹 사이트상에서 체험하는 전체구매결정 과정을 고려한 비즈니스 모델을 구성하고 나아가 이를 바탕으로 웹 사이트를 설계하여야 한다.

가령, 온라인 소비자는 보통 검색 서비스를 통해 제품관련 정보를 살피고 여러 대안들 중 최선의 제품이나 서비스를 선택하여 구매를 하게 되며 이후에 자신의 경험에 대해 사용 후기를 작성하거나 불만을 토로하기도 한다. 이를 위해, 제품 검색 기능, 제품 비교 기능, 제품의 반품 처리 기능, 제품 후기 제공 기능 등이 반드시 필요하다.

2.3 자원시스템

자원시스템이란 회사가 가치명제의 효과를 구현하기 위한 기업 내부 및 외부의 자원을 말한다. 구체적으로 여기서 말하는 자원이란 기업 역량을 만들어주는 자산, 활동, 협력관계 등을 뜻한다.

자원시스템을 체계적으로 구축하기 위해서는 가치군의 주요 효과를 결정하고, 각 효과와 관련되는 기업활동을 결정한 후, 각 기업활동에 필요한 자원을 결정하게 된다. 필요한

그림 4-8 소비자 구매의사결정 프로세스

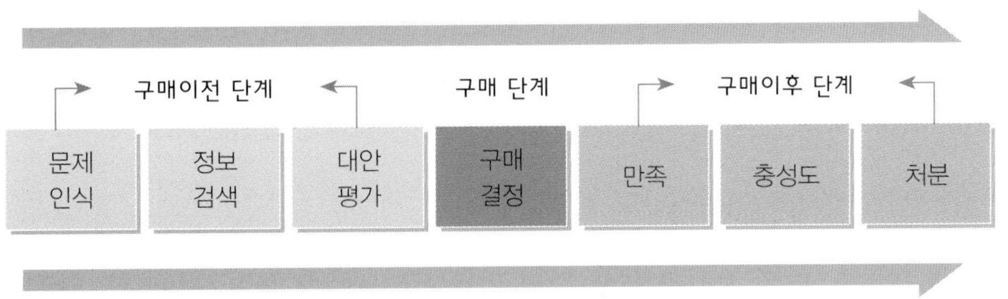

자원이 결정되면 기업은 필요 자원을 얼마나 내부적으로 제공할 수 있는지 결정하게 되고, 내부 자원이 충분하지 않으면 필요한 협력사들을 결정하게 된다. 가령 고객에 대한 높은 도달률(wide reach)이란 역량을 실현하기 위해, 내부 역량보다는 야후(Yahoo)나 네이버와 같은 포털들과의 협력관계가 자원으로서 필요하다고 말할 수 있다.

2.4 수익모델

e-비즈니스 모델을 수립할 때 가장 중요한 것은 얼마나 지속적으로 수익을 낼 수 있는지 여부이다. 수익모델(revenue model)이란 기업이 비즈니스를 통해 수입을 발생시키고, 이윤을 내며, 또 투자 자본에 대해 높은 수익을 낼 수 있는 구체적인 방법을 뜻한다. 수익모델은 해당 기업이 미래에 수익을 낼 수 있는 잠재력을 보여주므로, 회사의 성공가능성을 가늠하기 위한 잣대로 종종 사용하게 된다. 가령 온라인 기업의 수익모델은

- 웹 사이트에서 온라인 카탈로그를 구축하고 소비자로부터 제품이나 서비스에 대한 주문을 온라인으로 받아 판매하여 수익을 내는 판매 수익모델뿐만 아니라,
- 트래픽이 많은 특정 사이트에서 배너 등 광고를 게재하거나 사이트 후원업체 지정을 통해 광고 수입을 발생시키는 광고 수익모델,
- 고객-판매자 간의 거래를 촉진시키는 대가로 수수료를 부과하거나 거래액의 일부를 취하는 데서 매출을 발생시키는 거래수수료 수익모델,
- 온라인 콘텐츠를 구매한 고객으로부터 받는 구독료를 수입으로 삼는 온라인 구독료 수익모델,
- 트래픽이 많이 몰리는 사이트를 방문한 고객들이 제휴관계에 있는 제3자 업체 사이트에서 구매하도록 유인함으로써 매출기회를 확대시켜 주고 그 대가로 소개수수료를 받아 수익으로 삼는 제휴관계 수익모델

등을 고려할 수 있다. 이러한 다양한 수익모델 중 가장 적합한 방식을 찾아내는 것이 중요하다.

3 e-비즈니스 모델의 유형

많은 학자들이 2000년을 전후로 다양한 e-비즈니스 모델을 제시하고 이들이 가지는 특징에 대하여 연구하였다. 앞서 언급한 티머스(Timmers)는 기능의 통합 정도와 혁신의 정도에 따라 비즈니스 모델을 11개로 구분하였고, 주트라(Jutla)는 상품 전달 과정과 제품 근원지를 기준으로 중개자형, 제조업자형, 경매형으로 분류하였다. 라파(Rappa)는 수익원과 수익발생 방식에 따라 9개의 비즈니스 모델로 구분하였다. 여기서는 이러한 연구들을 바탕으로 다음과 같은 4개의 대표 유형으로 e-비즈니스 모델을 구분하였다(그림 4-9).

3.1 소매 모델

소매 모델은 기존의 유통경로를 인터넷으로 대체하여 소비자에게 제품이나 서비스를 판매하는 모델이다. 소매 모델은 온라인 소매와 온-오프 병행 소매, 그리고 직판 모델로 세분화할 수 있다.

(1) 온라인 소매(e-tailer)

온라인 소매는 웹상에서만 제품을 판매하는 소매업체로서, 기업은 저렴한 비용으로 마케팅 채널을 확대함으로써 수요의 확충 및 매출의 증대가 가능해지고 고객은 저렴한 가격, 폭넓은 선택기회, 보다 많은 정보, 시공간의 제약 탈피 등의 혜택을 누릴 수 있게 된다. 가장 성공적인 온라인 상점으로 아마존(Amazon.com)이 있다.

그림 4-9 e-비즈니스 모델의 대표 유형

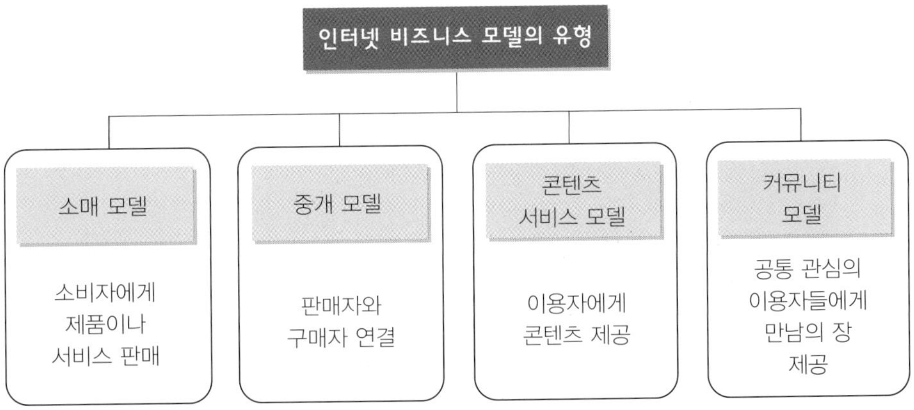

(2) 온-오프 병행 소매(Click and Mortar)

전통적인 오프라인 소매업체가 기존의 오프라인 상점과 웹 사이트 상점을 병행해 제품을 판매하는 경우이다. 미국의 월마트(Walmart)나 미국 장난감 매장 토이저러스(Toys-R-Us)가 대표적인 예이며 국내의 백화점들도 이러한 모델을 따른다. 흔히 오프라인 상점을 의미하는 벽돌(Brick and Mortar)과 온라인 상점을 의미하는 마우스 클릭(Click)을 합성하여 클릭 앤 모르타르(Click and Mortar) 모델이라고도 부른다. 소비자의 입장에서 이와 같은 온-오프 병행 소매형태는 온라인에서 제품을 구매 후 오프라인 매장에서 반품이 가능한 편이성을 제공하기도 하며, 반대로 온라인 카탈로그를 통해 소비자들의 제품 선택의 폭을 크게 확대하고 실제 구매는 오프라인에서 일어나게 유도하기도 한다.

(3) 직판 모델(Direct model)

직판 모델은 제조업체가 생산한 제품을 중간 유통과정을 거치지 않고 직접 웹을 통해

그림 4-10 테슬라의 직판 웹 사이트

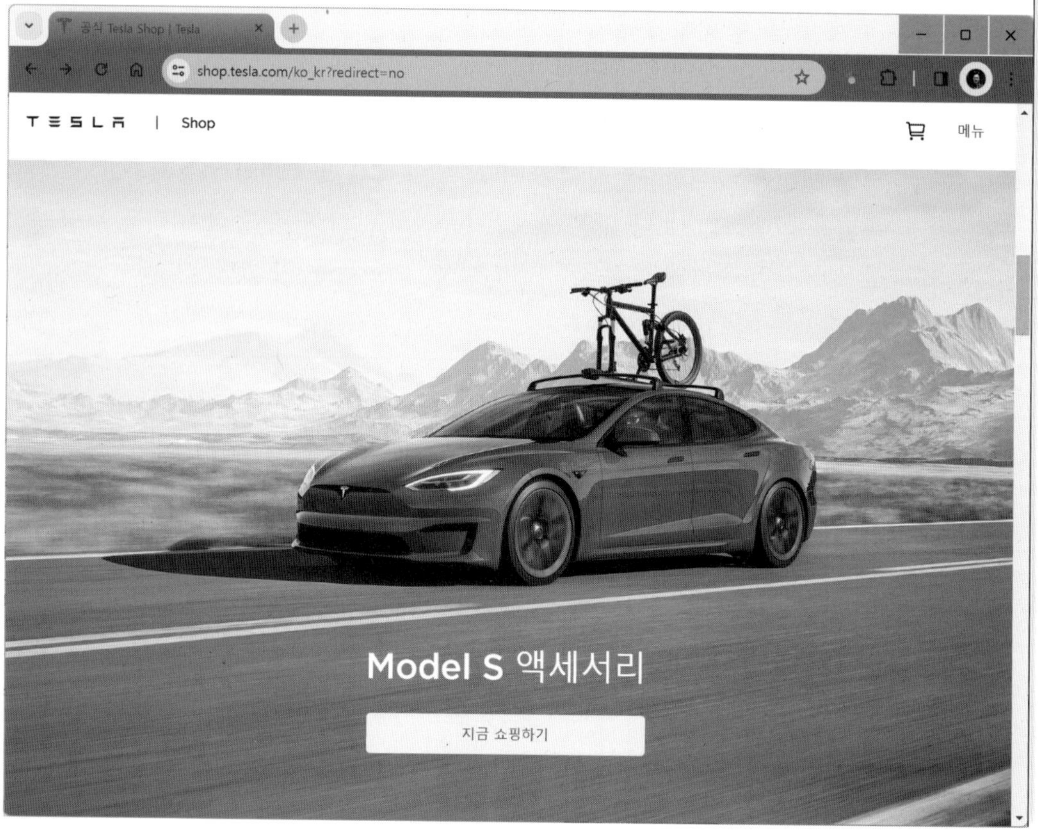

판매하는 형태를 말한다. 델(Dell)컴퓨터의 맞춤형 조립 PC판매가 대표적인 예이다. 직판매장은 인터넷을 통해 소비자와 직접 상대함으로써 판매채널의 효율성을 극대화하고, 그 결과 저렴한 가격의 혜택을 제공한다. 최근에 와서 전기차 메이커 테슬라도 판매 비용을 줄이고 소비자의 구매 경험을 향상시키기 위해 직판 모델을 통해 차를 판매하고 있다(그림 4-10).

3.2 중개 모델(Brokerage Model)

직접적인 판매대신 중개자로서 구매자와 판매자의 거래를 촉진시켜 주는 역할을 담당하는 비즈니스를 중개모델이라 하며, e-마켓플레이스, 경매 중개, 거래 중개 등으로 구분할 수 있다.

(1) e-마켓플레이스

웹상에서 판매자와 구매자가 함께 제품을 보며 거래를 할 수 있는 공간을 제공하며 가격협상, 지불 및 제품발송 추적에 이르기까지 거래프로세스와 관련한 서비스를 제공한다. 주 수입원은 구매자와 판매자 간의 거래에 따른 수수료가 된다. 국내의 경우 11번가, G-마켓 등이 대표적인 e-마켓플레이스이다.

(2) 경매 중개

판매자와 구매자의 연결이라는 점에서는 e-마켓플레이스와 유사하지만 구매방식이 경매를 통해 진행된다. 주 수입원은 판매자에게서 거래가격에 비례하는 수수료를 받음으로써 발생한다. 순경매, 역경매 등 여러 형태가 존재하며 가장 대표적인 예로 이베이(ebay.com)가 있다.

(3) 거래 중개

판매자와 구매자가 거래를 성사시키기 위해 필요한 부가적인 서비스를 전문적으로 제공하는 모델로 지불 서비스나 정보 서비스 등이 해당된다. 가령, 미국의 쇼핑몰 사이트의 경우 대금지불 수단으로 [그림 4-11]에서 보여주고 있는 페이팔 서비스를 이용하는 경우가 많다. 페이팔은 소비자가 자신의 크레디트 카드 정보를 페이팔 사이트를 통해 등록해 놓고, 온라인 구매 시 신용카드 대신 페이팔 계정으로 로그인함으로써 대금지불이 가능한 서비스를 제공한다. 페이팔은 독립 회사였지만 지금은 이베이(eBay)사에 합병되었다.

그림 4-11 신용카드에 연결된 페이팔 계정을 통한 대금지불 서비스

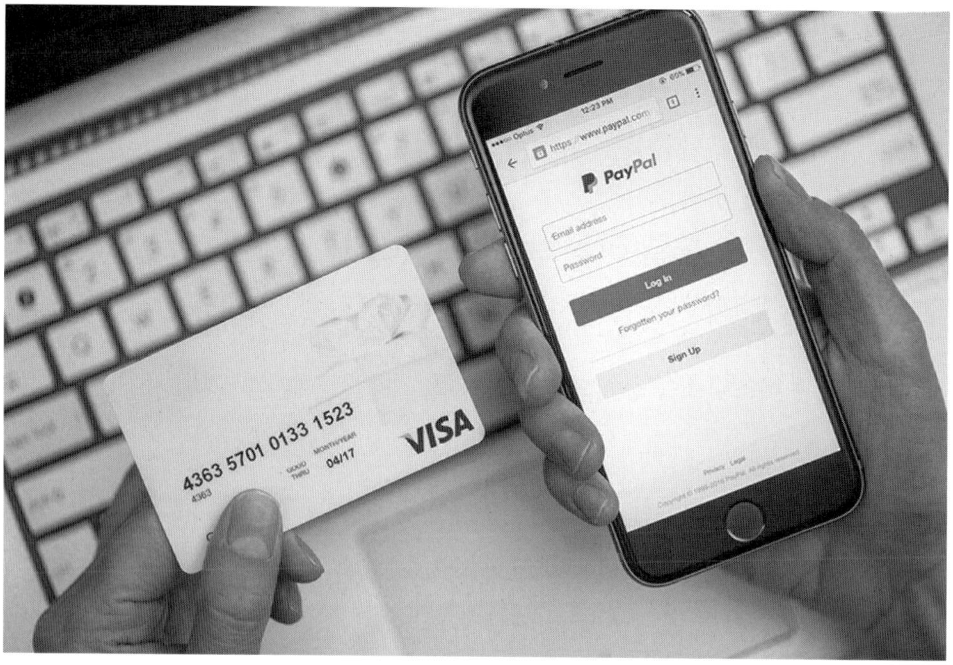

3.3 콘텐츠 서비스 모델

이용자에게 관심대상이 될 수 있는 콘텐츠를 사이트에 구축하고 이를 이용자의 사이트 방문을 유도하기 위한 수단으로 삼는 모델이다. 이는 다시 무료 콘텐츠를 제공하는 포털이나 멀티미디어 서비스와 유료 콘텐츠를 제공하는 온라인 구독모델로 구분할 수 있다.

(1) 포 털

기본적으로 일종의 검색엔진에 해당하며, 흔히 뉴스, 엔터테인먼트 정보 등 부가가치를 높일 수 있는 다양한 콘텐츠나 서비스를 제공한다. 우리나라의 대표 포털 사이트는 네이버가 있다. 보통, 콘텐츠 자체는 무료로 제공하면서 가능한 많은 트래픽을 사이트로 집중시키고 이들에게 배너광고, 검색광고 등 광고정보를 노출시켜 수입을 발생시킨다. 따라서 포털을 광고모델로 간주하기도 한다(그림 4-12).

광고의 종류는 다양한데 방문한 이용자들에게 배너모양의 광고를 노출시키는 경우가 가장 흔하다. 하지만, 최근 배너광고에 대한 거부감이 높다 보니, 이를 클릭하여 다른 웹 사이트로의 링크를 유도하기보다는 오히려 보여주기식 광고로 이용하여 브랜드 인지도 강화

그림 4-12 온라인 포털 웹 사이트

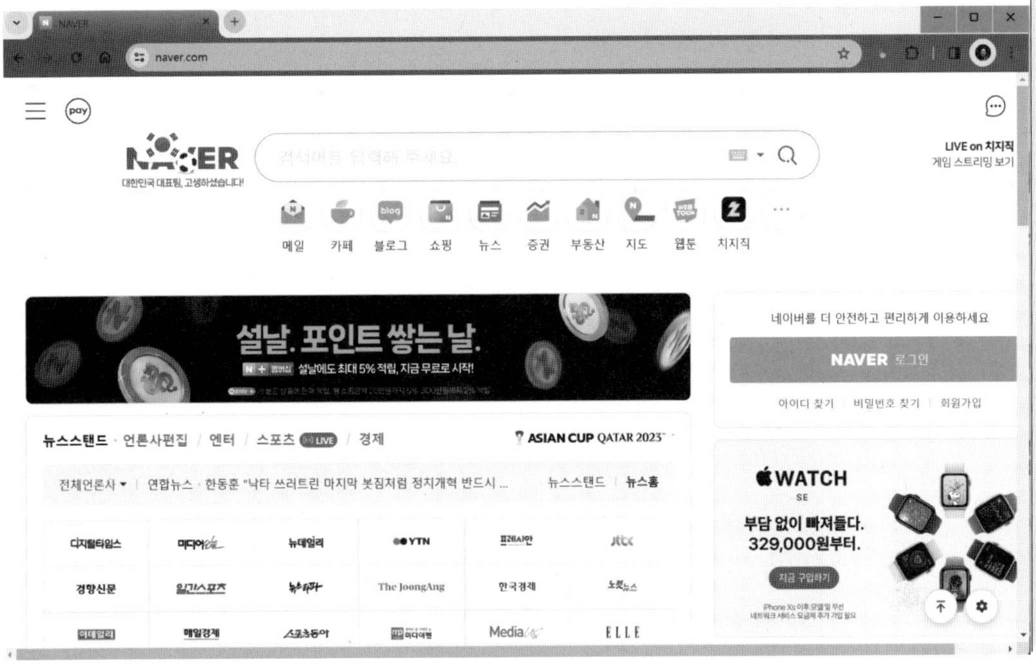

에 중점을 두는 경우가 많다.

또 다른 광고 형태는 키워드의 검색결과 화면에서 해당 키워드와 관련된 광고를 하는 방식인데, 이를 가리켜 문맥광고(contextual advertising)라고 한다. 키워드와 관련된 광고이다 보니 관심이 있는 소비자를 목표로 하게 된다. 이러한 광고 링크(예를 들어, 구글의 스폰서 링크)는 순위에 따라 가격에 차등을 주어 판매하는데, 흔히 경매를 통해 키워드별 광고를 판매하기도 하며 CPC(Cost Per Click)에 근거하여 비용을 산정하기도 한다.

(2) 멀티미디어 서비스

요즘 들어, 다양한 형태의 멀티미디어 콘텐츠를 제공하는 사이트들이 생겨났다. 대표적인 사이트로 유튜브(YouTube)의 동영상 서비스가 있다. 포털과 유사하게 사이트의 모든 동영상 클립들이 무료로 제공되는 대신, [그림 4-13]에서 보여주듯이, 해당 동영상의 시작 부분이나 끝부분에 광고를 삽입함으로써 광고수익을 발생시킨다.

그림 4-13 유튜브 매체 삽입 광고의 예

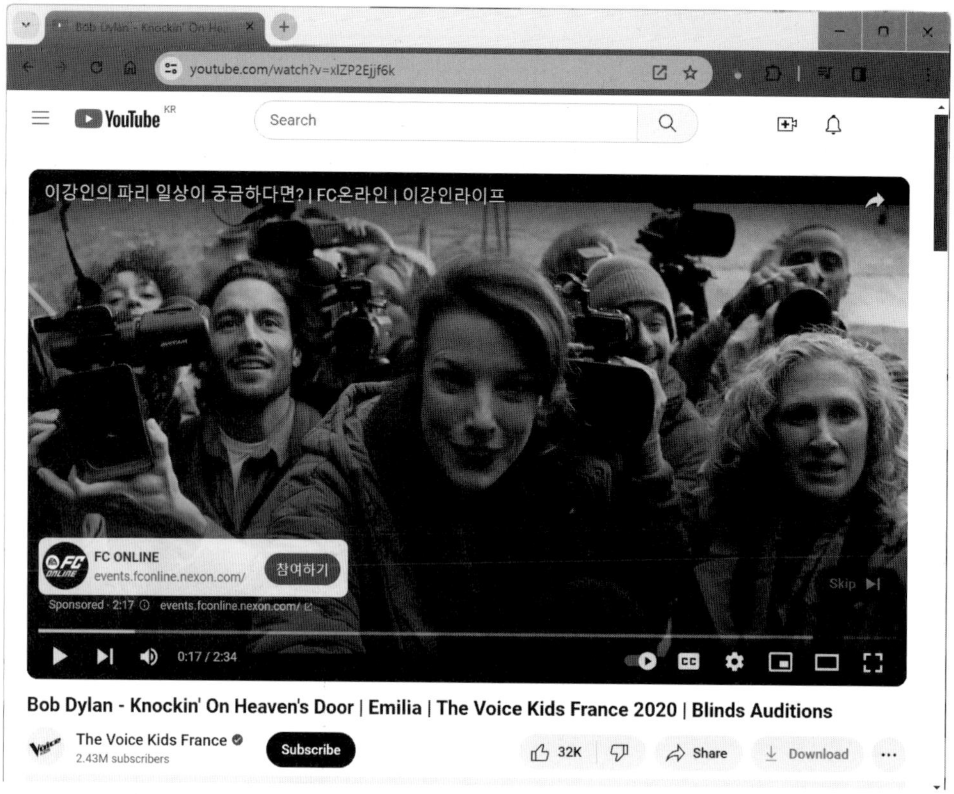

알아봅시다 CPC(Cost Per Click)란?

온라인 마케팅 프로그램에서는 흔히 방문자가 클릭한 횟수에 기초해 광고가격을 지불하게 된다. 온라인 광고가 많은 사람들에게 노출될수록 광고효과는 높기 때문이다. CPC란 방문자 클릭당 광고주가 지불하여야 하는 광고단가를 뜻한다.

온라인 매체에 수록된 광고에 대한 '클릭'은 광고주의 제품이나 서비스에 대한 고객 상호작용이다. 광고에 대한 클릭은 유사한 상품을 탐색하는 잠재적 고객으로부터 받는 관심을 뜻하는 것이다. 따라서 기업들은 이러한 관심을 '구매'하기 위해 온라인 광고의 클릭에 대해 기꺼이 지불한다.

(3) 온라인 구독(subscription)

온라인 구독 모델은 연회비나 구독료를 지불한 이용자들이 음악, 사진, 동화상 등의 디지털 콘텐츠를 일정 기간 동안 접근할 수 있도록 허용한다. 사용자들이 콘텐츠 사용을 위

그림 4-14 '타임'지의 온라인 구독 서비스

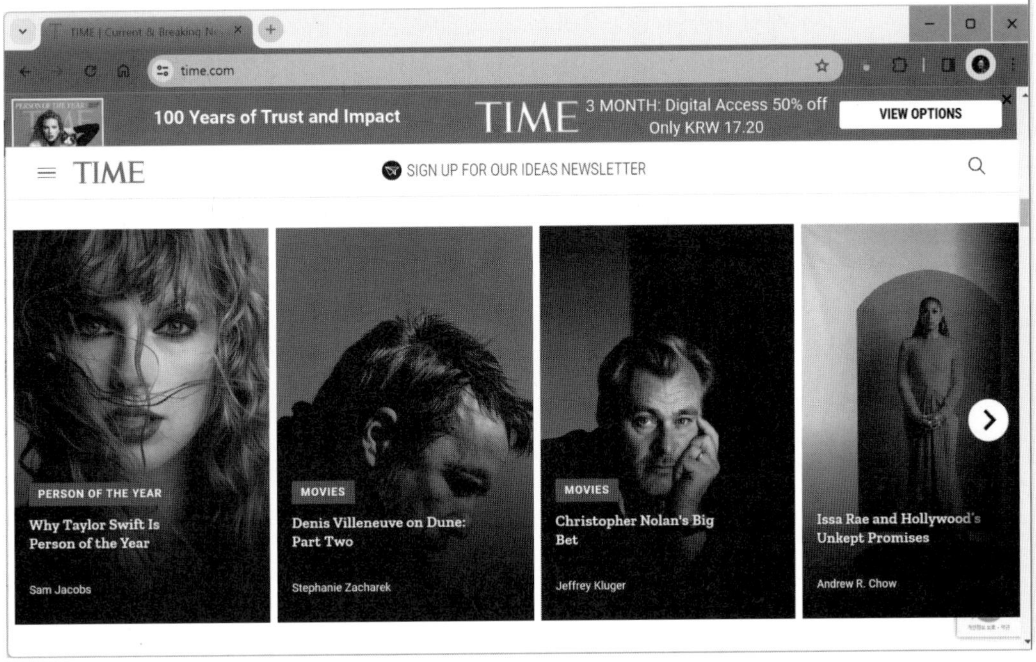

해서 지불하는 가입비가 주 수입원이지만, 많은 경우 콘텐츠의 유료화에 어려움을 겪고 있다. 해외의 경우 비즈니스위크, 타임, 월스트리트 저널 등이 유료화에 성공한 사례이다(그림 4-14).

3.4 커뮤니티 모델

커뮤니티 모델은 특정 영역에 관심을 갖고 있는 사용자들이 커뮤니티를 구성하는 사업이다. 소셜네트워크형과 협력 플랫폼형으로 구분할 수 있다.

(1) 소셜네트워크

페이스북이나 가상 카페와 같이 개인들이 온라인 공간에서 공통적인 관심(예를 들어, 전문직, 취미, 로맨스 등)을 가진 다른 개인들과 만나 사회적인 상호작용을 나눌 수 있는 기회를 제공한다. 일반적으로 커뮤니티 서비스가 무료로 제공되므로 콘텐츠 서비스 모델처럼 주요 수입원은 광고 수익이 된다. 하지만, 결혼정보회사와 같이 일부 전문화된 소셜네트워크는 수입원으로 회원들의 회비가 포함될 수 있다.

(2) 협력 플랫폼

여러 개발자들이 공동으로 소프트웨어 등을 개발할 수 있는 플랫폼을 제공한다. 리눅스 운영시스템이나 아파치 오픈 소스 프로젝트 등이 대표적인 예인데 소프트웨어 제품은 무료로 제공하되, 제품과 관련된 부수적인 서비스(예를 들어, 시스템통합, 지원, 사용설명서 등)를 판매함으로써 수익을 발생시킨다. 한편 제1장에서 다룬 바와 같이 웹 2.0의 개념이 확대되면서 전 세계의 자발적인 기여자들이 인터넷상의 협력을 통해 오픈 콘텐츠를 개발하고, 이를 누구나 접근할 수 있도록 인터넷상에 공개하는 모델도 생겨났다. 대표적인 예로 위키피디아 서비스 등이 있다.

핵심 체크

01 e-비즈니스는 전자매체를 기반으로 한 상거래를 의미한다.

정답 ×

해설 e-커머스는 전자매체를 기반으로 한 상거래를 의미한다. e-비즈니스는 e-커머스를 포함하는 포괄적인 개념이다.

02 e-비즈니스 모델의 핵심 경쟁요소는 기업 주도의 비즈니스 모델을 유지할 수 있다는 것이다.

정답 ×

해설 e-비즈니스 모델은 고객 주도적인 비즈니스 모델 혹은 고객과의 대화형 비즈니스 모델을 추구한다.

03 "Click and Mortar" 매장이라는 것은 온라인으로만 판매를 하는 소매 모델을 일컫는 말이다.

정답 ×

해설 Click은 온라인, Mortar는 오프라인 매장을 의미한다. 즉, 온-오프 병행 소매를 일컫는 말이다.

04 온라인 콘텐츠를 구매한 고객으로부터 받는 구독료를 수입으로 삼는 모델을 "제휴 관계 수익 모델"이라 한다.

정답 ×

해설 온라인 구독료 수익모델이라고 한다.

05 11번가, G-마켓 등은 대표적인 e-마켓플레이스 모델이다.

정답 O

해설 웹상에서 판매자와 구매자가 함께 제품을 보며 거래를 할 수 있는 공간을 제공하는 모델이다.

06 기업의 통합 관리를 위한 시스템 중 생산을 위해 원재료 구입에서 고객에게 제품을 전달하기까지 공급망에서 일어나는 모든 행위들을 관리하는 시스템은?

① ERP ② SCM
③ CRM ④ JIT

정답 ②

해설 공급망 관리(SCM) 시스템

07 e-커머스와 e-비즈니스에 대한 설명으로 가장 타당한 것은?

① e-커머스와 e-비즈니스는 서로 같은 의미이다.
② e-커머스는 e-비즈니스를 포괄하는 개념이다.
③ e-비즈니스는 e-커머스를 포괄하는 개념이다.
④ e-커머스와 e-비즈니스는 전혀 관련이 없다.

정답 ③

해설 e-비즈니스는 e-커머스를 포괄하는 광범위한 개념으로 인터넷 및 정보기술의 적용한 기업전반의 가치활동들을 포함한다.

08 다음 중 e-비즈니스 모델에 포함되지 <u>않는</u> 것은?

① 기업이 고객에게 제공하는 가치
② 기업의 고객, 협력사, 공급사들 간의 역할 및 관계
③ 정보, 제품, 자금의 흐름
④ 상세한 재무적 예측 자료

정답 ④

해설 상세한 재무적 예측 자료는 사업 계획서의 내용이다.

09 다음 e-비즈니스 모델의 구성요소 중 회사의 성공가능성을 가늠하기 위한 가장 중요한 잣대로 사용되는 것은?

① 가치명제 ② 상품 및 서비스
③ 자원 시스템 ④ 수익모델

정답 ④

해설 수익모델(revenue model)이란 기업이 온라인 비즈니스를 통해 수입을 발생시키고, 이윤을 내며, 또 투자자본에 대해 높은 수익을 낼 수 있는 방법을 뜻하며 해당 기업이 미래에 수익을 낼 수 있는 잠재력을 보여주므로, 회사의 성공가능성을 가늠하기 위한 잣대로 종종 사용한다.

10 다음 중 Amazon.com이 속하는 e-비즈니스 모델은?

① 온라인 소매 ② 온-오프 병행 소매
③ 직판 ④ 포털

정답 ①

해설 소매모델은 최종 소비자를 대상으로 온라인상에서 제품을 판매하는 사이트로서 온라인 소매, 온-오프라인 병행 소매, 직판 모델로 나누어진다.

11 미국의 경매 사이트인 이베이에서 물품을 구매한 후에는 대부분의 경우 “페이팔”이라는 결제서비스를 사용한다. “페이팔”이 해당되는 e-비즈니스 모델은?

① 경매 중개 ② 거래 중개
③ 검색에이전트 ④ 온라인 구독

정답 ②

해설 페이팔은 판매자와 구매자가 거래를 성사시키기 위해 필요한 지불서비스를 제공한다.

12 트래픽이 많이 몰리는 사이트를 방문한 고객들이 제휴관계에 있는 제3자 업체 사이트에서 구매하도록 유인함으로써 매출기회를 확대시켜 주고 그 대가로 소개수수료를 받는 수익모델을 _____ 수익모델이라 한다.

정답 제휴관계

해설 제휴관계 수익모델에 대한 설명이다.

13 가능한 많은 트래픽을 사이트로 집중시키고 이들에게 배너광고, 검색광고 등 광고정보를 노출시켜 수입을 발생시키는 데 집중하게 되는 e-비즈니스 모델은?

정답 포털

해설 기본적으로 일종의 검색엔진에 해당하며, 흔히 뉴스, 엔터테인먼트 정보 등 부가가치를 높일 수 있는 다양한 콘텐츠나 서비스를 제공한다.

요약

e-비즈니스의 개념

- e-비즈니스란 정보기술, 업무 프로세스, 경영 관행들을 포괄하는 것으로 정보의 전략적 사용을 통해 조직의 경쟁력을 향상시키고자 하는 것
- e-비즈니스는 e-커머스를 포괄하는 광범위한 개념으로 인터넷 및 정보기술의 적용대상이 기업전반의 가치활동들을 포함함

e-비즈니스를 위한 주요 시스템

- ERP 시스템: 기업의 다양한 부문의 업무를 통합적으로 지원함으로써 업무 부문간 유기적인 연동을 통해 데이터의 효과적인 공유가 가능해지고, 조직 유연성의 향상에도 기여
- SCM 시스템: 원자재의 조달부터 제품의 생산과정을 거쳐, 유통망을 통해 고객이 원하는 제품이 고객의 손에 전달되기까지의 모든 과정을 효과적으로 관리
- CRM 시스템: 기업 전반에 걸쳐 고객 데이터와 기업 내외부의 고객 관련 데이터를 하나의 데이터 베이스에 통합하여, 이를 분석 후 그 결과를 다양한 고객 접점에 배분함으로써, 기업이 고객과 상호 작용하는 데 활용

e-비즈니스 모델이란?

- e-비즈니스 모델은 기업이 고객에게 제공하는 가치를 정의하고, 이를 위해 시장에서 판매할 제품이나 서비스의 범위를 설정하며, 이를 통해 지속적인 수익을 창출할 수 있도록 공급사, 협력사, 고객과의 관계와 역할에 대하여 규정
- e-비즈니스 모델은 전통적 모델과 비교할 때 즉시적, 포괄적, 고객 주도적이며 기술 개발이나 마케팅에 더 많은 투자를 가능하게 하여 차별화된 서비스와 신속한 시장 대응을 목표로 함

e-비즈니스 모델의 구성요소

- e-비즈니스 모델을 구성하는 요소는 가치명제, 제품/서비스, 자원시스템, 수익모델이며 각 구성요소들은 순차적으로 개발되어 하나의 완전한 비즈니스 모델이 됨
- 가치명제는 기업의 타겟 고객층과 이들에게 제공될 가치를 정의
- 판매대상이 될 제품과 서비스는 소비자의 의사결정 프로세스(구매 이전, 구매, 구매 이후)를 고려하여 결정
- 자원시스템은 가치명제를 제공하는 기업 내부 및 외부 자원으로서 자산, 활동, 협력관계 등을 포함
- 수익모델은 e-비즈니스 모델의 가장 중요한 구성요소로서 기업이 수입을 발생시키고, 이윤을 내며, 또 투자자본에 대해 높은 수익을 낼 수 있는 방법을 설명

e-비즈니스 모델의 분류 체계

- e-비즈니스 모델은 크게 소매 모델, 중개 모델, 콘텐츠 서비스 모델, 커뮤니티 모델의 4가지로 분류
- 소매 모델은 최종 소비자를 대상으로 온라인상에서 제품을 판매하는 사이트로서 온라인 소매, 온-오프라인 병행 소매, 직판 모델로 세분화
- 중개 모델은 중개자가 구매자와 판매자의 거래를 촉진시켜 주는 역할을 하며 e-마켓플레이스, 경매중개, 거래중개로 세분화
- 콘텐츠 서비스 모델은 이용자에게 관심대상이 될 수 있는 콘텐츠를 사이트에 구축하고 이를 이용자의 사이트 방문을 유도하기 위한 수단으로 삼는 모델로 포털과 멀티미디어 서비스, 온라인 구독 모델로 세분화
- 커뮤니티 모델은 관심사가 같은 사람들이 모여서 의견을 교환하는 장을 제공하며 소셜네트워크와 협력 플랫폼 모델로 세분화

참고문헌

홍일유, 디지털 시대의 이비즈니스와 이커머스, 개정판, 법문사, 2022.

차훈상 · 홍일유, 디지털 기업을 위한 경영정보시스템, 제5판, 법문사, 2021.

Laudon, Ken and Carol Traver, *E-Commerce 2023: Business, Technology, Society*, 17th edition, Prentice Hall, 2024.

Rappa, Michael, *Business Models on the Web*, digitalenterprise.org/models/models.html, 2006.

Timmers, Paul, "Business Models for Electronic Markets," *Electronic Markets*, Vol. 8, No. 2, 1998.

제5장 e-비즈니스 마케팅 전략

오늘의 주제

AI 인플루언서 마케팅의 시대가 열린다

스페인 바르셀로나 출신 25세 여성 인플루언서 아이타나(Aitana). 분홍색 머리카락과 활기찬 성격이 트레이드마크인 이 인플루언서는 20만명 가까운 인스타그램 팔로워를 확보하고 있으며, 많게는 한 달에 1만 유로(약 1,400만원)의 수익을 올리는 것으로 알려져 있다.

그런데 아이타나는 실제 사람이 아닌 인공지능(AI) 기술로 만든 가상의 인물이다. 29일(현지시간) 유로뉴스 등 외신에 따르면 아이타나 만든건 스페인의 모델 에이전시 더 클루리스(The Clueless)의 설립자이자 디자이너 루벤 크루즈다. 인플루언서를 모델로 한 여러 광고 프로젝트들이 어려움에 빠지자 사람 대신 활동할 가상인간을 만들어냈다는 설명이다.

아이타나는 인스타그램에서 활동을 시작한지 5개월 만에 17만명의 팔로워를 확보할 정도로 유명인이 됐다. 생성형 AI 기술의 발달로 사람과 거의 유사하고 매력적인 가상인간을 만들어낼 수 있었다. 아이타나가 실제 사람이라고 생각하는 팬들도 있다. 가끔은 유명 연예인들이 다이렉트 메시지(DM)를 보내 데이트를 신청할 정도다.

이 인플루언서가 벌어들이는 수익은 무시하지 못할 수준이다. 아이타나 광고 한 편당 1,000유로(약 140만원)를 정도를 받는다. 최근에는 한 스포츠용품 업체의 메인 모델이 되기도 했다. 월 수입은 평균 3,000유로(약 425만원) 가량이고 많을 때는 1만 유로에 달할 때도 있다.

가상 인플루언서가 활동하는 방식은 실제 사람과는 다르다. 에이전시는 아이티나의 삶을 만들어내기 위해 매주 회의를 한다. 어느 곳을 방문할지, 어떤 사진을 업로드할지를 결정한다. 사진을 만드는 방법은 훨씬 간편하다. 촬영도, 의상을 준비할 필요도 없다. 작업에는 포토샵을 사용하는 AI와 디자인 전문가들만 참여한다.

업계 관계자는 "인플루언서나 크리에이터들에게 광고를 의뢰해도 게시물을 올려주지 않거나 광고주의 의견을 잘 반영해 주지 않아 불만을 느끼는 기업이 적지 않다"며 "젊은 세대들은 버추

얼 휴먼에 대한 거부감이 별로 없는 만큼 AI 인플루언서가 대안으로 떠오를 수도 있다고 본다"고 말했다.

출처: 동아일보, 2023. 11. 30.

생각해보기

인간이 아닌 AI 모델이 인플루언서로서의 역할을 과연 해낼 수 있을까요?

전문가 답변

최근 가상현실 기술이 빠르게 발전을 거듭하면서 인공지능 기술로 만든 가상적 모델이 실제 인간의 모습과 구별하기가 어려울 정도로 유사해 큰 관심을 끌고 있습니다. 젊은 소비자들은 가상인간에 대한 거부감이 적은데다, 가상 인플루언서는 실제 사람 인플루언서에 비해 광고주의 요구사항을 더 잘 충족해 주기 때문에 향후 온라인 광고시장에서 중요한 비중을 차지할 것으로 기대됩니다.

제1강 e-비즈니스 마케팅

학습내용

1. e-비즈니스 마케팅의 개념과 목표
2. 온라인 STP 전략
3. 온라인 제품 전략
4. 온라인 가격 전략
5. 온라인 채널 전략

학습목표

1. e-비즈니스 마케팅이란 무엇이며 어떻게 판매와 브랜드 기대 창출에 활용될 수 있는지 설명할 수 있다.
2. 온라인 마케팅을 통해 고객을 어떻게 세분화하고, 타겟팅하며, 제품과 서비스의 특징을 포지셔닝할 수 있을지 설명할 수 있다.
3. 온라인 마케팅 전략 중 제품 전략은 어떻게 구성되는지 제품기능집합과 브랜드를 중심으로 설명할 수 있다.
4. 마케팅 전략 중 가격 전략은 어떻게 구성하는지 정보재를 중심으로 설명할 수 있다.
5. 온라인 마케팅 전략 중 채널 전략은 어떻게 구성하는지 온라인 채널로 인한 기존 채널과의 갈등관계를 중심으로 설명할 수 있다.

1 e-비즈니스 마케팅이란?

1.1 e-비즈니스 마케팅의 목적

아무리 좋은 제품과 서비스가 있어도 소비자가 이에 대해 알지 못하면 살 수가 없다. 마케팅이란 소비자와의 관계를 구축하고 제품과 서비스의 구매를 장려하는 전략과 행동을 말한다. 기업은 해당 산업의 경쟁 상황 속에서 오직 자신의 회사만 생산 또는 제공할 수 있는 독특하고 차별화된 제품이나 서비스를 규명하고 이를 다양한 커뮤니케이션 채널을 통해 소비자에게 알리게 된다. 따라서, 마케팅은 궁극적으로 경쟁사들에 비해 자사의 제품과 서비스에 대해 높은 가격을 받기 위한 경쟁 우위를 창출하는 데 목적을 둔다.

e-비즈니스를 위한 온라인 마케팅은 오프라인 마케팅과 목적 면에서는 큰 차이가 없다. 다만, 전통적인 채널 이외에 인터넷과 웹을 사용함으로써 좀더 다양한 방식으로 고객에게 접근이 가능해지고 이를 통해 고객과의 긍정적이며 장기적인 관계를 구축하는 데 주력하게 된다.

온라인 기업은 고객들과의 지속적인 의사소통을 통해 궁극적으로 다음과 같은 두 가지 목표를 달성한다.

- 첫째는 판매를 목적으로 하는 홍보형 마케팅으로 소비자에게 제품이나 서비스에 대한 직접적인 "구매"를 제안하게 된다.
- 둘째는 "브랜드" 구축을 목표로 하는 마케팅으로 제품이나 서비스의 다른 브랜드와 차별화된 특징과 혜택을 알린다.

1.2 온라인과 오프라인 마케팅

고객들에게 강력한 브랜드 기대를 창출하게 하고 판매를 장려하기 위해서, 온라인 기업은 인터넷을 기반으로 한 다양한 온라인 커뮤니케이션을 시도할 수 있다. 〈표 5-1〉에서는 고객포커스와 커뮤니케이션 미디어에 따라 커뮤니케이션 방식을 서로 다른 네 가지로 구분하고 각각의 예들을 보여준다.

많은 경우 온라인 마케팅과 오프라인 마케팅을 서로 경계를 지어 구분하고, 혹은 온라인 소비자와 오프라인 소비자가 큰 연관이 없다고 여기는 경우가 많다. 하지만 이건 잘못된 생각이다. 최근 미국의 한 조사결과에 의하면, 전체 인터넷 이용자의 89%가 온라인 쇼핑

표 5-1 마케팅 커뮤니케이션 형태별 예시

	오프라인 방식	온라인 방식
대중 포커스	• 텔레비전 • 라디오 • 신문 • 전단지	• 배너 등 디스플레이 광고 • 검색엔진 광고 • 이메일 • 온라인 카탈로그 • 포털 스폰서십
개인 포커스	• 영업 사원 • 다이렉트 메일 • 텔레마케팅 • 고객 서비스 담당자	• 개인화된 수신 동의 이메일 • 개인화된 추천 • 개인화된 광고 • 개인화된 전자상거래 상점

최근에는 아마존 등 사이트에서 우선 제품검색을 한 후, 실제 매장을 찾아 제품을 구매하는 고객이 늘고 있다.

을 한 경험이 있다(shoppers)고 대답하였는데, 이 중 73%는 실제 온라인 구매를 한 소비자(buyers)인 반면 16%는 온라인상에서 제품에 대한 정보를 탐색하고 둘러보았지만 실제 구매는 오프라인에서 한 소비자(browsers)였다고 한다.

따라서 온라인과 오프라인이 서로 소비행동의 연속선상에 있음을 염두에 두고 온라인과 오프라인을 병행하는 마케팅 전략이 필요하게 된다. 특히, 다음과 같은 점을 명심하여야 한다.

- 온라인 구매는 오프라인에서의 브랜드나 쇼핑에 크게 영향을 받는다. 따라서, 온라인 상점을 지원하기 위해 오프라인 미디어를 통해 서비스와 제품을 홍보할 수 있다.
- 오프라인 소매상의 매출 중 평균 1/3 가량은 온라인 마케팅의 영향을 받는다. 따라서, 온라인 쇼핑 사이트 등을 디자인할 때는 온라인 구매자뿐만 아니라 정보를 찾기 위해 방문한 소비자를 고려하여야 한다.
- 고객을 바로 이해하고 고객이 원하는 제품을 찾아 구매할 수 있도록 돕는 것이 중요하다. 고객의 니즈를 보다 잘 충족시키기 위해 개인화를 도입하는 것이 바람직하다. 가령, 고객이 클릭을 통해 관심을 나타낸 카테고리의 신규상품을 추천함으로써 구매를 안내할 수 있다.
- 흥미로운 마케팅 캠페인을 통해 구매를 유도할 수 있다. 한 예로 한시적 할인행사는 구매욕구를 자극할 수 있다.

- 쇼핑고객의 취향을 최대한 지원한다. 모바일 결제, 비회원 구매, 긴급배송 등 다양한 방법을 통해 구매할 수 있을 때 비로소 정보 탐색자가 구매자가 될 수 있다.

2 온라인 STP 전략

마케팅 전략은 STP, 즉 세분화(Segmentation), 표적시장 선정(Targeting), 포지셔닝(Positioning)에서 시작된다. 아래에서는 특히 온라인 소비자를 대상으로 한 STP 전략에 대해 살펴보자.

2.1 세분화

마케팅 대상이 되는 전체 소비자, 즉 시장을 어떠한 방식으로 분할할지 정하는 것을 세분화라 한다. 마케팅 관련 자원은 한정되어 있고, 이를 가장 효율적으로 사용하여 최대의 효과를 얻기 위해서는 전체 소비자 중 자사의 제품과 서비스에 관심을 가지고 최종 구매까지 이어질 수 있는 적절한 규모의 소비자군을 찾아내야 한다. 이를 위해서는 소비자를 다양한 요인을 바탕으로 세분화할 필요가 있다.

특히 온라인 소비자를 세분화하는 주요 기준은 〈표 5-2〉에서와 같이 행동변수, 인구통계학적 변수, 심리분석적 변수, 기술적 변수, 상황 변수, 검색 대상 등으로 요약할 수 있다.

표 5-2 온라인 소비자의 세분화 기준과 변수들

세분화 기준	세부 변수
행동변수(Behavioral)	인터넷 경험 정도, 인터넷 이용동기, 접속 장소, 사용시간, 인터넷 사용 애호도
인구통계학적 변수(Demographic)	나이, 성별, 직업, 인종, 소득, 종교
심리분석적 변수(Psychographic)	사회계층, 라이프 스타일, 개성, 태도, 흥미, 가치, 의견
기술적 변수(Technical)	사용자 도메인, IP주소, 브라우저, 컴퓨터 플랫폼, 연결 형태, 연결 시 활용 URL
상황 변수(Contextual)	이벤트의 상황, 이벤트의 내용
검색 대상(Search)	소비자가 탐색하는 내용(키워드)

전통적 오프라인 매장에서는 소비자의 매장 내 행동 분석에 큰 어려움이 있었지만, 온라인 소비자는 어떤 키워드와 검색엔진을 이용해서 사이트를 방문하고, 어떤 제품을 둘러보고, 어떤 제품을 쇼핑 카트에 담고, 최종적으로 구매 결정은 어떻게 내리게 되는지 모든 정보가 서버 로그파일로 기록이 되고 분석이 가능하다. 이러한 분석기법을 "클릭스트림 행동"(clickstream behavior) 분석이라고 한다. 클릭스트림 행동 분석은 오프라인에서 얻을 수 없는 다양한 정보를 제공하고, 그 결과 보다 정확한 고객 세분화가 가능해졌다.

2.2 표적시장 선정

시장을 세분화한 다음, 세분화된 시장을 서로 비교하여 가장 최선의 성과를 제공해 주는 표적시장을 선정하여야 하는데, 이를 타겟팅이라고도 한다. 가령 고급 여성의류나 액세서리 제품을 오프라인 매장에서 판매할 경우, 가장 적절한 대상은 20~30대이고 월 소득이 일정 수준 이상의 여성이라고 할 수 있을 것이다.

온라인 매장에서는 이와 같은 인구통계학적 정보 외에도 과거의 쇼핑 기록을 통해 파악된 선호 스타일이나 얼마나 자주 쇼핑을 하는지 등 더욱 다양한 요인들을 바탕으로 세분화된 시장을 이용하여 그중 가장 적절한 시장을 공략할 수 있게 된다. 만약 온라인 신문 구독자 중 경제면 기사를 가장 먼저 보거나 오랫동안 보는 구독자가 있다면 이러한 고객군은

알아봅시다

표적시장 선정기준

기업이 시장을 세분화한 후 표적시장을 선정하여야 한다. 표적시장이 기업의 성과를 높이는 데 유용한 역할을 담당할 수 있기 위해서는 다음의 기준을 충족시킬 수 있는지를 고려하는 것이 중요하다.

- **관련성**: 선정된 표적시장은 기업이 제공하는 제품이나 서비스와 관련이 있어야 한다. 기업의 제품이나 서비스가 해당 표적시장의 니즈/취향을 충족시킬 수 있어야 하기 때문이다.
- **측정 가능성**: 표적시장의 규모, 구매력 및 특성이 측정 가능하여야 한다. 측정된 값을 통해 기업 마케팅 전략의 효과성을 평가하고 또 합리적인 의사결정을 할 수 있다.
- **수익성**: 표적시장의 규모가 충분히 크고 향후 수익성이 높을 것으로 예상되는지 고려할 필요가 있다.
- **시장 접근성**: 마케팅 경로를 통해 표적시장에 효과적으로 도달할 수 있어야 하며, 표적시장의 고객군과 적절히 소통할 수 있어야 한다.
- **차별성**: 표적시장은 기타 시장들과 구별 가능하며 또 독특한 특성이 있어야 한다. 이 독특성이 있어야 기업이 해당 고객군의 니즈와 취향을 충족시킬 수 있도록 마케팅 프로그램을 맞춤화 할 수가 있을 것이다.
- **실행 가능성**: 기업이 표적시장에서 제품이나 서비스를 통해 경쟁우위를 창출할 수 있어야 한다. 만일 기업의 제품이나 서비스가 해당 표적시장에서 경쟁력이 미약하다면 마케팅 프로그램을 실행하는 것이 무의미할 것이다.

다양한 온라인 재무 서비스의 표적으로 삼을 수 있을 것이다.

2.3 포지셔닝

표적시장, 즉 대상 고객군이 정해진 후에는 표적시장의 소비자들 마음 속에 제품이나 브랜드에 대한 독특한 이미지나 정체성을 부여해 주는 과정이 필요한데, 이를 가리켜 포지셔닝이라고 한다. 가령 아마존(Amazon.com) 온라인 상점의 경우는 안전한 거래와 개인 맞춤 서비스라는 슬로건을 내걸고 포지셔닝을 하고 있으며, 국내의 네이버(Naver)는 다양한 콘텐츠들을 종합적으로 구성하고 제공하는 포털 서비스와 검색서비스로 포지셔닝을 하고 있다.

일반적으로 온라인 마케팅을 위한 STP 전략이 수립되고 나면 이 전략을 실행하기 위한 전술적 도구인 4P(Product, Price, Promotion, Place)믹스에 대한 세부 전략을 수립한다. 이와 관련하여 제품 전략(Product), 가격 전략(Price), 채널 전략(Place)에 대해서 살펴보고, 광고 및 촉진(Promotion) 관련 전략에 대해서는 제2강에서 좀더 자세히 알아보자.

3 온라인 제품 전략

3.1 제품 기능 집합(Product Feature Sets)

마케팅 핵심 과제 중 하나는 제품이나 서비스 특성들의 독특하고 차별화된 가치를 명확히 규명하는 것이다. 이를 위해 제품이나 서비스의 특성을 [그림 5-1]에서 보여주듯이 핵심제품, 유형제품, 확장제품의 세 가지 수준이 결합된 제품 기능 집합(Product Feature Sets)으로 생각할 수 있다.

소비자는 제품을 자신들의 요구를 만족시켜 주는 혜택들의 집합체로 인식하게 되는데, 이를 전제로 기업은 제품이나 서비스 개발 시 고객에게 제공할 수 있는 핵심 혜택을 명확히 규명지어야 할 것이고, 이러한 핵심 혜택 제공을 어떤 유형 제품으로 디자인할지 구상하여야 하며, 마지막으로 최상의 고객 경험을 제공하기 위해 제품을 확장할 수 있는 방안을 구축하게 된다. 가령 〈표 5-3〉에서 보여주듯이 스마트폰이 핵심제품이라면, 이러한 핵심 혜택을 위해 큰 화면과 터치패드와 같은 유형 제품의 디자인을 구상할 수 있으며, 마지막으로 고객 서비스와 제품 보증 등으로 제품의 특성을 확장시킬 수 있다. 이와 같이 제품 기능

그림 5-1 제품 기능 집합

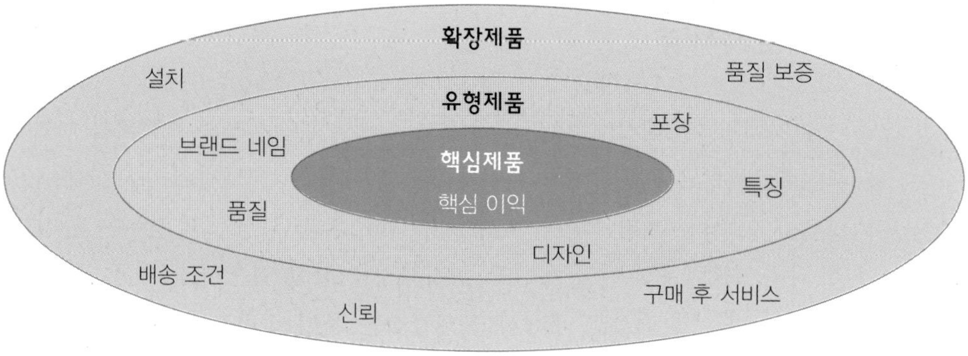

표 5-3 핵심제품, 유형제품, 확장제품의 비교

기능	설명
핵심제품(Core)	고객이 제품으로부터 얻는 핵심적인 혜택을 의미. (예: 스마트폰, 온라인 쇼핑 서비스)
유형제품(Actual)	제품의 핵심 혜택을 전달하기 위한 특성들의 집합. (예: 큰 화면과 터치패드, 온라인 카탈로그와 장바구니 기능)
확장제품(Augmented)	유형 제품에 구현된 핵심혜택 이외에 고객들에게 제공되는 추가의 혜택. (예: 고객서비스와 제품 보증, 추천 시스템과 무료 반송 서비스)

집합을 정확히 규명하고 이를 소비자에게 효과적으로 전달함으로써, 궁극적으로는 기업의 브랜드를 구축하기 위한 기반을 제공하게 된다.

3.2 브랜딩 전략

(1) 브랜드

브랜드(brand)란 소비자가 특정 기업의 제품이나 서비스를 소비하거나 소비에 대한 생각을 할 때 가지게 되는 기대들의 집합이라고 할 수 있다. 즉, 제품이나 서비스의 품질, 신뢰성, 일관성, 신뢰, 애정, 로열티, 평판 등이 브랜드를 형성하는 대표 요소들인 것이다.

기업은 브랜드를 만들어 내고 이를 견고하게 유지함으로써 수익의 주요 원천으로 활용하며, 새로운 고객을 확보하기가 더욱 용이해져 비용 절감을 가져다주며, 고객의 충성도를 제고하여 재구매 고객을 늘릴 수 있게 된다. 따라서 성공적인 브랜드는 기업으로 하여금 지속적인 경쟁 우위를 구성할 수 있게 한다. 브랜드는 단일 제품이나 서비스를 통해 순식간에 만들어 낼 수 있는 것이 아니며 오랜 기간에 걸쳐 얻어지게 된다.

소비자에게 브랜드가 끼치는 긍정적인 영향을 무시하는 경우가 많은데, 소비자 또한 브랜드를 통해 구매 이전에 일정한 기대치를 형성할 수 있으므로 실제 제품이나 서비스의 검색 및 의사결정 비용을 절감할 수 있는 장점이 있음을 이해할 필요가 있다.

(2) 브랜딩 전략

브랜드를 만들어 가는 과정을 **브랜딩**(branding)이라고 부른다. 브랜딩은 시간을 두고 서서히 브랜드의 가치를 형성해 나가는 과정인 만큼 치밀한 전략이 요구된다. [그림 5-2]에서 보여주듯이 브랜딩 전략은 제품 기능집합과 밀접한 연관 관계를 가지는데, (1) 소비자 시장조사를 통해 소비자가 원하는 제품에 대한 특성을 파악하고, (2) 이를 바탕으로 유형제품과 확장제품의 도출을 통해 경쟁사로부터 차별화를 꾀하며, (3) 이와 같은 차별성을 다양한 마케팅 커뮤니케이션을 통해 시장에 효과적으로 알려 신뢰, 선호도, 충성도, 평판과 같은 소비자의 긍정적인 기대를 형성해 나가는 과정에 대한 구체적 전략이다. 여기서 유형제품은 주요 기능, 특성, 성능, 용도 등을 포함한 제품의 개념인 반면, 확장제품은 유형제품을 더욱 풍부하게 만들어주는 유통채널, 결제방식, 설치, 배달, 보증 등의 부가적 혜택이나 기능이 추가된 제품의 개념이라고 할 수 있다.

그림 5-2 브랜딩 전략

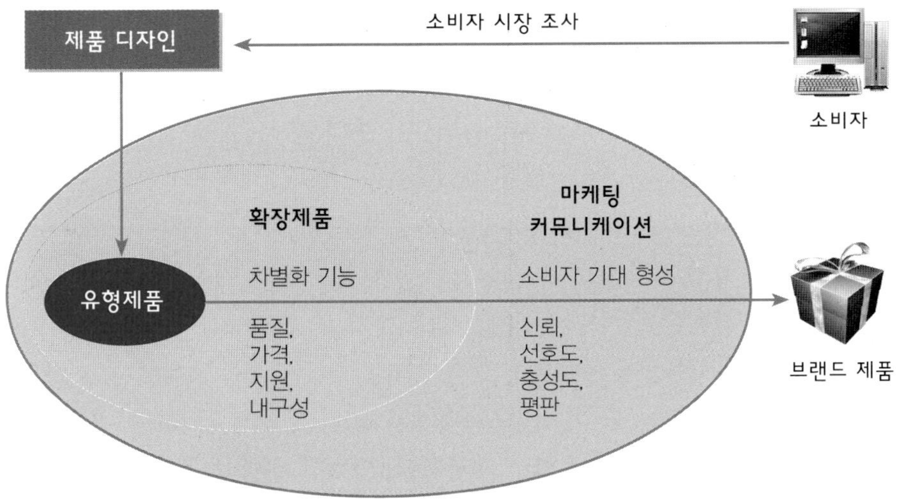

알아봅시다

트위터의 브랜드명을 X로 변경한 것은 큰 실수다

2023년 여름, 테슬라를 이끌고 있는 엘론 머스크는 트위터의 제품 이름을 'X'로 바꾸고 새 로고와 '트윗'을 포함한 모든 관련 단어를 없애겠다고 선언했다. 브랜드 전문가들은 머스크의 이번 조치로 인해 40억~200억 달러 규모의 가치가 손실됐다고 보고 있다. 트위터라는 브랜드를 쌓기 위해 15년 이상 기간이 소요됐으므로, 이번 브랜드명 변경은 큰 재정적 손실이라는 의미이다.

브랜드 가치는 그 평가방법이 다양하기 때문에 일률적인 방법으로 그 가치를 산정하기란 실로 어렵다. 그러나 일부 브랜드가치 전문가에 의하면, 지난해 이후 트위터 브랜드의 가치가 32% 이상 감소한 것으로 평가되었다.

트위터는 가장 잘 알려진 소셜미디어 브랜드 중 하나이다. 트위터의 인기로 인해 "트윗" 및 "리트윗"과 같은 동사가 현대 문화의 일부가 되었으며 유명인, 정치인 및 기타 사람들이 대중과 소통하는 방법을 설명하는 데 흔히 사용된다고 밴더빌트 대학교의 재무 교수인 조슈아 화이트는 강조한다.

X는 사용자들 간의 문화적 및 언어적 합의를 처음부터 다시 구축하도록 요구한다. 트위터 브랜드에 대한 인식이 바뀌면서 광고주들은 대거 이탈했다. 광고주들은 머스크가 논란을 일으키며 콘텐츠 규칙을 어겼던 트위터 사용자들과의 소통에 대해 우려를 표했다. 머스크는 트위터의 광고 수익이 10월 이후 50% 이상 감소했다고 말했다.

출처: Time.com, "By turning Twitter into X, Elon Musk risks killing billions in brand value", 2023. 7. 24.

4 온라인 가격 전략

가격은 품질과 함께 소비자의 제품에 대한 가치를 결정하는 중요한 요인으로 작용한다. 특히, 온라인 시장의 특성을 반영한 다양한 가격전략이 소개되고 활용되어져 왔는데 여기서는 프리-미엄 가격모델, 버저닝, 번들링이나 동적 가격결정에 대하여 알아보자.

4.1 프리-미엄(Free-mium) 가격모델

무료(free)와 프리미엄(premium)을 합성한 '프리-미엄(Free-mium) 가격전략은 온라인 서비스 사업 시장을 주축으로 지난 10년간 꾸준히 적용되어 왔다. 즉, 기본적인 기능들은 무료로 사용할 수 있지만, 이를 넘어 좀더 고급 기능을 활용하고자 한다면 유료 회원으로 가입하여 사용료를 지불하는 방식이다. 가령 클라우드상에서 어느 정도까지는 무료로 저장공간을 제공하는 드롭박스(Dropbox.com)나 구글드라이브나, 혹은 대부분의 스마트폰 앱들이 프리-미엄 가격전략을 적용한다. 이러한 전략을 통해, 기업은 우선 무료서비스를 내세워 시장 인지도를 구축하고 이를 바탕으로 연관 제품의 판매를 촉진하거나, 기존 사용자들 간의 네트워크 효과(동일한 서비스를 사용하는 다른 사람과의 네트워크를 통해 서비스의 가치가 높아지는 효과), 종속성(Lock-In Effect, 일단 사용하기 시작한 후에는 중지하기 힘든 효과)을 기대하게 된다.

하지만, 프리-미엄 가격전략이 항상 성공적인 것은 아니다. 대부분의 온라인 서비스 사용자들은 이메일 등 무료 서비스에 익숙해져 있고 이렇게 무료를 좋아하는 사람들을 비용을 지불하는 고객들로 바꾸기는(Free to Premium) 쉽지가 않다. 고객을 끌어들일 만큼 충분한 서비스를 무료로 제공하되, 유료 서비스로 전환하더라도 이탈하지 않을 수 있는 충분한 인센티브를 제공해야 하는데, 양날의 칼 위에서 적절한 전략을 수립해야 하는 어려운 상황이 발생하게 된다.

4.2 버저닝(Versioning)

버저닝은 다양한 소비자의의 요구를 파악하여 제품의 버전을 다르게 구성하고, 고객이 느끼는 가치에 따라 버전 간 가격을 달리 설정하는 가격전략이다. 앞서 제1장에서 판매 대상이 정보재인 경우의 가격책정에 대해 설명한 적이 있다. 즉, 경제학적으로 제품의 가격은 한계비용과 한계수익이 일치하는 지점에서 형성되는데, 소프트웨어나 미디어 콘텐츠와 같은 정보재의 경우는 만들어 내는 비용은 엄청나지만 추가로 생산하는, 즉 복사물을 만드는 데 들어가는 한계비용은 거의 없으므로(예: CD 한 장의 가격은 100원 이하) 일반적인 경제학 논리를 적용하여 가격을 결정할 수가 없게 된다. 대표적인 예로서 윈도우 운영체계의 다양한 버전을 생각할 수 있다. 실제 모든 기능을 가진 운영체계 개발 후 이를 조작하여 가격이 싼 버전은 그 기능성을 떨어뜨려 판매한다. 일단 제품 개발이 완성된 후 서로 다른 버전을 만들어 내는 데 추가 비용이 거의 들지 않을 뿐만 아니라, 소비자가 경험을 통하여 제품의 가치를 결정하게 되는 경험재의 특성을 살린 가격차별화 전략으로 볼 수 있다.

4.3 번들링(Bundling)

번들링은 말 그대로 두 가지 이상의 재화를 묶어서 하나의 가격으로 판매함을 일컫는다. 물론 오프라인 매장에서도 다양한 제품에 대하여 끼워팔기 전략을 적용해 왔었다. 온라인 소프트웨어의 판매에서는 이런 번들링을 더욱 효과적으로 적용할 수 있다. 가령, 윈도우 운영체계를 구매 설치 시 IE 웹 브라우저가 이미 번들로 설치된다든가, 마이크로소프트 오피스의 경우 실제 사용하고자 하는 제품은 워드프로세서이지만, 엑셀이나 파워포인트 등이 사무용 패키지로 같이 판매되는 경우를 예로 들 수 있다. 이와 같이 번들로 제품을 패키지화하여 가격을 책정하면, 일반적으로 소비자는 단일 제품들에 대해서는 가격대비 가치에 민감하지만, 고정가격으로 제공되는 번들 제품의 가치에 대해서는 호의적인 경향을 보여주는 경우가 대부분이다. 이러한 번들링이 가능한 이유는 앞서 설명한 바와 같이 정보재의 한계비용이 적거나 거의 전무하다 보니 끼워 팔더라도 제품이 원가 자체에 그다지 영향이 없기 때문이다.

4.4 동적 가격 결정(Dynamic pricing)

기업이 사전에 제품에 대한 가격을 미리 결정하는 것이 아니라 실시간으로 수요와 공급의 조건에 따라 가격을 결정하는 전략이다. 가령, 이베이(ebay.com)와 같은 온라인 경매 시장은 서로 다른 가치 체계를 가진 소비자들 간에 하나의 제품을 두고 경쟁을 함으로써 가격을 동적으로 결정하게 된다.

또 다른 형태의 동적 가격 모델로서 산출 관리(yield management)가 있다. 산출 관리는 일정 시점이 지나면 그 제품이나 서비스의 가치가 현저히 떨어지거나 완전히 없어져 판매가 불가능해질 경우 그 가격을 기한이 다가옴에 따라 동적으로 변경하여 관리하는 방식을 말한다. 오프라인 시장의 경우, 해산물이나 야채 등 부패가 쉬운 상품의 경우 일종의 "떨이" 팔기 방식이 있다. 이와 유사하게 온라인 매장의 경우 비행기 좌석, 호텔 숙박, 공연 등 시일이 넘어가면 쓸모가 없어지는 제품이나 서비스의 가격을 동적으로 관리하며 가격을 결정하게 된다.

이 밖에, 고객 수요의 변동에 따라 가격을 동적으로 변동할 수도 있는데, 아마존을 비롯한 많은 온라인 매장들이 클릭스트림 정보를 바탕으로 고객 수요의 변동을 분석하고 이에

알아봅시다

역경매(Reverse auction)

역경매는 일반 경매방식과는 반대로 구매자가 아닌 판매자들이 서로 낮은 가격을 제시하는 방식이다. 대표적인 역경매 사이트로 항공권이나 호텔 등 여행 상품을 판매하는 프라이스라인(Priceline.com)이 있다. 프라이스라인은 구매자가 부르는 값으로 다자간 판매자의 경쟁을 만들고 이를 통해 동적인 가격 책정을 한다. 이러한 역경매를 이용한 새로운 서비스들이 많이 생겨나고 있는데 삼성몰(http://www.samsungmall.co.kr)은 소비자가 '이사 서비스-인터넷 견적 코너'에 이삿짐 내역 등을 입력한 후 최저가격을 제시하는 업체를 고르는 방식이다.

이 회사 관계자는 "기존 포장이사보다 20~30% 저렴하다"고 말했다. 다른 예로, 서비스만 취급하는 역경매 사이트 온서비스(http://www.onservice.net)는 고객이 이사 비용 등을 올려 놓으면 이사업체들이 조건을 알려온다.

이 밖에도 '땡처리 숙박'이라는 스마트폰 앱은 내가 원하는 날짜, 시간, 인원을 체크해 두면 팬션 업체에서 역으로 제안을 통해 팬션을 찾아갈 수 있으며, '82one(빨리오네)'라는 스마트폰 앱은 역경매를 이용한 퀵서비스인데 고객이 주문을 작성해 올리면, 운송인이 생각하는 합리적인 가격을 실시간으로 제시하게 된다.

따라 실시간으로 가격을 변동하고 있다. 또한, 요즘 들어 각광을 받는 그루폰 등 공동구매를 통한 할인을 적용함으로써 가격을 동적으로 책정하는 경우도 잦아지고 있다.

5 온라인 채널 전략

채널(Channel)은 재화를 유통시키고 판매하기 위한 다양한 방법을 의미한다. 전통적인 채널은 생산자의 직접판매나 도매상, 소매상 등의 중간 매개체를 활용한 세일즈를 포함하지만 온라인 시장에서는 이러한 전통적 채널의 갈등이 심해지고 이러한 갈등을 효율적으로 극복할 수 있는 전략이 필요하다.

5.1 채널 갈등

제품이나 서비스를 판매하기 위한 새로운 채널이 기존의 판매 채널에 영향을 미쳐 기존 판매 채널이 위축될 때 발생하는 갈등 상황을 **채널 갈등**이라고 한다. 이러한 관점에서 e-커머스는 새로운 채널을 생성하여 여러 유형의 채널 갈등을 유발시킨다고 할 수 있다. 먼저, 기업이 인터넷을 통해 새로운 유통망을 구축할 때 그 기업과 오랫동안 관계를 유지해 온 · 오프라인 유통업체가 반발을 하고 나서는 경우가 가장 흔한 채널 갈등일 것이다. 둘째로, 영업 위주의 기업(증권회사, 자동차 판매회사 등)이 온라인화했을 때에도 영업사원들을 중심으로 기업 내부에서 반발이 심해지고 이는 또 다른 유형의 채널 갈등을 야기시킬 수 있다. 마지막으로, 기존 온라인 유통채널이 후발 온라인 유통채널에 대해 반발하여 갈등을 일으킬 수도 있다.

5.2 온라인 채널 전략

e-커머스가 가져올 수 있는 이러한 채널 갈등을 미리 예측하고 갈등 요소들에 대하여 대처할 수 있는 효과적인 채널 전략이 중요해지고 있다. 리바이스(Levi Strauss & Co.)는 초기에 온라인 사이트를 통한 유통망을 만들어 이를 직접 관리하고 소매상들이 온라인으로 제품을 판매하는 것을 금지하였다. 하지만 이러한 결정은 소매상들과의 채널 갈등을 야기해 소매상들의 반발과 매출 축소로 이어지게 되었고 결국은 이를 철회할 수밖에 없었다. 미국 자동차 회사인 Ford, GM도 온라인 직접 판매망을 구축하려 하였지만 기존의 오프라인 유

그림 5-3 다양한 유형의 판매 채널

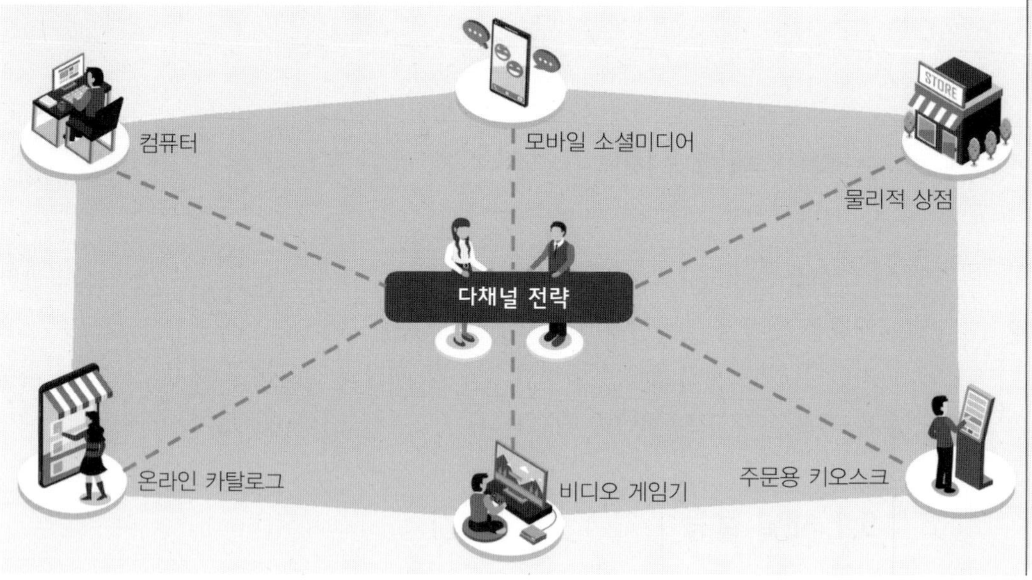

통망을 간과하여 실패하였다.

따라서, 효과적인 채널 전략은 기존의 다른 유통채널과의 직접적인 대립보다는 파트너십 모델을 구축하는 것이 성공을 위한 필수요건이라 할 수 있다. 가령 이든 알렌(Ethan Allen)이라는 가구업체는 직접 판매 웹 사이트를 구축하였지만 배달, 서비스, 지원 소매업체에게 인터넷 판매액의 25%를 배분하였고 심지어 직접적으로 관련이 없는 소매업체에게도 10%의 온라인 매출 수익을 배분함으로써 채널 갈등을 무마시키고 추가 채널을 통해 수익을 증대시킨 성공적인 사례로 알려져 있다.

또한 오늘날 기업이 소비자와 만날 수 있는 접점이 다양해지면서 기존의 소매 상점 이외에 컴퓨터, 모바일 소셜미디어, 키오스크 등 점차 다양한 판매채널들을 수용하는 추세이다. [그림 5-3]은 이러한 기업 다채널 전략의 개념을 나타내고 있다.

제2강 온라인 광고 전략

학습내용

1. 온라인 광고의 특징
2. 온라인 광고의 유형
3. 온라인 광고의 효과

학습목표

1. 온라인 광고를 정의하고 오프라인과 비교할 때의 어떤 특징을 가지고 있는지 설명할 수 있다.
2. 온라인 광고를 다양한 형식으로 분류하고 각 유형별로 전략을 수립할 수 있다.
3. 온라인 광고의 효과를 측정하기 위한 CPM, CPC, CPA 등 서로 다른 광고비 산정 방식과 다양한 평가지표에 대해 설명할 수 있다.

1 온라인 광고의 개념적 이해

1.1 온라인 광고의 개념 및 트렌드

광고는 마케팅 커뮤니케이션 도구 중 가장 일반적이고 널리 알려진 형태이다. 특히 온라인 광고는 인터넷을 이용하여 잠재적 고객에게 제품이나 서비스를 홍보하는 광고 형태로서 온라인 사용자들을 홍보의 대상으로 한다.

일반적으로 온라인 광고의 참여자는 세 부류로서 발행자, 광고주, 그리고 광고대행사를 포함한다. 발행자는 광고를 온라인 콘텐츠에 통합시키는 역할을 수행하며 국내에서는 네이버, 다음 등이 그 예에 해당한다. 그리고 광고주는 온라인 광고를 의뢰하는 기업으로서 발행자의 콘텐츠에 표시될 광고를 제공한다. 또한 광고대행사는 광고주와 협력하여 광고 전략을 개발하고 실행하며, 광고 콘텐츠를 제작하고 배치하는 일을 담당한다. 국내의 대표적인 광고대행사로는 제일기획, 이노션 등이 있다.

일반적으로 온라인 광고는 전통적 광고와 달리 다음과 같은 특징을 가진다.

- 첫째, 세분 시장을 좁혀 타겟화, 개인화된 광고를 할 수 있다.
- 둘째, 실시간으로 광고의 효과에 대한 측정이 가능하여, 이에 따른 유연하고 동적인 광고정책 수립이 용이하다.

이와 같은 장점으로 전체 광고비 매출에서 온라인이 차지하는 비중은 빠르게 증가하고 있는데, 미국의 경우 이전에는 전통매체 광고에 크게 못 미쳤던 디지털매체 광고의 지출이 2018년 이후에는 전통매체 광고를 현저하게 능가하는 추세를 보이고 있다.

우리나라의 경우도 예외는 아닌데, 과거에 전통적 광고에 의존하던 국내 광고비 지출은 그동안 인터넷 광고, 소셜미디어 광고, 모바일 광고 등 디지털 광고가 빠르게 증가함에 따라 큰 변화를 겪으면서 현재 디지털 광고가 전통적 광고보다 더 큰 비중을 차지한다. 2002년 이후 전통매체 광고비가 서서히 하락하는 가운데 PC중심의 광고비는 꾸준한 증가추세를 보여왔다. 그러나 2010년 이후에는 스마트폰 이용의 확산으로 모바일 광고비가 급증하면서 PC중심의 온라인 광고는 하락세를 나타내고 있음을 알 수 있다. 특히 인터넷 광고, 소셜미디어 광고, 비디오 광고 등이 높은 성장세를 보이고 있다.

1.2 광고매체로서의 인터넷

광고를 하는 데 있어 중요한 것은 적합한 광고매체의 선정이다. 매체 선정은 원하는 브랜드 노출을 표적고객들에게 가장 효과적으로 그리고 비용효율적으로 전달하기 위한 매체를 결정하는 것을 의미한다.

다음 〈표 5-4〉에서 알 수 있듯이, 전통적인 매체들에 비해, 인터넷은 다양한 장점을 지닌 광고매체로 부상했다. 우선, 방대한 사용자 프로필 데이터의 분석을 통해 광고수신 대상자들을 선별하기가 수월해 타겟마케팅에 적합하다. 또 사용자와의 상호작용 기회가 폭넓게 존재해 양방향 소통을 할 수 있음은 물론, 사용자의 관심, 행동, 검색 기록 등을 기반으로 맞춤형 콘텐츠를 제공할 수 있다. 뿐만 아니라, TV 등 전통매체에 비해 광고비용도 더 저렴한 편이다. 이러한 장점들로 인해 오늘날 인터넷 광고는 디지털 마케팅에서 핵심적인 비중을 차지하고 있다.

다만, 인터넷 광고를 원하는 기업이 크게 늘면서 소비자들이 광고 피로감을 느낄 수 있으므로, 자칫 광고가 소비자의 주목을 받지 못할 수도 있다. 또 타겟마케팅과 개인화된 광고는 사용자들의 온라인 행동과 관련된 데이터를 수집하므로, 사용자의 개인정보 보호에 대한 우려를 야기시킬 수 있다.

표 5-4 다양한 광고매체들의 비교

광고매체	장점	한계점
신문	유연성, 적시성, 신뢰성, 현지시장 반영	짧은 매체수명; 제한적인 전달효과
TV	시각, 소리, 동작의 결합, 감각적으로 매력적, 높은 도달률	높은 비용, TV 광고의 범람, 일시적 노출, 대상자 선택의 제한성
DM 우편물	대상자 선택의 용이성, 유연성, 개인화	상대적으로 높은 비용, 정크 메일의 이미지
라디오	다수의 사용자, 지리적 및 인구통계학적 선택의 용이성, 낮은 비용	소리에 제한, TV보다 적은 관심, 표준화되지 않은 비용구조, 순간적인 노출
잡지	지리적 및 인구통계학적 선택의 용이성, 신뢰성, 오랜 매체수명, 우수한 전달효과	광고구매 후 오랜 대기 시간, 유통과정의 낭비요소
브로슈어	유연성, 완전한 통제성, 광고 메시지의 강조	과잉제작시 큰 비용 발생
전화	다수의 사용자, 개인화	상대적으로 높은 비용, 소비자 저항의 증가
인터넷	대상자 선택의 용이성, 상호작용 가능성, 상대적으로 저렴한 비용	인터넷 광고의 범람

2 온라인 광고의 유형

온라인 광고는 광고의 형태, 전달 방식, 대상 및 목적에 따라 다양한 유형으로 나눌 수 있다. 여기서는 이메일 광고, 디스플레이 광고, 리치미디어 광고, 키워드 광고, 제휴 광고, 소셜 미디어 광고, 모바일 위치 기반 광고, 그리고 인플루언서 광고로 구분하여 살펴보자(표 5-5).

2.1 이메일 광고

이메일 광고는 e-커머스 초창기에 가장 많이 사용되던 광고 형태로 이메일 사용자를 대상으로 광고 메시지를 전달한다. 단순한 HTML문서부터 이미지, 소리, 동영상 등 다양한 멀티미디어 기술을 활용한 형태의 메시지를 전달할 수 있도록 발전해 왔다.

이메일은 거의 추가 비용을 들이지 않고도 광고메시지를 다수 대상자들에게 빠르게 보낼 수 있는 장점이 있다. 이러한 경제적 이유로 인해 자본이 부족한 영세적 스타트업들이 이메일 광고에 의존하는 경향이 있다. 하지만 이러한 특징으로 사용자가 원하지 않는 광고나 홍보성 메시지를 불특정 다수에게 무작위로 보냄으로써 스팸메일이라는 부작용을 가져

표 5-5 온라인 광고 유형

광고 유형	주요 특징
이메일 광고	이메일을 통해 잠재적 구매자에게 프로모션, 할인 등을 제공하는 광고 형태
디스플레이 광고	웹 사이트, 앱, 소셜미디어 등의 디지털 플랫폼에서 이미지, 동영상, 텍스트 등 다양한 형태의 광고 콘텐츠를 표시하는 광고 형식
리치미디어 광고	이미지, 동영상, 오디오 등 다양한 멀티미디어 요소를 사용하여 사용자의 상호 작용을 유도하는 광고 형태
키워드 광고	키워드 검색의 결과 페이지에 표시되는 광고로, 사용자의 키워드와 관련된 광고 표시
제휴 광고	두 개 이상의 기업 또는 당사자 간의 협력을 통해 상호 혜택을 얻기 위해 수행되는 광고 형태
소셜미디어 광고	페이스북, 인스타그램, 트위터 등의 소셜 플랫폼에서 제공되는 광고 형태
모바일 위치기반 광고	사용자의 실시간 위치 정보를 활용하여 광고를 타겟팅하고 전달하는 디지털 광고 유형
인플루언서 광고	영향력 있는 인플루언서가 유튜브, 블로그 등 소셜미디어에서 브랜드, 제품, 또는 서비스를 홍보하고 광고주의 메시지를 전달하는 광고 형태

오기도 하였다. 이러한 부작용으로 말미암아 대부분의 메일서비스 시스템은 스팸을 자동으로 막아주는 기능을 가지고 있으며 광고를 위해서는 메일 수신자의 동의를 얻도록 하는 제도적 장치가 마련되어 실행되고 있는데 크게 옵트인(Opt-in)방식과 옵트아웃(Opt-out)방식으로 구분할 수 있다.

알아봅시다

옵트인과 옵트아웃

옵트인

옵트인은 수신자의 권리를 중시해 수신자가 사전에 동의해야만 광고 이메일이나 전화를 할 수 있게 하는 방식이다. 즉, 업체가 고객들의 이메일을 모아서 광고나 소식지를 배포하는 것이 아니고, 고객 스스로 업체가 제공하는 정보나 소식들을 받아보겠다고 자발적으로 이메일을 기입하여 서비스를 신청한다. 그렇기 때문에 광고나 업체 홍보 등의 메시지에 거부반응이 적으며 고객 반응률이 스팸메일보다 높게 나타나게 된다.

옵트아웃

수신자가 발송자에게 수신거부 의사를 밝혀야만 이메일 발송이 금지된다는 점에서 발송자의 권리를 중시한다. 즉, 업체가 이메일을 한번 보낸 뒤 거부하지 않으면 허락한 것으로 간주해 계속 발송할 수 있도록 한다.

소비자로 하여금 옵트인 동의를 받기는 옵트아웃에 비해 상대적으로 더 많은 노력이 필요하고 어렵다. 하지만, 일단 옵트인 동의를 얻게 되면 마케팅 효과는 옵트아웃에 비해 훨씬 높아지게 된다.

그림 5-4 디스플레이 광고: 배너(좌)와 팝업(우) 형식

2.2 디스플레이 광고

디스플레이 광고는 단순한 보여주기 광고로서 소비자로 하여금 링크를 클릭하도록 유도하거나 소비자에게 고정된 이미지를 최대한 노출시키는 것을 목적으로 한다. 디스플레이 광고는 웹 페이지 내의 특정 위치에 띠 모양이나 버튼형태로 나타나는 배너광고가 가장 일반적이다. 특히 버튼형 배너는 회원가입하기나 설문 참여하기 등에 주로 이용된다. 또 다른 형태로는, 웹 사이트 방문시 시작페이지와 같이 나타나는 팝업광고가 주로 사용되는데 최근 조사에 따르면 소비자의 적대적 감정을 가장 많이 유발시키는 광고 형태이기도 하다. 따라서 많은 사용자가 팝업 차단 프로그램을 사용하여 광고를 사전에 차단하기도 한다. 이와 같이 디스플레이 광고에 대한 소비자의 적대감이 높아짐에 따라 최근에는 이를 직접적인 판매에 이용하기보다는, 클릭 없는 노출만으로 제품의 인지도나 브랜드 이미지를 높이는 목적으로만 사용하는 경우가 많아지고 있다.

2.3 리치미디어 광고

디스플레이 광고는 사진을 사용하여 홍보하는 반면, 리치미디어(Rich Media) 광고는 이미지 또는 동영상을 포함하며 잠재고객이 광고와 상호작용할 수 있는 방식(Pull 방식)을 제공한다. 리치미디어를 사용하면 의미 있는 사용자 응답을 끌어낼 수 있는 복잡한 광고를 만

그림 5-5 리치미디어 광고

들 수 있는데, Flash 또는 HTML5 기술을 사용하여 광고의 게재위치 하나에 여러 수준의 콘텐츠(예: 동영상, 게임, 광고에서 트윗 등)를 포함시킬 수 있다. 또한 [그림 5-5]에서와 같이, 주의를 끌기 위해 광고 이미지를 화면 중앙에 배치하고 이미지가 떠다니게 하는 효과를 주는 플로팅(floating) 광고도 리치미디어 범주에 속한다.

리치미디어 광고는 현재 페이지에서 다음 페이지로 화면이 바뀌는 중에 전체 화면 크기로 광고메시지를 삽입하여 보여주는 인터스티셜 광고가 많이 사용된다. 최근에는 유튜브 등 동영상 시작 전이나 중간에 광고가 삽입되기도 한다. 인터스티셜(Interstitial) 광고는 푸시 광고의 한 형태로서 인터넷 사용자의 선택이나 결정에 관계없이 사용자에게 노출되는 형태를 취하고 그러다 보니 팝업과 같은 거부감을 유발시키기 쉽다. 따라서 최근에는 광고메시지에 관심이 없는 사용자들을 위해서는 통과 혹은 중지 등의 선택을 할 수 있도록 배려하는 광고도 생겨나고 있다. 가령 유튜브 동영상을 상영하기 전 광고 메시지는 5초후 뛰어 넘을 수 있는 기능이 제공된다.

리치미디어 광고의 내용이 현격하게 크거나 표현이 풍부할 경우에는 이용자가 웹 페이지에 접속할 때 광고를 컴퓨터의 임시 기억장치에 저장해 뒀다가 다른 페이지로 이동할 때 화려한 광고가 나타나도록 하는 슈퍼스티셜(Superstitial) 광고가 사용되기도 한다.

2.4 키워드 광고

구글이나 네이버 등 검색엔진의 검색결과 상단에 기업의 브랜드를 노출시켜서 얻는 광고효과를 말한다. 소비자가 특정 키워드를 가지고 검색을 했다는 것은 관련 제품에 대한 직접적인 관심을 가지고 있음을 나타낸다. 따라서 기존의 인구통계학적 특징이나 고객의 프로필 정보를 키워드가 대체하여 정확한 순간에 실시간으로 관련 제품의 광고를 보여주는 타겟팅 효과를 높일 수 있게 된다.

검색엔진 광고는 기업의 온라인 광고비 지출의 거의 50% 이상을 차지할 정도로 그 중요성이 높다. 특히 검색엔진 광고는 소규모 비즈니스에 더 큰 도움을 줄 수 있는데 그 이유는, 첫째 대규모 마케팅 캠페인보다 광고비가 저렴하며, 둘째는 실제 검색 결과를 통해 기업의 웹 사이트로 유입된 클릭에만 광고비를 지급하도록 계약을 맺을 수 있기 때문이다.

검색엔진 광고효과를 높이기 위한 방안은 크게 두 가지가 있다. 첫째, 검색엔진의 최적화를 통한 유기적 검색(Organic Search) 키워드 광고를 생각할 수 있다. 검색 결과에 포함한 사이트의 순위는 검색엔진에 의해 부과된 일련의 규칙들의 공평한 적용에 근거를 두고 있는데 이러한 규칙을 고려하여 검색엔진 최적화를 시도하는 것이다. 가령, 웹 페이지 콘텐츠, 메타 태그, 페이지 제목 등에 키워드의 빈도를 높이는 것도 한 방안이 될 수 있다. 이 밖에 키워드 관련 유명 웹 사이트로 나가는 링크를 자신의 웹 사이트에 추가하거나, 반대로 가짜 웹 사이트들을 많이 만들어 자신의 메인 웹 사이트로 들어오는 링크를 삽입하는 것도 검색엔진 순위를 의도적으로 올리는 데 도움을 줄 수 있다. 하지만, 검색엔진이 더욱 진화함에 따라 의도적인 최적화 효과는 갈수록 떨어지는 추세이다.

둘째, 검색엔진이 제공하는 유료 배치(Paid Inclusion) 키워드 광고를 활용하는 것이다. 검색엔진 서비스 업체들은 검색서비스를 무료로 제공하는 대신 수입원 확보를 위해 유료 광고를 검색결과에 포함시킨다. 즉, 위에서 언급한 다양한 순위 결정 요소들을 고려하여 우선순위를 정하기도 하지만, 광고비를 지불한 업체에 대해서 그 업체의 웹 사이트 링크를 우선적으로 보여준다. 보통 키워드와 노출 위치에 따라 광고비를 경매형식으로 결정하며, 구글 애드워즈, 네이버/다음 파워링크 등이 이에 해당된다.

검색엔진 광고는 다른 광고에 비해 취약한 면도 없지 않은데, 실제 검색의 주체가 되는

그림 5-6 유료 배치 키워드 광고의 예: 다음 파워링크

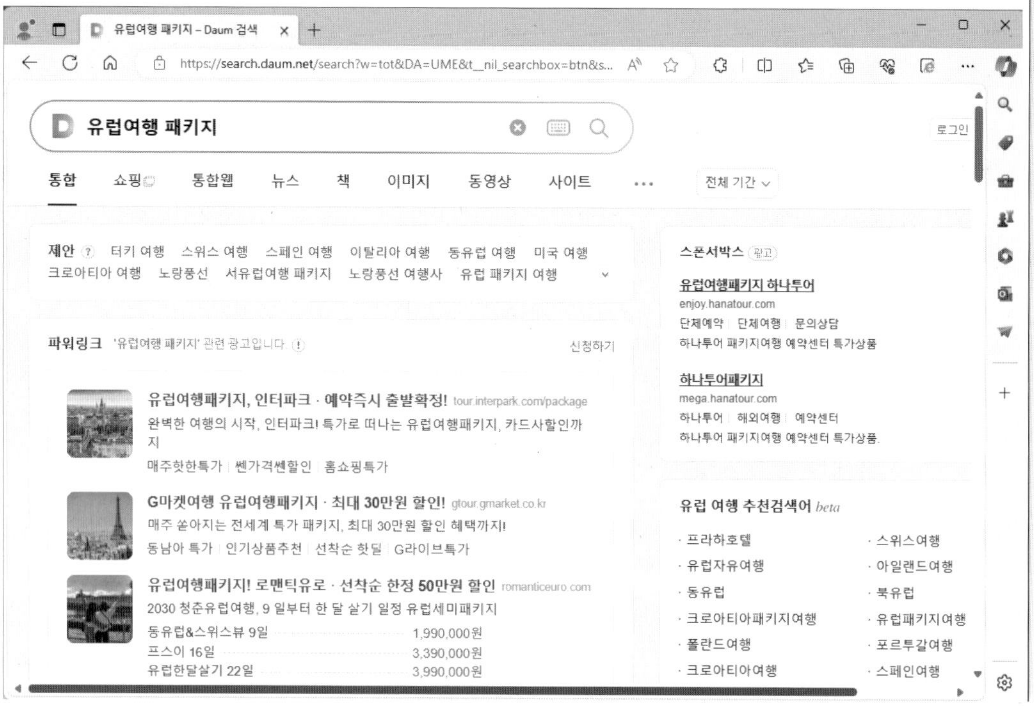

사용자의 정보가 없어 신뢰성에 문제가 있을 수 있다. 가령, 경쟁사가 해당 키워드로 검색 결과 창을 연 후 일부러 경쟁 업체를 제외한 결과들을 클릭하면, 검색엔진이 실시간 인기순위를 고려하기 때문에 의도적으로 경쟁업체의 인기순위를 떨어뜨리는 효과가 있게 된다.

2.5 제휴 광고

자신의 웹 사이트나 검색엔진 사이트가 아닌 제휴 웹 사이트를 통해 광고를 하는 방식이다. 제휴사이트는 클릭당, 구매당, 혹은 회원 가입당 성과에 따른 광고비를 지급받는다. 제휴사이트가 불규칙하게 많고, 그 링크가 기업의 핵심 관심사와 직접 관련되지 않은 경우, 오히려 소비자들에게 브랜드에 대한 혼돈을 줄 수 있으므로 주의가 필요하다.

아마존의 경우 제휴사이트(Amazon Associates)로 등록 후 아마존에 판매되고 있는 상품에 대한 링크를 자신의 사이트에 게재하면, 방문자가 이 링크를 클릭하여 아마존에서 물품을 구매할 경우 최대 10%의 커미션을 제공하고 있다. 국내의 경우, 링크프라이스라는 사이트에 가입하면 링크프라이스에 가입된 개인이나 기업의 홈페이지를 자사의 영업점처럼

그림 5-7 제휴 광고: 아마존의 어소시에이트(좌)와 국내 링크프라이스(우)

활용할 수 있어 여기에 기업이 판매하고자 하는 상품의 배너를 게재할 수 있다. 구매가 일어난 경우 아마존과 마찬가지로 상품판매에 따른 일정한 금액의 커미션을 제공하게 된다(그림 5-7).

제휴사이트 형식의 광고 외에 최근 블로그가 대중화되면서 이를 제품과 서비스를 광고하고 판매하는 수단으로 활용하는 경우가 늘어나고 있다. 즉, 블로거들의 광고 네트워크를 구축하여 이 네트워크와 제휴를 맺고 광고를 게재한다. 광고를 게재한 블로거는 광고를 클릭하는 방문자들에 대한 수수료를 수익으로서 지급받게 된다. 가장 대표적인 블로그 광고의 사례로 구글의 애드센스가 있다.

블로거가 애드센스에 가입하게 되면, 구글의 검색엔진은 블로그의 내용을 키워드 등을 이용하여 자동으로 파악한 후에 그 내용에 맞는 적절한 광고를 동적으로 게재한다. 가령 등산 관련 블로그는 등산 장비나 옷에 대한 광고가, 요리법에 대한 블로그에서는 주방 용품이나 식재료에 대한 광고가 자동으로 실리게 된다. 광고를 게시한 블로그 운영자가 수백 개가 넘는 좀비 컴퓨터를 활용하여 자동으로 게재된 광고를 클릭하게 하여 부정하게 광고비를 수령하려다 발각되는 등 부작용도 알려져 있다.

2.6 소셜미디어 광고

점차 소셜네크워크를 기반으로 한 다양한 웹 서비스가 대중화되면서, 바이럴 마케팅(viral marketing, 구전 마케팅)을 페이스북이나 트위터 등 SNS를 이용하여 확장시킨 소셜미디어 광고가 생겨나기 시작했다.

최근 들어서 기업들은 홍보를 위해 기업 홈페이지보다 오히려 페이스북에 팬 페이지를

그림 5-8 소셜미디어 광고: 내부 팬 페이지 광고(좌)와 외부 링크를 이용한 광고(우)

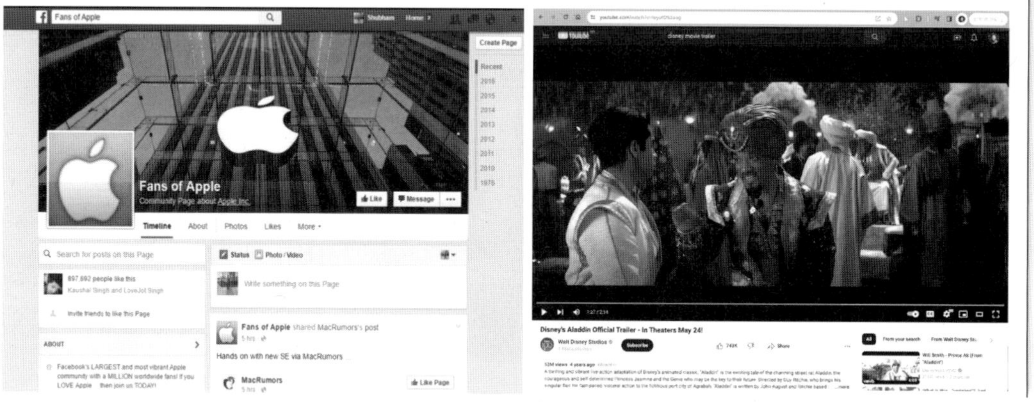

만들고 이를 통해 소비자들의 관심을 끌기 위해 노력하고 있다. 이들 기업은 다양한 이벤트를 개최하기도 하며 얼마나 많은 소비자가 "좋아요"를 클릭하였는지를 주목한다. 한 예로 [그림 5-8]의 좌측 그림에서 보여주듯이 애플은 100만명이 넘는 팬을 보유하고 있다.

소셜미디어 광고는 이처럼 SNS 내부 팬 페이지나 배너형식으로 광고를 노출하기도 하지만 외부 사이트와의 연동을 통하여 광고효과를 높인다. 가령, 온라인 쇼핑을 하면서 친구나 지인에게 제품 관련 정보를 쇼핑몰 위에 위치한 버튼을 클릭함으로써 소셜네트워크상에서 공유 또는 추천이 가능해졌다. 뿐만 아니라 외부 동영상 웹 사이트인 유튜브 등에 광고를 게시하고 이로부터 "공유"나 "좋아요" 버튼을 이용하여 페이스북이나 트위터 등으로 전파시키기도 한다. [그림 5-8]의 우측 그림이 보여주는 유튜브의 "알라딘" 영화 트레일러는 총 5,300만명 이상이 시청하였고 페이스북을 통해 74만번 이상의 "좋아요"를 생성하였다.

소셜네트워크 기반의 마케팅은 이전까지 소비자의 구매에 영향을 주던 불특정 다수의 참여가 만들어 낸 '집단지성'(소비자 별점, 추천)이나 일방적인 매스미디어 정보가 '신뢰할 수 있는 지인들의 추천', 다시 말해 '소셜지성'(소셜 댓글, 입소문 등)으로 대체되고 있음을 보여준다. 이러한 장점을 기반으로 소셜미디어 광고시장 규모는 매년 급속히 증가하고 있다. 특히 소셜미디어 광고와 결합된 소셜커머스의 중요성이 나날이 높아지고 있는데 이에 대해서는 제8장에서 자세히 살펴보자.

2.7 모바일 광고

스마트폰의 대중화로 모바일 장치에서 인터넷을 사용하는 소비자가 늘어남에 따라 모바일 광고의 중요성이 점차 커지고 있다. 이에 따라 구글과 애플은 각각 AdMob(안드로이드폰)과 iAD(애플폰)라고 불리는 모바일 광고 플랫폼을 개발하여 본격적인 경쟁에 돌입하였다. 특히 스마트폰 이용자의 현재 위치를 GPS로 파악하여 광고주의 통제된 광고 메시지를 제공하는 위치기반 광고(location-based advertising)가 각광을 받고 있는데, 이 광고기법은 위치정보와 더불어 사용자의 특성을 살린 밀착형 광고를 제공한다.

위치기반 모바일 광고는 〈표 5-6〉에서와 같이 푸시(push)형 광고와 풀(pull)형 광고로 나누어 볼 수 있다. 점차 단편적인 푸시형 광고들은 전용 앱을 통해 소비자의 TPO(Time, Place, Occasion)에 따라 행동을 유도할 수 있는 풀형 광고로 발전하고 있다. 가령, 스타벅스 앱은 점포와 메뉴에 대한 정보를 제공하고 주변의 스타벅스 점포를 검색하고 길을 안내해 주는 기능을 제공하며, 멕시칸 음식 체인점인 치폴레(Chipotle) 앱은 고객이 주문한 음식을 정확한 점포에서 찾을 수 있도록 현 위치로부터 상세한 안내를 제공한다(그림 5-9).

위치기반 모바일 광고는 소비자의 욕구가 발생되는 상황을 파악하여 효과적인 문맥광고(contextual advertising)를 제공함으로써 고객 만족과 충성도를 제고할 수 있는 장점이

그림 5-9 모바일 광고: 고객이 주문한 음식을 찾도록 안내해주는 치폴레 앱

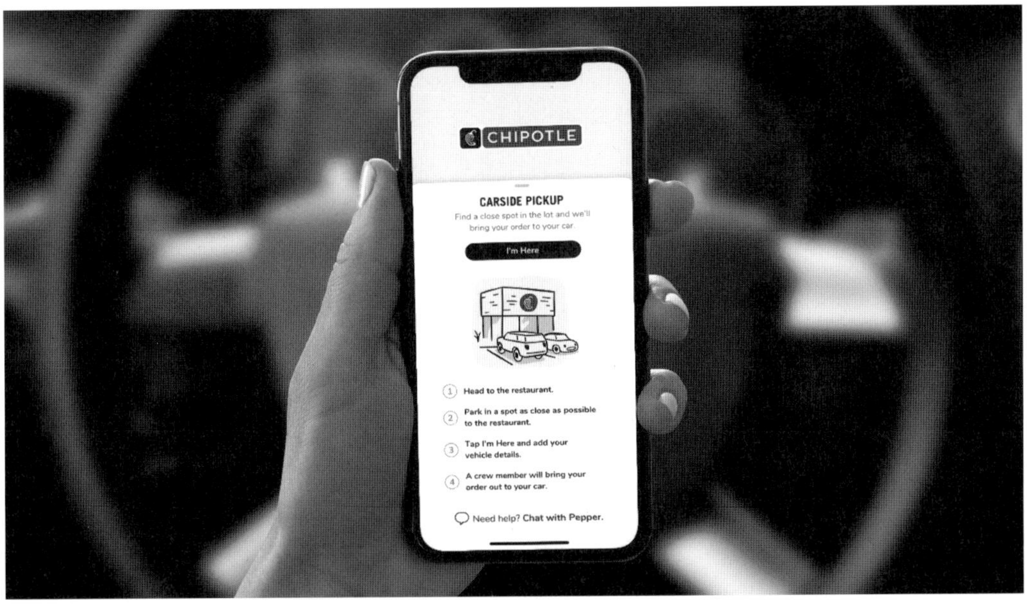

표 5-6 위치기반 광고의 유형: 푸시형과 풀형

푸시(Push)형 광고	풀(Pull)형 광고
• SMS 및 MMS 등을 통해 모바일 단말기로 직접 프로모션, 마일리지, 할인 서비스 등의 광고를 옵트인(opt-in)이나 연계형 광고 방식으로 전송한다. • 스팸으로 인식되거나 반감이 높은 부작용이 있다.	• 사용자의 참여를 유도하는 방식으로 이벤트형 광고나 게임 속 광고, 포인트 적립 등 리워드형 광고가 있다. • 양방향 참여를 유도함으로써 소비자의 반감을 줄일 수 있다.

있다. 하지만 이를 구현하기 위해 고객의 다면적인 개인 정보를 취득하는 것은 개인의 프라이버시 침해 문제와 직결된다. 따라서, 고객정보와 위치정보 활용 및 광고수신에 관한 소비자의 승인을 사전 획득하고 개인정보 관리를 위한 철저한 보안시스템을 반드시 마련할 필요가 있다.

2.8 인플루언서 광고

인플루언서 마케팅이라고도 불리는 인플루언서 광고는 광고주와 소셜미디어 사용자들 간의 협력을 통해 브랜드 노출을 높이는 광고 형태로 정의될 수 있다. 흔히 사람들은 자기가 팔로우하는 개인을 신뢰하는 경향이 있으므로, 기업이 소셜미디어 플랫폼에서 영향력이 큰 개인에게 해당 기업 브랜드의 홍보를 의뢰하는 것이 이상적이다.

소셜미디어 인플루언서는 특정 분야에서 권위 또는 전문성을 갖고 있으며 그 권위를 활용하여 많은 소셜미디어 팔로워들과 소통하는 사람을 의미한다. 대개 인플루언서는 팔로워 수가 많은 콘텐츠 제작자이기도 하다. 소셜미디어에서 인플루언서는 자신의 인기 및 전문성을 이용해 팔로워들의 의견, 행동, 그리고 구매 결정에 영향을 미칠 수가 있다.

인플루언서가 자신의 팔로워들에게 제품이나 브랜드를 직접 소개하고 추천함으로써 기업은 매출증대 효과를 기대할 수 있다. 인플루언서는 기업의 의뢰로 브랜드 광고를 해준데 대한 대가로서 사전 계약에 따라 금전적 보상 등 혜택을 얻게 된다.

인플루언서 광고의 특징은 다음과 같다.

- 신뢰성: 인플루언서는 자신의 팔로워들과 강한 신뢰 관계를 가지고 있어, 그들의 권위를 통해 광고 메시지를 더욱 신뢰할 수 있도록 한다.
- 타겟팅: 인플루언서는 특정 주제나 관심 분야에 중점을 둔 팔로워들을 가지고 있어, 광고주는 특정 타겟 시장에 효과적으로 접근할 수 있다.

그림 5-10 유명 인플루언서가 유튜브 방송 중 제품 브랜드를 홍보하는 모습

- 콘텐츠 다양성: 인플루언서는 사진, 동영상, 스토리 등 다양한 콘텐츠 형식을 통해 광고를 전달할 수 있다.
- 소셜미디어 활용: 대부분의 인플루언서 광고는 주로 인스타그램, 유튜브, 트위터, 페이스북 등의 소셜미디어 플랫폼에서 이루어진다.
- 연관성: 광고주는 인플루언서를 선택함으로써 그들의 콘텐츠와 브랜드 메시지를 연결시켜 브랜드와 제품에 대한 긍정적인 이미지를 형성할 수 있다.

3 온라인 광고의 효과

마케팅에 대한 전략을 수립하고 이를 실행한 후에는 이에 대하여 비용대비 효과를 측정하는 것이 중요하다. 즉, 온라인 광고를 하였다면 누가 광고를 얼마나 많이 보았고, 과연 그 광고가 광고비용을 뛰어넘는 매출의 증대로 이어질 수 있었는지 꼼꼼히 살펴보아야 한다.

표 5-7 온라인 광고비 산정 방식

광고비 책정 방식	설명
CPM(Cost per Mille)	• 광고주는 1,000번의 임프레션(노출)당 정액 지불 • 대부분의 배너 광고
CPC(Cost per Click)	• 광고주는 클릭할 때마다 비용을 지불하는 종량제 방식 • 광고주가 일정 금액을 예치시키고 클릭당 비용 차감 • 대부분의 검색엔진 광고
CPA(Cost per Action)	• 광고주는 등록, 구매 등과 같은 광고주가 원하는 반응에 대해서만 비용을 지불

3.1 온라인 광고비용

온라인 광고의 효과를 평가하기 위해서는 우선 얼마나 많은 비용이 투입되었는지에 대한 분석이 선행되어야 한다. 온라인 광고에 대한 비용은 앞서 검색엔진 광고와 같이 경매를 통해 키워드별로 광고 위치에 따라 가격을 책정하기도 하지만 많은 경우 실제 소비자가 광고에 대하여 어떤 행위를 하였는지 그 결과를 기준으로 광고비를 산정한다. 이러한 성과 기반 광고비 책정은 다시 〈표 5-7〉과 같이 CPM(Cost Per Mille, Mille는 라틴어로 1,000을 의미), CPC(Cost Per Click), CPA(Cost Per Action)으로 구분한다.

3.2 온라인 광고효과 평가지표

온라인 광고의 비용을 산정한 후에는 비용대비 효과에 대한 분석이 뒤따른다. 오프라인 광고와 비교할 때 온라인 광고의 장점은 개별 광고에 대한 효과를 비교적 정확하게 측정할 수 있다는 점이다. 가령, 소비자에게 이메일 광고 메시지를 보냈다면 얼마나 많은 소비자가 이메일을 열어보았는지 혹은 수신거부를 하였는지, 이메일에 첨부된 웹 사이트로의 링크를 클릭하였는지, 실제 사이트를 방문하였다면 둘러보기에 그쳤는지 아니면 구매를 하였는지 등 자세한 정보를 확인할 수 있다. 〈표 5-8〉에서는 이와 같은 이메일 광고의 몇 가지 평가지표를 보여준다.

이 밖에 디스플레이 광고, 리치미디어 광고, 검색 광고, 소셜 광고 등의 링크형 광고는 소비자에게 노출된 광고를 통하여 기업의 웹 사이트로의 방문을 유도하며 궁극적으로는 실제 구매를 이끌어 낸다. 온라인 소비자의 구매 단계는 [그림 5-11]과 같이 (1) 제품과 서비스의 필요성 인식, (2) 검색, (3) 대안 평가, (4) 구매 결정, (5) 구매후 행동으로 구분할 수 있는데 구매 단계별로 서로 다른 지표를 사용하여 광고효과를 측정할 수 있다. 〈표 5-9〉에

표 5-8 이메일 광고 효과 평가지표

평가지표	설명
개봉 비율(Open rate)	이메일을 열어보고, 메시지에 노출된 수신자의 비율
배달률(Delivery rate)	이메일을 받은 수신자의 비율
클릭률(이메일) (Click-through rate)	이메일을 받고 클릭을 한 수신자의 비율
반송률 (Bounce-back rate)	배달되지 못한 이메일의 비율
수신거부율 (Unsubscribe rate)	수신거부를 클릭한 수신자의 비율
전환율(이메일) (Conversion rate)	실제 구매를 한 수신자의 비율

그림 5-11 구매 단계별 온라인 광고효과 측정

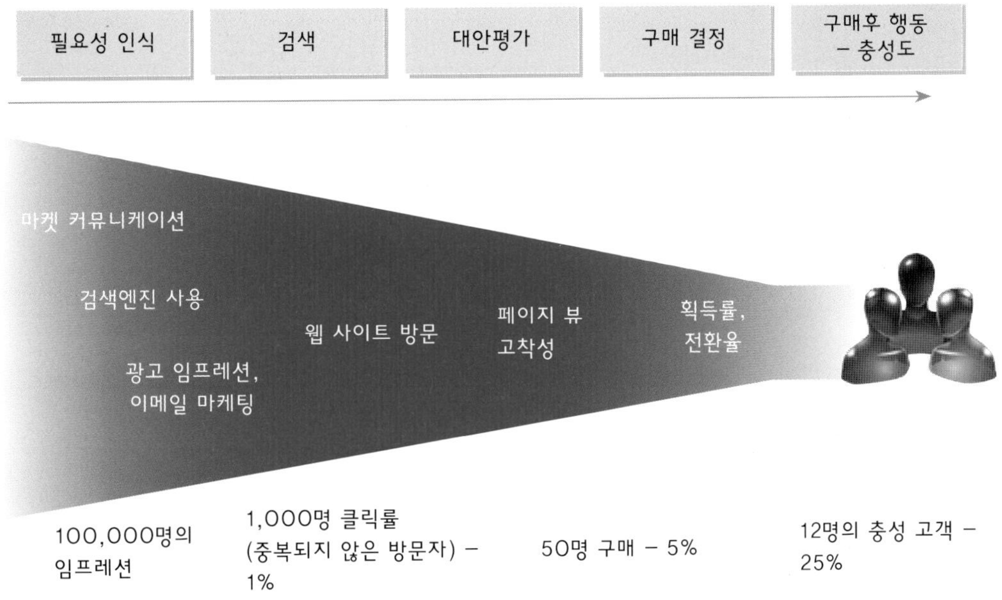

서는 이와 관련된 평가지표들에 대한 설명을 요약하였다.

최근의 통계 자료에 따르면 온라인 광고에 노출된 소비자 중 1%정도가 관심을 가지고 광고를 클릭하여 사이트를 방문하게 된다고 한다. 가령, 100,000명의 소비자가 광고

표 5-9 링크형 온라인 광고 효과 평가지표

평가지표	설명
임프레션(Impressions)	광고가 노출된 횟수
클릭 비율(CTR)	광고의 클릭 비율(Click Through Rate)
보여진 비율(VTR)	광고가 즉시 클릭되지는 않았으나 30일 동안의 반응 비율(View Through Rate)
히트(Hits)	http가 요청되어진 수
페이지 뷰(Page Views)	보여진 웹 페이지 수
고착성(지속성) (Stickiness, Duration)	웹 사이트에 머무른 평균 시간
순방문자(Unique visitors)	한 기간 동안 중복을 제외한 방문자 수
충성도(Loyalty)	한 사용자가 웹 사이트에 방문한 빈도, 혹은 또 다른 구매를 하기 위해 1년 내에 해당 사이트로 돌아온 고객의 비율 등을 통해 다양하게 측정
도달성(Reach)	총 잠재적 구매자 중 해당 웹 사이트에서 구매한 비율
최근성(Recency)	웹 사이트를 방문하거나 구매를 마지막으로 한 이후 경과된 시간
획득률(Acquisition rate)	제품의 페이지에 가입하거나 방문함으로써 해당 웹 사이트의 제품에 관심을 나타낸 방문자의 비율(보통 1%)
전환율(Conversion rate)	방문자가 구매로 이어지는 비율(보통 5%)
노출 후 구매된 비율 (Browse-to-buy ratio)	제품을 본 후 실제 구매하게 되는 비율
본 후 장바구니에 담은 비율 (View-to-cart ratio)	본 제품을 "장바구니"에 담는 비율
장바구니 전환율 (Cart conversion rate)	"장바구니"에 있던 제품을 실제 주문한 비율
체크아웃 전환율 (Checkout conversion rate)	계산을 시작한 후 실제 주문한 비율
포기율 (Abandonment rate)	제품을 사려고 쇼핑 카트에 담았으나 구매를 완료하지 않고 웹 사이트를 떠난 구매자의 백분율(체크아웃 전환율과 비슷)
유지율 (Retention rate)	정기적으로 구매를 유지하는 고객의 백분율(충성도와 비슷, 대략 25%)
감소율 (Attrition rate)	첫 번째 구매 이후 그 다음 1년 동안 돌아오지 않은 고객의 백분율

그림 5-12 소비자 1인 확보당 평균 광고비용

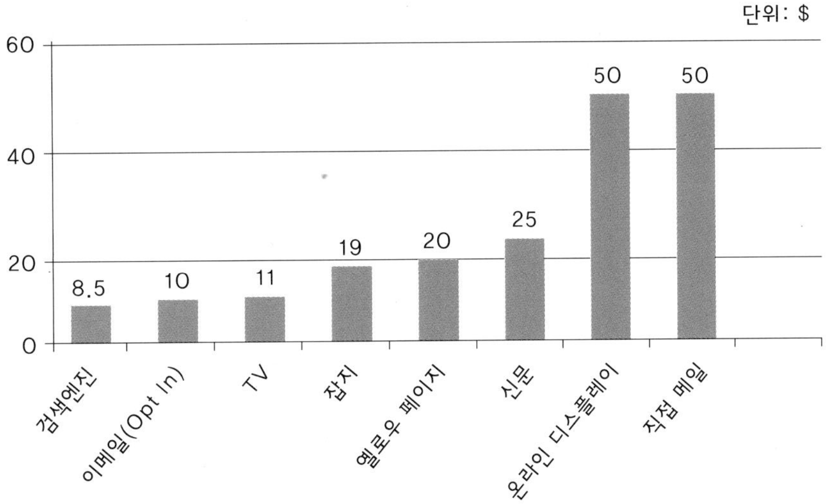

를 보았다면(임프레션, impression) 그중 1,000명 정도의 소비자가 웹 사이트를 방문할 것이다(클릭 비율, CTR). 이와 같이 웹 사이트를 방문한 소비자 중에서 실제 구매를 하게 되는 경우는 대략 5% 정도인데 1,000명 중 50명 정도가 된다(전환율, conversion rate). 결국 100,000명의 광고를 본 소비자 중 50명 정도가 구매를 한다면, 이런 광고는 평균 이상으로 성공을 거두었다고 말한다. 더 나아가 이들 구매를 한 50명의 소비자 중 재구매를 통하여 충성고객이 되는 경우는 1/4 정도인 12명에 불과하다(유지율, retention rate).

이와 같이 소비자 한 명을 확보하는 데 드는 평균 광고비용은 광고매체별로 차이를 보이는데 [그림 5-12]에서 이들을 비교하였다. 가령 온라인 디스플레이를 사용할 경우 $50의 비용이 드는데 검색엔진 광고의 $8.5에 비하면 상당히 높은 비용이다. 그렇다면 $50씩 주면서 온라인 디스플레이 광고를 해야 할 필요가 있을까? 앞서 언급한 바와 같이 마케팅의 목적은 단순히 직접적인 구매를 제안하는 것만이 아니다. 장기적 관점에서 브랜드 구축을 목표로 하는 마케팅을 위해서는 보다 많은 비용이 들더라도 디스플레이 광고가 더욱 효과적일 수 있다. 가령 얼마나 광고를 잘 회상하는지, 혹은 광고 노출 후 브랜드에 대한 친숙도가 얼마나 달라졌는지에 대한 평가가 병행되어야 할 것이다. 효과적인 광고를 위해서는 뚜렷한 목표를 설정하는 것이 중요함을 명심하여야 한다.

핵심 체크

01 온라인 소비자의 검색에서부터 구매까지 일어나는 행동의 대부분은 웹 서버에 기록되어진다.

정답 O

해설 웹에서 소비자가 움직이는 정보는 '클릭스트림 행동'이라고 하며 온라인 매장 사이트에 로그 파일로 저장된다.

02 온라인 구매는 오프라인과 별다른 영향 관계가 없다.

정답 ×

해설 오프라인 소매상의 매출이 평균 1/3 가량 온라인 마케팅의 영향을 받는다.

03 시장을 세분화하고 표적시장을 설정하는 마케팅 전략을 STP전략이라고 부른다.

정답 O

해설 STP는 Segmentation, Targeting, Positioning의 약자이다.

04 비 브랜드의 경쟁제품에 비해 브랜드 제품을 사용함으로써 고객들이 기꺼이 지불하고자 하는 프리미엄에 대한 추정된 가치를 특허라고 한다.

정답 ×

해설 브랜드 자산(Brand Equity)이라고 한다.

05 옵트아웃이라 함은 수신자의 권리를 중시해 수신자가 사전에 동의해야만 광고 e-메일이나 전화를 할 수 있게 하는 방식을 말한다.

정답 ×

해설 옵트인에 대한 설명이다. 옵트아웃은 수신자가 발송자에게 수신거부 의사를 밝혀야만 이메일 발송이 금지된다는 점에서 발송자의 권리를 중시한다.

06 Google의 애드센스는 바이럴 마케팅의 대표적인 예이다.

정답 ×

해설 애드센스는 블로그의 내용을 파악한 후에 블로그에 게재할 주제를 끄집어 낸 후 블로그의 내용에 맞는 적절한 광고를 게재하는 '블로그형 제휴 마케팅'의 대표적인 예이다.

07 우리나라 광고비 지출을 살펴보면 이미 디지털 광고가 전통적 광고를 추월하였다.

정답 O

해설 과거에 전통적 광고에 의존하던 국내 광고비 지출은 현재 디지털 광고가 전통적 광고보다 더 큰 비중을 차지한다.

08 온라인 광고 지출의 거의 50%를 차지하는 광고 형식은 배너나 팝업 등 디스플레이 광고다.

정답 ×

해설 검색엔진 광고이다.

09 전환율(Conversion rate)은 제품 페이지에 가입하거나 방문함으로써 해당 웹 사이트의 제품에 관심을 나타낸 방문자의 비율이다.

정답 ×

해설 전환율은 방문자가 구매로 이어지는 비율이다.

10 CPM 광고비 산정은 Cost Per Minute를 의미하며 광고노출 1분당 광고비를 산정한다.

정답 ×

해설 CPM(Cost Per Mille)은 1,000회 노출 시 책정한 광고비용을 의미한다.

11 마케팅의 전략 중 목표고객의 마음속에 제품과 서비스의 차별화된 혜택이나 속성을 인식시키는 활동과 관련된 전략은?

① Segmentation ② Targeting
③ Positioning ④ Datamining

정답 ③

해설 포지셔닝은 해당 기업의 제품이나 서비스가 의미 있고 독특한 경쟁적 우위를 차지하도록 목표고객의 마음속에 제품과 서비스의 차별화된 혜택이나 속성을 인식시키는 활동을 의미한다.

12 제품의 핵심 혜택을 전달하기 위한 특성들의 집합을 무엇이라 하는가?

① 핵심 제품 ② 유형 제품
③ 확장 제품 ④ 서비스 제품

정답 ②

해설 제품의 핵심 혜택을 전달하기 위한 특성들의 집합으로 가령 스마트폰이라는 핵심 제품의 혜택을 전달하기 위한 큰 화면과 터치 패드 등을 예로 들 수 있다.

13 기업의 핵심 관심사와 관련되지 않은 링크들의 경우 소비자들에게 브랜드에 대한 혼돈을 줄 수 있으므로 주의해야 하는 광고 기법은?

① 이메일 광고　　② 제휴 광고
③ 소셜 광고　　④ 키워드 광고

정답 ②

해설 제휴 광고는 하나의 웹 사이트가 다른 웹 사이트에게 그 사이트를 소개함에 따라 새로운 비즈니스 기회를 갖는 것에 대한 커미션을 지불하기로 동의하는 장기적인 마케팅 프로그램이지만 직접 관련이 없는 사이트로 인해 브랜드 혼돈을 초래할 위험이 있다.

14 구글의 모바일 광고를 위한 플랫폼은?

① iAD　　② Adwords
③ Adsense　　④ AdMob

정답 ④

해설 구글의 모바일 광고 플랫폼은 AdMob이다.

15 현재 페이지에서 다음 페이지로 화면이 바뀌는 중에 나타나는 전체 화면 크기로 광고메시지를 보여주는 형태를 무엇이라 하나?

① 인터스티셜 광고　　② 슈퍼스티셜 광고
③ 팝업 광고　　④ 배너 광고

정답 ①

해설 리치미디어 광고는 인터스티셜, 슈퍼스티셜로 나눠진다.

16 한 사용자가 웹 사이트에 방문한 빈도, 혹은 또 다른 구매를 하기 위해 1년 내에 해당 사이트로 돌아온 고객의 비율로 측정하고자 하는 것은?

① 고착성　　② 도달성
③ 최근성　　④ 충성도

정답 ④

해설 한 사용자가 웹 사이트에 방문한 빈도, 혹은 또 다른 구매를 하기 위해 1년 내에 해당 사이트로 돌아온 고객의 비율 등을 통해 다양하게 측정한다.

17 제품의 페이지에 가입하거나 방문함으로써 해당 웹 사이트의 제품에 관심을 나타낸 방문자의 비율인 획득률(Acquisition Rate)은 일반적으로 얼마 정도 되는가?

① 1%　② 5%
③ 10%　④ 20%

정답 ①

해설 광고가 노출되더라도 실제 웹 사이트 방문으로 이어지는 비율은 1%에 불과하다.

18 검색엔진에서부터 여러 사이트로 그리고 각각의 개별 사이트와 개별 페이지, 궁극적인 구매결정까지 이어지는 온라인 소비자의 행동 전체를 수집한 정보를 무엇이라 하는가?

정답 클릭스트림 행동

해설 클릭스트림 행동(Clickstream behavior) 분석을 통하여 구매에 직접적인 영향을 미치는 요인을 파악할 수 있다.

19 구매자가 부르는 값으로 판매자간 경쟁을 유도하는 경매방식을 무엇이라 하는가?

정답 역경매

해설 역경매를 이용하는 대표적인 회사로 priceline.com이 있다.

20 불특정 다수의 참여가 만들어 낸 '집단지성'(소비자 별점이나 추천)과 비교하여 신뢰할 수 있는 지인들의 추천에 의한 소셜네트워크 내부에서의 정보를 일컫는 용어는?

정답 소셜지성

해설 일방적인 매스미디어 정보가 '신뢰할 수 있는 지인들의 추천', 다시 말해 '소셜지성'이라고 한다.

21 다음 괄호 안에 공통적으로 들어갈 단어는?

온라인 마케팅 커뮤니케이션은 온라인 기업이 고객들과 의사 소통하여 고객들에게 강력한 (　　　) 기대를 창출하게 하고, (　　　)를 장려하기 위해 사용하는 방법들을 의미한다.

정답 브랜드, 판매

해설 마케팅 커뮤니케이션의 두 가지 목표는 판매와 브랜드 창출이다.

22 광고주는 등록, 구매 등과 같은 광고주가 원하는 반응에 대해서만 비용을 지불하는 방식은?

정답 CPA

해설 CPA는 Cost per action 방식이다.

요약

e-비즈니스 마케팅 전략

- 온라인 마케팅은 전통적인 채널 이외에 웹을 사용함으로써 고객과의 긍정적이며 장기적인 관계를 구축하여 경쟁사들에 비해 자사의 제품과 서비스에 대해 높은 가격을 받기 위한 경쟁 우위를 창출하는 데 있음

온라인과 오프라인의 통합

- 온라인에서 둘러보고 오프라인에서 구매를 하는 등 온라인 소비자의 행동은 온라인과 오프라인의 연속체를 구성함
- 기업은 온라인 사이트 구축 시 구매뿐만 아니라 정보를 찾기 위해 방문하는 소비자를 고려하여 온라인과 오프라인을 병행하는 전략이 필요함

제품 전략

- 마케팅 핵심 과제 중 하나는 제품이나 서비스 특성들의 독특하고 차별화된 가치를 규명하고 이것을 고객들에게 잘 알리는 것이며, 이는 핵심제품, 유형제품, 확장제품을 고려한 제품 기능 집합을 신중히 구성함으로써 가능함

가격 전략

- 온라인상에서 판매되는 제품은 일반적인 경제학 논리로 가격 책정이 어려운 경우가 생길 수 있으며 Free-mium, 버저닝, 번들링, 동적 가격결정 등 다양한 전략을 시도할 수 있음

채널 전략

- 온라인 채널은 제품이나 서비스를 판매하기 위한 새로운 채널이기에 기존의 판매 채널과 대립이나 갈등이 발생할 수 있으며, 기존의 다른 유통 채널과의 직접적인 대립보다는 파트너십 모델을 구축하는 게 바람직함

온라인 광고

- 온라인 마케팅 커뮤니케이션은 온라인 기업이 고객들과 의사소통하여 고객들에게 강력한 브랜드 기대를 창출하게 하고 판매를 장려하기 위해 사용하는 방법임
- 광고는 가장 일반적이고 널리 알려진 마케팅 커뮤니케이션 도구로서 특히 온라인 광고를 통해 시장

을 효율적으로 세분화하여 타겟화된 광고를 할 수 있으며 광고 후 효과를 실시간으로 측정함으로써 문제점을 발견하고 발전 보완시키기 용이함

온라인 광고 형식

- 대표적인 온라인 광고 형식은 이메일 광고, 디스플레이 광고, 리치미디어 광고, 키워드 광고, 제휴 광고, 소셜 광고, 모바일 광고 등이 있음
- 가장 효과적인 광고는 서로 다른 미디어에서 동시에 진행되지만 일관성 있는 이미지를 제공하는 광고로서 온/오프라인의 통합을 통한 최적화가 중요함

광고비용

- 광고비 산정방식은 1,000번의 노출당(CPM), 클릭당(CPC), 등록 구매 등 특정한 행위당(CPA) 등 다양한 방식이 이용됨

온라인 광고의 효과

- 온라인 광고의 비용과 효과에 대한 적절한 평가를 위한 다양한 매트릭스가 이용되어 옴
- 대표적인 평가지표는 광고가 노출된 횟수인 임프레션, 광고의 클릭 비율(CTR), 웹 사이트에 관심을 나타내는 비율인 획득률(Acquisition rate), 방문자가 구매로 이어지는 비율인 전환율(Conversion rate) 등이 있음
- 온라인 광고 효과는 소바자의 구매 단계별로 다양하게 측정할 수 있으며, 대략 1%의 획득률, 5%의 전환율, 25% 정도의 충성도를 보여줌
- 상대적으로 고객확보당 광고비용은 검색엔진이 가장 낮지만, 기업의 브랜드 강화 등을 목적으로 상대적으로 고비용의 디스플레이 광고가 사용됨

참고 문헌

이기훈, 블로그를 뛰어 넘는 바이럴 마케팅: 블로그 카페 페이스북 트위터 카카오톡의 실전 온라인 마케팅, 인투북스, 2014.

홍일유, 디지털 시대의 이비즈니스와 이커머스, 개정판, 법문사, 2022.

차훈상 · 홍일유, 디지털 기업을 위한 경영정보시스템, 제5판, 법문사, 2021.

Laudon, Ken and Carol Traver, *E-Commerce 2023: Business, Technology, Society*, 17th edition, Prentice Hall, 2024.

Scott, David Meerman, *The New Rules of Marketing & PR: How to Use Social Media, Online Video, Mobile Applications, Blogs, News Releases, and Viral Marketing to Reach Buyers Directly*, 5th edition, Wiley, 2015.

제6장 e-비즈니스 보안 전략

오늘의 주제

해킹된 쿠팡에서 개인정보 유출

쿠팡에서 물품 구매 기록이 있는 사람들의 개인정보 46만 건이 유출돼 해킹된 정보 거래에 사용되는 국외 누리집에서 판매되고 있다. 유료 회원 수만 약 1,100만명에 이르는 국내 최대 이커머스 업체의 개인정보 관리 시스템에 허점이 있는 것 아니냐는 우려가 나온다. 이와 함께 유출된 개인정보를 활용한 피싱(phishing)과 같은 온라인 사기 등 2차 피해 가능성도 있다. 유출된 개인정보는 이름, 주소, 전화번호, 상품 거래 정보 등이다.

지난 1월 25일 다크웹 해킹포럼 누리집에 '○○ logistic DB 468000 lines'라는 제목의 데이터베이스 정보가 게시됐다. '러시아 소재 해커그룹'이라고 밝힌 게시자(개인정보 불법 수집 · 거래 행위자 · 이하 해커)는 실제 데이터임을 입증하기 위해 데이터베이스에 담긴 이름, 전화번호, 주소 등의 정보를 샘플 자료도 함께 올렸다.

개인정보 유출 경로 및 데이터베이스 내용의 사실 여부를 확인하기 위해 해커에게 연락해 약 1만여건의 개인정보가 담긴 샘플 데이터를 제공받았다. 해당 데이터에는 "'2022-10-17, 황○○, 송도 더샵 ○동 ○○호, 010-000-0000, ○○파티용품 50개 1박스, 안드로이드 앱 주문, 배송 메시지 문앞..." 형식으로 정보가 정리돼 있었다. 남성 속옷과 여성 골프 치마 등의 구매 정보가 담긴 것도 있었다. 지난해 10월 17일부터 일주일 사이 물품을 구매한 사람들의 개인정보였다. 각각의 개인정보 아랫단엔 '쿠팡 누리집 링크'도 포함돼 있었다.

해커는 "'무차별 대입 공격'(Bruteforce Attack: 특정 암호를 풀기 위해 모든 경우의 수를 무작위로 대입하는 해킹 방법)으로 46만 건의 개인정보를 얻었다"고 말했다. 그는 보안상 허점을 알도록 해킹 방식을 알려주고 해당 데이터를 삭제하는 조건으로 일부 업체에 수억원 상당의 암호화폐를 요구한 사실도 털어놨다.

이커머스 플랫폼에서 유출된 이용자 개인정보는 온라인 사기에 곧잘 활용되고 파급력도 크다. 고객 수가 많은 만큼 정보 유출 피해 규모가 클 뿐만 아니라 상품 거래 내역에 고객 취향이 드러나 있는 탓이다. 허진민 변호사(참여연대 공익법센터 소장)는 “이커머스의 경우 판매상인과 배송위탁업체 간에 정보가 오가는 과정에서 부실한 보안 관리 문제로 개인정보가 새어 나갈 위험이 크다. 거래정보는 소비자의 취향 정보까지 담고 있어 표적 마케팅 등에 악용될 수 있다. 정보보호 책임자인 이커머스 업체의 무한한 관리 책임이 요구된다”고 말했다.

출처: 한겨레, 2023. 3. 20.

생각해보기

이커머스 업체가 해킹을 당하면 어떤 피해가 발생할까요?

전문가 답변

해커가 이커머스 업체를 해킹할 때 주로 노리는 것이 고객들의 개인정보입니다. 유출된 개인정보는 다음과 같은 목적으로 사용될 수 있습니다. 첫째, 유출된 개인정보를 금전적 이득을 취하는 데 이용할 수가 있는데, 이를테면 훔친 신용카드 정보를 이용한 거래, 계좌 해킹 등이 그 예에 해당합니다. 둘째는 신분도용으로서 해당 개인정보로 가짜 신분을 만들거나 다른 범죄행위에 정보를 사용할 수 있습니다. 셋째, 스팸 메일을 보내거나 피싱 공격을 할 수 있습니다. 끝으로, 개인정보를 원하는 자에게 유료로 판매할 수 있습니다.

제1강 e-비즈니스와 보안

학습내용

1. e-비즈니스 보안의 필요성
2. e-비즈니스 보안의 요건
3. e-비즈니스 보안위협

학습목표

1. 개인이나 기업에 대한 정보화의 역기능은 어떤 것이 있는지 여러 가지 유형별로 구분할 수 있으며 바람직한 e-비즈니스 보안에 대해 설명할 수 있다.
2. e-비즈니스 보안의 5대 요소인 기밀성, 무결성, 가용성, 부인방지, 인증에 대해서 각각 설명할 수 있다.
3. e-비즈니스 보안을 위협하는 악성코드, 피싱과 스푸핑, 해킹, 신용카드 사기, 서비스 거부, 스니핑 등에 대하여 설명할 수 있다.

1 e-비즈니스 보안의 개요

1.1 정보화의 역기능과 보안의 필요성

e-비즈니스는 제4장에서 정의한 바와 같이 기업 간, 기업과 소비자 간, 기업 내부의 모든 활동이 컴퓨터를 활용한 네트워크, 특히 인터넷을 통해서 통합되고 실행된다. 인터넷을 통해 쇼핑은 물론 대금결제 등 다양한 금융거래를 수행하며 기업간 서류 등 기밀정보들도 인터넷을 통해 유통된다. 이와 같이 인터넷은 우리에게 다양한 정보를 제공하고, 이를 바탕으로 한 다양한 서비스를 통해 생활의 편리함을 가져다주기도 하지만, 이러한 정보화가 가지는 역기능 또한 간과할 수 없는 것이 사실이다. 특히 최근 들어 신용카드 회사, 은행, 상점 등을 통한 개인정보의 유출 사건은 이미 익숙한 뉴스거리가 되고 있다. 실제로, 우리나라 개인 인터넷 이용자를 대상으로 한 설문조사에 따르면 90% 이상이 정보화의 역기능으로 인한 사회 전반의 피해가 심각하다고 생각하고 있다. 정보화 역기능 중에서 '개인정보/프라이버시 침해'와 '불법 스팸'의 피해가 심각하다는 의견이 다른 정보화 역기능에 비해 상대

적으로 높게 나타났다.

정보화의 역기능은 개인뿐만 아니라 기업에서도 나타나게 된다. 미국 기업들을 대상으로 한 설문에 따르면 바이러스나, 기업 내부직원의 정보누출, 랩탑 컴퓨터의 도난 등이 상대적으로 큰 비중을 차지하며 그 밖에도 승인되지 않은 정보에 대한 접근, 메신저 등을 통한 정보 유출, 원격 조정을 통한 서비스 거부 공격 등이 높은 비중을 차지한다.

이커머스 기업에서 이와 같은 정보화 역기능을 예방하고 그로 인한 피해를 최소화하려면 보안이 필수적으로 요구된다. 이커머스 기업은 고객의 신용카드 정보, 주소, 전화번호 등 개인정보를 보유하며 또 온라인 결제 과정에서 고객의 민감한 금융정보를 수집하는데, 이러한 개인정보가 노출되면 신분 도용, 금융 사기 등 심각한 피해가 발생할 수 있으므로 보안이 필요하다. 오늘날 온라인 거래의 빠른 증가로 인해 해커들이 기업 시스템으로 침투하여 고객 데이터를 탈취하거나 시스템을 마비시키는 사이버 공격도 증가하는 추세를 보이고 있어, e-비즈니스 보안의 중요성은 아무리 강조해도 지나침이 없다.

1.2 e-비즈니스 보안 전략의 수립

기업이 날로 증가하는 e-비즈니스 보안위험을 줄이고 이에 합리적으로 대응할 수 있는 능력을 확보하기 위해서는 적절한 e-비즈니스 보안 전략이 수립되어야 한다. [그림 6-1]은 기업 데이터, 기술 솔루션, 그리고 e-비즈니스 보안 전략 간의 관계를 도식적으로 표시하고 있다. 전사적인 차원에서 데이터 보호를 위해 기업 보안 전략이 우선 수립된 후, 이 전략을 구현하기 위한 기술 솔루션(즉, 보안 하드웨어 혹은 소프트웨어)이 도입되어 운용될 때 비로소 기업 데이터가 원만히 보호될 수 있다.

e-비즈니스 보안 전략을 수립하기 위해 대부분의 기업들은 방화벽이나 암호화 기술, 바이러스 추출 소프트웨어 등 기술적인 요소만을 지나치게 강조하는 경우가 많다. 하지만, 바

그림 6-1 기업 e-비즈니스 보안 전략의 역할

람직한 e-비즈니스 보안을 위해서는 물론 기술 방안의 수립도 중요하지만, 이를 뒷받침하는 조직의 방침이나, 보안 관련 사고 발생시 이에 대한 신속한 대응 방안 등이 반드시 뒷받침되어야 한다. 뿐만 아니라 전 사회적으로도 보안법적 규정이나 사회적 표준을 제정함으로써 기업이 보안의 위험으로부터 벗어나 더욱 효율적인 생산활동을 할 수 있도록 보장해 주어야 할 것이다.

1.3 e-비즈니스 보안의 요건

e-비즈니스를 위한 보안 전략을 구현하는 데 있어 필히 충족되어야 하는 다섯 가지 요건이 있는데, 기밀성, 무결성, 가용성, 부인방지 및 인증이 바로 그 것이다. 이들 각 요건에 대한 개념을 간략히 살펴보도록 하자.

(1) 기밀성(Confidentiality)

기밀성은 비밀유지가 필요한 정보가 합법적으로 승인된 자에 한해서만, 공개, 사용 및 복제 되어야 하는 원칙을 의미한다. 특히, 기밀성은 개인신상정보를 서비스 업체에 제공한 경우 개인의 프라이버시를 유지하는데 충족되어야 하는 필수 조건이다. 만약 서비스 업체의 부주의로 개인 신상정보가 유출된다든가, 혹은 고의로 개인 신상정보를 제3자에게 판매를 할 경우, 이는 기밀성을 침해한 경우에 해당한다.

(2) 무결성(Integrity)

e-비즈니스를 위해서는 전자매체를 통해 수많은 데이터가 전송된다. 무결성은 이러한 데이터가 적절한 승인 없이 조작, 변조 혹은 삭제될 수 없음을 의미한다. 가령 전송 시점에서의 메시지가 도달되는 과정에서 해커가 개입하여 메시지의 변형을 일으켰다면, 동일한 정보가 서로 일치하지 않게 되고, 이 경우 무결성이 보장되지 못했다고 한다.

(3) 가용성(Availability)

가용성은 주로 e-커머스와 관련하여, 거래 사이트가 항상 접속 가능하고 정상적인 운영상태를 유지하여야 함을 의미한다. 가령 다음 절에서 설명할 '서비스 거부(Denial of Service: DoS)'는 가용성이 결여되었음을 보여주는 대표적인 예이다.

(4) 부인방지(Non-repudiation)

e-비즈니스는 당사자들이 서로 대면하여 거래를 진행하지 않고 온라인에서 거래가 이루

알아봅시다

보안 관련 개념 이해하기

보안위협: 이커머스 기업에게 다가올 수 있는 보안위협이란 기업 내 정보시스템이나 네트워크의 취약점을 이용할 수 있는 잠재적 위험을 뜻한다. 실제로 보안위협이 존재할 때 취약점이 있으면 보안 침해가 발생할 가능성이 높다.

보안 취약점: 시스템, 네트워크, 응용 프로그램 또는 프로세스의 약점이나 결함을 나타내며, 공격자에 의해 시스템 보안을 훼손시킬 목적으로 악용될 수 있다. 취약점을 제거해야만 우수한 보안을 유지할 수 있다.

취약점 관리: 시스템 및 소프트웨어의 취약점을 식별하고 관리하는 프로세스를 뜻하는 개념이다. 이를 통해 보안을 강화하고 공격 가능성을 최소화할 수 있다.

기술솔루션: 기업의 데이터 및 IT자산을 보안위협으로부터 보호하기 위해 도입하는 기술로서 하드웨어, 소프트웨어 및 네트워크를 포함할 수 있다. 방화벽, 안티바이러스 소프트웨어, 침입탐지시스템, 가상사설망 등이 그 예에 속한다.

보안침해: 보안위협이 실제로 취약점을 이용해 승인없이 민감한 데이터를 접근, 공개, 변조, 또는 삭제할 때 그 결과로 보안 침해가 발생한다. 일단 보안 침해사고가 발생하면 기업에 데이터 도용, 재무적 손실, 평판 훼손 및 기타 부정적 결과를 가져올 수 있다.

보안정책: 기업이 적용하는 보안 규정과 원칙을 정의하는 문서를 뜻한다. 이는 정보 자산의 보호, 직원 행동 강령, 기술적 보안 조치 등을 다룰 수 있다.

접근통제: 데이터나 시스템에 접근하는 권한을 효과적으로 관리하는 체계를 의미한다. 이는 식별, 인증, 권한 부여 등을 포함한다.

암호화: 데이터를 안전하게 전송하거나 저장하기 위해 정보를 변환하는 과정을 가리켜 암호화라고 칭한다. 암호화를 통해 민감한 정보가 유출될 경우에도 이를 보호할 수 있다.

백업 및 비상계획: 데이터 손실이나 시스템 장애에 대비하여 데이터를 정기적으로 백업하고, 비상 상황에서의 대응 계획을 수립하는 것을 의미한다.

어지기 때문에, 거래자가 실제 거래 내용을 부인할 수 있는 가능성이 있다. 이러한 상황을 방지하는 것을 부인방지라고 한다. 가령, 고객이 실제이름과 이메일 주소를 이용해 제품을 주문하였지만 이후에 이를 부인할 경우 온라인 상점 측에서는 고객의 주문사실을 증명할 수 있는 법적 증거물이 필요하다. 이를 위해서 디지털 서명이 사용된다.

(5) 인증(Authentication)

e-비즈니스 거래 중 상대방이 당사자인지 확인할 수 있는 방법이 있어야 한다. 가령, 아이디와 패스워드를 이용한 로그인 등이 인증을 위해 사용된다.

2 e-비즈니스 보안위협

2.1 보안위협의 개념

e-비즈니스 관련 보안침해 사고들은 취약점이 보안위협에 의해 이용될 경우 발생한다. [그림 6-2]에서 볼 수 있듯이, 비록 기업의 데이터, 서버, 네트워크 등 주요 IT 자산을 보호하기 위해 기업 내부 시스템에 기술 솔루션이 설치되어 있다 하더라도, 취약점이 존재할 경우 IT 자산의 보안이 보안위협에 의해 침해될 수가 있다.

2.2 보안위협의 유형

기업의 IT 자산의 보안을 위험에 빠뜨릴 수 있는 보안위협은 크게 악성코드, 피싱과 스푸핑, 해킹과 크래킹, 신용카드 사기, 그리고 서비스 거부로 나뉜다. 아래에서는 이들에 대해 각각 살펴보기로 한다.

(1) 악성코드(Malicious Code: Malware)

악성코드는 컴퓨터 소유주의 동의 없이 컴퓨터를 침입하여 손상시키거나, 광고메시지 노출과 같은 원하지 않는 기능을 반복적으로 수행하거나, 사용자의 정보를 몰래 수집하는

그림 6-2 보안위협에 의한 보안침해 사고

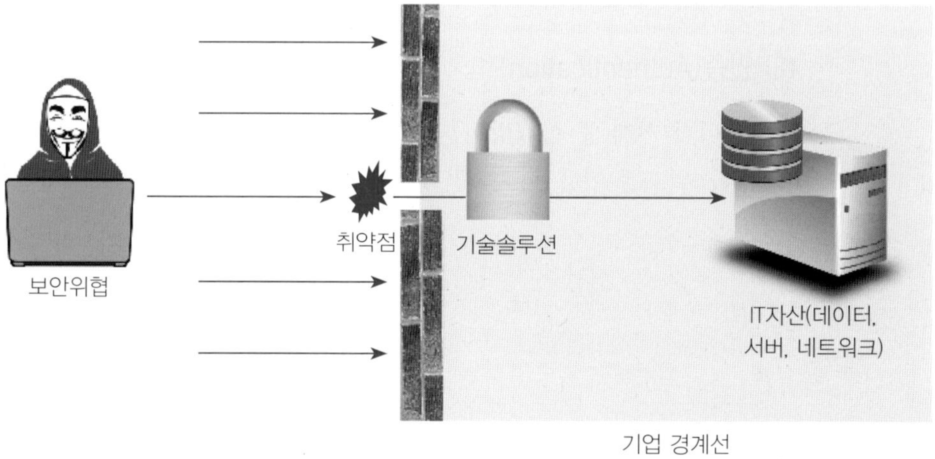

표 6-1 악성코드의 종류와 특징

종류	특징	예
바이러스 (Virus)	컴퓨터 시스템이나 프로그램에 감염되어 자신을 복제하고 전파하는 악성 소프트웨어를 뜻한다. 주로 바이러스는 네트워크나 USB 등 이동식 저장매체를 통해 전파되는데, 악성인 경우 파일을 삭제하거나 하드디스크를 다시 포맷시켜야 하는 경우도 있다.	매크로 바이러스 스크립트 바이러스
웜(Worm)	웜은 감염된 컴퓨터에서 실행되면서 자신을 복제하여 다른 시스템으로 전파된다. 웜은 바이러스와 달리 감염된 시스템을 마비시킬뿐 컴퓨터나 파일을 손상시키지 않는다.	슬래머(Slammer) 웜 - MS SQL 서버가 설치된 컴퓨터들을 타겟으로 전이
트로이 목마 (Trojan horse)	사용자에게 유용한 것처럼 속여 설치되지만, 실제로는 시스템을 손상시키거나 비밀 정보를 탈취하거나, 기타 악성 행위를 수행한다.	Waterfalls.scr - 무료 폭포수 스크린 세이버로 위장하여 사용자 컴퓨터 원격 조정
봇(Bot)	좀비 PC라도도 하며 설치 후 침입자의 외부 명령에 따라 움직이며 Bot들이 모여 하나의 집단으로 작용할 때 Botnet 이라고 부른다.	Botnet을 이용한 서비스 거부 공격
스파이웨어 (Spyware)	사용자 동의 없이 개인적인 정보를 수집하는 소프트웨어로서 사용자 키입력(비밀 번호, 신용카드 번호 등), 메시지, 이메일 등을 숨겨진 장소에 저장하거나 네트워크를 통해 전송한다.	ActiveX를 통한 설치 후 브라우저 정보, IP, 사용자 이름, 아이디, 패스워드 전송
애드웨어 (Adware)	소프트웨어 설치 후 사용 중 자동으로 광고물을 재생, 표시 혹은 다운로드 하는 부가적인 소프트웨어로 많은 경우 프로그램 개발비용의 회수수단이 되기도 한다. 최근에는 일정한 키워드로 검색엔진 접근 시 관련 광고물을 재생시키는 기법도 사용된다.	인터넷 익스플로러 시작페이지 고정

소프트웨어를 말한다. 이러한 악성코드는 성격에 따라 바이러스, 웜, 트로이목마, 봇, 스파이웨어, 애드웨어로 구분할 수 있으며, 〈표 6-1〉에서 그 특징과 예를 제시하였다.

악성코드에 대비하기 위해서는 신뢰할 수 있는 보안 소프트웨어(즉, 안티바이러스 소프트웨어, 방화벽 등)를 사용하고, 주기적인 시스템 업데이트와 백업을 유지하는 것이 중요하다. 또한, 이러한 악성코드는 흔히 파일 다운로드나 저장매체를 통해 전파되는 것으로 나타나고 있다. 따라서 이메일 첨부파일이나 외부 저장매체의 파일을 조심하고, 신뢰할 수 없는 사이트에서 소프트웨어를 다운로드하는 것을 피하는 것이 바람직하다.

(2) 피싱(Phishing)과 스푸핑(Spoofing)

그 밖에 보안사고 유형 중 최근 가장 많이 보고되고 있는 피싱은 금전적 이득을 노리고

알아봅시다

새로운 악성코드, 랜섬웨어

랜섬웨어(ransomware)는 최근 새로이 나타난 악성코드의 일종이다. 랜섬웨어는 일반적으로 피싱 이메일이나 악성 웹 사이트 등의 수단을 통해 전달된다. 일단 시스템에 침투하면, 사용자의 파일들을 암호화시키거나 시스템에서 잠금상태로 전환시키고, 파일을 공개하거나 시스템에 대한 접근을 복원하는 대가로 암호화폐 등의 형태로 몸값을 요구한다.

2023년 12월에 발생한 아시아 지역의 주요 랜섬웨어 피해사례를 보면, 국내 한 골프업체가 블랙수트(Blacksuit) 공격의 피해를 입었으며, 일본의 자동차 금융서비스 제공업체 토요타 파이낸셜 서비스가 메두사(Medusa) 공격으로 데이터가 유출된 정황이 발견됐다.

사이버 공격을 받은 국내 골프업체는 2023년 11월 중순에 공격을 받은 이후 피해업체로 사칭한 문자가 고객들에게 전송되는 2차 피해가 발생해 이용자들이 불편을 겪기도 했다. 한편 블랙수트 측이 운영하는 데이터 유출 사이트에서 피해업체의 데이터 약 500GB가 발견됐다.

역시 랜섬웨어 피해를 입은 토요타 파이낸셜 서비스는 유럽과 아프리카의 일부 시스템에서 무단으로 접근한 이력을 확인했다고 전했다. 그 이후 피해 업체가 고객에게 전송한 통지서에는 고객의 성명, 계약 정보 및 국제은행 계좌번호 등의 데이터가 유출됐다고 언급했다. 한편 메두사 측은 자신들이 공격했다고 주장, 탈취한 데이터를 삭제하는 대가로 피해 업체에 800만 달러(한화 약 105억 2,800만원)를 요구하며 열흘의 시간을 줬지만, 반응이 없자 메두사 측의 데이터 유출 사이트에는 피해 업체에서 탈취한 모든 데이터가 공개됐다. 유출된 데이터는 금융사기 및 신원 도용 시도에 이용될 수 있어 주의가 요구된다.

출처: 보안뉴스, 2024. 1. 6.

그림 6-3 피싱 이메일의 예시

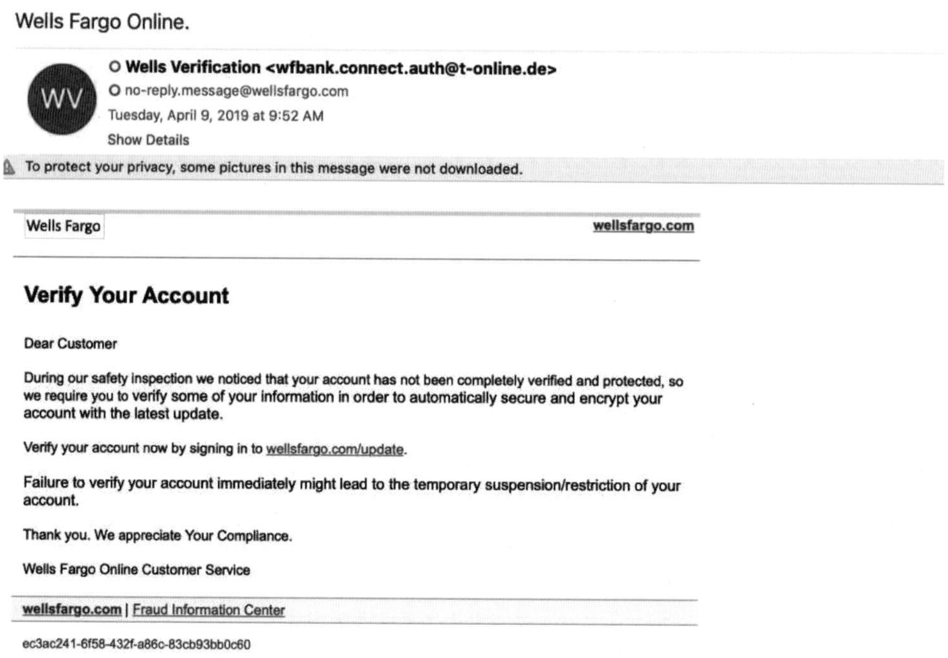

사용자를 속여 기밀정보를 빼내는 범죄행위로 정의된다. 이메일과 같은 온라인 커뮤니케이션을 통해 은행 등 합법적인 기관에서 보낸 것처럼 신분을 위장하여 개인정보를 요구하는 피싱 사례가 빈번하게 발생한다.

[그림 6-3]은 웰스파고 은행을 사칭해 사용자에게 전송된 피싱 이메일을 예시하고 있다. 은행 고객의 계정에 문제가 있으며 이를 바로잡으려면 링크를 클릭하라고 하는데, 클릭하는 순간 사용자 개인정보를 유출하기 위한 페이지로 연결된다.

(3) 해킹/크래킹

해킹(hacking)이란 컴퓨터 시스템, 네트워크, 소프트웨어, 기기 등에 불법적으로 접근하여 승인없이 데이터를 탈취, 변조, 또는 삭제하는 행위를 가리키는 개념이다. 해킹은 다양한 목적과 형태로 이루어지며, 합법적인 보안 테스트에서부터 악의적인 사이버 공격까지 다양한 활동이 포함될 수 있다.

해킹은 크래킹과 구별해 이해할 필요가 있다. 해킹은 컴퓨터 기술에 대한 전문 지식과 기술을 사용하여 시스템을 조작하거나 특정 목적을 달성하기 위해 컴퓨터 시스템, 네트워크, 소프트웨어 등을 탐지하고 조작하는 행위를 뜻한다. 해킹 행위 중, 합법적인 목적을 가지고 시스템 보안을 향상시키기 위해 시스템에 접근하는 이른바 '화이트 해킹'은 불법행위가 아니다. 다만, 악의적인 목적으로 컴퓨터 시스템을 공격하거나 데이터를 탈취하는 '블랙 해킹'은 범죄행위로 간주된다.

반면, 크래킹(cracking)은 주로 소프트웨어의 보안 기능을 우회하거나 해독하여 불법적으로 이용하는 행위를 의미한다. 이는 주로 소프트웨어의 라이선스 보호를 제거하거나, 불법 시리얼 넘버의 생성을 통한 복제 또는 배포를 목적으로 한다.

또한 크래킹의 정도가 심해 의도적으로 웹 사이트를 중단, 손상 혹은 파괴시키는 행위는 사이버만행(cyber vandalism)이라고 한다. 사이버만행 행위는 기업 데이터와 같은 디지털 자산을 방해, 변경 또는 파괴하기 위한 다양한 유형의 공격을 포함할 수 있다. 사이버 범죄자들은 다양한 이유로 이러한 활동에 참여하는데, 주로 정치적 동기나 개인적인 원한에서 저지르는 경우가 많다.

(4) 신용카드 사기

코로나19 발생 이후 비대면 환경이 확산되면서 신용카드와 관련된 보안침해 사건이 증가하고 있는 추세다. 신용카드 사기는 개인의 신용카드 정보를 도용한 후 이를 불법적인 금전 거래나 구매에 이용하는 범죄 행위다. 신용카드 사기는 남의 신용카드를 이용해 거래를 진행하면서 자신의 신분을 카드 소유자의 신분으로 가장하는 '신분 도용' 행위를 포함한다.

알아봅시다

차량 해킹이 우려되는 시대가 온다

흔히 해킹 범죄는 컴퓨터나 스마트폰을 대상으로 발생하고 있지만, 머지않은 미래에는 자동차를 대상으로 한 해킹도 발생할 것으로 예상된다. 자동차를 해킹하면 어떤 심각한 일이 일어나게 되는지 위험분석을 할 필요가 있다. 지난 2012년 7월, 영국에서 당시 신형 BMW 자동차가 절도범 3명에게 해킹돼 3분 만에 도난당했다. 절도범은 차량의 자가진단장치(OBD-II)에 스마트폰과 노트북을 연결해 스마트키를 복제한 후 자동차를 훔친 것으로 전해졌다. OBD는 엔진을 포함한 자동차 부품 상태를 확인하고 스스로 진단하는 시스템으로, 운전자는 이 장치를 통해 실시간으로 차의 상태를 파악할 수 있다.

또한, 2017년에는 현대자동차 블루링크 애플리케이션에 해커가 보안되지 않은 와이파이를 통해 침입, 사용자의 정보를 탈취하고 원격으로 시동을 걸 수 있는 취약성이 포함된 것이 드러난 바 있다.

2022년 1월에는 독일 사업가 데이비드 콜롬보(David Colombo)가 미국 테슬라의 전기차 25대를 원격으로 해킹했다. 콜롬보는 자신의 트위터에서 "전 세계 25대의 테슬라 자동차를 원격으로 해킹했다"고 밝혔다. 콜롬보는 이어 "테슬라 시스템의 소프트웨어 결함을 발견, 열쇠 없이 문과 창문을 열고, 자동차를 움직일 수 있다"며 "보안 시스템의 비활성화가 가능하고, 운전자 유무 확인, 음향 시스템과 헤드라이트의 조작도 가능하다"고 언급했다.

출처: 보안뉴스, 2022. 9. 27.

신용카드 사기는 민감한 개인정보의 유출과 금전적 손실을 초래할 수 있기 때문에, 개인 및 기업은 안전한 온라인 거래 및 개인정보 보호를 위한 조치를 취하는 것이 중요하다. 또한, 카드 소지자는 거래내역을 주기적으로 확인하고, 정기적으로 비밀번호를 변경하며, 불법 거래에 대한 경고를 받았을 때 즉시 조치를 취하는 것이 좋다.

얼마 전 국민카드, 롯데카드, 농협카드의 경우 1억건이 넘는 개인정보 유출이라는 초유의 사태가 발생하기도 했다. 이와 같은 사고가 나는 이유는 전자상거래의 활성화 및 온라인 뱅킹 서비스의 활성화로, 신용카드 정보를 보관하는 서버를 공격하여 고객의 정보를 빼낼 수 있는 여지가 더 많아졌기 때문이다. 이와 같이 유출된 개인 신용카드 정보는 불법으로 카드를 사용하는데 쓰이기도 하지만, 이러한 카드 정보를 건당 일정 금액으로 판매하는 사례가 증가하고 있다.

(5) 서비스 거부(Denial of Service: DoS)

의도적으로 해당 웹 사이트의 서비스 제공을 막기 위해 원격 조정이 가능한 컴퓨터들을 동원하여 과도한 서비스 요청을 하고, 서버에 불필요한 트래픽을 발생시킴으로써 결국 처리용량을 넘어서 서버의 접속을 불능화시키는 것을 '서비스 거부(Denial of Service: DoS)'라고 한다.

최근에는 하나의 컴퓨터가 아니라, 여러 개의 '좀비 PC'를 만들어 공격하는 분산 서비스 거부(Distributed Denial of Service: DDoS)가 이용된다. [그림 6-4]에 나타나 있듯이, DDoS

그림 6-4 DoS 공격과 DDoS 공격의 비교

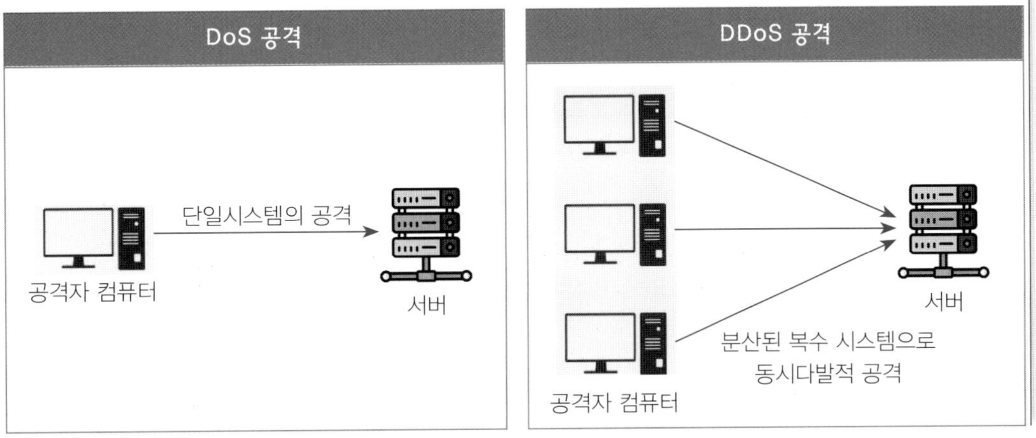

공격에서 공격자는 다수의 컴퓨터에 설치된 악성 코드를 사용하여 공격 대상 기기를 식별하고 공격하는데, 그 결과 단일 기기에서 DoS 공격을 시작하는 경우보다 공격 대상 기기에 훨씬 더 큰 타격을 주게 된다.

요즘에는 심지어 개인 스마트폰이 좀비화되는 등 DDoS 기술이 점차 세분화되고 있다. 스마트폰을 좀비화시키는 코드는 문자 메시지를 통해 공격자가 명령을 내리면 DDoS 공격을 일으키는 프로그램이다. 좀비 스마트폰은 좀비 PC 수집과 마찬가지로 상당히 많은 수의 좀비화된 단말기를 모아야 하기 때문에 아직까지 실제 대규모 공격 사례는 보고된 바 없다. 하지만, 해커들이 다양한 악성코드를 배포하고 좀비폰을 수집하고 있는 단계로 예상되므로 조심할 필요가 있다.

제2강 e-비즈니스 보안기술

학습내용

1. 암호화의 개념과 보안요건
2. 대칭키와 공개키 암호화 방식
3. 전자서명과 해시함수
4. 보안기술을 활용한 개인 인증과 웹 서버 인증
5. 네트워크와 시스템 보호 기술

학습목표

1. 정보를 보호하고 안전하게 전송하기 위한 암호화가 무엇인지 설명할 수 있다.
2. 대칭키 암호화는 무엇이며 장점과 단점은 무엇인지 설명할 수 있다.
3. 공개키 암호화는 무엇이며 대칭키 암호화와 비교할 때 어떠한 장점과 단점이 있는지 설명할 수 있다.
4. 공개키 암호화를 이용한 전자서명과 해시함수를 이용한 무결성 보장에 대해 설명할 수 있다.
5. 전자서명과 디지털 인증서를 이용한 PKI 인증의 개념 및 절차에 대하여 설명할 수 있다.
6. 안전한 웹 서비스를 위한 SSL 기반의 웹 서버 인증과 이를 이용한 HTTPS 서비스에 대하여 설명할 수 있다.
7. 방화벽, 침입탐지 시스템, 안티바이러스 소프트웨어를 이용한 네트워크와 시스템 보호 장치에 대하여 설명할 수 있다.

1 암호화

1.1 암호화의 개념

안정적인 e-비즈니스 환경에서는 다양한 형태의 메시지가 비즈니스 당사자들 간에 네트워크를 통해 전달되어야 하는데, 이러한 메시지의 보안을 위한 핵심은 암호화 기술이다. 이때 보호해야 할 메시지를 평문(plaintext)이라고 하며, 평문을 암호학적 방법으로 변환한 것을 암호문(ciphertext)이라고 한다. 평문을 암호문으로 변환하는 과정을 암호화(encryption)라고 하는데 비밀키(secret key)라고 불려지는 암호를 수학적 알고리즘을 통해 평문에 적용함으로써 메시지를 송신자 및 수신자 이외의 사람에 의해 해독될 수 없는 형태의 암호문으로 바꾸어 준다. 반대로 암호문을 다시 평문으로 변환하는 과정을 복호화(decryption)라고 하며 역시 이를 위해서는 비밀키가 필요하다.

초창기 암호화 기술은 메시지 보안에 초점이 맞추어져 군사 또는 외교적 목적으로 사용되었지만, 현재는 메시지 보안 이외에도 인증, 서명 등을 암호의 범주에 포함시켜 우리의 일상에서 떼어놓을 수 없는 중요한 분야가 되었다. 현금지급기의 사용, 컴퓨터의 패스워드, e-커머스 등은 모두 현대적 의미의 암호에 의해 안정성을 보장받고 있다.

1.2 암호화가 충족시키는 보안요건

앞서서 e-비즈니스 보안의 요건으로서 기밀성, 무결성, 가용성, 부인방지, 인증에 대하여 설명하였다. 암호화는 이 중 가용성을 제외한 나머지 네 가지 보안요건을 모두 충족시킨다. 즉,

- 기밀성(Confidentiality): 부적절한 노출 방지. 허가받은 사용자가 아니면 내용에 접근할 수 없어야 함.
- 무결성(Integrity): 부적절한 변경 방지. 허가받은 사용자가 아니면 내용을 변경할 수 없어야 함.
- 부인방지(Non-repudiation): 메시지를 전달하거나 전달받은 사람이 메시지를 전달하거나 전달받았다는 사실을 부인할 수 없어야 함.
- 인증(Authentication): 메시지를 보낸 당사자의 신원을 확인할 수 있어야 함.

이와 같은 보안요건의 충족을 위해서 사용되는 암호화 방식은 비밀키의 형태에 따라 대칭키 암호와 방식과 공개키 암호와 방식으로 나누어지는데, 각각의 특징에 대하여 알아보자.

2 암호화 방식

2.1 대칭키 암호화(Symmetric key encryption) 방식

송신자가 암호문을 생성(암호화)할 때 사용하는 키와 수신자가 암호문으로부터 평문을

그림 6-5 대칭키 암호화 방식의 개념도

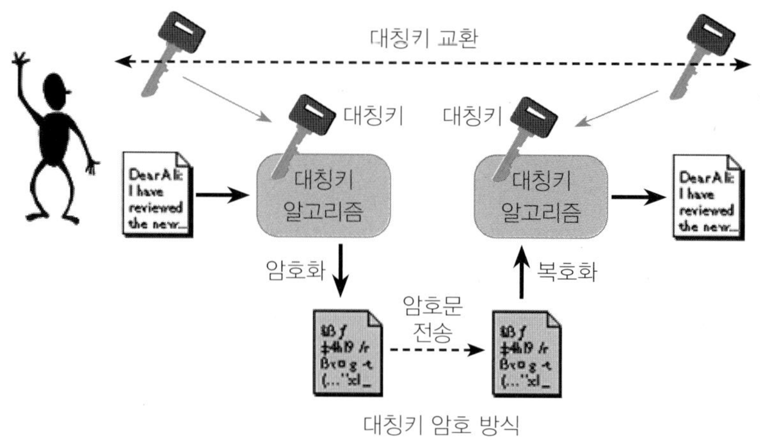

복원(복호화)할 때 사용하는 키가 동일하다. [그림 6-5]에서 보여주듯이 수신자는 암호화에 이용된 비밀키를 알아야만 복호화가 가능하며 이를 위해 송신자가 수신자에게 대칭키, 즉 자신이 암호화에 이용한 키를 알려줄 필요가 있다. 일반적으로 암호문과 대칭키를 함께 보낼 수 없기 때문에 암호문을 전달하는 경로와는 다른 경로로 대칭키를 안전하게 전달하여야 한다. 이와 같이 대칭키를 전달하는 것을 키 교환이라고 하며 적절한 대칭키 교환방법은 가장 어려운 문제 중 하나이다. 따라서 대칭키 암호화 방식은 암호문의 작성자와 이의 수신자가 동일한 키를 비밀리에 관리하는 폐쇄적인 특성을 갖는 사용자 그룹에 적합한 암호 시스템이다. 예를 들면, 냉전시절 워싱턴과 모스크바 사이의 핫라인(hot line)에도 OTP(one time pad)라는 대칭키 암호 시스템이 사용되었다고 한다.

대칭키 암호화 방식의 가장 큰 장점은 아래에서 설명하는 공개키 방식과 비교할 때, 사용하기가 단순하고 처리속도가 빠르다는 점이다. 하지만, 이메일이나 직접 방문 등의 방법으로 수신자에게 키를 전달해야 하며 이 과정에서 키 노출의 위험이 있다는 단점이 있다.

대표적인 대칭키 알고리즘으로는 DES(Data Encryption Standard), triple-DES, AES (Advanced Encryption Standard) 등 미국에서 개발한 알고리즘이 있고, 국내에서도 SEED, ARIA 등의 알고리즘이 개발되어 사용되고 있다.

2.2 공개키 암호화(Public key encryption) 방식

공개키 암호화 방식은 서로 다른 두 개의 키를 사용하게 된다. 첫번째 키는 누구에게나 공개된 키로 이것을 공개키(public key)라고 하며, 두번째 키는 외부에는 알리지 않고 자신만 보관하는 키로서 개인키(private key)라고 부른다. 두 개의 키는 쌍으로 작용하는데, 공개키로 암호화된 문서를 복호화하기 위해서는 개인키가 필요하며, 개인키로 암호화된 문서를 복호화하기 위해서는 공개키가 필요하다. 공개키 암호화에 사용되는 키 쌍은 수학 알고리듬을 이용해 생성하는데, 공개키와 개인키가 서로 쌍을 이루지만 공개키로부터 개인키를 역으로 산출해 내는 것은 불가능하다. 대칭키 암호화 방식과 달리 비밀을 공유하려는 사람들 간에 공유하게 되는 동일한 대칭키가 없으며, 외부에 공개되는 키가 존재하는 특징 때문에 이를 공개키 암호화 방식(public key encryption)이라고 부른다. 또한, 두 가지 서로 다른 키를 사용하기 때문에 비대칭형 암호화 방식(asymmetric encryption)이라고도 한다.

공개키 암호와 과정은 문서를 공개키로 암호화할지, 아니면 개인키로 암호화할지에 따라 그 용도가 아래와 같이 구분된다.

(1) 일반적 공개키 암호화 기능

일반적인 공개키 암호화는 [그림 6-6]에서 보여주듯이 공개키를 이용하여 암호화를 한다. 공개키는 공개키 저장소에 보관되어 있고 누구든 저장된 공개키를 사용하여 메시지를 암호화해 수신자에게 전송할 수 있다. 하지만, 이렇게 암호화된 문서는 오직 비밀키를 가진 수신자만 복호화할 수 있게 된다. 메시지의 발신자와 수신자는 서로 비밀키를 교환할 필요가 없으므로 보안 위험에 노출될 가능성은 대칭키 암호화 방식에 비해 훨씬 작아진다.

그림 6-6 공개키 암호화 방식의 개념도(일반적 암호화)

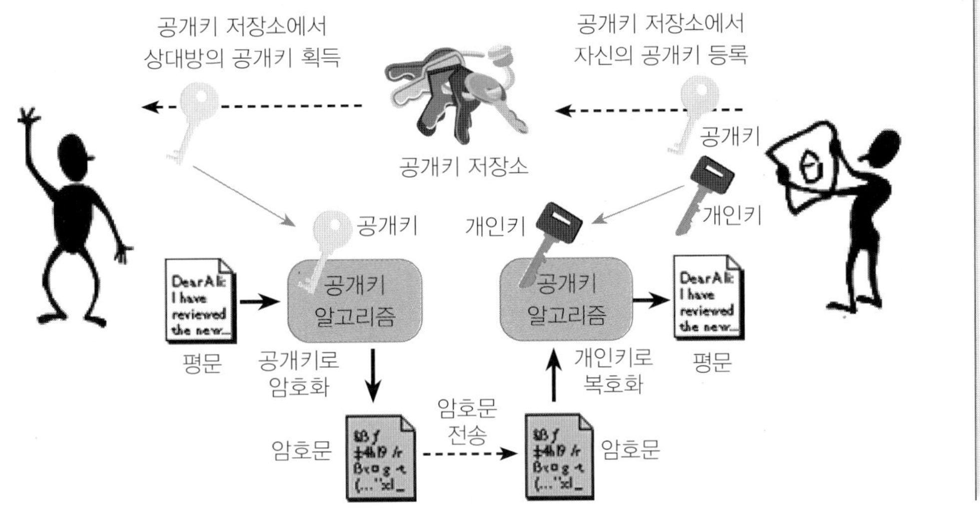

공개키 암호 방식

(2) 공개키 암호화를 통한 전자서명

만약 위에서 설명한 암호화에 개인키를 사용하였다고 가정하면, 공개키를 가진 사람은 메시지를 복호화하여 그 내용을 알 수 있게 될 것이다. 공개키는 누구에게나 공개되므로 이러한 경우 메시지의 기밀성은 유지될 수 없다. 하지만, 메시지의 기밀성 대신 개인키를 사용한 암호화는 [그림 6-7]에서 보여주듯이 개인키 소유자가 자신이 문서의 작성자임을 알리는 용도로 사용할 수 있다. 즉, 개인키를 사용하며 서명을 할 경우, 제3자는 저장되어 있는 공개키로 서명을 열어봄으로써 메시지 작성자가 올바른지 확인이 가능해진다. 이런 관계에 바탕을 두고 전자서명에 사용된 개인키를 전자서명생성정보라고 하며, 쌍을 이루는 공개키는 전자서명검증정보라고 정의한다.

가장 잘 알려진 공개키 암호화 방식은 RSA 알고리즘이 있다. RSA 알고리즘은 1977년 MIT의 Rivest, Shamir, Adleman에 의해 개발되었으며, 명칭도 이들 연구자의 이니셜에 기초해 만들어졌다. RSA는 위에서 설명한 암호화는 물론 전자서명에 의한 인증을 위해서도 사용되며 보통 1,024~2,048bit 길이의 키를 사용한다. RSA는 앞서 설명한 DES 대칭키 방식에 비해 더 복잡한 키를 사용하여 보안 성능은 우수하지만, 암호화나 복호화 속도는 느린 단점이 있다.

그림 6-7 공개키 암호화 방식의 개념도(전자서명)

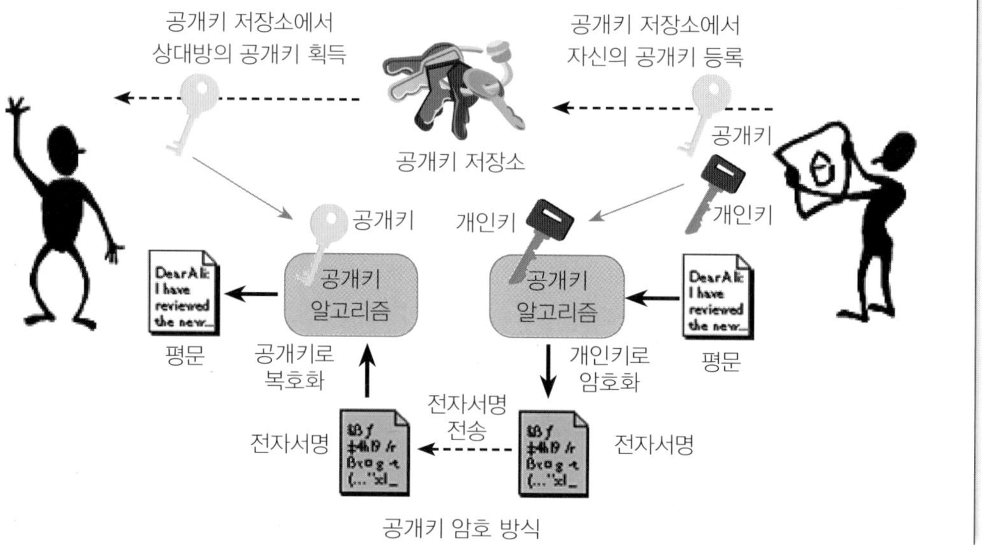

3 전자서명과 해시함수

위에서 설명한 암호화가 실제 e-비즈니스에서 어떻게 사용될 수 있는지 몇 가지 예를 통하여 알아보자.

3.1 전자서명을 이용한 당사자 인증

[그림 6-8]에서는 철수가 영희에게 10만원을 결제하겠다는 메시지를 어떤 식으로 전달하는지 보여주고 있다. 이를 위해

- 첫째, 철수는 수신자 영희의 공개키를 이용해 메시지에 대한 암호화를 실행한다. 이를 통해 암호화의 요건 중 메시지 기밀성을 확보할 수 있다.
- 둘째, 철수는 본인의 개인키를 이용해 이미 암호화된 메시지를 다시 한번 암호화한다. 이는 앞서 설명한 바와 같이 전자서명의 역할을 하게 된다.
- 셋째, 메시지를 전달받은 영희는 우선 철수의 공개키를 이용하여 전자서명이 철수의

그림 6-8 전자서명과 암호화를 사용한 메시지 전달

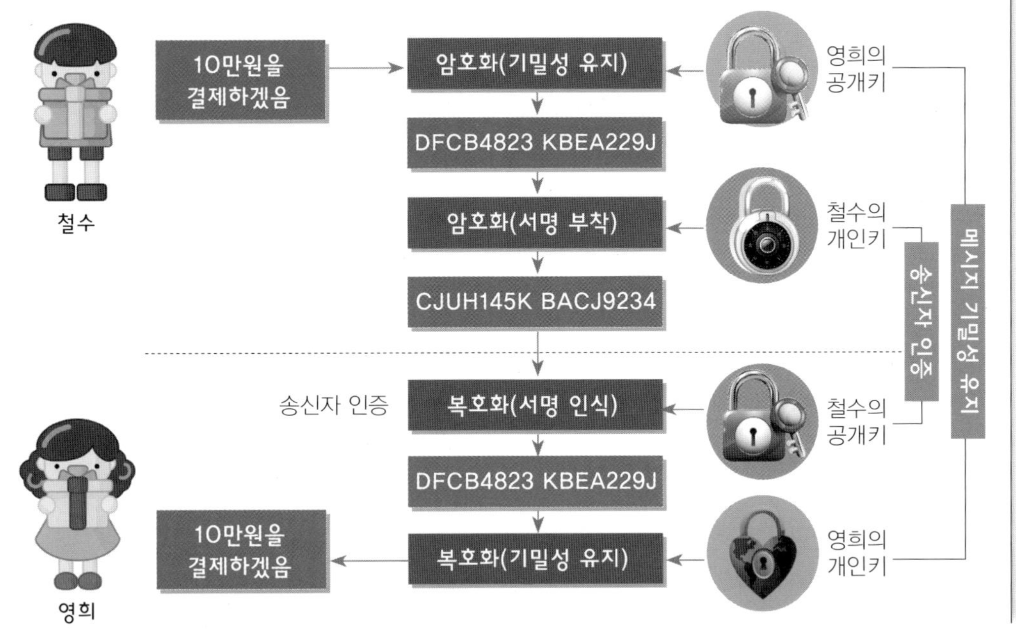

것인지 확인한다.

- 넷째, 서명 확인을 통해 얻어낸 메시지는 여전히 영희의 공개키로 암호화가 되어 있으며, 영희는 자신의 개인키를 이용해 메시지를 복호화시켜 철수가 보낸 본래 메시지를 읽을 수가 있다.

3.2 전자서명과 해시함수

전자서명을 이용하여 송신자를 인증하고 메시지를 암호화하더라도, 원본 메시지가 전달 과정 중 변형이 있었는지 여부를 확인하여 무결성을 보장해 줄 필요가 있다. 이를 위해서 [그림 6-9]에서와 같이 해시함수라는 기능을 이용할 수 있다. 해시함수는 원본 메시지에 수학적 알고리즘을 적용하여 128bit 길이의 해시다이제스트라는 메시지를 생성한다. 해시다이제스트는 원본 메시지와 쌍을 이루며 메시지에 따라 서로 다른 유일함을 보장한다. 따라서, 메시지의 변형이 있었는지 여부는 해시다이제스트와 전달된 메시지가 서로 일치하는지 여부를 확인함으로써 가능하다.

[그림 6-9]에서 보여주는 메시지 전달 절차를 요약하면,

- 첫째, 철수는 원본 메시지에 해시함수를 적용하여 해시다이제스트를 생성한다.

그림 6-9 전자서명과 해시함수를 활용한 메시지 전달

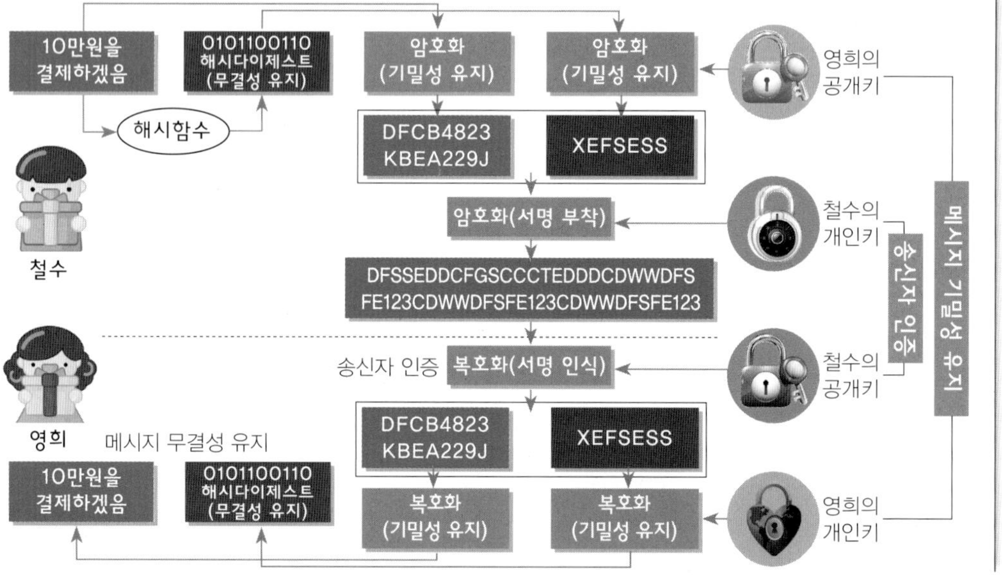

- 둘째, 철수는 영희의 공개키를 이용하여 원본 메시지와 해시다이제스트를 각각 암호화한다.
- 셋째, 철수는 본인의 개인키를 이용해 이미 암호화된 메시지와 해시다이제스트를 다시 한번 암호화한다. 이는 앞서 설명한 바와 같이 전자서명의 역할을 하게 된다.
- 넷째, 메시지를 전달 받은 영희는 우선 철수의 공개키를 이용하여 전자서명이 철수의 것인지 확인한다.
- 다섯째, 서명 확인을 통해 얻어낸 메시지와 해시다이제스트는 여전히 영희의 공개키로 암호화가 되어 있으며, 영희는 자신의 개인키를 이용해 메시지와 해시다이제스트를 각각 복호화시킨다.
- 여섯째, 영희는 해시함수를 적용하여 원본 메시지와 해시다이제스트가 서로 일치하는지 확인한다.

알아봅시다

암호화 해시함수란?

웹 사이트에 로그인 하기 위해서는 ID와 비밀번호를 입력해야 한다. 과거에는 데이터베이스에 저장된 비밀번호와 사용자가 입력한 값을 직접 비교하는 프로세스가 일반적이었다. 그러나 각종 사이버 범죄와 해킹으로 정보 유출 사건이 증가함에 따라 민감한 정보를 암호화해서 저장하기 시작했다. 사용자의 비밀번호를 암호화하는 대표적인 방법으로는 암호화 해시함수(Cryptographic Hash Function)가 있다.

일반적으로 사용자가 입력한 비밀번호는 암호화 해시함수를 거쳐 다이제스트(Digest)의 형태로 저장된다. 여기서 다이제스트란, 해시함수라는 수학적인 연산을 통해 생성된 암호화된 메시지를 의미한다. 해시함수는 임의의 비밀번호 입력값을 문자와 숫자를 임의로 나열한 일정한 길이의 다이제스트로 전환한다. 기존에 데이터베이스에 저장된 다이제스트와 비교해서 일치하면 서비스에 로그인할 수 있다.

4 보안기술의 활용

4.1 PKI(public key infrastructure) 인증

(1) PKI 인증의 개념

공개키 기반의 서명은 한 가지 문제점을 가지고 있는데, 위에서 예로 들은 철수의 공개키가 과연 철수가 실제로 만들어서 배포했는지, 철수의 신원에 대한 진위 여부를 확인할 수

알아봅시다

디지털 인증서와 인감증명서

디지털 인증서를 설명하기 위해 흔히 인감증명서와 비교한다. 인감증명서는 흔히 본인이 직접 해야 하는 법률 행위를 다른 사람에게 대리로 하게 할 때, 관련 문서에 사용한 도장의 인영(印影)이 관공서(동사무소)에 미리 신고해 놓은 인영인 인감(印鑑)과 일치하는지 여부를 증명하기 위해 필요하다. 인감증명서는 관공서의 장이 해당 인감과 인감 소유주의 이름, 주민번호 등과 함께 인감증명서를 작성하기 때문에, 다른 제3자도 관련 문서에 사용된 인감의 소유주에 대한 신원을 확인할 수 있게 된다. e-비즈니스는 대면 거래보다 온라인을 통한 거래가 많고, 그러다 보니 본인임을 증명하는 인감증명서와 같은 역할을 하는 도구가 필요한데 이게 바로 디지털 인증서이다.

개인키는 인감도장과 같은 역할을 하므로 안전하게 보관하여야 하며 이를 위해서 인증서 암호를 적용한다. 공개키는 인감과 같은 역할을 하며 인증기관인 CA가 개인키 소유자의 신원정보와 함께 디지털 인증서에 포함시키게 된다.

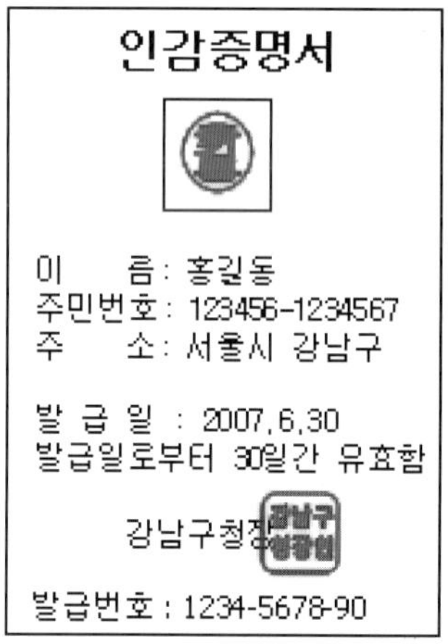

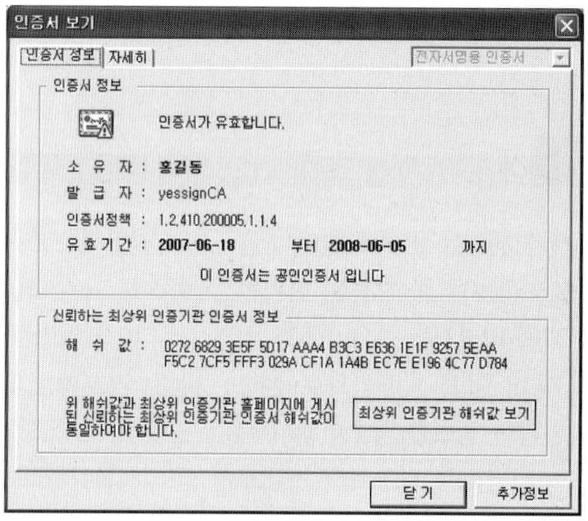

인감 증명서	디지털 인증서
인감 증명	인증서 발급
인감 도장	개인키
인감	공개키
인영	전자서명

출처: http://cryptocat.tistory.com/

없다는 점이다. 온라인 거래에서는 당사자 간에 대면 거래를 하지 않기 때문에 정확한 신원 확인에 대한 중요성이 훨씬 높아지게 된다. 따라서 믿을 수 있는 인증기관이 개입된 인증(Authentication)절차가 필요하며, 가장 대표적인 인증기법은 공개키 인프라(PKI: public key infrastructure) 기법이다.

PKI 인증은 제3자 인증기관인 CA(certificate authority)가 해당키 세트(즉, 공개키와 개인키)의 실제 소유여부를 통해 사용자 신원을 확인하는 기법을 말한다. 이미 잘 알려진 CA

로는 Verisign이나 금융결제원 등이 있다. CA는 사용자 인증수단으로서 '디지털 인증서(Digital Certificate)'를 발급하여 이용하는데, 사용자 이름, 사용자의 공개키, 유효기간, 발급일자, CA의 디지털 서명 등을 포함한다. 디지털 인증서는 우리가 흔히 '공인 인증서'라는 이름으로 사용하며 일종의 인감증명서라고 생각하면 이해가 쉽다. 앞의 '알아봅시다'에서 인감증명서와 디지털 인증서를 비교하여 설명하였다.

(2) PKI 인증절차

PKI 인증절차는 다음 [그림 6-10]에서 보여주듯이 다음과 같은 순서를 따른다.

- 첫째, 디지털 인증서를 받기 위해, 사용자가 공개키 암호화 소프트웨어를 사용하여 공개키와 개인키 세트를 생성한다.
  - 개인키는 암호화하여 안전한 곳에 보관하고,
  - 공개키는 자신의 신상 정보와 같이 첨부해 CA에 인증을 요청한다.
- 둘째, CA 측에서는 사용자 관련 정보의 진위여부를 확인한 후 이상이 없으면
  - 사용자의 공개키 및 기타 신상 관련정보를 포함하는 디지털 인증서를 발급하고,
  - 디지털 인증서가 CA에 의해 발급되었고 내용의 무결성을 증명하기 위해 디지털 인증서로부터 해시다이제스트를 산출하고, CA의 개인키로 디지털 서명을 추가한다.
  - 이와 같이 CA가 전자서명한 디지털 인증서가 사용자에게 전달된다.
- 셋째, 소비자는 은행 서비스를 사용하거나 온라인 거래 시 신원확인 요청을 받게 된다.

그림 6-10 공개키 인프라에 의한 인증절차

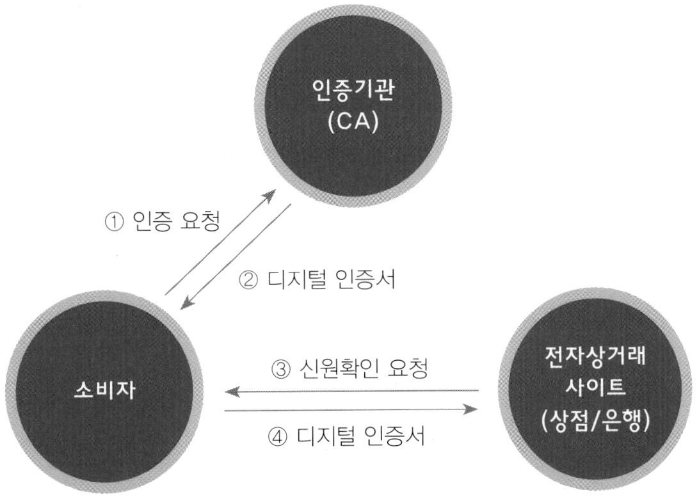

• 넷째, 소비자는 CA로부터 발급받은 디지털 인증서를 제시하게 되며,
  – 해당 거래 사이트는 CA의 공개키를 적용하여 디지털 인증서가 CA가 발급한 것임을 확인하고
  – 해시다이제스트와 디지털 인증서를 비교하여 인증서 내용의 무결성을 검증한 후
  – 사용자의 개인키로 작성된 서명을 인증서 내부에 있는 사용자의 공개키와 대조하여 신원을 확인한다.

결론적으로 PKI 인증을 사용하여 사용자의 공개키를 거래당사자가 아닌 CA가 제시함으로써, 메시지의 기밀성 및 무결성을 유지함은 물론, 사용자 인증도 할 수 있게 되어 앞서 언급한 공개키 암호화방식의 한계를 극복할 수 있다.

4.2 HTTPS와 SSL 디지털 인증서

(1) HTTPS와 SSL

HTTP는 Hypertext Transfer Protocol의 약자다. 즉 Hypertext인 HTML을 전송하기 위한 통신규약을 의미한다. 우리가 인터넷 브라우저에 웹 주소를 작성할 때 http://abc.com과 같이 작성하는 것은 HTTP 프로토콜을 사용한다는 의미이다. 한편, HTTPS는 마지막에 S자가 붙어 있는데 이는 Over Secure Socket Layer의 약자로 Secure라는 말을 통해서 알 수 있듯이 보안이 강화된 HTTP라는 것을 짐작할 수 있다. 실제로 웹 주소도 https://abc.com과 같이 https로 시작한다. HTTP는 암호화되지 않은 방법으로 데이터를 전송하기 때

그림 6-11 HTTP와 HTTPS를 이용한 웹 서버 접속

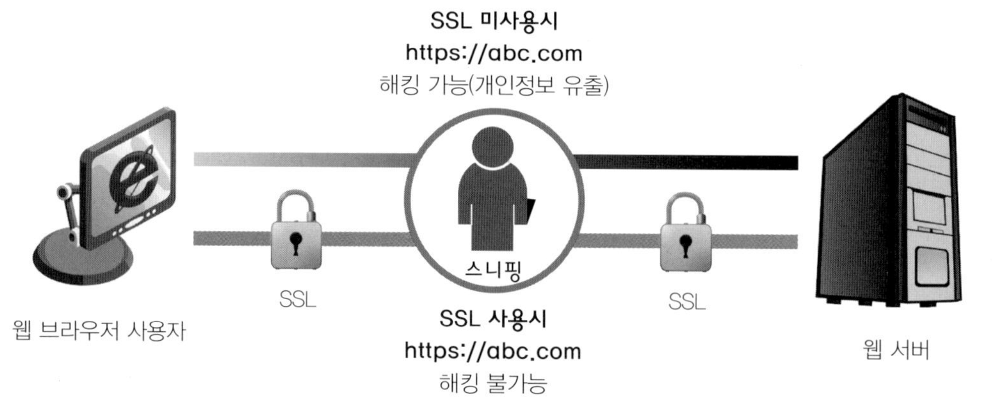

문에 서버와 클라이언트가 주고받는 메시지를 감청하는 것이 매우 쉽다. 예를 들어, 로그인을 위해서 서버로 비밀번호를 전송하거나, 또는 중요한 기밀 문서를 열람하는 과정에서 악의적인 감청이나 데이터의 변조 등이 일어날 수 있다는 것이다. 이를 암호화를 통해 보완시킨 것이 HTTPS다. HTTPS와 SSL를 같은 의미로 이해하고 있는 경우가 많다. 이것은 맞기도 틀리기도 하다. 그것은 마치 인터넷과 웹을 같은 의미로 이해하는 것과 비슷한데, 엄밀히 말하면 웹이 인터넷 위에서 돌아가는 서비스 중의 하나인 것처럼 HTTPS도 SSL(Secure Socket Layer) 프로토콜 위에서 돌아가는 프로토콜이다.

(2) SSL 디지털 인증서

SSL 인증서는 클라이언트(웹 브라우저)와 서버 간의 통신을 제3자가 보증해 주는 전자화된 문서다. 클라이언트가 서버에 접속한 직후에 서버는 클라이언트에게 이 인증서 정보를 전달한다. 개인 디지털 인증서와 유사하게 SSL 인증서는 다음과 같은 정보가 들어 있다.

- 서비스의 정보(인증서를 발급한 CA, 서비스의 도메인 등등)
- 서버 측 공개키(공개키의 내용, 공개키의 암호화 방법)

클라이언트는 이 인증서 정보가 신뢰할 수 있는 것인지를 검증한 후에 후속 절차를 수행하게 된다. [그림 6-12]에서 알 수 있듯이, 보통 SSL 디지털 인증서를 사용하는 서버(은행 사이트 등)에 접속하면 인증서 정보를 통해 해당 서버가 믿을 수 있는 서버인지 확인이 가능하다. 따라서, SSL 디지털 인증서를 이용했을 때의 이점은 다음과 같다.

그림 6-12 SSL 인증서의 역할

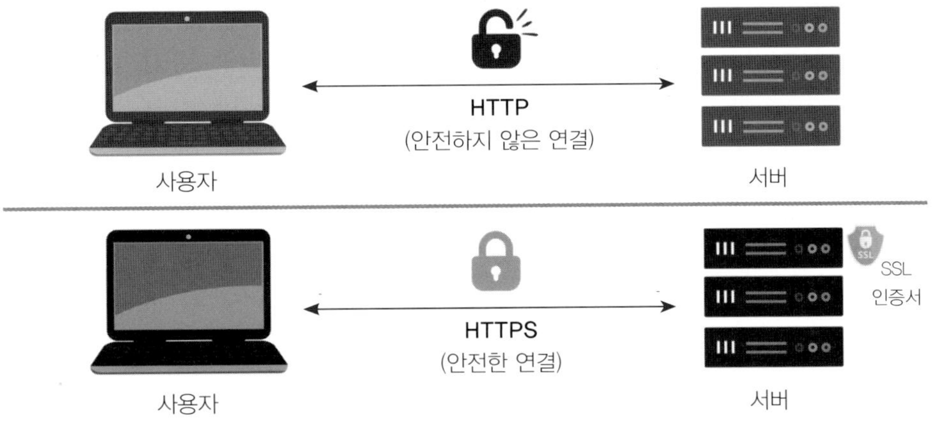

- 통신 내용이 공격자에게 노출되는 것을 막을 수 있다.
- 클라이언트가 접속하려는 서버가 신뢰할 수 있는 서버인지를 판단할 수 있다.
- 통신 내용의 악의적인 변경을 방지할 수 있다.

SSL 디지털 인증서도 PKI인증과 마찬가지로 서버의 신원 확인을 위해 CA를 통해 발급이 된다. SSL을 담당하는 CA로 대표적인 기관은 Symantec, Comodo, GoDaddy, GlobalSign 등이 있다. 브라우저는 내부적으로 CA의 리스트를 미리 파악하고 있다. 이 말은 브라우저의 소스코드 안에 CA의 리스트가 들어 있다는 것이다. 브라우저가 미리 파악하고 있는 CA의 리스트에 포함되어야만 공인된 CA가 될 수 있는 것이다. 개별 인증서와 유사하게 브라우저는 CA의 공개키를 이용해서 인증서를 복호화할 수 있으며 이는 SSL 인증서가 CA의 개인키에 의해서 암호화된 것을 의미한다. 개발이나 사적인 목적을 위해서 SSL의 암호화 기능을 이용하려 한다면 자신이 직접 CA의 역할을 할 수도 있다. 물론 이것은 공인된 인증서가 아니기 때문에 이러한 사설 CA의 인증서를 이용하는 경우 브라우저는 경고를 출력한다.

4.3 네트워크와 시스템 보호장치

지금까지 살펴본 암호화 기반의 보안기술과 더불어 다양한 소프트웨어를 활용한 네트워크 보호장치들을 적용할 수 있다. 아래에서는 그 예로 방화벽, 침입탐지 시스템, 안티바이러스 소프트웨어에 대해서 알아보기로 한다.

(1) 방화벽

방화벽은 보안수준이 상이한 컴퓨터 네트워크들 간에 트래픽을 통제함으로써 보안 위협요소를 걸러내기 위한 소프트웨어 기반 장치를 말한다. 트래픽을 검증하기 위해서는 크게 두 가지 기법이 사용되는데 유입 혹은 유출 데이터 패킷에 대해 출발지나 목적지를 점검하는 패킷여과기법과 특정 애플리케이션의 커뮤니케이션(파일 공유프로그램이나 메신저 프로그램 등)을 여과하는 애플리케이션 기법이 있다.

(2) 침입탐지 시스템

침입탐지 시스템(intrusion detection system: IDS)은 인터넷을 통해 컴퓨터에 침입한 해커 공격이나 악성 네트워크 트래픽을 탐지해 내는 역할을 하는 소프트웨어이다. 방화벽 안쪽에 설치되어 기존의 방화벽으로는 탐지되지 않는 비인가 행위를 분석하며 DoS와 같은

그림 6-13 방화벽이 포함된 네트워크 구성도

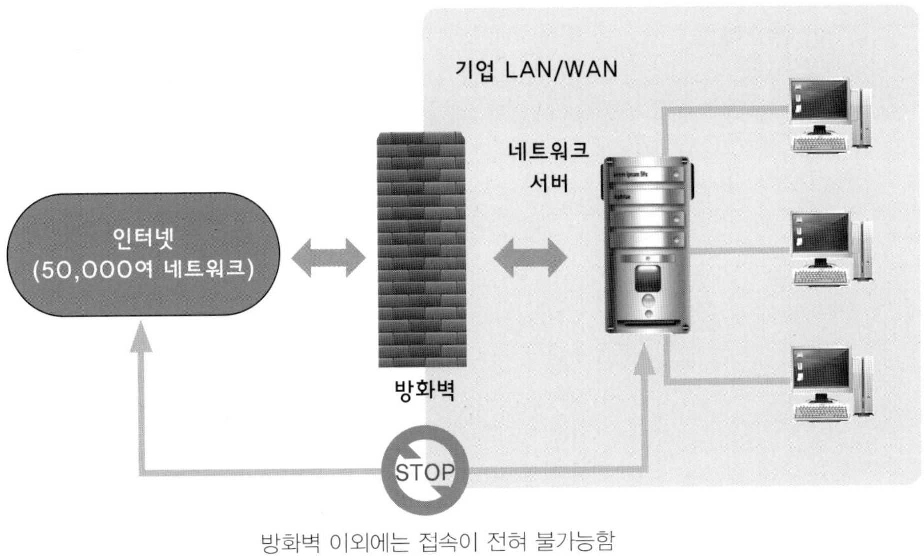

공격의 탐지 및 대응도 가능하다. 이러한 의심이 가는 행위가 발견되면 관리자에게 즉시 통보하는 기능을 갖추고 있다.

(3) 안티바이러스 소프트웨어

이 밖에 다양한 형태의 컴퓨터 바이러스 및 기타 악성 코드를 검출해 내고, 이의 침입을 저지하며 또한 제거하는 데 역점을 두는 안티바이러스 소프트웨어가 있다. 안티바이러스

그림 6-14 침입탐지 시스템이 포함된 네트워크 구성도

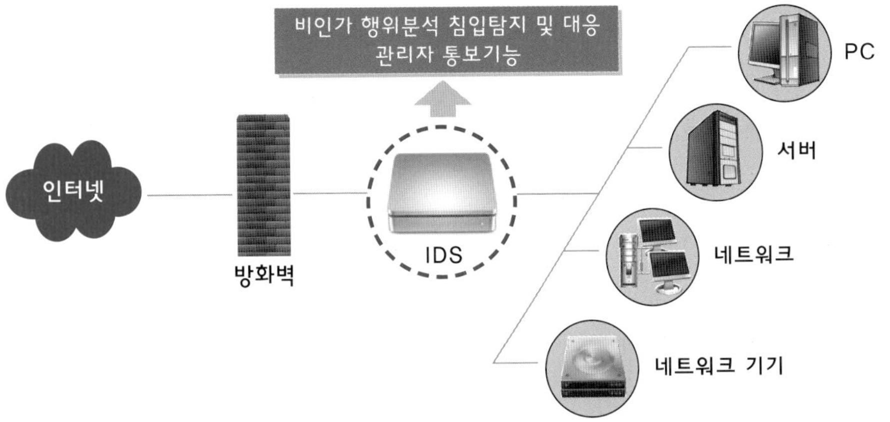

소프트웨어를 효과적으로 활용하기 위해서는 바이러스 정의파일을 수시로 업데이트 해주도록 하며, 조직 내 모든 컴퓨터에 적용하여 바이러스가 전파되는 것을 사전에 차단하는 것이 중요하다.

핵심 체크

01 기밀성은 데이터가 적절한 승인 없이 조작, 변조 혹은 삭제될 수 없음을 의미한다.

정답 ×

해설 무결성은 데이터가 적절한 승인 없이 조작, 변조 혹은 삭제될 수 없음을 의미한다

02 금전적 이득을 노리고 사용자를 속여 기밀정보를 빼내는 범죄행위를 피싱이라 한다.

정답 O

해설 온라인 커뮤니케이션을 통해 자신을 신뢰할 만한 신분으로 가장한다.

03 공개키 암호화는 한쌍의 서로 같은 키를 송신자와 수신자가 나누어 가지는 방식이다.

정답 ×

해설 두 가지 서로 다른 키(공개키와 개인키)를 사용하므로 비대칭형 암호화방식이라고 부른다.

04 암호화를 통해 기밀성, 무결성, 부인방지, 인증을 모두 충족시킬 수 있다.

정답 O

해설 정보를 보호하고 안전하게 전송하기 위해 메시지를 송신자 및 수신자 외에 다른 사람이 해독할 수 없도록 하는 암호화를 통해 기밀성, 무결성, 부인방지, 인증을 모두 충족시킬 수 있다.

05 디지털 인증서(공인 인증서)는 각 개별 은행에서 자체적으로 발급한다.

정답 ×

해설 금융결제원 등 제3자 인증기관인 CA(certificate authority)가 발급한다.

06 공인 인증서는 대칭키 암호화 방식을 기반으로 한다.

정답 ×

해설 디지털 인증서를 받기 위해, 사용자가 공개키 및 개인키 세트를 생성한 후, 사용자 공개키를 첨부해 CA에 인증 요청한다.

07 감염된 시스템을 마비시킬뿐 컴퓨터나 파일을 손상시키지 않는 프로그램을 무엇이라 하는가?

① 바이러스 ② 웜
③ 트로이 목마 ④ 스파이웨어

정답 ②

해설 웜은 악성코드의 한 형태로서 감염된 컴퓨터에서 실행되면서 자신을 복제하여 다른 시스템으로 전파되며, 감염된 시스템을 마비시킬뿐 컴퓨터나 파일을 손상시키지 않는다.

08 개인신상정보를 제공한 개인들의 프라이버시를 유지하는데 충족되어야 하는 필수 조건은?

① 기밀성 ② 무결성
③ 가용성 ④ 부인방지

정답 ①

해설 비밀유지가 필요한 정보가 합법적으로 승인된 자에 한해서만, 공개, 사용, 복제 및 공개되어야 하는 원칙이다.

09 전자상거래 과정에서 상대방이 당사자인지 확인할 수 있는 방법을 무엇이라 하는가?

정답 인증

해설 전자상거래 과정에서 상대방이 당사자인지 확인할 수 있는 방법이 보장(인증)되어야 한다.

10 대칭키 암호화와 관련이 먼 것은?

① 한 쌍의 동일 키 ② 하나의 키는 외부에 공개
③ DES ④ 빠른 처리속도

정답 ②

해설 두 개의 키가 같기 때문에 외부로 유출되어서는 안 된다.

11 메시지의 기밀성 유지를 위해 암호화에 사용되는 키는?

① 송신자의 공개키 ② 송신자의 개인키
③ 수신자의 공개키 ④ 수신자의 개인키

정답 ③

해설 수신자의 공개키로 암호화시킴으로써 쌍이 되는 개인키를 가진 수신자 이외에는 메시지를 확인할 수 없다.

12 제3자 인증이 필요한 이유로 적절한 것은?

① 거래 당사자의 비밀키를 안전하게 보존하기 힘들므로
② 거래 당사자 간에 암호화 및 복호화 속도가 느리므로
③ 대칭키가 외부로 유출될 우려가 있으므로
④ 거래 당사자의 공개키가 변조될 가능성이 있으므로

정답 ④

해설 공개키를 거래 당사자가 아닌 CA가 제시함으로써 공개키의 신뢰성을 높인다.

13 CA가 디지털 인증서로부터 해시다이제스트를 추출하는 이유는 다음 보안요건 중 무엇과 가장 관련이 깊은가?

① 기밀성 ② 무결성
③ 가용성 ④ 부인방지

정답 ②

해설 무결성은 데이터가 적절한 승인 없이 조작, 변조 혹은 삭제될 수 없음을 의미하며 해시다이제스트와 원본 메시지의 일치를 확인한다.

14 괄호 안에 알맞은 단어는 무엇인가?

해시함수는 원본 메시지에 수학적 알고리즘을 적용하여 128bit 길이의 ( ) 라는 메시지를 생성한다.

정답 해시다이제스트

해설 해시함수는 원본 메시지에 수학적 알고리즘을 적용하여 128bit 길이의 해시다이제스트라는 메시지를 생성한다.

15 인터넷으로부터 들어오거나 인터넷으로 보내지는 모든 통신을 처리하기 위한 기업의 대변인 역할을 하는 서버를 무엇이라 부르는가?

정답 프록시 서버

해설 프록시 서버는 네트워크 보호장치로 보안수준이 상이한 컴퓨터 네트워크들 간에 트래픽을 통제하는 방화벽, 인터넷으로부터 들어오거나 인터넷으로 보내지는 모든 통신을 처리한다.

요약

e-비즈니스 보안의 개요

- 정보화 사회로 생활이 윤택해진 반면 개인과 기업은 해킹이나 바이러스, 피싱 등 정보화 역기능에 따른 다양한 위협을 받고 있음
- 바람직한 e-비즈니스 보안을 위해서는 기술적인 방안뿐만 아니라 조직내 규정과 방침을 정비하여야 하고 사회적 · 법적으로도 표준화된 규정이 필요함

e-비즈니스 보안의 요건

- 비즈니스 보안을 위해 정보는 합법적으로 승인된 자에 한해서만, 공개, 사용 및 복제되어야 하며(기밀성), 적절한 승인 없이 조작, 변조 혹은 삭제될 수 없어야 하며(무결성), 웹 사이트가 항시 접속가

능하고 정상적인 운영상태를 유지하여야 하며(가용성), 거래 당사자가 거래내용을 부인하지 못하는 장치가 필요하며(부인방지), 마지막으로 e-커머스 거래 과정에서 상대방이 당사자인지 확인할 수 있는 방법이 보장(인증)되어야 함

e-비즈니스 보안사고의 유형

- e-비즈니스는 악성코드, 애드웨어나 스파이웨어, 피싱, 해킹, 신용카드 보안, 서비스 거부 공격, 스니핑 등 여러 가지 보안위협에 항상 노출되어 있으며 이에 대한 적절한 대응이 필수

암호화

- 정보를 보호하고 안전하게 전송하기 위해 메시지를 송신자 및 수신자 외에 다른 사람이 해독할 수 없도록 암호화하는 것이 필요함

대칭키 암호화 방식

- 대칭키 암호화는 송신자와 수신자가 동일 비밀키를 이용해 메시지를 암호화 및 복호화하는 방식
- 대칭키 암호화는 사용이 쉽고 처리속도가 빠르지만 키가 외부로 노출될 위험이 있음

공개키 암호화 방식

- 공개키 암호화는 수학 알고리즘을 이용해 개인키와 공개키 세트를 생성하고 이를 이용해 메시지를 암호화함
- 공개키 암호화는 메시지의 기밀성뿐만 아니라 전자서명을 이용한 송신자 인증, 해시함수를 이용한 메시지의 무결성까지 보장

전자인증의 필요성

- 공개키 암호화 방식은 공개키의 진위 여부를 확인할 수 없는 문제가 있으며 이를 위해 제3자 인증기관인 CA(certificate authority)에 의한 전자인증이 필요

전자서명과 공인 인증서

- PKI 기법 인증은 제3자 인증기관인 CA(certificate authority)가 해당키 세트(즉, 공개키와 개인키)의 실제 소유여부를 통해 사용자 신원을 확인하는 기법
- 사용자는 디지털 인증서(DC: digital certificate)를 CA로부터 발급받아 거래를 원활하게 수행할 수 있음

HTTPS와 SSL

- 웹 서버가 SSL 디지털 인증서를 이용하여 사용자와 암호화된 통신을 함으로써 통신 내용이 공격자에게 노출되는 것을 막을 수 있으며, 클라이언트가 접속하려는 서버가 신뢰할 수 있는 서버인지를 판단할 수 있고, 통신 내용의 악의적인 변경을 방지함

네트워크 보호장치

- 네트워크 보호장치로 보안수준이 상이한 컴퓨터 네트워크들 간에 트래픽을 통제하는 방화벽, 인터

넷으로부터 들어오거나 인터넷으로 보내지는 모든 통신을 처리하는 프록시 서버, 침입 탐지 및 대응을 위한 침입탐지시스템, 바이러스 및 기타 악성 코드를 검출해 내는 안티바이러스 소프트웨어 등을 활용할 수 있음

참고 문헌

차훈상 · 홍일유, 디지털 기업을 위한 경영정보시스템, 제5판, 법문사, 2021.

홍일유, 디지털 시대의 이비즈니스와 이커머스, 개정판, 법문사, 2022.

Laudon, Kenneth C. and Jane P. Laudon, *Management Information Systems: Managing the Digital Firm*, 17th Edition, Pearson, 2021.

Laudon, Kenneth C. and Carol G. Traver, *E-Commerce 2023: Business, Technology, Society*, 17th edition, Pearson, 2023.

HTTPS와 SSL 인증서(http://opentutorials.org/course/228/4894), 2024. 2. 24 참조.

제 3 부

e-커머스 전략과 관리

제 7 장 e-커머스 개요

오늘의 주제

코로나19 이후 e-커머스의 무한경쟁

초저가로 무장한 중국 플랫폼의 공격적인 사세 확장으로 국내 이커머스 업계 판도가 뒤바뀔지 이목이 쏠린다. 국내 온라인 유통시장이 성장 둔화기에 접어든 만큼, 불안정한 수요를 두고 국내 · 외 업체간 경쟁은 더욱 격화될 것으로 보인다. 1일 통계청과 유통업계 등에 따르면, 온라인 쇼핑 거래액은 2017년(94조원), 2018년(113조원), 2019년(137조원), 2020년(158조원), 2021년(190조원), 2022년(210조원) 등으로 매년 상승하고 있다. 지난해 1~11월 관련 거래액은 전년 동기 대비 8.4% 신장한 207조원으로 역대 최고치를 찍을 것으로 관측된다. 다만, 온라인 거래액 오름세에도 성장률은 점차 줄고 있다. 국내 온라인 유통시장 성장률은 2021년 20%대에서 2022년 10%대로 반토막 난 뒤 지난해 3분기에는 한 자릿수까지 뚝 떨어졌다. 이른바 피크아웃(정점 후 하락) 우려가 실제가 되고 있다. 게다가 지난해에 이어 올해도 고물가 · 고금리 기조로 소비 · 투자 심리가 꽁꽁 얼어붙으면서, 내수 시장 회복 여부를 가늠하기 어려운 상황이다.

이런 가운데 가성비를 내세운 중국 직구 플랫폼은 성장가도를 달리고 있다. 경기 침체 장기화에 따라 가성비 쇼핑을 지향하는 트렌드가 맞물리면서 박리다매 전략을 취하는 중국 플랫폼의 영향력이 지속 커지는 모양새다. 알리바바그룹의 이커머스 알리익스프레스는 중국 현지 제품을 직매입해 한국 시장에 들여오면서, 가격 경쟁력에서 우위를 점한 모습이다. 여기에 월드스타 배우 마동석을 내세워 인지도를 높이는가 하면, 각종 프로모션 혜택으로 신규 · 충성 고객을 유치하고 있다. 이 밖에, 중국 할인 쇼핑앱 쉬인, 테무 또한 점유율 확보에 힘을 쏟고 있다.

국내 업체도 대응에 나서고 있다. 극단적인 소비 양극화 추세에 맞춰 초저가 전문관이나 할인 프로모션을 마련해 맞불을 놓는 한편, 명품 서비스를 강화해 차별화를 달리하고 있다.

티몬은 이달 중순부터 가성비 패션 상품을 망라한 상시 기획관 '59샵'을 운영하고 있다. 590원, 5,900원 등 초저가 패션 아이템은 물론 50% 이상 할인하는 의류 · 잡화류 등 160여개 특가딜을 선보인다. 11번가는 지난해 10월부터 가성비 아이템 전문관 '9,900원샵'을 운영 중이다. 또한,

명품 지난해 3월 오픈한 '우아럭스'는 1,500여개 달하는 브랜드 상품을 취급하고 있다. 트렌비와 협력 체계를 구축해 중고 명품 약 5,000여개 상품까지 더했다. 쿠팡은 6,500억원을 투자해 글로벌 명품플랫폼 파페치를 손에 넣으면서 그간 신선식품이나 공산품 등에 비해 취약점으로 평가된 패션과 명품 경쟁력을 확보하게 됐다. SSG닷컴은 2022년 오픈한 명품 전문관 'SSG럭셔리'를 버티컬 플랫폼으로 개편했다. 이달 초 여성 럭셔리 플랫폼인 네타포르테를 구축하고 육스 네타포르테 그룹 계열 두번째 공식 브랜드관도 열었다. 업계 관계자는 "한국 온라인 시장에서 중국 플랫폼의 약진이 이어지는 흐름에서 국내 업체는 가성비 행사나 전문관으로 대응하는 한편, 고마진 상품군인 명품 등을 키워 경쟁력을 강화하는 분위기"라며 "또한, 이커머스 성장 정체라는 이중고를 마주하면서 업체끼리 점유율 선점 경쟁은 계속될 것으로 보여진다"고 말했다.

출처 : 매일일보(http://www.m-i.kr), 2024. 2. 1.
(https://www.m-i.kr/news/articleView.html?idxno=1089781)

생각해보기

심화된 e-커머스의 경쟁 속에서 국내 e-커머스 회사들은 어떠한 모습으로 변해가고 있을까요?

전문가 답변

최근 국경을 넘어선 경쟁 속에서 국내 기업들은 다양한 방법으로 발전하고 있습니다. 국내 고객들을 대상으로는 배송에서의 경쟁력 우위 등을 선점하기 위해 여러 가지 서비스 혁신 및 차별화에 속도를 내고 있습니다. 또한 국제 e-커머스의 국내 진입 장벽이 낮아진 만큼 국내 기업들의 해외 진출 장벽 또한 낮아지면서 크로스보더 e-커머스(Cross-border e-commerce) 관련 전략을 구체화하여 시장 주도권을 확보하려 힘쓰고 있습니다.

제1강 e-커머스의 개념과 유형

학습내용

1. e-커머스의 개념적 기초
2. e-커머스의 유형

학습목표

1. e-커머스의 개념이 어떻게 발전되어 왔는지 정의할 수 있다.
2. 웹 기반의 e-커머스는 인터넷과 더불어 어떻게 진화되어 왔는지 설명할 수 있다.
3. e-커머스의 유형을 거래주체별로 구분하고 각 유형에 대하여 비교 설명할 수 있다.

1 e-커머스의 개념적 기초

1.1 e-커머스의 정의

e-커머스란 좁은 의미에서 정의하면 제4장에서 정의한 e-비즈니스의 영역 중에서 특히 인터넷 및 기타 통신 네트워크를 통해 제품 및 서비스를 사고파는 행위를 의미한다. 거래되는 상품에는 실물뿐만 아니라, 원거리 교육이나 의학적 진단과 같은 서비스도 포함한다. 이보다 넓은 의미의 e-커머스는 사이버 공간에서 일어나는 모든 상거래 행위와 이와 관련된 정보의 공유와 검색 등 상거래를 보다 효율적으로 수행할 수 있도록 지원하는 모든 활동을 포함한다.

한편, e-커머스가 이루어지는 시장(market)은 생산자(producers), 중개인(intermediaries), 소비자(consumers)가 디지털 통신망을 이용하여 상호 거래하는 시장으로 실물시장(physical market)과 대비되는 가상시장(virtual market)을 의미한다.

1.2 e-커머스의 발전

많은 사람들이 e-커머스의 출현을 인터넷이 대중화된 1990년대로 알고 있지만 사실 e-커머스는 인터넷이 상용화되기 훨씬 전인 1970년대부터 시작되었다.

1970년대에 접어들면서 이전까지 회사 간 업무처리에 사용되던 종이로 된 문서 대신 구조화되고 표준화된 데이터를 전산 네트워크를 통해 교환하고 처리하는 데이터 교환(EDI: Electronic Data Interchange)방식이 사용되기 시작한 것이다. EDI를 통해 결제, 구매 요구서, 선적 문서 등의 전산처리가 시작되고 재고관리나 자금관리 등의 업무에도 표준화된 전자양식이 사용되기 시작하였다. 초창기 EDI 통신을 담당하는 네트워크는 인터넷이 아니고 부가가치망(VAN: Value Added Network)이라고 불리는 일종의 인트라넷(Intranet)이었다. EDI의 사용은 단순히 종이에 의한 작업 감소를 넘어서 불필요한 데이터의 재입력과 처리 지연을 줄여 자동화를 확산시키는 계기가 되었다. 이와 더불어 대금지불 및 결제수단으로서 전자화폐 개념인 EFT(Electronic Fund Transfer)가 도입되어 기존의 종이 수표를 대체하게 되었다. 초창기 e-커머스는 이와 같이 기업과 기업 간의 내부 네트워크를 통한 거래에서 시작되었다.

이후 1980년대를 거치면서 이메일 등 전자 메시징 기술이 발달하고, 기업의 가상화를 통한 통합이 요구되자 조직간 정보시스템(IOS: Inter-organizational System)을 기반으로 한 e-커머스가 활발해졌다. 또한 1980년대 초 미국의 군수물자 공급을 기반으로 한 정부조달 프로세스를 표준화한 CALS(Computer Aided Logistics Support)가 등장하였으며 이를 통해 기업과 정부간 네트워크를 통한 상거래가 시작되었다. 또한 1980년대 후반부터 CD 카탈로그나 PC 통신망을 기반으로 기업과 소비자간(B2C: Business to Consumer)의 거래도 소규모로 진행되었다.

1990년대 초반에 인터넷이 상용화되고 월드와이드웹이 출현하면서, 마침내 오늘날과 같은 인터넷 기반의 e-커머스가 시작되었다. 기존의 EDI는 인터넷의 발전으로 VAN망을 넘어서 더욱 확장되고 XML과 같은 표준 양식을 사용함으로써 개방성을 늘여나갔다. 또한 이전까지 기업과 기업 간의 거래에 국한되어 있던 e-커머스가 개방형 인터넷 망을 근간으로 서서히 소비자와 기업 간의 직접 거래로 확장되었다.

2000년대 이후 e-커머스는 보다 다양한 형태로 발전하게 되었고 누구나 한번쯤은 인터넷 쇼핑몰을 이용해 제품이나 서비스를 구매해본 경험이 있을 정도로 우리 생활의 일부로 자리잡았다. 특히 요즘 들어 소비자의 적극적인 참여가 가능해지면서 소셜커머스와 같은 새로운 형태의 상거래가 나타나고 있으며, 스마트폰의 대중화로 모바일 커머스의 비중도 빠르게 증가하고 있다.

알아봅시다

CALS 개념의 변화

CALS의 처음 개념은 1985년 Computer Aided Logistics Support의 약자로서 군수물자 공급을 기반으로 한 정부조달 프로세스의 표준화를 의미하였다. 이후 1994년에는 CALS는 Commerce At Light Speed(광속의 거래)의 약자로 전자기술에 바탕을 둔 새로운 형태의 경제활동과 이를 뒷받침하는 정보인프라와 정보마인드를 포괄하는 개념으로 발전하게 되었다.

즉, CALS란 정보의 공유화 등에 의해 경영효율을 증진시키는 세계 공통의 새로운 비즈니스 시스템으로서, 표준화 및 정보통합화 기술을 이용하여 원재료의 조달에서 설계 · 개발 · 생산 · 조달 · 관리 등 제품의 발주, 수주 및 구매절차로부터 생산과 유통, 폐기에 이르기까지 제품의 전 라이프사이클에 관한 정보를 전자화한 통합정보시스템으로의 정보 체계를 말하며, 제품에 대한 총체적인 관리를 기본으로 모든 산업에 적용할 수 있는 산업 정보화를 의미한다.

이와 같이 초기 CALS의 의미는 EDI의 개념과 동의어로 쓰이기도 하였으나 최근에는 오히려 e-커머스의 개념과 유사한 동의어로 사용하고 있다. 정보화를 가리키는 현대적인 용어로 ECALS(Electronic Commerce At Light Speed)가 등장한 것도 이러한 개념의 변화를 시사한다.

2010년대 초반부터 e-커머스를 통한 해외직구(해외 e-커머스를 통한 국내에서의 직접구매) 및 해외 역직구(국내 e-커머스를 통한 해외에서의 직접 구매)의 수요가 늘어났다. 이 수요는 코로나19 팬데믹을 거치며 더욱 성장하여 현재는 국경을 넘어선 크로스보더 e-커머스의 경쟁이 심화되고 있다. 또한 최근 들어서는 스트리밍 방송을 기반으로 판매자, 구매자 간 실시간 소통을 통해 제품을 판매/구매하는 서비스인 라이브커머스의 시장규모도 성장세가 지속되고 있다.

1.3 웹 기반 e-커머스

앞서 e-커머스 개념의 발전과정을 간단히 살펴보았다. e-커머스는 특히 인터넷과 웹의 등장으로 더욱 빠른 진화 과정을 거쳐 왔는데 이 시기를 시간대별로 좀더 자세히 정리해 보면 다음 〈표 7-1〉과 같다.

국내의 경우도 2000년대 초반 닷컴 회사들의 과도한 경쟁과 버블의 붕괴를 거치면서 새로운 제2의 도약을 시도하고 있다. 온라인쇼핑 거래액은 2004년 이후로 대략 매년 꾸준히 증가하고 있으며, 2023년 연간 온라인쇼핑 거래액은 227조 3천억원으로 전년에 비해 약 10% 증가하였다. 특히 온라인 쇼핑 중 모바일쇼핑 거래액은 167조 8천억원으로 그 비중이 매우 높다. 이 비중은 2016년 53%에서 2023년 74%로 매우 가파르게 증가하고 있다.

표 7-1 웹 기반 e-커머스의 진화 과정

시기	특징
태동기 (1990년대 초반)	• 웹 기술이 일반 대중에게 소개된 1994년부터 시작됨 • 아마존, 델 컴퓨터 등 선두기업들은 웹 기반 상거래의 기회를 발견하고 1995년부터 발빠르게 이를 도입하기 시작함
성장 및 성숙기 (1995년~2000년)	• 웹 환경은 빠르게 발전하여 1990년대 말이 되면서 점차 안정화됨 • 1998년 이후부터 웹 기반 e-커머스가 성장을 거듭함 • 수많은 벤처 기업들이 1998년에서 2000년 사이에 웹 사이트를 개발하고 이로써 인터넷 기반의 상거래가 우리 사회에 심오한 영향을 미치게 됨 • 120 billion 달러의 벤처 캐피탈이 12,450 닷컴 벤처 회사에 투입됨
안정기 (2001년~2006년)	• 인터넷 과열현상 가운데, 2001년 닷컴 버블 경제는 붕괴함 • 2000년에서 2001년 많은 닷컴 기업들이 사라졌지만, 구글, 아마존 등 핵심능력을 갖춘 기업들은 살아남음 • 마구잡이로 IT 기술을 도입하기보다는 경영주도방식(business-driven approach)의 중요성을 인식하게 됨
재성장기 (2006년~2018년)	• 인터넷 기술이 모바일을 중심으로 확장됨 • UCC(user created contents), 소셜커머스, 큐레이션 비즈니스 등 새로운 비즈니스 모델이 출현하고 새로운 기회를 모색함
상승기 (2018년 이후)	• 코로나19 팬데믹 이후 e-커머스 비중이 더욱 높아짐 • 국경을 넘어선 크로스보더 e-커머스, 라이브 커머스 등을 통하여 접근성을 더 높여 다양한 시장을 공략함

알아봅시다

소비자는 무엇에 관심이 있을까?

e-커머스가 관심을 가져야 할 소비자 구매 성향에는 어떤 것들이 있을까? 최근, 과거와 달라진 소비자 구매 성향에 대해 페이팔(paypal.com)이 조사하였다. 이 조사에 따른 첫번째 소비자의 변화로는, 46%의 온라인 소비자가 결제를 여러 가지로 나누어서 할 수 있는 옵션을 마련해주는 e-커머스를 선호한다. 이는 안정성보다는 유동성을 보장해주는 직장을 선호하는 직장인들의 삶의 형태의 변화에서 기인한 것이라고 보고서는 설명하고 있으며, 실제로 71%의 미국 직장인들이 2022년 동안 직장을 옮겼다고 한다. 두번째로, 57%의 소비자들이 가족이나 친구들과 함께 할 수 있는 제품에 지출을 더 한다고 밝혔다. 마지막으로 59%의 소비자들은 사회, 환경 친화적인 제품들을 선호한다고 응답했다. 이러한 소비자 성향은 e-커머스의 경쟁에 있어서 중요하게 고려되어야 할 요소일 것이다.

출처: "Turn shifting values into cross-border opportunities," Borderless Commerce Report 2022 by PayPal.

2 e-커머스의 대표 유형

e-커머스를 유형별로 분류하면 거래되는 재화나 용역과 관계없이 거래 경제주체에 따라 구분할 수 있다. 여기서 경제주체는 기업(Business), 소비자(Consumer), 정부(Government)를 의미하는데 각각의 경제주체가 구매자와 판매자의 역할을 할 수 있으므로 〈표 7-2〉에서와 같이 B2B, B2C, C2B, B2G, G2B, G2C, C2G, C2C, G2G 총 9가지 유형으로 나눌 수 있다. 이 중 대표적인 6가지 유형에 대해 아래에서 살펴보자.

표 7-2 e-커머스의 거래주체에 따른 분류

거래 주체		구매자		
		정부	기업	소비자
판매자	정부	G2G	G2B	G2C
	기업	B2G	B2B	B2C
	소비자	C2G	C2B	C2C

그림 7-1 B2C e-커머스: Amazon.com

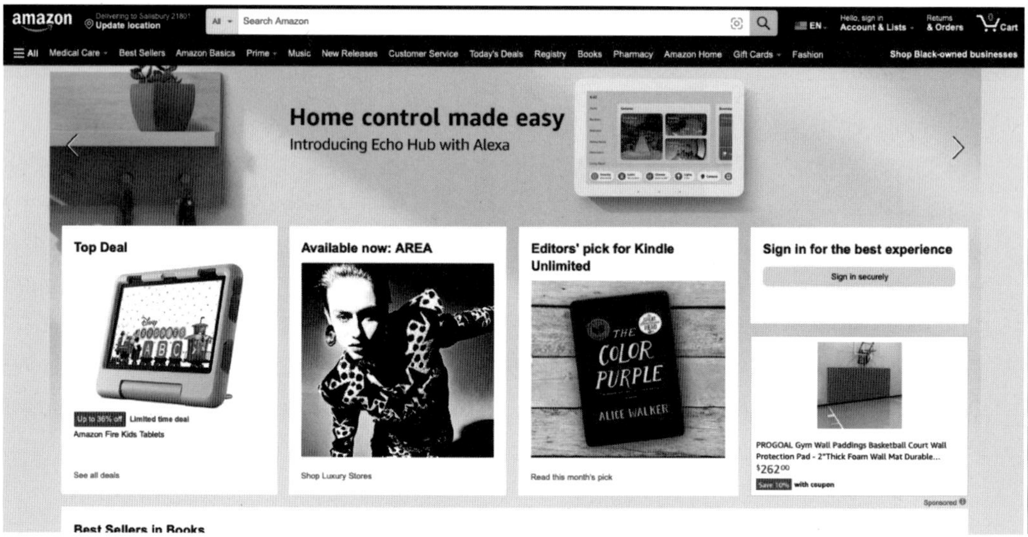

2.1 B2C e-커머스

B2C(Business to Consumer)는 공급자인 기업(Business)과 고객인 소비자(Consumer) 간의 e-커머스로서 인터넷 쇼핑몰의 형태로 이루어진다. 멀티미디어 카탈로그를 갖춘 가상 상점에서 소비자를 대상으로 제품을 판매하며, 이를 뒷받침해 줄 수 있는 상호 대화적 주문처리, 안전결제기능, 온라인 고객서비스 등이 인터넷을 통해 제공되어야 한다. 아마존(Amazon.com)이 가장 대표적인 B2C 형태의 상점이다(그림 7-1). 우리나라의 경우 AKmall이나 Lotte.com과 같은 온라인 백화점 사이트들이 이 같은 유형에 속한다. 초창기에는 쇼핑몰을 통해 서적, 음반, 전자제품, 소프트웨어 등을 판매하였지만 홈 뱅킹, 주식거래, 예약 서비스, 게임이나 멀티미디어 콘텐츠 등 점차 다양한 형태의 제품이나 서비스가 판매되고 있다. B2C e-커머스에 대해서는 제8장에서 자세히 살펴보자.

2.2 C2B e-커머스

C2B(Consumer to Business)는 B2C와 반대로 소비자가 제품이나 서비스를 기업에게 판매하는 형태를 말한다. 인터넷이 쌍방향 통신이라는 점과 보다 능동적인 소비자의 참여가 가능해지면서 생겨난 e-커머스 새로운 유형으로 볼 수 있다. [그림 7-2]에서와 같이 중고 스마트폰을 매입하는 온라인 업체에 개별소비자들이 자신의 중고폰을 판매하는 경우도 C2B의 예로 볼 수 있으며, 기업체들이 소비자들로부터 새로운 제품이나 사업 아이디어 등을 제공받고 대가를 지불하는 경우도 C2B 형태의 거래로 볼 수 있다.

2.3 C2C e-커머스

C2C(Consumer to Consumer)는 소비자와 소비자 간의 거래로 중계 웹 사이트를 기반으로 구성된다. 예를 들어, 이베이(ebay.com)나 옥션(auction.co.kr)과 같은 온라인 경매 사이트를 통해 소비자들 간에 경매가 진행되고, 판매자는 가장 높은 입찰 가격을 제시한 소비자에게 물건을 판매하게 된다(그림 7-3). 이때 판매자는 소비자와 업체 모두 될 수 있으므로 엄밀히 말하자면 C2C와 B2C의 두 가지 e-커머스 유형을 지원한다고 볼 수 있다. 한편 이와 같은 온라인 경매 사이트는 경매영역과 더불어 오픈마켓(즉, e-마켓플레이스)을 병행하여 운영하기도 하는데, 이 경우에는 업체가 입점하여 판매하므로 B2C 유형으로 구분한다.

그림 7-2 C2B e-커머스: 중고 스마트폰 매입 사이트

그림 7-3 C2C e-커머스(경매 사이트): Ebay.com

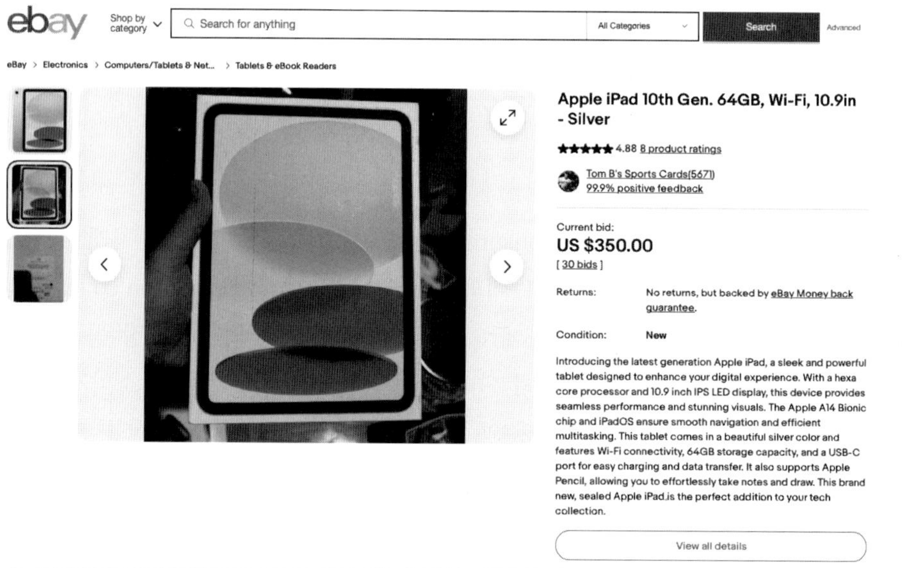

그림 7-4 G2C e-커머스: 정부24

2.4 G2C e-커머스

최근 들어 전자정부(e-Government)의 중요성이 대두되면서, 세금, 생활보호 지원금, 의료보험, 각종 증명서 발급 등 많은 대국민 정부 서비스가 전자매체를 통해 이루어진다. 이를 G2C(Government to Consumer)형태의 e-커머스로 분류한다. 가령 국내의 정부24(gov.kr)는 지금까지 주민센터 등을 통해서 발급받던 각종 증명서류를 웹 사이트상에서 손쉽게 발급받을 수 있는 민원서비스를 담당하고 있다(그림 7-4).

2.5 B2B e-커머스

B2B(Business to Business)는 기업간 거래로서 C2C와 유사하게 기업간 e-마켓플레이스를 통해 거래를 수행한다. 주로 부품이나 자재 공급업체와 제조사들 간의 거래가 대부분을 차지하고 그렇다 보니 산업별로 e-마켓플레이스가 특화되어 있는 경우가 많다. 예를 들어 [그림 7-5]에서 보여주는 Go2Paper.com은 제지산업의 B2B e-마켓플레이스이다.

국내의 경우 최근 중소기업의 해외 수출을 지원하는 B2B 형태의 e-마켓플레이스가 눈

그림 7-5 B2B e-커머스: Go2Paper.com

그림 7-6 B2B e-커머스: buyKorea

에 띈다. 예를 들어, GoBizKorea(www.gobizkorea.com)는 중소기업청에서 운영하는 B2B 사이트로 온라인 글로벌 마케팅을 지원하며, [그림 7-6]에서 보여주는 BuyKorea(www.buykorea.org)는 코트라에서 운영하는 B2B 사이트로 상품을 등록하고 코트라의 결제시스템인 KOPS를 통해서 바이어가 카드결제를 할 수도 있다. B2B e-커머스에 대해서는 제9장에서 좀더 자세히 살펴보자.

2.6 B2G e-커머스

B2G(Business to Government)는 기업이 주로 역경매방식을 통해 정부기관을 대상으로 제품 및 서비스를 판매하는 경우를 의미한다. 정부기관은 필요한 제품이나 서비스를 웹 사이트를 통해 공고(Request For Proposal: RFQ)하고, 기업들은 이에 대해 온라인 입찰을 제출한다. 정부는 입찰 내용을 검토한 후 가장 적합한 기업과 거래를 하게 된다. 국내의 경우 나라장터(http://www.g2b.go.kr/index.jsp)라는 조달청의 전자입찰시스템을 도입하여 정부조달물자, 시설공사의 입찰을 웹을 통해 구현하고 있다(그림 7-7).

그림 7-7 B2G e-커머스: 조달청 나라장터 전자입찰시스템

제2강 e-커머스 기업의 특징과 성과 관리

학습내용

1. e-커머스의 특징과 가치창출 분야
2. e-커머스 기업의 성과 관리

학습목표

1. e-커머스가 가져온 새로운 변화와 특징에 대하여 설명할 수 있다.
2. e-커머스를 통하여 기업은 어떠한 가치를 추구하여 전략적 우위를 유지할 수 있는지 효율성, 종속성, 상호 보완성, 혁신 측면에서 설명할 수 있다.
3. e-커머스의 성과를 측정하기 위하여 들론과 맥클린의 모델을 이해하고 모델에 포함된 개별차원들의 세부 척도를 설명할 수 있다.

1 e-커머스의 특징과 가치창출 분야

오늘날 e-커머스는 기업에게 다양한 전략적 기회들을 제공하며 비즈니스의 새로운 패러다임이 되고 있다. 이 절에서는 전통적인 상거래와 비교할 때 e-커머스가 가지는 특징은 무엇이며 그러한 특징을 살려 기업들이 창출해 낼 수 있는 새로운 가치는 무엇인지 살펴보기로 한다.

1.1 e-커머스의 특징

전통적인 상거래와 비교할 때 e-커머스가 가져다주는 새로운 변화와 특징은 다음과 같이 5가지로 요약할 수 있다.

(1) 유통채널의 단순화와 비중개화

e-커머스는 인터넷 및 전자적 네트워크를 통해 유통업체나 대리점과 같은 판매채널상의 중개자들을 제거하여 분권화된 가상 기업을 형성하였다. 그 결과 거래비용의 절감, 줄어든

유통채널에 따른 재고비용 절감, 그리고 이에 따른 상품 및 서비스가격의 인하를 가져왔다. 또한 고객주문의 접수에서 제품의 발송까지 전체적인 절차를 자동화하여 처리시간을 단축시켜 주문한 제품을 보다 빠르게 받을 수 있게 되었다. 하지만 이를 위해서는 오프라인과 달리 효율적인 물류 및 배달체계의 구축이 반드시 필요하게 되었다.

(2) 시간과 공간의 제약 극복

e-커머스를 통해 소비자는 언제 어느 때라도 인터넷을 통하여 전 세계의 제품 정보를 수집하고 거래를 할 수 있게 됨으로써 제품 선택의 폭이 확대되고 글로벌 규모의 쇼핑이 가능해졌다. 반면 기업들도 제조를 위한 자원의 조달(sourcing)이 개방화, 네트워크화가 되면서 언제 어디서든지 필요한 자원을 아웃소싱하는 것이 가능해졌고, 이는 제조원가 인하로 이어졌다.

(3) 고객의 구매행태 분석이 용이

전통적인 상거래에서는 고객 수요의 포착이 어렵고 대응이 지연되기 쉬운 반면, 쌍방향 네트워크를 통한 e-커머스는 고객에게 직접 판매하여 고객 수요를 신속하게 포착하며, 문제가 발생하면 고객불만에 즉각 대응할 수 있다. 또한 온라인 고객의 구매기록뿐만 아니라 구매과정에 대한 기록이 서버로그 파일로 저장되면서 고객의 구매행태를 동적으로 분석할 수가 있게 되었고, 이를 바탕으로 적절한 판매전략을 수립할 수 있다.

(4) 쌍방향 통신에 의한 1:1 마케팅

구매자 의사에 상관없는 공급자 위주의 단방향 마케팅과 달리, 인터넷을 통한 소비자와의 상호작용(interactive)을 통한 마케팅이 가능해졌다. 기존의 마케팅에서 광고내용은 평균적 소비자에 맞게 설계되었다. 그러나 상호 작용적인 마케팅에서 광고는 개별 고객정보를 사용하여 맞춤형 광고를 설계하고 제공한다. 뿐만 아니라 이와 같이 웹을 이용한 광고는 신문이나 TV보다 상대적으로 비용이 낮다.

(5) 판매 거점이 불필요

e-커머스는 시장이나 상점 등 물리적 공간이 필요하지 않고 사이버 공간에서 판매자와 소비자가 만나 거래가 성사된다. 따라서 도소매 영업점 운영을 위한 토지, 건물 등의 구매나 임대에 필요한 자본이 필요가 없고, 웹 서버나 온라인 쇼핑몰 구축 비용 등 상대적으로 소규모의 투자로도 새로운 비즈니스 운영이 가능해졌다. 따라서 판매 거점이 전략 우위 요소로 작용하기 어려워졌고 상대적으로 진입장벽은 낮아졌다.

1.2 e-커머스 기업의 가치 창출

기업의 경영전략은 다양한 경영환경이 기업에 미치는 영향을 분석하고, 이를 바탕으로 기업이 어떻게 고객에게 차별화된 가치를 창출하여 경쟁 우위를 가질 수 있을지를 제시한다. 그렇다면 위에서 언급한 e-커머스를 통한 경영환경의 변화와 특징을 고려할 때, e-커머스 기업들은 전통 기업들과 다른 어떤 가치를 창출할 수 있으며, 어떠한 방식으로 경쟁 우위를 지속하면서 수익을 추구할 수 있을까?

이에 대해 아미트(Amit)와 조트(Zott)는 기존의 다양한 경영전략 관련 이론(가치사슬 이론, 경제발전이론, 자원기반 이론, 전략 네트워크 이론, 거래비용 이론 등)을 집대성하여 e-커머스의 가치 창출 요인을 종합적으로 분석하였다. 그 결과 [그림 7-8]과 같이 효율성(efficiency), 상호보완성(complementarity), 종속성(lock-in), 혁신(novelty)의 네 가지 핵심 가치창출 요인을 제시하였다. 이러한 각 요인에 대해 아래에서 관련 사례를 중심으로 살펴보자.

(1) 효율성(Efficiency)

e-커머스의 가장 큰 특징은 유통채널의 단순화와 비중계화라고 하였다. 이러한 특징은 중간채널 거래비용의 감소와 고객과 공급자 간의 정보 단절을 해소하는 역할을 하며 그 결

그림 7-8 e-커머스 기업의 가치 창출 요인

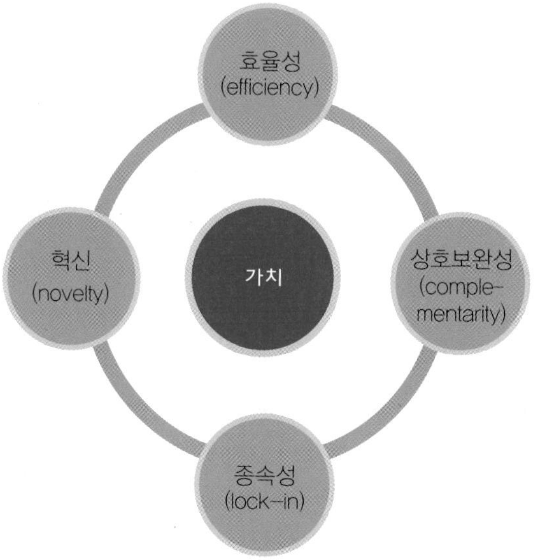

과 거래의 효율성을 제고할 수 있다. 좀더 구체적인 효율성 제고방안을 살펴보면 다음과 같다.

- 양질의 정보를 적시에 제공함으로써 구매자와 판매자 사이의 정보 비대칭성을 해소
- 비교구매를 위한 정보 제공 등을 통한 검색 및 협상비용의 절감
- 중개상을 배제함으로써 거래 프로세스의 처리속도 향상
- 구매자에게 보다 폭넓은 제품 선택기회 제공
- 거래 프로세스의 표준화를 통한 거래처리 오류 감소
- 공동 대량 구매와 수요 결집을 통한 규모의 경제 효과

이러한 효율성을 통해 가치를 창출하고 이를 통해 경쟁우위를 유지하는 사례로 온라인 중고차 시장을 운영하는 SK엔카를 들 수 있다. 전통적으로 중고차 시장에서의 매매는 전문가가 아닌 이상 차량의 상태 정보를 파악하기 힘들고 이전 운전기록이나 사고기록에 대한 정보가 없어 정보의 비대칭성이 심하며, 구매절차 또한 경매 프로세스, 차량 등록에서 보험까지 복잡한 절차를 거쳐야 한다. SK엔카는 e-커머스 시장의 특징을 살려 이러한 비효율성을 해소시키는 데 노력하였다. [그림 7-9]에서 보듯이 구매자는 해당 중고차에 대해 각 부위별 상세정보를 정확하게 제공받게 된다. 뿐만 아니라 기존 중고차 경매 거래프로세스를

그림 7-9 효율성을 통한 가치 창출

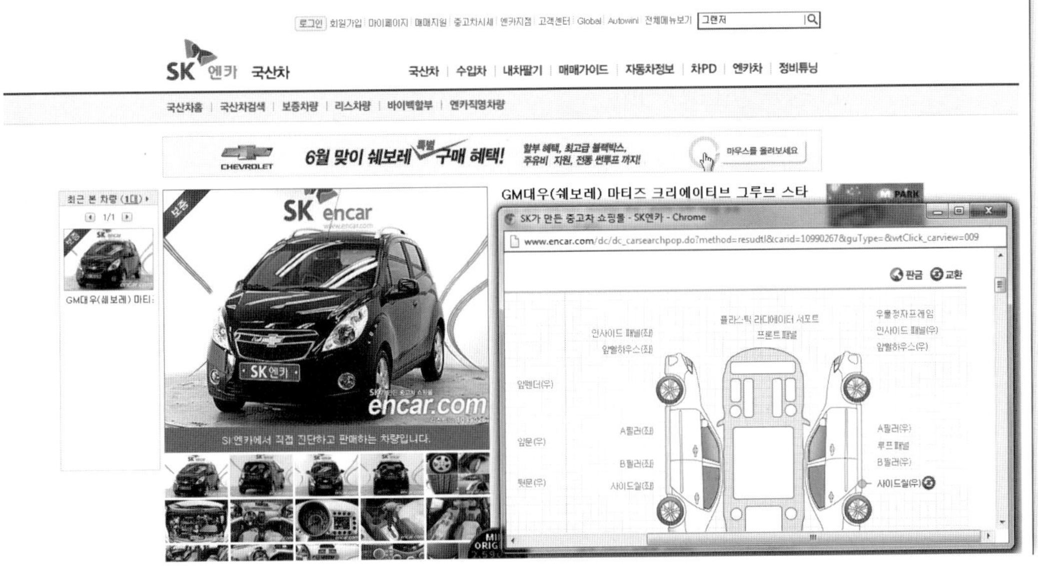

알아봅시다

배송 효율성을 추구하는 드론

아마존이 최근 무인기(Drone, 드론)를 통한 배송 서비스인 프라임 에어(Prime Air)를 미국 캘리포니아 주와 텍사스 주에서 현실화하였다. 프라임 에어 서비스는 무인기를 이용해서 60분 이내에 배달을 안전하게 완료하는 데 목표를 두며, 이를 통해 e-커머스 간의 경쟁 우위를 차지하려고 한다. 이와 더불어, 국제적인 규모의 배송전문회사 UPS와 DHL에서도 드론 배송 시스템을 도입하였다. 아마존의 드론 배송 시스템 '프라임에어'가 드론으로 물품을 직접 배달한다는 개념이라면, UPS나 DHL의 드론 배송 시스템은 하이브리드 시스템이라고 할 수 있다. 이들의 드론 배송은 지금과 동일하게 최종 배송지까지 사람이 움직이되 그 중간 배송 과정에서 드론을 활용하는 시스템이다. 주요공항에서 비교적 외진 곳에 위치한 배송센터로 환적할 때 드론이 배송을 담당한다는 개념인 것이다. 이와 같이 배송 효율성을 높이려는 노력은 e-커머스의 가치 창출과 밀접하게 연결되어 계속되고 있다. 국내에서도 2017년 11월 국내 최초로 전라남도 고흥에서 출발한 드론이 4km 떨어진 섬인 득량도에 소포와 등기 등 실제 우편물을 배송했다.

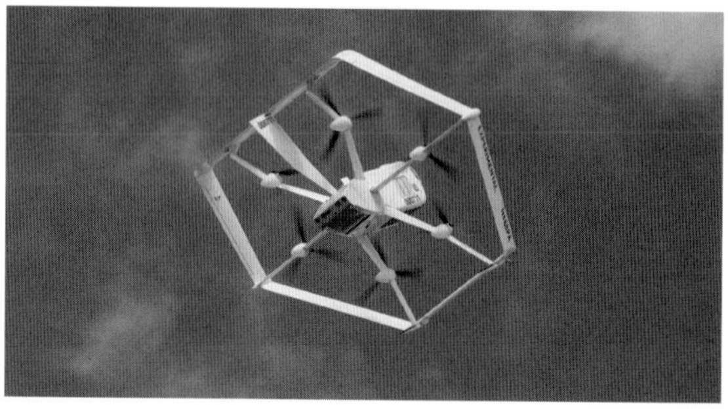

단순화시킴으로써 거래효율성을 증대시켰고, 원스톱 차량구매 서비스(보험, 대출 등)의 제공으로 구매자들의 거래비용을 크게 절감시킬 수 있었다.

(2) 종속성(Lock-in)

e-커머스의 또 다른 특징은 양방향 통신 체계를 이용하여 공급사, 협력사들과의 긴밀한 관계 구축이 가능하며, 고객과의 1:1 접촉을 통한 구매형태 분석이 용이하다는 점이었다. 이러한 특징을 고려할 때 e-커머스 기업의 가치 창출 가능성은 구매자들이 반복적인 거래를 하도록 동기를 부여하고, 전략적 제휴 기업들의 협력지속 의지를 더욱 강하게 할수록 커지게 된다. 이와 같이 고객 및 제휴 협력사가 다른 경쟁회사로 전환하는 데 드는 비용(switching cost)을 높이고 종속성을 유지하기 위한 방안으로 다음과 같은 예를 들 수 있다.

- 반복구매 고객에게 인센티브를 부여하는 충성도 프로그램 운영(예: 제품구매시마다 포인트 적립)

그림 7-10 아마존(Amazon)의 개인화와 커스터마이징을 통한 가치창출의 예시

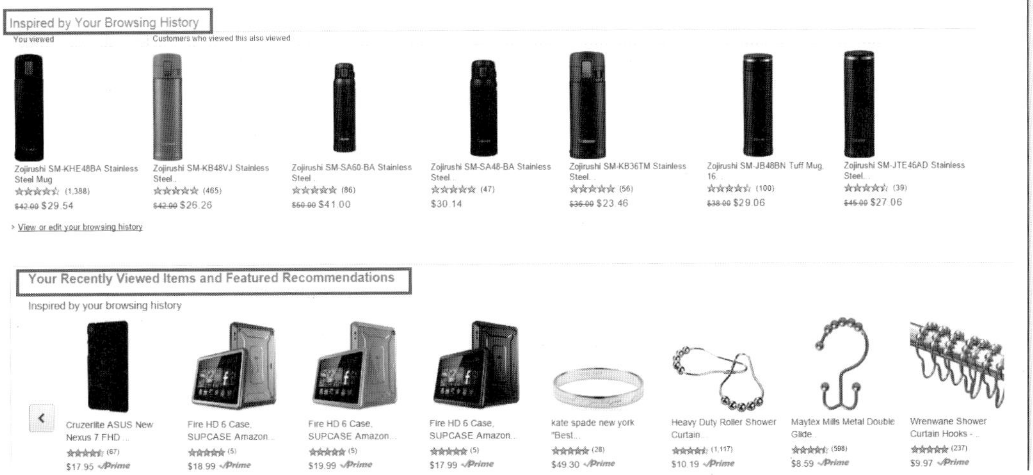

- 비즈니스 프로세스, 제품 또는 서비스를 독특한 디자인 요소를 적용하여 차별화(예: 아마존의 원클릭 주문기능)
- 개인화와 커스터마이징을 이용한 차별화된 서비스(예: 개인화된 상품 카탈로그 페이지, 개인화된 음원 리스트)
- 동일한 제품이나 서비스를 이용할 때 그 가치가 커지는 네트워크 외부효과의 활용(예: 온라인 상품 후기 커뮤니티의 활성화)

이처럼 종속성을 통해 가치를 창출하고 경쟁우위를 유지하는 사례로 [그림 7-10]에서 보여주는 바와 같이 아마존(Amazon.com)의 개인화된 홈페이지가 있다. 아마존은 방문자의 구매 기록과 구매행태 분석 결과를 바탕으로 소비자가 관심을 가질만한 제품 카탈로그를 동적으로 생성하여 첫 페이지에 보여주며 이러한 맞춤형 추천 서비스는 기존고객들의 만족감 및 재구매 욕구에 긍정적인 영향을 미치게 된다.

(3) 상호보완성(Complementarity)

e-커머스가 시간과 공간의 제약을 극복하고 판매 거점이 필요하지 않다는 장점을 살려 추구할 수 있는 가치 중 상호보완성을 꼽을 수 있다. 상호 보완성이란 서로 관련이 있는 제품들을 번들링(즉, 하나로 묶음)시키는 것이 개별 제품들을 통해 갖는 가치들의 합보다 더 큰 가치를 제공할 수 있음을 의미한다. 상호보완성을 위한 제품 번들링 방법에는 서로 없어서는 안 되는 제품을 대상으로 하는 수직적 번들링(예: 차량+등록/보험서비스)과 직접적인

영향관계는 아니더라도 서로 보완적인 제품에 대한 수평적 번들링(예: 커피메이커+머그잔)이 있다. 온라인 매장이 제품을 진열하는 데 전혀 제약이 없는 장점을 이용하면 오프라인에서 생각할 수 없었던 다양한 수평석 번들링이 가능해지며, 반면 관련 프로세스와 제휴업체와의 통합은 다양한 수직적 번들링 기회를 가져올 수 있다. 이와 같이 상호보완성을 이용하여 새로운 가치를 추구하기 위한 방안으로 다음과 같은 예가 있다.

- 상호 연관 상품의 패키지 할인 프로모션(예: 호텔+항공권+차량 렌탈)
- 핵심 상품과 부가서비스의 상호보완성을 이용(예: 항공권+날씨, 환율정보)
- 하드웨어와 소프트웨어 상호보완성을 이용(예: 아이폰+아이튠)
- 오프라인 자산과 온라인 상품 간의 연계(예: 온라인으로 주문한 상품을 인근상점에서 수령하거나 반품함)

상호보완성을 통해 가치를 창출하고 경쟁우위를 유지하는 사례로 [그림 7-11]에서 보여주는 익스피디아(Expedia.com)의 여행 상품 서비스가 있다. 익스피디아는 항공권과 호텔을 패키지로 판매함으로써 각각의 상품을 구매할 때보다 더 낮은 가격, 따라서 더 높은 가치를 고객들에게 제공하고 있다.

그림 7-11 상호보완성을 통한 가치 창출의 예시(익스피디아의 여행 관련 패키지 상품)

(4) 혁신(Novelty)

e-커머스와 더불어 사회는 변화하고 소비자는 진화한다. 이러한 환경 속에서 기업은 '변화'를 넘어 '혁신'해야 한다는 말들이 통상적으로 오간다. 즉, e-커머스 기업은 기존의 비즈니스 프로세스를 발전시켜 효율성을 높이기도 하지만 전혀 새로운 제품이나 서비스를 만들어 내고, 새로운 생산, 유통, 마케팅 기법을 통한 혁신을 도모함으로써 새로운 가치를 창출할 수 있다. 이와 같은 혁신을 통한 가치창출 방안으로 다음과 같은 몇 가지를 제시할 수 있다.

- 물리적 시장에서 불가능했던 신제품과 서비스의 개발(예: 드라마와 영화 스트리밍, 온라인 게임)
- 다양한 제품과 서비스를 융합(eBook 기기와 eBook 콘텐츠의 융합)
- 새로운 서비스 제공 방식이나 거래방식을 개발함으로써 가치를 창출(예: 소비자간 경매모델, 역경매 모델)
- 새로운 제휴관계 구축(예: 전략적 제휴를 통해 제3자 협력 사이트가 방문자들을 몰아줌)

혁신을 통해 가치를 창출하고 경쟁우위를 유지하는 사례로 넷플릭스(Netflix.com)의 비디오 콘텐츠 서비스가 있다. 넷플릭스는 오프라인 비디오 대여 서비스를 온라인 배송이라는 편의성과 효율성을 추구하며 등장하였다. 즉, 소비자는 비디오 대여점에 가는 대신 인터넷으로 보고 싶은 영화를 여러 개 선택하고 신청하면 [그림 7-12]에서 보여주는 바와 같이 우편으로 해당 DVD를 반송용 봉투와 함께 보내주었고, 영화를 다 본 뒤에는 반송용 봉투에 다시 넣어 우체통에 넣기만 하면 되므로 매우 편리한 서비스였다. 하지만 이러한 효율성 중심의 대여서비스는 인터넷 속도의 증가와 다양한 멀티미디어 콘텐츠들을 직접 다운로드

그림 7-12 혁신을 통한 가치 창출의 예시: 넷플릭스의 온라인 배송 vs 비디오 스트리밍 서비스

할 수 있게 되면서 점차 위기를 맞게 되었다. 이러한 위기를 혁신을 통해 새로운 기회로 바꾼 예가 넷플릭스사이다. 2009년부터 넷플릭스는 기존의 DVD대여 마켓을 점차 축소하고 대신 비디오 스트리밍 사업을 시작하였다. $10.99의 한 날 구독료를 내면 TV, PC뿐만 아니라 Xbox, PlayStation, 각종 스마트폰과 태블릿 등 인터넷과 연결되는 모든 기기에서 원하는 비디오를 실시간으로 스트리밍 받을 수 있는데, 2023년 현재 넷플릭스 서비스 전체 가입자 수는 2억6,000만명이다. 2017년 가입자 9,800만명에 비하면 빠른 속도의 성장을 이루었다. 특히, 그중 미국 국내 가입자 수는 5,000만명에서 8,000만명으로 60% 성장한 반면, 글로벌 시장가입자 수는 4,800만명에서 1억8,000만명으로 275%의 큰 성장을 이루면서 전 세계에서 가장 큰 스트리밍 서비스 회사 중 하나로 발돋움하였다.

2 e-커머스 기업의 성과 측정

e-커머스 기업들은 앞서 언급한 가치 창출 요인들에 기반하여 매출을 증대시키고 수익을 창출하여 기업을 성장시키기 위한 노력을 경주한다. 하지만 이러한 노력을 통한 실질적인 성과를 가늠하는 것은 쉽지 않다. 이러한 성과를 객관적인 척도를 기준으로 측정할 수 있다면 이를 통해 보완할 점을 도출하고 보다 나은 가치창출 방향을 제시할 수 있을 것이다. 이러한 목적으로 들론(DeLone)과 맥클린(McLean)은 e-커머스 성과 측정 모델을 제시하였는데 이에 대하여 살펴보자.

2.1 e-커머스 기업의 성과 측정 모델

들론과 맥클린의 성과 측정 모델은 [그림 7-13]에서와 같이 e-커머스 시스템에 투자한 기업이 투자로부터 발생한 효익을 측정하는 데 초점을 두고 있다.

e-커머스 기업이 성공하기 위해서는 우선 정보, 시스템, 서비스 세 가지 차원의 품질을 향상시켜야 하며 이를 통해 사용자의 만족도와 이용의도(혹은 실제 이용)를 높여야 한다. 향상된 사용자 만족도와 이용의도는 궁극적으로 순효익을 증가시켜 e-커머스의 성공을 가져오게 된다. 그림에서 화살표는 요소 간의 영향관계를 보여주는데, 시스템 이용 및 사용자 만족도는 순효익에 영향을 주는 동시에 다시 순효익에 의해 영향을 받게 됨을 알 수 있다. 측정 모델에 포함된 6가지 차원들이 제대로 영향을 미치는지는 알아보기 위해서는 적절한 방법을 통한 측정이 필요하다. 이러한 개별 차원들에 대한 구체적인 설명과 세부 척도를 아

그림 7-13 e-커머스 성과 측정 모델

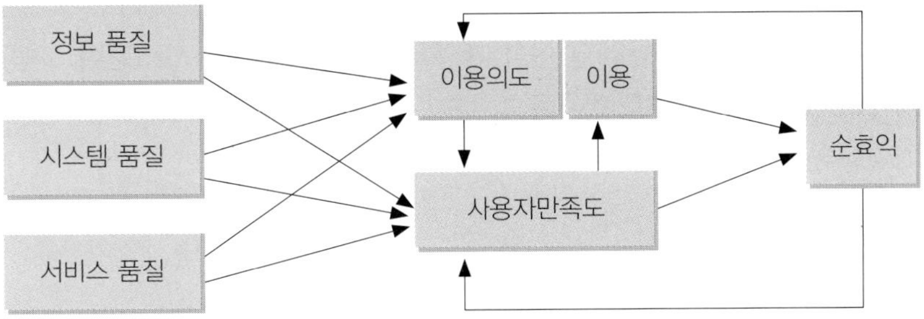

출처: DeLone & McLean, 2004.

표 7-3 e-커머스 성과 측정 모델의 차원별 세부 척도

개별 차원	세부 척도	개별 차원	세부 척도
정보 품질	• 맞춤성 • 정확성 • 완전성 • 관련성 • 이해 용이성	이용의도/이용	• 시스템 방문 횟수 • 시스템 방문 시간 • 검색 키워드 • 최다 접근 페이지 • 페이지 이동 경로
시스템 품질	• 메뉴 구성과 내비게이션의 용이성 • 로딩 속도 • 시스템 안정성 • 프라이버시 보호 • 보안성	사용자 만족도	• e-커머스 시스템 사용에 대한 전반적인 고객의 의견
서비스 품질	• 상품 및 구매관련 질의에 대한 신속 대응 • FAQ의 정확도 • 구매프로세스 추적 기능	순효익	• 비용 절감 • 매출 증대 • 정보 탐색 비용의 감소 • 구매 가격 인하 효과

래 제시하였다(표 7-3).

2.2 개별 차원들의 세부 척도

(1) 정보 품질

e-커머스 사이트의 콘텐츠의 질을 의미한다. 정보품질을 평가하기 위해서는 맞춤성, 정확성, 완전성, 관련성, 이해의 용이성을 척도로서 이용한다.

(2) 시스템 품질

인터넷환경에서 e-커머스 시스템의 기술적 특성을 나타낸다. 위에서 제시한 정보의 품질이 뛰어나다 하더라도 이를 제공하는 기반이 되는 시스템이 불안해서는 안 된다. e-커머스 시스템은 사용이 용이하고, 항시 접속이 가능하고, 보안 등 안정성이 있고, 신속한 반응을 보여야 한다.

(3) 서비스 품질

e-커머스 기업이 사용자에게 제공하는 전반적인 지원서비스의 질을 의미한다. 소비자사용자는 곧 고객이므로, 지원서비스의 질은 매출에 직접적인 영향을 미칠 수 있다. 지원 서비스는 제품에 대한 고객의 질의에 대한 실시간 답변, 고객들 간의 후기를 공유할 수 있는 커뮤니티 서비스, 제품의 발송부터 수령까지의 추적 서비스 등이 포함된다.

(4) 시스템 이용

사이트 방문에서부터 사이트 내에서의 페이지 이동, 거래수행에 이르기까지 사용자의 전반적인 이용과정을 측정하게 된다. 웹 로그 파일을 분석(클릭스트림 분석)함으로써 얼마나 자주 고객이 방문하는지, 혹은 얼마나 오랫동안 웹 사이트에 방문하는지 뿐만 아니라 어떤 키워드를 검색하여 웹 사이트를 방문하였는지, 어떤 메뉴들을 둘러보고, 어떤 페이지들을 이동하여 최종 구매 결정에 이르는지에 대한 자세한 정보의 획득이 가능하다. 이러한 정보의 분석을 통해 구매자의 소비행태를 좀더 정확히 파악할 수 있다.

(5) 사용자 만족도

e-커머스 시스템에 대한 고객 의견을 측정하게 된다. e-커머스 사이트를 방문하여 수행하게 되는 정보 조회, 주문, 결제, 제품 수령, 그 밖에 지원서비스에 대한 고객의 피드백을 수집하고 이를 통해 소비자가 실제 인지하는 만족도를 측정하게 된다.

(6) 순효익

순효익은 e-커머스 궁극적인 성과를 측정한다는 점에서 매우 중요하다. 순효익은 e-커머스 기업과 고객 양쪽 측면에서 서로 다른 척도를 이용하여 측정할 수 있다. 가령 기업 입장에서는 e-커머스를 통해 얼마나 매출이 증가했는지, 주문 처리 비용은 얼마나 줄어들었는지, 혹은 고객 충성도나 브랜드 인지도는 어떻게 변화가 있었는지 측정할 수 있다. 반면 고객 입장에서도 사용자의 쇼핑시간과 노력이 얼마나 절약되었는지, 정보 비교를 통해 구매가격의 인하를 가져왔는지 등을 측정하게 된다.

핵심 체크

01 e-비즈니스는 전자매체를 기반으로 한 상거래를 의미한다.

정답 ×

해설 e-커머스는 전자매체를 기반으로 한 상거래를 의미한다. e-비즈니스는 e-커머스를 포함하는 포괄적인 개념이다.

02 코로나19 팬데믹은 e-커머스의 성장 둔화를 야기했다.

정답 ×

해설 코로나19 팬데믹을 이후 e-커머스 시장은 더욱 확장되어 경쟁의 심화를 가져왔으며, 이러한 경쟁은 여러 혁신을 요구한다.

03 우리가 흔히 사용하는 G마켓이나 11번가는 B2C 모델에 해당한다.

정답 O

해설 G마켓, 11번가 등 e-마켓플레이스는 판매자가 비록 영세업자라 하더라도 Business로 간주한다. 따라서 이들 모두 B2C로 보는 것이 적절하다.

04 B2C e-커머스에서 B는 Buisness를 C는 Consumer를 나타낸다.

정답 O

해설 또한 G는 Government를 나타낸다.

05 e-커머스를 통해서 생산비용은 줄고 거래비용은 늘게 되었다.

정답 ×

해설 e-커머스로 인한 거래효율성 증가분이 커질수록, 비용이 더 낮아지며 가치도 더 상승한다.

06 반복구매 고객에게 인센티브를 부여하는 충성도 프로그램은 결과적으로 전환비용을 낮춰주는 효과가 있다.

정답 ×

해설 오히려 전환비용을 높여 주는 효과가 있다.

07 e-커머스와 e-비즈니스에 대한 설명으로 가장 타당한 것은?

① e-커머스와 e-비즈니스는 서로 같은 의미이다.
② e-커머스는 e-비즈니스를 포괄하는 개념이다.
③ e-비즈니스는 e-커머스를 포괄하는 개념이다.
④ e-커머스와 e-비즈니스는 전혀 관련이 없다.

정답 ③

해설 e-비즈니스는 e-커머스를 포괄하는 광범위한 개념으로 인터넷 및 정보기술을 적용한 기업전반의 가치활동들을 포함한다.

08 e-커머스의 발전에 대한 설명 중 바르지 않은 것은?

① 1970년대 중반부터 EDI 기술의 등장으로 거래문서의 온라인 교환이 가능해졌다.
② 과거의 B2C e-커머스는 주로 VAN과 같은 사설 망에 의존해 왔으나, 근래에는 개방형 인터넷 망을 근간으로 확산되었다.
③ EFT(전자자금이체) 기술은 B2B 온라인 상거래의 대금결제 기능을 지원한다.
④ 소비자(B2C) e-커머스는 1980년대 후반부터 CD 카탈로그나 PC통신망(가령, 하이텔)을 기반으로 소규모로 진행되어 오다가 1990년대 중반 인터넷의 확산으로 빠르게 성장하였다.

정답 ②

해설 과거의 기업간(B2B) e-커머스는 주로 VAN과 같은 사설 망에 의존해 왔으나, 근래에는 개방형 인터넷 망을 근간으로 확산되었다.

09 AKMall.com은 e-커머스 유형은 다음 중 어디에 해당할까요?

① B2C ② B2B
③ B2G ④ C2C

정답 ①

해설 AKMall.com은 백화점식 온라인 쇼핑몰이다.

10 BuyKorea.org의 e-커머스 유형은 다음 중 어디에 해당할까요?

① B2C ② B2B
③ B2G ④ C2C

정답 ②

해설 buykorea(바이코리아)는 코트라에서 운영하는 B2B 사이트이다.

11 아미트(Amit)와 조트(Zott)의 e-커머스 가치 창출 모델의 요소에 해당하지 않는 것은?

① 효율성 ② 대체성
③ 종속성 ④ 혁신

정답 ②

해설 대체성이 아닌 상호보완성을 통해 가치를 창출한다.

12 들론과 맥클린의 모델에서, 콘텐츠는 개인화되고, 정확하고, 완전하고, 관련 있고, 이해가 용이해야 함을 평가하기 위한 차원은?

① 시스템 품질 ② 정보 품질
③ 서비스 품질 ④ 사용자 만족도

정답 ②

해설 정보 품질은 e-커머스 사이트의 콘텐츠의 질을 의미한다.

13 유명한 사진 작가가 갤러리 웹 사이트를 통해 자신의 사진을 저작권 등을 포함하여 판매할 경우 어떤 e-커머스 유형이라 할 수 있나?

정답 C2B

해설 개별 소비자가 생산자가 되어 기업에 상품이나 서비스를 판매하는 경우로서 사용자 참여의 확대와 더불어 생겨나는 새로운 형태의 비즈니스라고 할 수 있다.

14 국민으로서는 전자정부(e-Government)라고 인식되는 형태의 e-비즈니스 유형은?

정답 G2C

해설 G: Government, C: Consumer

15 들론과 맥클린의 모델에서, 인터넷환경에서 전자상거래 시스템의 기술적 특성을 평가하는 차원은?

정답 시스템 품질

요약

e-커머스의 개념적 기초

- e-커머스는 인터넷 혹은 기타 통신 네트워크를 통해 제품과 서비스를 매매하는 행위를 말함
- e-커머스는 1970년대 EDI를 거쳐 1990년대 중반 인터넷의 확산으로 빠르게 성장함
- 웹 기반의 e-커머스는 1994년 인터넷 브라우저의 출시와 함께 시작되었고, 1998년에서 2001년에 걸쳐 수많은 닷컴 회사들이 생성되었으나, 과도한 경쟁으로 2001년 닷컴 버블경제는 붕괴하게 됨
- 닷컴 버블 경제의 붕괴를 계기로, 핵심 능력을 갖춘 기업들만 살아남아 모바일, 소셜커머스 등을 중심으로 새로운 성장동력을 갖춤
- 최근 코로나19 팬데믹 이후 e-커머스의 의존도는 더욱 높아졌고, 국경을 넘어선 경쟁으로 인해 혁신 경쟁이 이루어지고 있음

e-커머스의 유형

- e-커머스는 경제 주체에 따라 크게 B2B, B2C, C2B, B2G, G2B, G2C, C2G, C2C, G2G 총 9가지 유형으로 나눔
- B2C e-커머스는 멀티미디어 카탈로그를 갖춘 가상 상점에서 소비자 대상으로 제품을 판매하는 유형

으로 Amazon.com이 대표적인 예

- B2B e-커머스는 기업간 e-마켓플레이스에서 거래를 수행하는 유형으로써 EC21.com이나 buykorea.org 등이 대표적인 예
- B2G e-커머스는 역경매 방식에 기초하여 정부기관을 대상으로 제품 및 서비스 판매하는 유형으로 조달청의 나라장터가 그 대표적인 예
- C2C e-커머스는 소비자와 소비자 간의 거래를 경매사이트나 e-마켓플레이스를 통해 중개해 주는 유형으로 ebay.com이나 G-마켓 등이 대표적인 예

e-커머스의 특징

- e-커머스는 유통채널을 단순화시키고 시간과 공간의 제약을 극복하였으며, 고객 수요에 대한 정보 획득이 용이하며 이에 대한 즉각적인 대응과 1:1 마케팅이 가능해졌고, 오프라인과 달리 판매 거점이 불필요해져 비교적 적은 투자 자본을 요구하는 특징을 가짐

e-커머스기업의 가치 창출 기여요인

- 전자상거래를 통한 기업의 가치 창출은, 거래 비용을 낮춰 효율성을 증가시키고, 상호 보완성을 가진 제품을 통해 개별 제품들의 가치의 합보다 더 큰 가치를 전달하며, 구매 거래를 반복하게 하는 종속성을 높이고, 꾸준한 혁신을 통한 새로운 제품과 서비스의 창출을 통해 이루어짐

e-커머스 성과 측정 모델

- 전자상거래 기업들은 가치창출 노력을 통해 얼마나 성과를 내고 있는지 측정할 필요가 있음
- 이러한 성과 측정 모델의 예로서 들론과 맥클린의 모델이 있으며 정보품질, 시스템 품질, 서비스 품질, 이용의도, 이용, 사용자 만족도, 순효익의 총 6개 차원으로 성공 정도를 측정함

참고 문헌

홍일유, 디지털 시대의 이비즈니스와 이커머스, 개정판, 법문사, 2022.

Amit, R. and Zott, C., *Value creation in E-business*. Strat. Mgmt. J., 22: 493–520, 2001.

DeLone, W.H. and E.R. McLean, "Measuring e-Commerce Success: Applying the DeLone & McLean Information Systems Success Model," *International Journal of Electronic Commerce*, Vol.9, No.1, Fall 2004, pp. 31-47.8.

DeLone, W.H. and E.R. McLean, "The DeLone and McLean Model of Information Systems Success: A Ten-Year Update," *Journal of Management Information Systems*, 2003, Vol.19, No.4, pp. 9-30.

DeLone, W.H. and E.R. McLean, "Information systems success: the quest for the dependent variable," *Information Systems Research*, Vol.3, No.1, 1992, pp. 60-92.

Laudon, Kenneth C. and Jane P. Laudon, *Management Information Systems: Managing the Digital Firm*, 17th Edition, Pearson, 2021.

제8장 B2C e-커머스

오늘의 주제

쿠팡, 지속적인 흑자 가능할까?

쿠팡이 지난해 32조원에 이르는 매출을 올리며 설립후 13년 만에 처음으로 연간 흑자를 냈다. 매출, 영업이익 모두에서 전통 유통기업들을 제치고 1위에 올랐다. 신선식품, 가전제품 등으로 품목을 확대하면서 1,400만 유료 회원의 지출 규모를 키운 효과로 분석된다.

28일 쿠팡이 미국 증권거래위원회(SEC)에 제출한 4분기 실적보고서에 따르면, 쿠팡은 지난해 매출 31조8,298억원(243억8,300만 달러), 영업이익 6,174억원(4억7,300만 달러)을 기록했다. 2022년 3분기 첫 분기 흑자를 낸 이후 매 분기 흑자를 이어오다, 지난해 연간 6,000억원이 넘는 영업이익을 올렸다. 2010년 창사 이후 13년 만의 첫 흑자 전환이다.

회사는 소비자가 쿠팡의 유료 멤버십인 와우멤버십(2018년 10월 시작)에 처음 가입한 연도별로 고객집단을 코호트로 묶어 관리하는데, 각 코호트가 매년 쿠팡에서 지출하는 금액이 평균 15% 이상 늘고 있다는 뜻이다. 게다가 새로 유입되는 코호트는 기존 코호트보다 1인당 지출액의 시작점이 더 높다는 게 쿠팡의 설명이다.

쿠팡의 고객 1인당 매출(객단가)도 증가 추세다. 쿠팡에 따르면, 지난해 4분기 고객 1인당 매출은 41만1,600원(312달러)으로 전년 동기 대비 3% 늘었다. 객단가는 쿠팡이 미국 뉴욕증시에 상장한 2021년 연평균 271달러(약 31만313원 · 각 연도 평균환율로 환산)였고, 이듬해엔 평균 291달러(약 37만6,460원)로, 지난해엔 301달러(약 39만3,677원)로 꾸준히 증가했다.

특히, 월 4,990원을 내는 '쿠팡 와우'멤버십 회원수가 2021년 900만명에서 지난해 1,400만명으로 늘었다. 최근 3개월간 한 번이라도 물건을 구매한 '활성 고객'도 지난 4분기 2,100만명으로 2022년(1,811만명)에서 16%가량 증가했다.

오래 지속된 '계획된 적자'에선 드디어 탈출했다지만, 쿠팡이 안심하긴 이르다. 특히 지난해 하반기부터 알리익스프레스, 테무 등 '차이나 커머스'의 공세가 거세다. 통계청에 따르면 지난해 온라인 해외직구 시장은 6조7,000억원대로 전년 대비 27% 늘었고, 이 중 중국 거래액이 3조 2,000억원대로 전년 대비 121% 급증했다.

올해 쿠팡은 핵심 사업인 프로덕트 커머스 부문에선 소상공인 대상 물류 서비스 사업을 키운다. 물건 판매자가 쿠팡의 물류센터에 상품을 입고하면 쿠팡이 보관 · 포장 · 배송 등 풀필먼트 전반을 제공하는 서비스 '로켓그로스'를 확대해 취급 품목을 더 빠르게 늘리겠다는 것. 성장사업 부문에서는 음식 배달 서비스인 쿠팡이츠 고객이 쿠팡에서 물건도 더 많이 구매했다는 점에 착안해, 쿠팡플레이(OTT) 등 고객 혜택을 늘려 객단가를 높인다는 계획이다.

출처: 중앙일보, 2024. 2. 28.
https://news.koreadaily.com/2024/02/28/economy/economygeneral/20240228011244402.html

생각해보기

쿠팡의 지속적인 성공전략으로는 어떤 것이 있을까요?

전문가 답변

쿠팡의 흑자는 고객 충성도를 구축하는 데 성공하였다고 볼 수 있습니다. 또한 고객들의 쿠팡 플랫폼 의존도를 높임으로써 고객이 지출하는 금액이 늘고 있는 것도 흑자로 전환하는 데 힘이 되었습니다. 고객 충성도를 높이고, 그 고객들로 지출을 늘리기 위한 쿠팡 플랫폼의 전략에는 여러 가지가 있습니다. 예컨대, 단순한 소셜커머스의 형태에서 벗어나 오픈마켓으로 변하여 배송 서비스, 반품, 환불 등의 고객 서비스에 집중한 것, 그리고 충성 고객들에게 쿠팡이츠나 로켓프레시와 같은 다양한 서비스를 제공하여 락인(lock-in) 효과를 만든 것을 생각할 수 있습니다. 하나의 플랫폼에서 다른 플랫폼으로 옮기는 데 드는 노력과 비용을 뜻하는 '스위치 비용'이 낮은 B2C e-커머스 산업에서는 쿠팡의 충성고객 확장전략은 유효할 것입니다.

제 1 강 B2C e-커머스의 개념과 성공 요소

학습내용

1. B2C e-커머스의 개념
2. B2C e-커머스의 성공 요인

학습목표

1. B2C e-커머스를 정의하고 지금까지 어떻게 성장을 해 왔는지 설명할 수 있다.
2. B2C e-커머스 시스템의 주요 요소인 콘텐츠, 커뮤니티, 온라인 서비스, 상거래에 대해 설명할 수 있다.
3. B2C e-커머스를 성공시킬 수 있는 핵심 요인인 경영 전략, 소비자의 신뢰, 고객 충성도, 개인화에 대하여 설명할 수 있다.

1 B2C e-커머스의 개념

1.1 B2C e-커머스 정의

B2C(Business-to-Consumer)는 소비자를 대상으로 인터넷을 통해 제품 및 서비스의 마케팅 및 판매를 수행하는 기업활동을 말한다. 판매하는 제품이나 서비스, 온라인 판매의 목적에 따라 다음 〈표 8-1〉과 같은 다양한 형태의 B2C 유형이 존재한다.

1.2 B2C e-커머스 성장 추이

B2C e-커머스는 인터넷의 대중화와 더불어 1998년 이후 빠르게 확산되었다. [그림 8-1]에서 보여주듯이 2000년대 초반까지 B2C e-커머스 분야에 대한 투자가 급격히 증가하고 하루가 다르게 닷컴 회사들이 생겨났다. 하지만, 2001년을 정점으로 무작정 IT기술 도입을 시도했던 대부분의 닷컴 회사들은 과도한 경쟁 속에 대부분 몰락하게 되고 투자자들은 등을 돌리기 시작하였다.

표 8-1 B2C e-커머스의 유형

업체 유형	온라인 판매의 목적
소매업체(혹은 쇼핑몰)	도매업자나 제조사로부터 공급받은 제품을 소비자에게 판매함
제조사(직판모델)	인터넷을 새로운 유통 채널로 이용해 소비자에게 직접 판매함
출판사	출판물(e-Book 등)을 온라인으로 판매함
엔터테인먼트 업체	게임, 영화, 음악, 애니메이션 등 콘텐츠를 판매함
이러닝 업체	인터넷을 매체로 한 온라인 교육 서비스의 제공
은행	금융상품의 판매 및 거래 서비스(입금, 출금, 이체 등)의 제공
증권사	주식의 온라인 매매 서비스 제공
보험사	온라인상에서 보험료 조회 및 납부 서비스 제공
여행사	온라인 예매 및 티켓구매 서비스 제공

그림 8-1 초창기 B2C e-커머스 매출액과 투자액

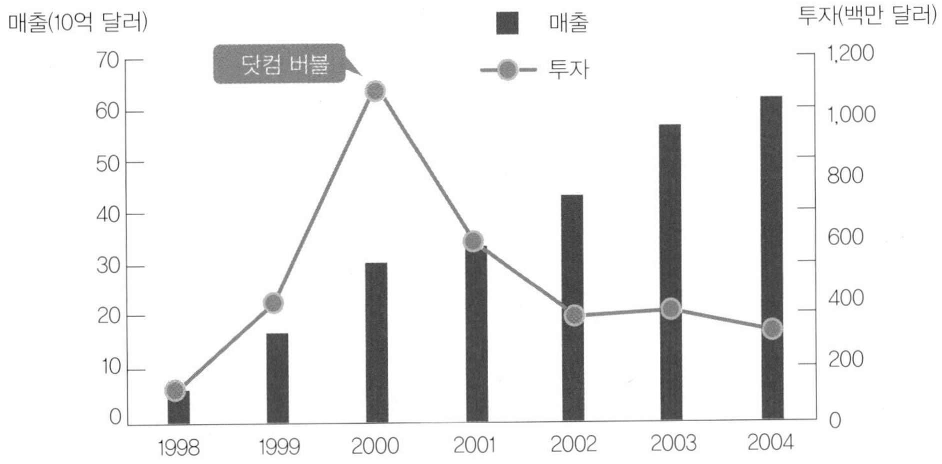

2001년 이후 시장의 조정단계를 거쳐 안정화 단계에 돌입하게 되고, 이러한 조정을 거쳐 살아남은 아마존, 이베이 등의 대표적 e-커머스 기업들은 탄탄한 비즈니스 모델을 확보하고 수익성을 보장하며 2001년 후에도 지속적인 매출 성장을 보여주고 있다. 이러한 성공 기업들이 공통적으로 보여주는 특징은 개인화 기능으로 고객만족도를 향상시키고(예: 아마존의 추천 시스템), 온라인 판매시스템과 SCM 시스템의 통합으로 효율성을 증대시켰다는 점이다. 또한 월마트와 같이 오프라인 기업들의 온라인 시장 참여도 꾸준히 확장되고 있

그림 8-2 온라인 및 모바일 쇼핑 거래액

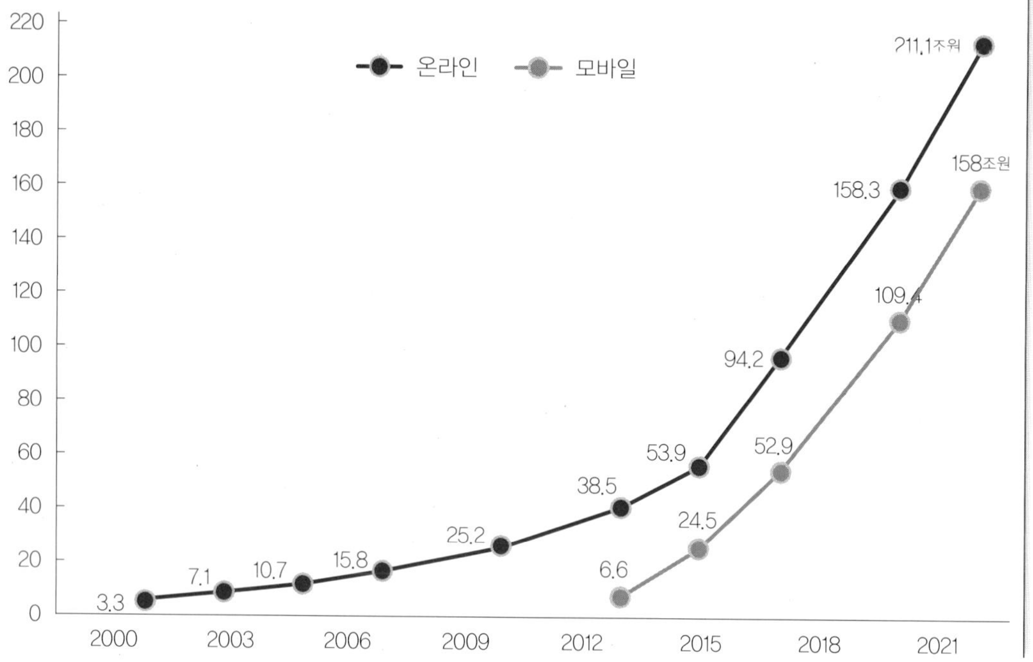

출처: 통계청

다. 우리나라의 경우도 [그림 8-2]에서 보여주듯이 2022년 온라인쇼핑 거래액은 211조 1천억원으로 이는 2001년(3조 2천억원)의 64배에 달했다. 21년간 매년 23% 이상씩 성장한 셈이다. 모바일쇼핑 거래액은 2022년 기준 158조원으로 2013년 6조 5천억원의 24.3배에 이르렀다. 9년간 연평균 43.5% 이상씩 큰 폭으로 성장했다. 2022년 온라인쇼핑 대비 모바일 거래 비중은 75%로 2013년 17%에서 9년 만에 4.4배 이상 확대되었다.

1.3 B2C e-커머스 시스템의 주요 요소(4Cs)

B2C e-커머스는 단순히 온라인 상점 사이트를 오픈하고 온라인 카탈로그를 제공한다고 해서 성공하지는 않는다. 닷컴 회사의 몰락에서 보여주듯이 온라인으로 제품을 팔고 사는 상거래 서비스는 누구나 따라 할 수 있으며 장기적인 수익을 창출할 수 없다. B2C e-커머스를 운영하기 위해서는 상거래 기능뿐만 아니라 적어도 이를 지속적으로 유지하고 지원할 수 있는 핵심 요소를 갖추어야 하는데, 양질의 정보들로 구성된 콘텐츠, 소비자간 정보교환을 위한 커뮤니티, 즉각적인 고객 서비스 등이 포함된다. 아래에서는 흔히 4Cs라고 부르는 B2C e-커머스 시스템의 주요 구성요소들에 대해서 살펴보자.

그림 8-3 B2C e-커머스 시스템의 주요 요소(4Cs)

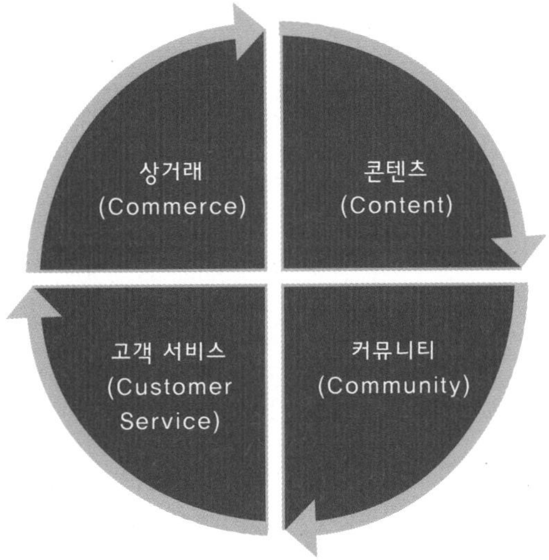

(1) 콘텐츠(Content)

콘텐츠는 소비자가 제품을 구매하기 위해 필요한 제품 및 서비스 관련정보, 방문자들이 올린 글 등 모든 사이트상의 정보를 의미한다. 양질의 콘텐츠는 구매자들의 사이트 방문을 유도하는 중요한 요인으로 작용하게 된다. 따라서 웹 상점을 단순히 제품구매의 장소로만 만들 것이 아니라 제품에 대한 특징을 살피고 다른 유사 제품과 손쉽게 비교할 수 있는 배움의 공간으로 만들어야 한다. 또한 각 개별 콘텐츠의 지속적 모니터링을 통해 트래픽 패턴을 파악하고, 이를 통해 어떤 콘텐츠가 방문자의 기대에 부합되는지 혹은 기대에 못 미치는지 발견하여 콘텐츠를 개선해 나가야 한다.

(2) 커뮤니티(Community)

B2C e-커머스는 사용자들 간에 정보를 교환하며 상호대화를 나눌 수 있는 온라인 공간인 커뮤니티를 반드시 제공하여야 한다. 상품평이나 리뷰 서비스가 여기에 해당한다. 콘텐츠가 e-커머스 운영자가 제공하는 수동적 정보라면 커뮤니티에 축적되는 상품평은 소비자가 직접 만들어 내는 적극적인 정보(User Created Contents: UCC)가 되고 그만큼 소비자에게는 더 신뢰 있는 정보로 인식된다. 가령 아마존(Amazon.com)은 상품 리뷰에 소비자들이 직접 비디오를 찍어 보다 효과적인 사용자 후기를 제공할 수 있도록 한다. 많은 소비자들은 제품 생산자의 광고보다 이러한 동영상 제품 리뷰를 더 믿을 수 있고 실제 구매에 도움을 주는 정보라고 생각한다. 이러한 소비자간 정보교환 장소의 활성화는 사용자의 지속

그림 8-4 아마존의 간편한 제품 반송 서비스

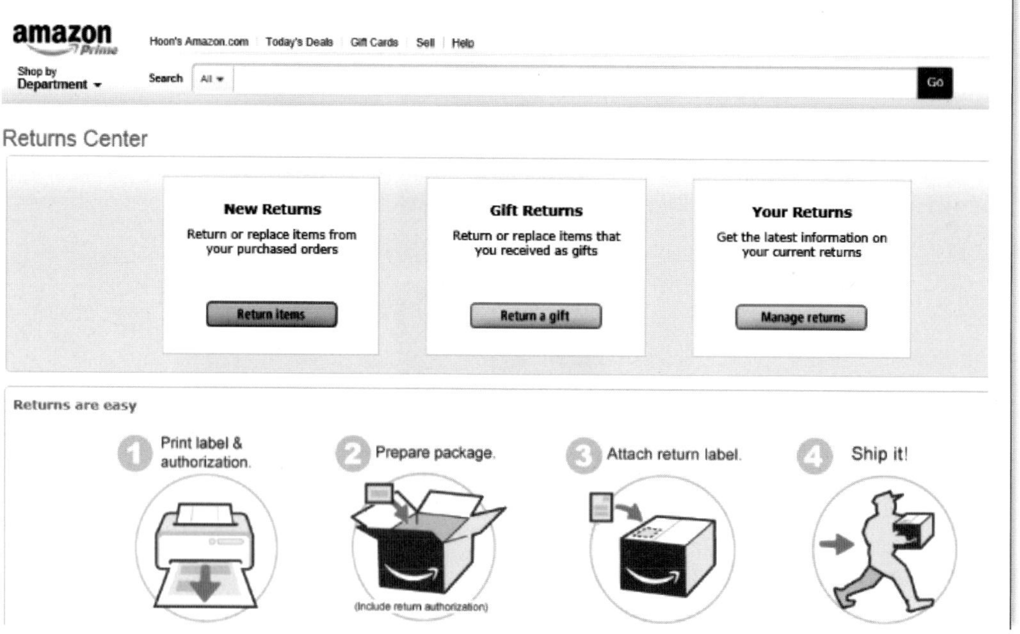

적 재방문을 유도하는 데 중요한 역할을 하게 된다.

(3) 고객 서비스(Customer Service)

고객의 문의사항 등 고객의 요구사항을 온라인상으로 충족시키기 위한 모든 서비스를 의미한다. e-커머스는 대면접촉이 힘든 온라인 미디어라는 제한을 극복하고 오프라인 서비스에 못지않게 만족스러울 수 있도록 신속하고 성실하게 고객의 요구사항에 대응하는 것이 무엇보다도 중요하다. 고객문의사항에 실시간으로 답변을 해주는 시스템이나 실제 도움을 주는 Q&A 제공이 예가 될 수 있다. 특히, 온라인의 특성상 상품에 대한 문제 발생시 간단한 절차를 거쳐 물품을 반송할 수 있는 서비스에 대한 중요성이 커지고 있다. 예를 들어, 아마존(Amazon.com)은 [그림 8-4]에서 보여주듯이 반송이 필요할 경우, 반송용 주소를 프린트하고 이를 박스에 붙여 전화를 걸면 UPS 등 배송회사가 직접 집에 방문하여 제품을 수령해 간다.

(4) 상거래(Commerce)

소비자와 제품을 판매하고 거래를 수행함으로써 회사의 실질적인 매출을 올리는 기능이다. 장바구니 기능, 대금결제 기능 등이 포함된다. 하지만, 단순히 제품이나 서비스를 판매하기보다는 방문자들의 구매를 유도할 수 있는 가격할인 쿠폰 등 다양한 인센티브 프로그램을 병행하여 운영하는 것이 성공을 위해 중요하다. 좀더 구체적인 예는 다음 절에서 설명하고 있다.

2 B2C e-커머스의 성공 요인

위에서 설명한 주요 4Cs 요소들을 갖추고 e-커머스 사업을 시작한다고 해서 모두가 성공하지는 않는다. 경쟁사와 비교할 때 각 요소들을 차별화시키고 이를 통해 고객이 진정으로 원하는 가치를 창출해야 한다. 뚜렷한 전략이나 목표가 없이 남의 비즈니스 모델을 모방하여 사업에 실패하는 수많은 사례를 2000년대 초반 닷컴 버블을 통해 목격하였다. 그렇다면 과연 어떤 요인들이 B2C e-커머스의 성공을 이끌어 내는 것일까? 다음과 같은 몇 가지 핵심 성공 요인을 살펴보자.

2.1 경영전략의 중요성

우후죽순으로 생겨났던 수많은 닷컴 기업들이 2000년대 초에 들어 망하게 된 가장 큰 요인은 장기적인 전략 없이 수익성이 보장되는 않는 사업에 새로운 기술만 믿고 뛰어들었다는 점이다. 아무리 새로운 기술이 있어도 기업의 운영을 위해서는 탄탄한 경영진의 뒷받침과 안정된 수익모델이 보장되어야만 한다. 구체적으로 다음과 같은 경영관련 요인이 e-커머스의 성공을 좌우한다.

(1) e-커머스 전략 수립

사업은 재래시장이나 e-커머스에 상관없이 반드시 전략을 필요로 한다. 특히 e-커머스 전략수립을 위해서는 (1) 타겟 시장을 결정하고 그 시장의 성장잠재력에 대한 조사가 선행되어야 하며, (2) 수익을 낼 수 있는 비즈니스 모델을 개발하여야 하고, (3) 포지셔닝, 전략적 제휴 등 마케팅 전략을 수립하여야 하며, (4) 마지막으로 사업을 이끌어 나가기 위한 자금, 인력, 기기 등 자원에 대한 철저한 계획이 뒤따라야 한다. 비즈니스 모델과 이를 구성하는 요소에 대해서는 제4장에서 이미 자세히 다루었다.

(2) 유능한 경영진

온라인 비즈니스에 대한 비전을 가진 유능한 경영진이 필요하다. 너무 비즈니스에 치우쳐 새로운 기술의 적용에 뒤쳐져서도 안 되지만 너무 기술적인 측면에만 치우쳐 경영전략과 정보기술을 제대로 활용하지 못하는 경영진이 되어서도 안 된다. 닷컴의 몰락에서 보았듯이 과도한 IT에 대한 투자를 삼가고, 비용지출은 최소화하되 수익은 최대한 극대화하여 재무적 안정성을 유지하는 능력이 필요하다.

(3) 빠른 시장 대응능력

e-커머스 시장의 특징 중 하나는 소비자와의 지속적인 의사소통을 통해 빠르게 급변하는 비즈니스라는 점이다. 온라인 고객은 다양한 채널을 통해 제품에 대한 정보를 수집하고 이를 종합하여 의사결정을 내리게 된다. 고객의 요구사항에 대한 변화, 경쟁사 신규전략 등 시장 요구사항에 발 빠르게 대응할 수 있는 신속성, 유연성(agility) 없이는 경쟁에 살아남기 힘들다.

2.2 소비자 신뢰 구축

e-커머스에서는 판매자와 구매자 모두 상대방을 보지 못하는 상황에서 매매거래를 하게 되므로, 불확실성과 리스크가 존재한다. 이와 같은 소비자의 우려를 불식시킬 수 있도록 신뢰를 부여하는 것이 B2C e-커머스 성공의 관건이 된다.

일반적으로 신뢰란 다른 사람들의 마음이나 행동에 대해 긍정적으로 기대함으로써 생성되는 보이지 않는 태도 등의 무형적 가치를 말한다. 특히, e-커머스 환경에서 신뢰란 사용자가 상거래 웹 사이트에서 안심하고 거래를 할 수 있을 것이라는 기대감에 대한 주관적인 판단을 의미한다. 소비자의 신뢰는 하루아침에 구축되는 것이 아니다. 안전한 거래시스템을 갖추고 믿음을 주는 고객 서비스를 지속적으로 제공하여야 할 것이며, 고객의 주문을 빠르고 정확하게 이행하여야 한다.

가령, 무정전 전원장치, 암호화, 방화벽 등 데이터 보안시스템을 갖추어야 하고 고객의 개인정보 유출 방지를 통한 철저한 프라이버시 보호를 보장하여야 할 것이다. 시스템의 속도 및 안정성도 신뢰를 결정짓는 요소가 될 수 있는데 설\문조사에 따르면 페이지의 로딩 속도가 4초가 넘어가고, 사이트에 접속 시 중간에 끊기거나 접속이 불량하면 고객의 신뢰도에 영향을 미치게 된다고 한다. 웹 사이\트 운영자는 지속적인 시스템 튜닝을 통해서 서버의 기술적 특성을 최적화하고 통신 네트워크의 구성을 최적화시켜 안정적인 시스템 운

표 8-2 웹 사이트의 기능 및 사용성

웹 사이트의 기능성	웹 사이트의 사용성
• 장바구니 기능 • 대금 결제 기능 • 주문 추적 기능 • 커뮤니티 기능 • 개인별 제품 추천 기능 • 실시간 온라인 채팅 상담	• 메뉴 선택 • 페이지 이동 • 정보찾기가 수월하도록 설계 • 색상, 그래픽, 동영상, 사진 이미지, 폰트, 여백, 비율 등

영상태를 유지하여야 한다.

사이트의 기능 및 사용성도 중요한 요소로 작용하는데, 장바구니 기능, 대금 결제 기능, 신속한 배송프로세스, 실시간 패키지 위치 추적기능, 커뮤니티를 통한 정보 공유 기능, 실시간 온라인 상담, 메뉴 선택의 용이성, 페이지 이동의 용이성, 암호화 및 인증기술을 적용한 지불 시스템 등이 완벽하게 구비되어 있어야 한다.

아마존(Amazon.com)의 물품 가격을 보면 항상 다른 웹 사이트에 비해 가장 저렴하지는 않다. 하지만, 소비자들이 조금 더 높은 상품가격을 주더라도 아마존을 사용하는 이유는 아마존의 빠른 배송 서비스, 제품에 하자가 있더라도 문제없이 교환을 해주는 고객 서비스 등을 통해 지난 수년간 소비자의 높은 신뢰를 구축한 결과이다.

2.3 고객 충성도 구축

신뢰와 더불어 B2C e-커머스의 성공을 위해서는 무엇보다도 소비자가 특정 온라인 상점을 자주 방문해 제품이나 서비스를 재구매하도록 해야 한다. 이러한 고객의 재구매 의도

그림 8-5 고객 충성도의 형성과정과 수익성의 관계

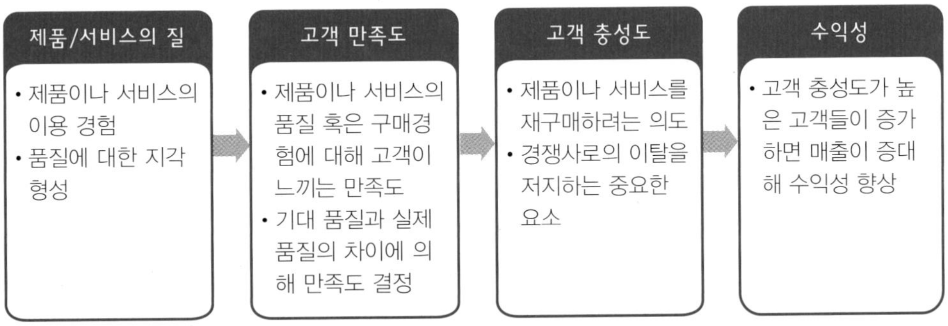

를 고객 충성도라고 하며, 높은 충성도는 결과적으로 기업의 수익성에 결정적인 영향을 주게 된다. 고객의 충성도 형성과정은 일반적으로 [그림 8–5]에서 보여주듯이 고객이 인지하는 제품/서비스의 질에 따라 고객 만족도가 결정되며, 이러한 고객 만족도가 고객 충성도를 결정짓는 중요 요인으로 작용하게 된다.

여기서 재미있는 점은, 비록 고객 만족도가 고객 충성도에 긍정적인 영향을 미치지만 항상 정비례 관계에 있다고는 볼 수 없다. 실제로 [그림 8–6]에서 보여주는 한국산업의 고객 만족도 조사에 따르면, '매우 불만'에서 '약간 만족'까지는 고객만족도가 높아짐에 따라 고객 충성도가 완만히 증가하다가, '만족'과 '매우 만족'에 가까울수록 급격히 향상됨을 알 수 있다. 이러한 결과는 고객을 적당히 만족시켰을 때와 매우 만족시켰을 때 기업에 돌아오는 차이가 그만큼 크다는 것으로 분석된다.

B2C e-커머스는 오프라인에 비해 유사한 쇼핑몰 간의 경쟁이 더욱 심하고 소비자의 이탈률도 높기 때문에 온라인 고객의 충성도를 제고하기 위한 보다 많은 노력이 필요하다. 판매하는 제품의 질을 향상시켜야 할 뿐만 아니라 소비자가 구매를 위해 최초로 접하게 되는 웹 사이트 자체의 질도 중요하다. 즉, 사용 용이한 기능과 메뉴 구성을 고려하여 웹 사이트를 구축하여야 할 것이며 고객의 관심을 끌 수 있는 유용한 콘텐츠를 끊임없이 업데이트하여야 한다. 대신 너무 잦은 사이트 메뉴나 내비게이션의 변화는 고객에게 부담이 될 수도

그림 8–6 고객 만족도와 충성도의 관계

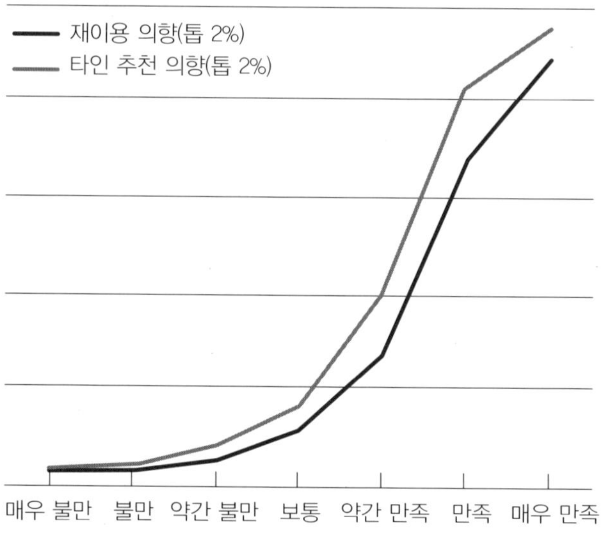

출처: 한국산업의 고객만족도(KCSI) 조사, 2011

있기 때문에 가능한 한 기존의 방식을 유지하는 것이 나을 수도 있다.

고객 충성도 구축을 위해서 온라인 충성도 프로그램을 운영해 보는 것도 좋은 방안이 될 수 있다. 충성도 프로그램(loyalty program)이란 충성도가 높은 구매행동을 보상함으로써 지속적인 재구매를 유도하는 마케팅 기법으로 포인트 적립, 온라인 쿠폰 증정, 할인 이벤트, 온라인 교차판매(Cross-linked sales), 제휴기업과의 광고협력 프로그램 등 다양한 방법으로 재구매 의도를 높일 수 있다. 국내의 한 설문조사에 의하면, 온라인 쇼핑고객들 중 70% 가량이 충성도 프로그램에 참여하여 그중 22%는 충성도 프로그램에 의해 자신들의 온라인 쇼핑습관이 영향을 받는다고 응답했다. 반면 이 조사에서 72% 응답자들은 온라인 고객서비스의 질이 자신들의 재구매 의도에 영향을 미치는 가장 중요한 요인이라고 응답했다. 따라서 고객 충성도 구축을 위해서는 앞서 설명한 B2C e-커머스 시스템의 주요 요소인 상거래(Commerce), 콘텐츠(Content), 커뮤니티(Community), 고객 서비스(Customer Service)를 전체적으로 보완 발전시켜 나가야 할 것이다.

2.4 개인화의 중요성

개인화(personalization)란 웹 페이지들을 개별 사용자들의 특성이나 취향에 부합하도록 구성하는 프로세스 혹은 방법을 뜻한다. 따라서 소비자의 특성을 파악하여 개인화를 통한 맞춤형 쇼핑서비스를 제공하는 것은 B2C e-커머스를 성공으로 이끄는 핵심 요소이다.

개인화는 소비자에 따라 웹 페이지 방문 시 개별 요구사항에 부합되는 메뉴구조나 웹 페이지를 구성함으로써 이루어지기도 하며, 또한 소비자의 과거구매 기록이나 유사한 패턴의 기록을 가진 다른 구매자의 구매기록을 근거로 구매 품목 추천, 개인화된 특별 구매기회 등 1:1 마케팅을 통해서도 실현된다. 이렇게 함으로써 소비자는 오프라인 상점에서와 같은 개인적인 관심 및 세심한 배려의 느낌을 제공받게 되는 것이다. 지금까지 아마존(Amazon.com)이 세계 제1의 B2C기업으로 살아남은 가장 큰 요인은 바로 이와 같은 특화된 개인화 서비스에 있다고 해도 과언이 아니다. 특히, 아마존은 고객의 구매 패턴을 분석하여 소비자별로 차별화된 제품을 선별하여 추천하는 시스템을 매우 효과적으로 사용하고 있다.

개인화를 실현하기 위한 기술은 여러 가지가 있지만 그중 대표적인 것은 쿠키를 이용하는 것이다. 쿠키(cookie)란 사용자의 취향에 관한 정보를 추후 웹 사이트가 기억할 수 있도록 해당 사용자의 하드디스크에 파일로서 저장해 두는 방식이다. 이러한 쿠키를 사용함으로써 사용자가 어떤 방식으로 웹 사이트들을 둘러보고, 어떤 물건을 구입했는지, 이메일 주소는 무엇인지, 쇼핑 카트에 담아 놓은 제품리스트는 무엇인지 등의 개인정보가 수집 사용

그림 8-7 쿠키 정보 파일

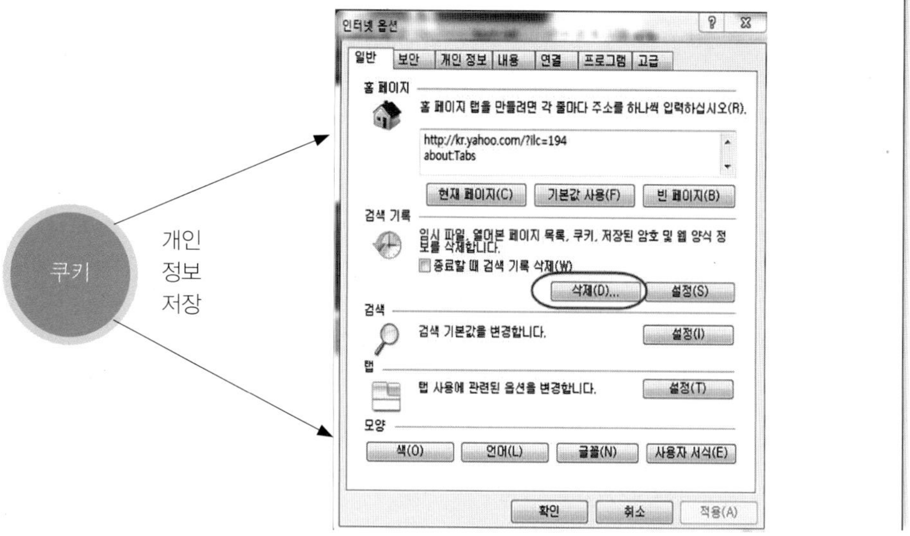

된다(그림 8-7).

최근 e-커머스에서 대부분의 개인화된 추천 시스템들은 고객의 취향에 맞는 적절한 상품을 추천하기 위하여 협동적 필터링 기술(collaborative filtering)을 적용하고 있다. 협동적 필터링 기술이란 고객 고유의 개인적 취향이나 관심 표현을 바탕으로 유사한 관심 패턴을 가진 고객들을 식별해 내는 기법이다. 이러한 식별 작업을 통해 비슷한 취향을 가진 고객들에게 서로 아직 구매하지 않은 상품들을 교차 추천하거나 분류된 고객의 취향이나 생활 형태에 따라 관련 상품을 추천하는 형태의 서비스를 제공할 수 있게 된다. 가령 앞서 언급한 아마존은 보다 정확한 추천을 위해서 소비자가 산 상품, 가지고 있는 상품, 평가한 항목, 좋아한 항목, 선물로 표시한 항목 등 다양한 상품별로 평점을 관리하고 이를 통해 유사한 취향을 가진 소비자들을 골라내고 이를 종합하여 각 상품별 선호도를 예측한다(그림 8-8).

한편, 최근 들어 프라이버시의 보호가 개인화와 관련한 중요한 이슈로 부상하고 있다. 즉, 개인화된 맞춤형 서비스를 지나치게 강조하다 보면 오히려 소비자들이 민감하게 반응하는 개인정보 보호에 대한 우려를 간과하기가 쉽다는 것이다. 개인화된 서비스가 소비자의 입장에서 다양한 혜택을 제공한다 하더라도, 개별 소비자가 체감하는 개인정보의 침해에 대한 우려를 고려하지 않을 경우, e-커머스 기업들의 개인화를 통한 새로운 서비스를 제공하고자 하는 노력은 결국 무분별한 투자로 끝나버릴 것이다. 그러므로, 소비자의 개인정보에 대한 우려와 고민에 대한 충분한 검토가 효과적인 맞춤 서비스 전략수립을 위해서 병행되어야만 할 것이다.

그림 8-8 아마존의 개인화된 추천 기술

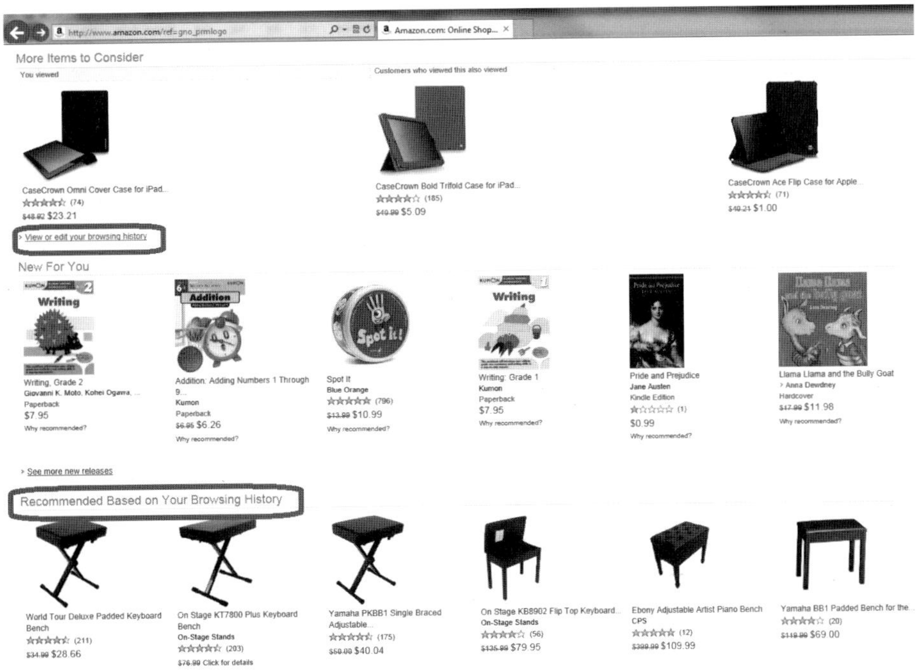

알아봅시다 퍼미션 마케팅(Permission Marketing)

프라이버시의 보호와 관련하여 퍼미션 마케팅에 대해 간단히 알아보자. 퍼미션 마케팅 기법은 야후의 마케팅 담당 부사장 세스 고딘(Seth Godin)에 의하여 고안된 개념이다. 이름에서 알 수 있듯이 퍼미션 마케팅은 정보나 프로모션 메시지들을 소비자들에게 보내기 전에 소비자들로부터 동의(퍼미션, permission)를 얻어 내는 전략을 의미한다. 즉 기업이 일방적으로 소비자를 향해 정보를 쏟아 붇기보다는 소비자가 자발적으로 시간을 내서 참여하며 필요한 것들을 얻을 수 있는 장기적인 상호대화식 마케팅 채널을 구축하는 것을 목표로 한다. 고객의 동의를 얻는 과정은 크게 옵트인과 옵트아웃 두 가지가 있다. 옵트인은 수신자의 권리를 중시해 수신자가 사전에 동의해야만 광고 이메일이나 전화를 할 수 있게 하는 방식이다. 옵트아웃은 수신자가 발송자에게 수신거부 의사를 밝혀야만 이메일 발송이 금지된다는 점에서 발송자의 권리를 중시한다.

소비자로 하여금 옵트인 동의를 받기는 옵트아웃에 비해 상대적으로 더 많은 노력이 필요하고 어렵다. 하지만, 일단 옵트인 동의를 얻게 되면 마케팅 효과는 옵트아웃에 비해 훨신 높아지게 된다. 고딘은 장기적인 대화를 통해 기업은 고객을 연애하는 감정으로 만나고, 설득하고 구애해야 한다고 주장하며, 아래 표에서와 같이 5단계 퍼미션 마케팅전략을 제시하였다. 한술 밥에 배부르기 전략이 아닌 꾸준한 구애전략의 면모를 잘 보여준다.

퍼미션 마케팅의 대표적인 예로서 설문 참여 이벤트를 들 수 있다. 자사의 제품과 서비스에 대한 설문에 참여할 경우 소정의 상품을 제공하고 이를 시작으로 고객과의 관계를 시작하게 되며, 점차 높은 수준의 허락을 받아내고 궁극적으로, 제품과 서비스 판매의 통로로 활용하게 된다.

단계	방안
1 단계	고객이 자발적으로 참여하도록 인센티브를 주며 투자한다.
2 단계	관심을 보이기 시작하면 제품과 서비스를 단계별로 설명한다.
3 단계	허락을 계속 유지하기 위해 인센티브를 보강한다.
4 단계	추가 인센티브를 제공하며 더 높은 수준의 허락을 받아낸다.
5 단계	점차 기업이윤 쪽으로 유도하기 위해 '허락'을 활용한다.

제2강 B2C e-커머스의 유형과 운영 전략

학습내용

1. B2C e-커머스의 유형
2. B2C e-커머스의 운영 전략

학습목표

1. B2C e-커머스의 전통적 유형인 오픈마켓/쇼핑몰과 새로운 유형인 소셜커머스에 대해 설명할 수 있다.
2. B2C e-커머스의 유형에 따른 성공적인 운영 전략에 대해 구별하여 설명할 수 있다.

1 B2C e-커머스의 유형

1.1 쇼핑몰과 오픈마켓

전통적인 B2C e-커머스의 유형에는 판매자가 직접 운영하는 쇼핑몰 형태와 구축되어 있는 플랫폼에서 다수의 판매자들이 참여하는 오픈마켓이 있다. 개인 쇼핑몰은 개인 사업자가 사업자 신고를 하고 웹 사이트 제작, 쇼핑몰 솔루션 구축, 지불 대행사 계약, 도매인 등록, 호스팅 등록 등을 거쳐 구축된 독립된 형태의 쇼핑몰을 의미한다. 따라서 판매자가 상품, 홈페이지, 회원, 주문, 배송 등 상품 판매와 관련된 모든 제반 사항을 관리하여야 한다. 개인 쇼핑몰은 웹 서버를 운영하는 주체에 따라 독립형과 임대형으로 다시 구분된다. 독립형 쇼핑몰은 자신이 웹 서버를 구축하고 쇼핑몰 솔루션을 직접 개발 구입해서 자신이 만들고 싶은 쇼핑몰을 자유롭게 구축하는 형태이다. 반면, 임대형 쇼핑몰은 [그림 8-9]에서 보여주듯이 제3자가 제공하는 쇼핑몰 솔루션을 이용해 제한적인 스킨만 수정하여 구축된 쇼핑몰을 말한다. 카페24(Café24.com), 메이크샵(makshop.co.kr) 등이 대표적인 쇼핑몰 솔루션 제공업체에 해당한다.

오픈마켓은 잘 알려져 있는 G마켓이나 11번가, 옥션과 같이 회원 가입만으로 개인/사업

그림 8-9 쇼핑몰 솔루션 업체인 MakeShop을 이용한 임대형 쇼핑몰의 예

자 등 모든 사람들이 판매자 및 구매자가 될 수 있는 e-마켓플레이스 공간을 말한다. 만약 판매자가 개인일 경우에는 엄밀히 말하면 C2C e-커머스라고 구분할 수도 있겠지만 일반적으로 판매자가 영세업자라 하더라도 사업체로 간주하여 B2C e-커머스로 분류한다. 오픈마켓에서는 플랫폼이 고객과 판매자 사이에서 거래 역할을 담당하는 중개자의 역할을 하게 되는데 판매자가 상품을 등록하고 난 뒤 판매대행을 하게 되며 고객으로부터 주문이 들어오면 이를 판매자에게 알리게 되고, 판매자는 물건을 배송하게 된다(그림 8-10).

그림 8-10 오픈마켓의 예: G마켓

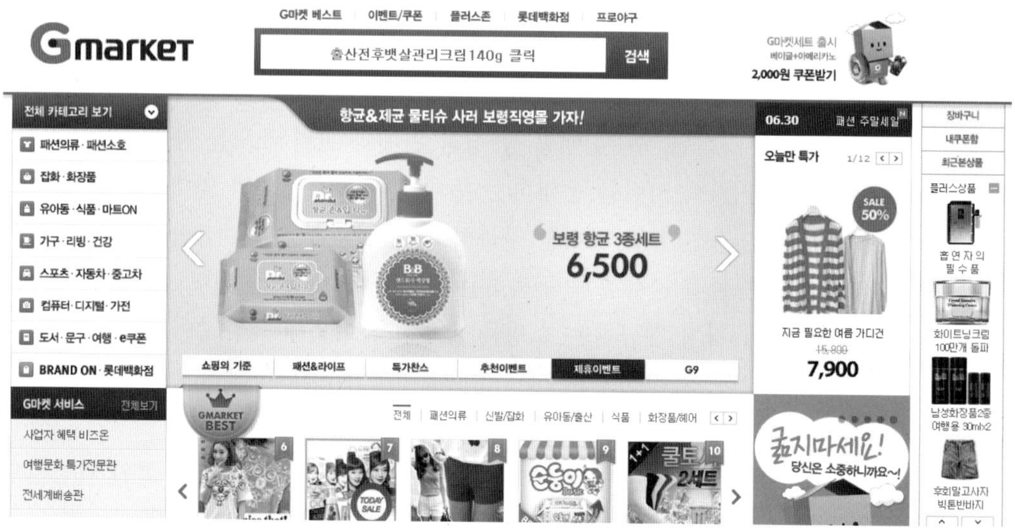

일반적으로 오픈마켓은 판매자가 소자본을 이용하여 오픈마켓에 입점을 하는 형태이다 보니 판매자와 구매자의 신뢰에 기반을 두기보다는 보다 낮은 가격 중심으로 거래가 성사된다. 따라서 판매자 입장에서는 단골손님 확보가 힘들며 소비자는 구매 시마다 비슷한 제품의 가격들을 비교 후 구매를 결정하기 때문에 거래마다 판매자가 다르게 된다. 즉, 같은 제품이라 하더라도 판매자마다 배송이 다 다르고, 고객 서비스 수준도 다르며, 신뢰(재고보유여부, 상품정보의 정확성)가 없다 보니, 구매자는 제일 싼 판매자의 상품을 구매하게 되는 것이다. 이렇다 보니, 판매자는 내 고객이 아닌 오픈마켓 고객(회원)에게 단순히 물건을 공급한다는 인식을 가지며 고객정보를 저장하는 것도 사실상 불가능하다. 반면, 개인 쇼핑몰은 제3자의 간섭 없이 독립적으로 쇼핑몰을 운영할 수 있는 장점이 있다. 하지만, 〈표 8-3〉에서 보여주듯이 사업자 등록이 번거롭고, 웹 사이트 구축을 위한 초기 자본 비용이 들어가며, 지속적인 마케팅 비용도 추가된다. 무엇보다도 어려운 점은 너무 많은 개인 쇼핑몰들 속에 소비자로 하여금 자신의 쇼핑몰을 알리는 게 쉽지 않다. 따라서 남들과 차별화되는 제품과 서비스로 자신만의 독특한 쇼핑몰을 구상하는 것이 쇼핑몰 운영자의 성공전략

표 8-3 오픈마켓과 개인 쇼핑몰의 장단점

	오픈마켓	개인 쇼핑몰
장점	• 대형 오픈마켓의 인지도 활용 • 많은 방문자로 인해 노출이 용이하고 고객을 쉽게 유치 • 초보자도 소자본으로 창업이 가능 • 제품 품목이 적어도 판매 가능 • 초보자가 온라인 판매에 대한 물건등록, 배송방법, 고객응대 등에 대해 잘 모를 경우 경험을 통해 학습하기에 유리	• 수수료가 없음 • 고객 결제 후 바로 대금지불 • 고객과의 장기적 관계를 형성하여 단골 확보 가능 • 제3자의 간섭이 없는 독자적인 운영
단점	• 높은 수수료(대표 3사의 매출당 수수료는 대략 12%) • 많은 판매자들 사이의 지나친 가격경쟁 – 가격 경쟁력 확보의 어려움 • 자본력 있는 대형업체의 광고와 박리다매에 소형업체가 밀리는 경향 – 원가 이하 미끼 상품 마케팅 – 상위 5%만 수익을 얻는 구조 • 고객이 물건을 받은 후 결제금 지불(에스크로) – 오픈마켓 운영자가 판매자 대금을 보유하여 이자 수익 • 오픈마켓 운영자(CM: Category Manager)의 지나친 간섭 – 홈쇼핑 구조와 유사	• 사업자 신고, 통신판매 신고 • 초기 창업시 다양한 물품 구비 필요 • 초기 자본금 – 쇼핑몰 제작비(50~100여 만원) – 쇼핑몰 솔루션(보통 30~60만원) – 지불대행사 계약 – 카드결제 시스템(20~30만원) – 도메인 검색엔진등록 – 다음쇼핑하우나 네이버 지식쇼핑에 입점(1군데당 19만 8천원) – 도메인등록, 호스팅등록 – 보증보험사계약(1년에 약 3~4만원) 등 • 지속적인 마케팅 필요

그림 8-11 아마존의 플라이휠(Flywheel) 성장 모델

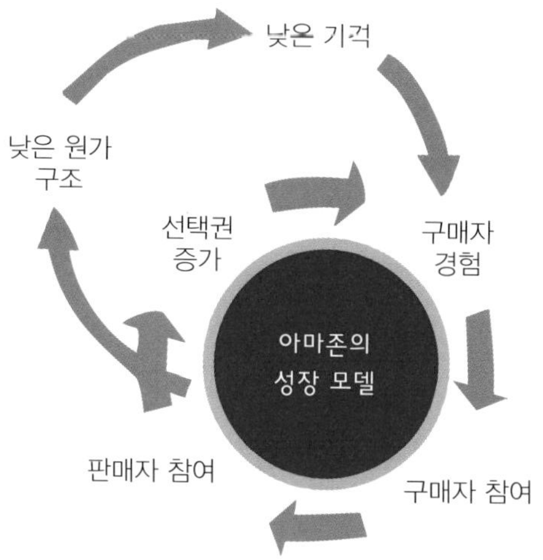

중 하나이다.

쇼핑몰과 대비되는 오픈마켓의 가장 중요한 특징 중의 하나는 네트워크 효과(Network effects)이다. 네트워크 효과는 판매자와 구매자 간의 직접적인 신뢰보다는 오픈마켓 플랫폼 참여자들 간의 플랫폼에 대한 신뢰 구축으로 인해 가치를 창출하는 것을 말한다. 광고나 입소문을 통해 구매자 증가를 꾀하는 바이럴 효과(Viral effects)와 다르게 네트워크 효과는 플랫폼이 제공하는 다양한 기술이나 서비스를 통해 판매자와 구매자들이 서로 시너지 효과를 만들어 선순환 구조를 만들어 내는 것을 뜻한다. 일반적으로 쇼핑몰은 바이럴 효과에 치중하고 있는 반면에 오픈마켓은 네트워크 효과를 낼 수 있는 환경이 조성되어 있어 이를 잘 이용한다면 지속 가능한 혜택이 더 클 수 있다. [그림 8-11]은 대표적인 오픈마켓인 아마존이 네트워크 효과를 만들어 내기 위해 만든 전략이다. 그림에서 보여주듯이 플랫폼에서 구매자의 좋은 경험은 다른 구매자의 참여를 독려하고 또 이는 판매자들의 플랫폼 참여를 증가시킴으로써 구매자에게는 더 많은 선택권을 주게 된다. 또한 아마존의 서비스를 통해 낮은 원가 구조를 만들게 되면 이를 통해 판매자들은 낮은 가격에 상품을 제공할 수 있게 되고 결과적으로 구매자의 더 좋은 경험으로 이어질 수 있다. 이러한 선순환 구조를 만드는 것이 아마존의 플라이휠(Flywheel) 성장전략이라고 하며 이는 아마존 플랫폼의 네트워크 효과를 극대화하는 전략과 맞닿아 있다.

1.2 소셜커머스

소셜커머스는 이름 그대로 소셜(Social)과 커머스(Commerce)의 합성어이다. 여기서 소셜이라 함은 온라인상에서 사람과 사람의 관계를 형성함을 의미하고 이러한 관계를 상거래에 이용하는 것이 소셜커머스이다.

소셜커머스의 기원은 2005년 야후(Yahoo) 회원들 간의 장바구니 목록(Pick lists) 공유 서비스인 쇼퍼스피어(Shoposphere)에서 찾아 볼 수 있다. 이후 쇼퍼스피어를 소셜커머스라고 처음으로 명명하였고, 이는 웹 사용자들이 참여와 공개를 통해 공유를 도모하였다는 점에서 소셜네트워크서비스(SNS)와 공통점을 가진다. 이후 페이스북 등 SNS의 빠른 성장과 함께 e-커머스도 공개 및 참여의 방향으로 진행되기 시작하였는데 2008년 그루폰(Groupon)이 소셜네트워크 기반의 입소문을 통한 공동구매 서비스를 성공시키면서 유사한 서비스들이 빠른 속도로 생겨나기 시작했다.

그루폰과 마찬가지로 대부분의 국내 소비자들에게 가장 친숙한 소셜커머스는 "티켓 몬스터(티몬)", "위메이크 프라이스(위메프)" 등 공동구매를 통한 반값 할인 쇼핑몰이다. 기존의 온라인 카페 등을 통한 공동구매는 많은 사람이 집단적으로 모이기만 하면 할인구매가 가능한 반면, 소셜커머스에서 말하는 공동구매는 소셜네트워크상의 인맥과 입소문을 활용하여 일정 규모 이상의 사람이 모여야 할인구매가 가능하다. 공동구매 형태의 소셜커머스 이후에도 보다 다양한 형태로 SNS와 e-커머스의 융합이 이루어졌는데, 상품을 구매한 온라인 소비자들이 그들의 쇼핑 경험을 온라인 쇼핑몰과 독립된 SNS를 통해 공유하기 시작하였고, 최근에는 Instagram, Facebook과 같은 SNS를 e-커머스 플랫폼으로 발전시킴으로써 모든 거래가 SNS 내부에서 이루어지는 형태도 생겨났다.

이와 같이 소셜커머스는 SNS를 활용하는 방식이 어떠하든, 비즈니스모델이 무엇이든 관계없이 "홍보와 마케팅에 대한 소비자의 기여가 점차 증대되고, 더 나아가 소비자에게 상거래의 주권을 주는 새로운 e-커머스 패러다임"으로 정의할 수 있다. 비록 현재 국내의 소셜커머스 시장은 아직까지 공동구매 형태의 초기적 소셜커머스에 편중되어 있지만 점차 다양한 소셜커머스 유형들이 시도되고 있다. 이해를 돕기 위해 소셜커머스를 다음 5가지 유형으로 구분해 볼 수 있는데, 경우에 따라 각각의 유형이 결합되기도 한다.

(1) 소셜쇼핑(공동구매)형

가장 일반적으로 알려져 있는 공동구매형은 원어데이(one a day) 형태의 공동구매 쇼핑몰로 사전에 정해, 일정 판매량 초과 시 높은 할인율을 적용하여 물품을 구분하게 되고, 이를 위해 SNS를 통한 구전효과를 결합시킨 플랫폼이다. 즉, SNS의 바이럴(viral) 효과를 토대로 구매력을 높이게 되는데, 국내 소셜커머스의 가장 흔한 형태라고 할 수 있다. 주로 음식점, 미용실, SPA, 숙박, 공연 등의 서비스 상품 판매에 많이 사용되고 있다.

(2) 소셜링크형

소셜링크형은 소셜플러그인(social plugin)이라고도 불리는데 기존의 e-커머스 사이트에 최소의 소셜플러그인으로 SNS 아웃바운드를 가능하게 한 형태이다. e-커머스 사이트에 삽입된 공유(Share) 버튼을 클릭하면, 현재 웹문서의 웹링크가 생성되어 해당 소셜네트워크 글쓰기에 자동으로 삽입되거나, 자신의 소셜 네트워크에 웹문서가 그대로 복사되어 게시물로 생성되게 된다. 이러한 게시물은 SNS 내의 각 개인별 팔로워에게 전파되어 바이럴 마케팅의 역할을 수행한다.

(3) 소셜웹형

소셜웹형은 SNS 아웃바운드 링크를 넘어서 소셜네트워크가 가지는 다양한 기능을 외부 커머스 사이트에서 보다 적극적으로 구현한 형태를 말한다. 즉, 커머스 내외에 퍼진 모든 활동을 지인들에게 보여주어 소통을 극대화할 수 있는데 소비자의 구매, 평가, 리뷰 등의 활동이 자동으로 SNS 사이트로 반영되어 공유된다. 또한, 같은 소셜네트워크의 친구들이 해당커머스 사이트에서 어떤 활동을 하였는지(구매 혹은 좋아요 등)에 대해서도 보여줄 수도 있다. 최근 해리스 인터렉티브(Harris Interactive)사의 조사에 따르면 응답자들 중 71%가 가족이나 친구들의 의견이 특정 브랜드를 선택하는 데 영향을 미쳤다고 하였으며, 이컨설턴시(Econsultancy)사의 조사에서도 응답자의 90%가 지인들의 추천을 신뢰한다고 하였다.

(4) F-커머스형(혹은 인스타그램 쇼핑)

지금까지는 SNS는 쇼핑몰과 독립적으로 존재하여 쇼핑은 쇼핑몰에서 하고 SNS는 쇼핑후기 등을 공유하는 장소 역할을 하였다. 한편 요즘 들어 페이스북이나 인스타그램과 같은 SNS 자체를 e-커머스의 플랫폼으로 활용하는 경우가 늘고 있다. 페이스북도 자신의 SNS를 하나의 오픈플랫폼으로 제공하여 상품정보, 구매, 결제, 유통에 이르기까지 모든 서비스를 페이스북 내에서 가능하게 하는 F-Commerce 서비스를 제공하기 시작했다. 즉, 과거 상품을 진열하고 홍보하는 마케팅적 수단으로만 쓰이던 SNS가 이제는 직접 쇼핑몰의 역할을 하는 것이다.

이를 위해서 SNS는 입점하는 쇼핑몰에 무료계정에 무료 쇼핑몰 빌더를 제공한다. [그림 8-12]에서 보여주듯이 이러한 쇼핑몰 빌더를 이용하면 상품등록, 장바구니 기능, 결제기능

그림 8-12 페이스북의 플러그인 지원에서 F-Commerce로의 전환

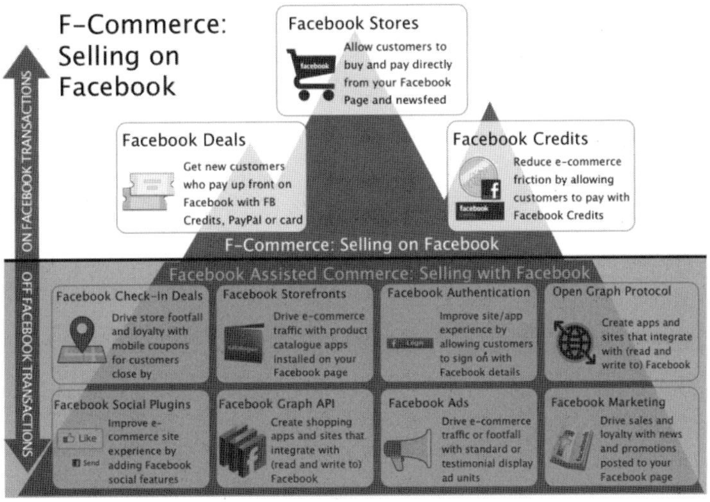

(페이팔 등), 공동구매나 팬 할인 기능을 하나의 패키지로 손쉽게 구현할 수 있다.

(5) 오프라인 결합형

오프라인으로 상품을 판매하기 위해 온라인 SNS를 결합하는 형태를 오프라인 결합형, 또는 Online to Offline(O2O) 비즈니스 모델이라 부른다. 스마트폰 기반의 위치기반 서비스와 더불어 발전된 형태로 보통 매장의 위치정보와 상거래 경험을 실시간으로 SNS를 통해 공유하게 되는데 주로 푸시(Push)방식으로 일정 반경 안에 있는 소비자들에게 자동으로 정보가 전달된다. 국외의 경우 포스퀘어, 국내의 경우 아임인, 티몬나우 등 위치기반 쿠폰 서비스가 대표적인 예가 된다. 이러한 SNS 서비스는 체크인 기능을 가지고 있어 개별 소비자의 로컬 매장에 대한 체크인 빈도, 누적 횟수 등에 따라 할인이나 무료 상품 혜택이 달라

알아봅시다 **O2O(Online to Offline)를 넘어서 O4O(Online for Offline)로**

최근 온라인-오프라인 결합형 소셜커머스가 O4O(Online for Offline)로 진화되는 모습들을 자주 볼 수 있다. O4O는 온라인상의 소셜 기능을 강조되어 이 유저들을 오프라인으로 유도하던 기존의 오프라인 결합형 모델과는 달리 온라인 데이터와 노하우를 이용해 오프라인의 강점들을 부각시키는 모델이다. 무신사 스탠다드 플래그십 스토어는 온라인 구매 시 겪는 반품, 교환, 환불, 배송과 같은 문제들을 오프라인 매장을 활용하고 있고, GS리테일의 우리 동네 GS는 온라인으로 간편하게 선 결제 후 온라인으로 판매하기 힘든 주류 픽업, 택배서비스 등을 오프라인 매장에서 제공하여 온라인 오프라인의 시너지 효과를 꾀하고 있다.

지게 된다. 이와 더불어 이전까지는 분석이 어려웠던 오프라인 소비자의 구매 패턴과 유형 분석이 온라인과의 연동을 통해 가능해지게 되었다.

2 B2C e-커머스 운영 전략

2.1 웹 사이트 방문자 분석

전통적인 오프라인 매장과 달리 온라인 소비자들은 웹 사이트 방문 시, 언제 어떤 웹페이지를 얼마 동안 방문하였는지 등에 대한 정보를 수집하기가 용이하다. 즉, 이러한 정보가 고스란히 웹 사이트를 운영하는 서버에 로그파일로서 기록된다. 따라서, B2C e-커머스의 성공적인 운영은 이러한 소비자의 방문기록과 구매행위와 관련된 데이터를 분석함으로써 이루어진다.

2.2 웹 트래픽의 측정

웹 사이트 방문자 분석의 가장 기본이 되는 척도는 웹 트래픽인데, 이는 방문자들이 특정 웹 사이트와 주고받는 데이터의 양을 뜻한다. 웹 트래픽 규모는 사이트 방문자 수와 방문 페이지 수에 의해 결정되며 물론 성공적인 온라인 기업일수록 웹 트래픽은 더 높아지게 된다. 하지만 이 밖에도 여러 가지 유용한 관련 정보를 얻을 수 있다. 가령 웹 트래픽은 웹

그림 8-13 구글 애널리틱스

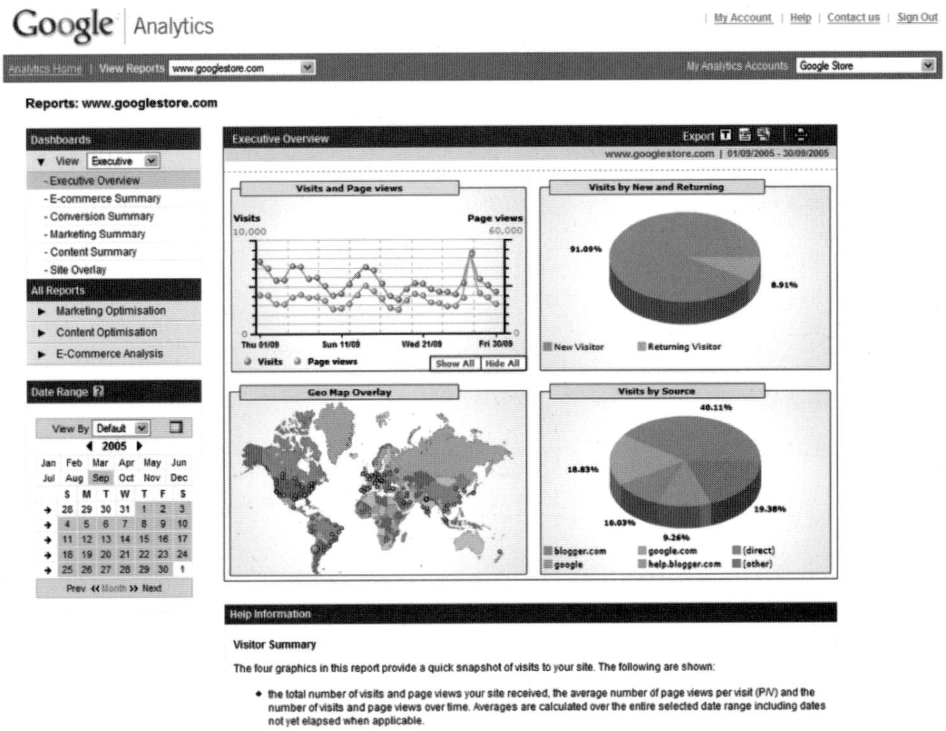

사이트뿐만 아니라 개별 웹 페이지들의 인기도를 가늠할 수 있게 하며 이를 통해 웹 사이트를 어떤 식으로 새로 구성할지 계획을 수립할 수 있다. 그 밖에도 웹서버의 로그파일에는 자동으로 다양한 트래픽 통계치들이 저장된다. 특히, 최근 들어 "대쉬 보드" 형태의 분석 결과를 종합하여 보여주는 트래픽 분석 서비스가 많이 이용되는데, 그중 구글의 Analytics가 대표적이다(그림 8-13).

사실상 모든 온라인 기업이나 웹 사이트를 보유한 기업들은 분석 툴을 활용해서 트래픽을 추적 및 관리한다. 그러나 이런 분석 보고서에 담긴 정보를 100% 활용하지 않고 있거나, 그 방법을 모르는 사업주와 경영진이 많다. 구글 애널리틱스는 e-커머스 운영 사이트와 쉽게 연동할 수 있으며 이를 통해서 단순한 트래픽 양을 넘어서 트렌드나 영역별 통계 분석, 데이터 마이닝을 통한 방문자 행동 예측 등을 가능하게 해준다.

〈표 8-4〉에서는 웹 트래픽의 주요 척도를 간략히 설명하였다. 각 척도들이 주는 결과값은 단순한 숫자라기보다는 다양한 목적으로 이용될 수 있음을 알 수 있다.

표 8-4 웹 트래픽의 주요 척도

트래픽 척도	설명
방문자 수	하루 동안 사이트를 찾아온 총방문자 수: 한 사람이 두 번 방문하면 2인으로 간주하며, 실제 방문자 수(unique visitors)와는 다른 개념임
방문자당 평균 페이지 뷰	이 수치가 높으면, 방문자들이 흥미를 느껴 사이트를 많이 둘러보기 때문일 수도 있고, 혹은 정보 찾기가 지나치게 어려워 헤매는 것일 수도 있음
평균 방문 체류시간	한 사용자가 한 번 방문해서 체류하는 총시간
평균 페이지 체류시간	한 페이지에 머무르는 시간
최고 집중 시간대	하루 중 트래픽이 가장 많이 몰리는 시간대로서, 판촉 캠페인의 적절한 시간을 선택하는 데 유용함
최고 요청 페이지들	가장 빈번하게 조회되는 인기 콘텐츠 페이지들
최고 요청 시작페이지	사용자가 사이트에 접속해서 보는 첫 페이지(사용자 관심 콘텐츠 파악)
최고 요청 끝페이지	사용자가 사이트를 떠날 때 보는 마지막 페이지(흥미 없는 콘텐츠, 페이지 접속불량, 혹은 인기 있는 외부사이트 링크 존재여부 파악)
최고 이동경로	사용자가 사이트에 접속해서 떠날 때까지 조회하는 일련의 페이지들: 최고 이동경로는 사이트 내비게이션을 개선하는 목적으로 이용됨
접속 근원지	링크를 통해 사이트에 접속한 경우, 링크를 제공한 이전 사이트를 추적할 수 있음: 특정 페이지에 트래픽을 가장 많이 보내주는 사이트를 파악함

2.3 e-커머스의 매출을 증대하는 방안

B2C e-커머스 기업의 주된 관건은 웹 사이트 트래픽을 최대한 발생시켜 매출을 높이는 것이다. 물론 양질의 제품과 서비스를 제공하고 이를 소비자에게 알려 방문자 수를 늘려야 하겠지만, 위에서 살펴본 웹 분석이나 검색엔진 등을 활용해 어떻게 매출을 증대시킬 수 있을지 알아보자.

(1) 검색엔진의 최적화

e-커머스 소비자는 대부분 자신이 원하는 상품이나 서비스를 검색함으로써 구매행위를 시작하게 된다. 따라서 구글, 네이버 등 검색엔진에 나타나는 웹 사이트의 순위를 인위적으로 조절함으로써 노출을 개선할 수 있다.

가령, 알아보기에서 살펴본 검색엔진의 작동원리에 따라 웹 페이지에 키워드의 빈도를 높이는 것도 한 방안이 될 수 있다. 하지만, 이 경우 실질 적인 페이지랭크(page rank)를 높

알아봅시다

검색엔진의 작동 원리

구글이나 네이버 등 검색엔진은 크롤링, 인덱싱, 순위 결정의 세 가지 기본적인 기능을 갖추고 있다.

검색을 할 때, 사용자는 웹을 직접 검색하는 것이 아니라 검색엔진이 색인(Indexing)한 수억 개의 웹 페이지를 저장한 검색엔진의 데이터베이스를 검색하게 된다. 하루에도 수많은 사이트가 새로 탄생하고 기존의 웹 페이지도 계속 새 게시물이 늘어나지만 검색엔진은 이러한 웹 페이지를 최대한 모두 색인한다. 이를 위해서 검색엔진은 스파이더(Spider, 거미 로봇)라고 하는 소프트웨어 프로그램을 각 웹 사이트에 보내, 웹 페이지를 크롤링(Crawling)하게 한다. 검색엔진 스파이더는 처음에는 소량의 웹 페이지를 색인하고, 그 웹 페이지에 포함된 링크를 따라 다른 웹 페이지들을 방문하며, 또다시 그 웹 페이지에서 가르키는 링크를 따라 또 다른 웹 페이지들로 이동하여 색인을 한다. 이런 식으로 반복하여 수십억의 웹 페이지의 정보가 수천 대의 검색엔진 컴퓨터에 문서로 저장된다.

사용자가 키워드를 통해 검색을 하면, 검색엔진의 소프트웨어는 이러한 검색 조건을 만족시키는 매개 페이지의 색인을 모두 검토하며, 수십만 개의 가능한 검색결과 중에서 관련성이 가장 높은 웹 사이트를 순위 결정 알고리즘에 따라 최상위에 배치한다. 검색 결과 순위를 결정함에 있어서, 검색엔진이 검토하는 요소는 수백 가지가 있으며, 다음은 그중의 몇 가지 중요한 요소이다.

- 이 웹 페이지는 단어(키워드)를 몇 번 반복하여 포함하는가?
- 이 단어가 제목, URL에 포함되어 있는가?
- 페이지에 키워드의 동의어가 포함되어 있는가?
- 이 웹 사이트의 품질은 우수한가 아니면 낮은 것인가? 혹은 스팸 사이트인가?
- 이 웹 페이지의 페이지랭크(page rank)는 어떠한가? 즉, 얼마나 많은 외부 사이트가 해당 웹 페이지를 링크하였느냐와 해당 웹 페이지에 링크를 건 웹 사이트의 품질을 고려하여 웹 페이지에 점수를 매기게 된다.

이는 데는 한계가 있다. 따라서 키워드 외에 다양한 요인을 고려하여 검색엔진 최적화를 유로 서비스로 제공하는 전문업체들도 많이 생겨났다.

한편, 구글 등 검색엔진 서비스 업체들은 검색서비스를 무료로 하는 대신 수입원 확보를 위해 광고를 활용한다. 즉, 위에서 언급한 다양한 순위 결정 요소들을 고려하여 우선순위를 정하기도 하지만, 광고비를 지불한 업체에 대해서 그 업체의 웹 사이트 링크를 우선적으로 보여주기도 한다. [그림 8-14]에서 보여주는 "갤럭시 S24"에 대한 키워드 검색의 결과를 보면 광고가 제일 상단과 우측에 위치한다. 보통 광고주는 키워드당 경쟁입찰을 통해 구매한다.

(2) 마케팅 캠페인 분석

트래픽이 유입되는 지점을 파악하면, 이곳에 더 많은 시간과 돈을 투자해 트래픽을 증가시킬 수 있다. 따라서, 트래픽 발생 지점이 다른 웹 사이트, 소셜미디어, 검색엔진(유료 및 무료) 중 어디인지 파악해야 한다. 다양한 종류의 마케팅 캠페인을 시도하였다면 각 캠페

그림 8-14 광고를 포함하고 있는 구글 검색 결과

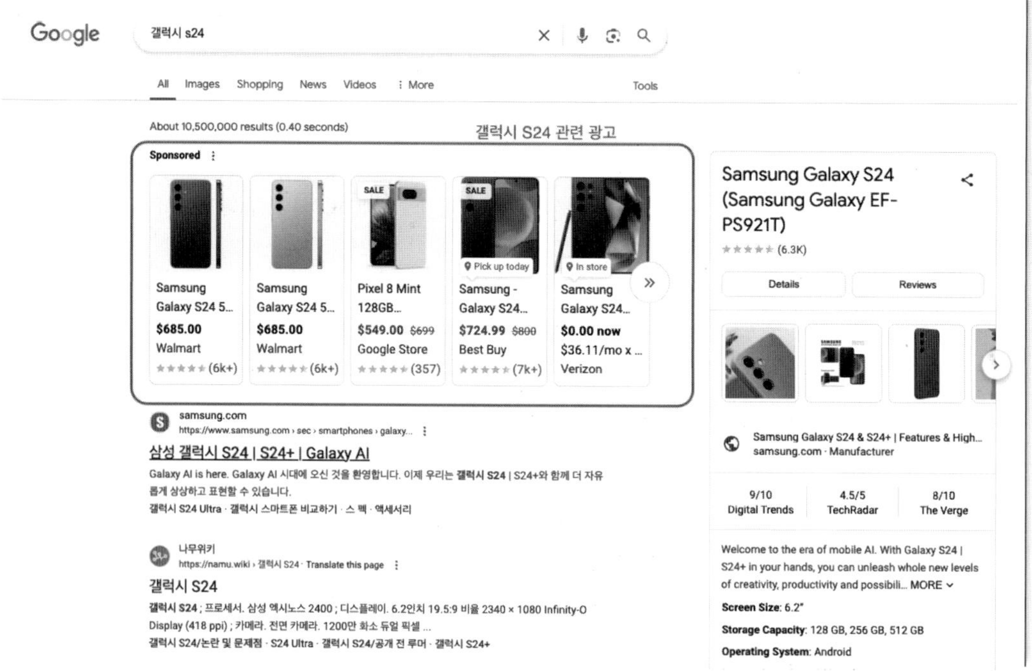

인별로 정확한 성과 측정과 분석이 병행되어야 한다. 웹 로그 분석 데이터를 이용해 어떤 마케팅 채널이 가장 전환율(광고를 본 수/실제 사이트를 방문하여 구매로 이어지는 비율)이 높은지 파악할 수 있다. 이메일, 디스플레이, 유료 검색 등 마케팅 캠페인을 실시하는데 그치지 않고 꾸준히 추적해야 한다. 위에서 제시한 구글 웹 로그 분석의 경우 기여모델을 활용해 어떤 캠페인이 전환율을 높이는지 이해할 수 있다. 각 캠페인의 전환율을 파악하면 가장 생산적인 마케팅 채널에 예산을 집중할 수 있다.

가장 대표적은 광고 형태인 배너 광고는 소비자들이 광고를 클릭하여 웹 사이트로 트랙픽이 발생할 때 CPM(Cost Per Mille, 매 1,000번 보기마다 광고비) 형식으로 광고비를 지불하게 된다. 하지만, 요즘들어 대부분의 인터넷 사용자들은 배너 형태의 광고를 성가시다고 여기며 이러한 광고피로도는 트래픽 증가에 점차 그 영향력이 줄어들고 있는 실정이다. 대신에 지인들의 추천을 이용하는 소셜마케팅이나, 개인의 취향을 분석한 맞춤 광고에 대한 관심이 날로 높아지고 있다. 마케팅 및 광고전략에 대해서는 앞의 제5장에서 자세히 살펴보았다.

(3) 방문자의 위치를 파악

방문자의 IP 주소를 통해 거의 정확한 지리적 위치를 파악할 수 있다. 지리 검색 필터를 이용해 다른 지역보다 매출이 많은 국가, 지역, 주를 파악해야 한다. 그러면 해당 지역에 광고 캠페인을 집중시킬 수 있다. 이 정보는 일부 지역의 구매 전환율이 높지 않은 이유를 알려준다. 그러면 특별 행사, 할인, 기타 인센티브를 제공해 매출을 증대시킬 수 있다.

(4) 인구 통계 데이터 활용

구글 웹 로그를 포함한 많은 트래픽 분석 도구들은 최근 잠재고객 개요 보고서에 인구통계와 관심분야 항목을 포함한다. 사이트 방문자의 연령, 성별, 관심사, 어떤 계층이 전환율이 높은지 확인할 수 있는 항목이다. 이 데이터를 이용해 더 나은 디스플레이 및 유료 트래픽 창출 광고 캠페인을 추진할 수 있다

(5) 고객이 찾는 대상을 파악(사이트 검색 이용)

사이트 검색(Site Search) 데이터를 이용해 방문자가 사이트에 머무는 동안 검색한 용어, 방문한 페이지를 확인할 수 있다. 이는 제품 배치와 관련된 문제점, 몰입을 하지 못하는 콘텐츠 등을 찾는 데 도움이 된다.

(6) 고객을 놓치는 지점을 파악

마지막으로, 고객이 방문 후 바로 떠나버리는 반송률을 살펴보아야 한다. 트래픽이 많지만, 다른 페이지보다 반송률이 높은 페이지를 찾아내면 그 페이지에는 정보, 레이아웃, 구매를 이끄는 콘텐츠의 부재 등과 관련된 문제가 존재할 수 있다. 반송률은 페이지의 문제점을 보여주는 지표이지만 좀더 나은 e-커머스 사이트로 발전시킬 수 있는 유용한 정보가 된다.

핵심 체크

01 수많은 닷컴 회사들이 갑자기 몰락하게 된 시기는 2005년을 전후해서였다.

정답 ×

해설 1998~2000년 사이에는 B2C 전자상거래 분야의 투자가 급격히 증가한 후 2001년을 정점으로 몰락하게 되었다.

02 쿠키를 사용하여 개인화를 구현하는 기술은 법으로 금지되어 있다.

정답 ×

해설 쿠키(cookie)란 사용자의 취향에 관한 정보를 추후 웹 사이트가 기억할 수 있도록 해당 사용자의 하드디스크에 저장해 두는 정보로 불법은 아니지만 개인정보 유출의 위험을 내포한다

03 검색엔진의 최적화를 통해 B2C 전자상거래의 신뢰를 구축할 수 있다.

정답 ×

해설 검색엔진의 최적화를 통해 B2C 전자상거래의 트래픽을 구축할 수 있다.

04 포인트 적립, 온라인 쿠폰 증정, 할인 이벤트 등은 고객 충성도를 제고하는 대표적인 방법이다.

정답 ○

해설 충성도 프로그램(loyalty program)은 충성도가 높은 구매행동을 보상함으로써 지속적인 재구매를 유도하는 마케팅 기법이다.

05 온라인 비즈니스를 성공시키기 위해서는 정보기술보다는 오히려 비즈니스에 대한 능력을 가진 경영진을 필요로 한다.

정답 ×

해설 온라인 비즈니스를 위해서는 정보기술과 비즈니스를 접목한 종합적인 경영관리 능력이 필수 요건이다.

06 G마켓, 11번가, 옥션 등의 비즈니스 모델을 일컫는 용어로 '오픈마켓'이 있다.

정답 ○

해설 오픈마켓은 누구나 웹 사이트 회원 가입만으로 개인, 사업자 등 모든 사람들이 판매자 및 구매자가 될 수 있는 e-마켓플레이스 공간이다.

07 B2C 전자상거래 성장 추이를 설명한 내용으로 타당하지 않은 것은?

① 1998에서 2000년에 걸쳐 B2C 전자상거래 분야의 투자가 급격히 증가하였다.
② 2001년을 정점으로 닷컴 버블이 몰락하였다.

③ 2001년 이후 아마존 등 수익성을 확보한 회사는 존속하고 있다.
④ 2005년 이후 온라인 매출이 조금씩 줄어들었다.

정답 ④

해설 개인화 기능으로 고객만족도 향상, 온라인 판매시스템과 SCM 시스템의 통합으로 효율성 증대, 오프라인 기업들의 온라인 시장 참여 등으로 2001년 이후에도 지금까지 매출이 성장하고 있다.

08 고객 고유의 개인적 취향이나 관심 표현을 바탕으로 유사한 관심 패턴을 가진 고객들을 식별해 내는 기법을 무엇이라 하는가?

① 데이터필터링　② 공동여과기법
③ 고객 충성도 향상법　④ 교차추천법

정답 ②

해설 공동여과 기법은 비슷한 취향을 가진 고객들에게 서로 아직 구매하지 않은 상품들을 교차 추천하거나 분류된 고객의 취향이나 생활 형태에 따라 관련 상품을 추천하는 형태의 서비스를 제공하기 위해 사용한다.

09 온라인상에서 제품구매시 고객들은 쇼핑몰에서 제공하는 다른 고객들의 상품평과 이용후기 등에 상당한 영향을 받게 된다고 한다. 이는 다음 B2C 전자상거래의 핵심이슈 중 무엇의 중요성을 설명하는가?

① 신뢰구축　② 트래픽 구축
③ 고객 충성도 구축　④ 안정된 인프라 구축

정답 ①

해설 온라인 구매의 불확실성에 대한 우려를 불식시킬 수 있도록 신뢰를 부여하는 것이 온라인 비즈니스 성공의 관건이다.

10 소비자가 자발적으로 시간을 내서 참여하며 필요한 것들을 얻을 수 있는 장기적인 상호대화식 마케팅기법을 무엇이라 하는가?

① 퍼미션 마케팅　② 제휴 마케팅
③ 바이럴 마케팅　④ 블로그 마케팅

정답 ①

해설 이를 위해 기업은 정보나 프로모션 메시지들을 소비자들에게 보내기 전에 소비자들로부터 동의를 얻어야 한다.

11 사용자의 취향에 관한 정보를 추후 웹 사이트가 기억할 수 있도록 해당 사용자의 하드디스크에 저장해 둔 파일 형태를 무엇이라 하나?

정답 쿠키(cookie)

해설 쿠키에는 사용자가 어떤 식으로 웹 서핑을 하고 있는지, 어떤 물건을 구입했는지, 이메일 주소는 무엇인지 등의 개인정보가 저장된다.

12 배너 광고에 대한 광고비는 어떤 방식으로 부과하는가?

정답 CPM

해설 Cost per mille: 1,000번의 임프레션(노출)당 비용

13 오픈마켓 플랫폼이 제공하는 다양한 기술이나 서비스를 통해 판매자와 구매자들이 서로 시너지를 이루어 선순환 구조를 만들어 내는 효과를 무엇이라 하나?

정답 네트워크 효과

해설 네트워크 효과는 오픈마켓이 쇼핑몰과 다른 특징 중에 하나로, 쇼핑몰에서 이루어지는 판매자와 구매자 간의 직접 신뢰보다는 오픈마켓 플랫폼을 통해 이루어지는 것이 특징이다.

14 다음 중 소셜커머스에 대한 설명으로 바르지 <u>못한</u> 것은?

① 소셜커머스의 기원은 2005년 야후(Yahoo) 회원들 간의 장바구니 목록(Pick lists) 공유서비스인 쇼퍼스피어(Shoposphere)에서 찾아볼 수 있다.

② 국내 소셜커머스 시장은 그루폰이 유행하기 시작한 2008년부터 빠르게 성장하였다.

③ 소셜링크형은 웹 페이지 상단 공유(Share) 버튼을 클릭할 때, 현재 웹문서의 웹링크가 생성되어 해당 소셜네트워크 글쓰기에 자동으로 삽입된다.

④ 소셜웹형은 SNS 아웃바운드 링크를 넘어서 소셜네트워크가 가지는 다양한 기능을 외부 커머스사이트에서 보다 적극적으로 구현한 형태를 말한다.

정답 ②

해설 국내 소셜커머스 시장은 미국보다는 조금 늦은 2010년부터 빠르게 성장하였다.

요약

B2C e-커머스의 개념

- B2C(Business-to-Consumer)는 소비자를 대상으로 인터넷을 통해 제품 및 서비스의 마케팅 및 판매를 수행하는 기업활동
- B2C e-커머스 시스템의 주요 요소는 상거래(Commerce)를 포함하여, 콘텐츠(Content), 커뮤니티(Community), 고객 서비스(Customer Service)로 구성
- B2C e-커머스는 1998년 이후 급속도로 성장하다 2001년 닷컴 버블의 몰락으로 조정기를 거치게 되었으며, 이후 수익성을 확보한 기업들을 중심으로 조정단계를 거쳐 지속적인 성장세를 유지함

B2C e-커머스의 성공 요인

- 탄탄한 경영진의 뒷받침과 안정된 수익모델을 기반으로 한 e-커머스 전략 수립이 필수
- 소비자 신뢰 구축을 위해서는 사이트의 디자인, 제품의 품질에 대한 보증, 고객 주문에 대한 신속한 처리, 믿음을 주는 고객 서비스 등이 필요함
- 고객 충성도의 구축은 고객의 재구매 의사를 높여 궁극적으로 지속적인 수익성을 확보해 줌. 고객충성도를 제고하기 위해서는 고객이 사용하기 편리한 웹 사이트를 구축하는 반면, 포인트, 쿠폰, 할인 이벤트 등 다양한 온라인 충성도 프로그램을 운영하기도 함
- 개인화는 B2C e-커머스의 개별화 마케팅실현 수단으로서 고객의 과거구매 기록이나 유사한 패턴의 기록을 가진 다른 구매자의 구매기록을 근거로 1:1 마케팅을 구현함
- 개인화를 실현하는 대표적인 기술은 쿠키와 공동여과(collaborative filtering)기법임

B2C e-커머스의 유형

- 오픈마켓은 판매자 입장에서 높은 수수료와 지나친 경쟁 등이 부담이 되지만, 초보자의 경우 소자본으로 비교적 적은 수의 제품을 가지고서도 창업이 가능하다는 장점이 있음
- 쇼핑몰의 경우, 창업자의 준비조건이 까다롭고 초기 자본 비용이 필요하지만, 수수료가 없고 고객과의 장기적 단골 관계 형성에 유리함
- 쇼핑몰은 바이럴 효과에 치중하는 반면에 오픈마켓은 네트워크 효과를 통해 이익을 극대화 할 수 있음
- 소셜커머스는 소셜과 커머스의 합성어이며, SNS상의 인맥관계를 상거래에 이용하는 것을 의미하며 스마트폰 등 모바일 기기와 더불어 더욱 그 영역을 확장해 나가고 있음
- 소셜커머스는 "홍보와 마케팅에 대한 소비자의 기여가 점차 증대되고, 더 나아가 소비자에게 상거래의 주권을 주는 새로운 e-커머스 패러다임"으로 정의

B2C e-커머스의 운영

- B2C e-커머스 업체는 자신의 사이트에 대한 트래픽이 높을수록 더 많은 수익성을 확보할 수 있음
- 트래픽을 증대시키는 방법으로는 검색엔진 최적화, 마케팅 캠페인 분석, 방문자 위치 파악, 인구 통계데이터 활용, 사이트 검색 데이터 활용, 반송률 분석 등이 포함

참고 문헌

김병성 · 박대윤, 실시간 검색 모바일에서도 통하는 인터넷 검색 소셜네트워크 마케팅 최적화, 앤써북, 2011.

이동훈, IT CookBook, 전자상거래와 e-비즈니스, 한빛미디어, 2010.

홍일유, 디지털 시대의 이비즈니스와 이커머스, 개정판, 법문사, 2022.

KCSI(Korean Customer Satisfaction Index: 한국산업의 고객만족도), 한국능률협회 컨설팅, 2014.

Laudon, Kenneth C. and Jane P. Laudon, *Management Information Systems: Managing the Digital Firm*, 17th Edition, Pearson, 2021.

Hagiu, Andrei and Jullian Wright, "Marketplace or Reseller?", *Management Science*, 61(1), 2015, 184-203.

Parker, Geoffrey, G., Van Alstyne, M., and Choudary, S., *Platform Revolution: How Networked Markets are Transforming the Economy, and How to Make Them Work for You*, W. W. Norton & Co. Inc., 2016.

제9장 B2B e-커머스

오늘의 주제

B2B 플랫폼 아마존 비즈니스를 통한 아마존의 글로벌 확장 전략

글로벌 최대 마켓 플레이스인 아마존(Amazon)을 셀러들을 지원하는 아마존 글로벌 셀링(Amazon Global Selling)이 기업간 거래(B2B)가 쉽게 이뤄질 수 있도록 구현하는 '아마존 비즈니스(Amazon Business)'를 소개하는 컨퍼런스를 국내에서 개최하고, 국내 중소기업의 B2B 해외 진출 프로그램을 적극 소개했다.

아마존 글로벌 셀링은 2015년 국내에 전담팀을 구축했으며, 한국 셀러들이 아마존의 글로벌 마켓플레이스를 적극 활용할 수 있도록 지원하고 있다. 셀러들은 글로벌 셀링을 통해 전 세계 3억 이상의 활성화 고객과 수백만의 기업 구매 고객들에게 직접 상품을 판매할 수 있다. 아마존 글로벌 셀링은 현재 전 세계 13개의 온라인 마켓플레이스와 175개의 주문이행센터(fulfillment center)를 통해 185개 국가 및 지역의 고객들에게 상품을 배송하고 있다.

회사 측은 "아마존 비즈니스 프로그램은 이미 미국에서 수백만 개 이상의 B2B 구매자 계정을 확보했고 연간 매출로 100억 달러 이상을 기록"했으며, "B2B 판매자와 구매자들을 위한 전용 기능 등을 제공한다"고 밝혔다. 또한 "기존 B2C 기업들도 아마존 비즈니스를 통해 쉽게 B2B로의 비즈니스 확장도 가능하다"고 설명했다. 국내 기업 관계자 150여명이 참가한 이번 컨퍼런스에서 아마존 비즈니스의 아시아 담당인 알렌 프릿차드(Arlen Pritchard)가 아마존 비즈니스 활용 방법에 대해 설명하고, 한국 아마존 글로벌 셀링이 아마존 입점 방법과 마케팅 성공전략 등을 발표했다. 또한 한국무역협회(KITA)가 중소기업의 해외시장 진출을 지원하기 위해 설립한 K-ABC(KITA-Amazon Business Companion) 프로그램을 소개했다.

아마존은 이번 컨퍼런스에서 아마존에 입점한 국내 기업들이 성공사례를 소개했다. 퍼시스그룹은 아마존을 통해 최초로 북미 소비자를 대상으로 하는 직접 판매를 시작했다고 퍼시스그룹의 해외 및 온라인 사업 총괄 김경태 상무는 소개했다. 그는 "아마존은 B2C와 B2B 판매가 모두 가능한 플랫폼으로 FBA(Fulfillment by Amazon)를 이용해 현지 배송과 고객 응대에 대한 부담을 최소화할 수 있었다. 퍼시스그룹은 가구 제품의 아마존 배송 최적화를 위해 아마존 전용 패키지 기획 등을 포함한 매출 성장을 위한 다양한 노력을 기울이고 있다"고 말했다. 블루투스 오디오 전문기업 모비프렌도 주목받았다. 허주원 모비프렌 대표는 "모비프렌은 삼성전자를 비롯한 여러 기업과의 협력을 통해 성장해왔으며 올해부터 아마존에 입점해 전 세계 소비자를 대상으로 직접 판매를 시작했다"며, "특히 아마존이 제공하는 스폰서 프로덕트, 아마존 광고 플랫폼 등 다양한 마케팅 툴을 활용한 결과 판매량 증대에 기여해 아마존 입점 초기 대비 7배 이상의 일일 매출을 기록했다"고 설명했다.

한편, 아마존 글로벌 셀링은 한국 셀러들을 위해 2018년 국내 셀러들이 아마존의 기업 고객들에게도 판매를 확장할 수 있도록 지원했다. 또한 한국 아마존 글로벌 셀링은 KOTRA, 대한상공회의소, 한국무역협회 등 정부 산하기관과 경기도, 부산시, 인천시 등 여러 지자체들과 협업해 해외 수출 판로 개척을 희망하는 기업들의 입점을 적극적으로 지원했다.

출처: 아이씨앤매거진, 2018. 12. 14.

생각해보기

어떠한 제품군들이 오픈형 시장형태의 B2B e-커머스에 적합할까요?

전문가 답변

기업간 거래는 보통 직접구매와 간접구매로 구분됩니다. 직접구매의 경우 생산과 직접적으로 관련 있는 원재료 및 부품의 구입을 의미하며, 간접구매는 생산과 관련없이 일상적인 운영 및 유지보수에 필요한 제품 및 서비스의 구입, 예를 들어 사무용 소모품, 윤활유, 복사기, 유지보수 서비스 등을 의미합니다. 따라서 전자의 경우 산업간 기업들의 협력 네트워크를 통해 폐쇄적인 형태를 띠기 쉽고, 후자의 경우 산업 전반에 걸친 MRO 중심의 물품이다 보니 오픈마켓이 더 적합한 비즈니스 모델일 수 있습니다.

제 1 강 B2B e-커머스

학습내용

1. 공급망 관리의 개념
2. 공급망 관리와 B2B e-커머스

학습목표

1. 기업의 통합관리를 위한 공급망 관리의 역할과 개념에 대해 이해하고 설명할 수 있다.
2. 1970년대 온라인 주문입력시스템부터 시작된 B2B e-커머스가 VAN 기반의 EDI를 거쳐 오늘날 인터넷 기반의 B2B e-커머스로 정착하기까지의 진화과정을 설명할 수 있다.
3. 공급망 관리와 협업거래의 필요성에 대해 설명할 수 있다.
4. B2B e-커머스의 효과를 구매자와 판매자 관점에서 설명할 수 있다.
5. B2B e-커머스 비즈니스 모델을 판매자 중심형, 구매자 중심형, 중개자 중심형으로 구분하고 비교 설명할 수 있다.

1 공급망 관리(SCM)

B2B e-커머스란 기업과 기업을 대상으로 전자매체를 통해 제품이나 서비스를 매매하는 거래 유형이다. 이러한 특성상 기업과 공급자들 간의 관계인 공급망 관리(Supply Chain Management)와 밀접한 관련을 맺고 있다. 앞서 제4장에서 e-비즈니스를 지원하는 3대 시스템인 전사적 자원관리(ERP) 시스템, 고객관계 관리(CRM) 시스템, 공급망 관리(SCM) 시스템에 대하여 설명하였다. 이 중 공급망 관리는 원자재의 조달로부터 제품의 생산과정을 거쳐, 유통망을 통해 고객이 원하는 제품이 고객의 손에 전달되기까지의 모든 과정을 효과적으로 관리하는 것이라고 정의하였다. 이와 같은 공급망 관리의 중요성을 이해하기 위해 우선 경제적 주문량과 재고 시스템에 대한 개념을 살펴보자.

1.1 경제적 주문량(Economic Ordering Quantity: EOQ)

(1) 재고 시스템

재고 시스템은 지속적인 재고 수준 모니터링을 통하여 언제 재고가 보충되어야 할지, 재고 수준은 어느 정도에서 유지되어야 할지, 그리고 주문량은 어떻게 할지 등을 결정하는 정책과 절차를 의미한다.

이처럼 지속적으로 재고가 유입되고 이를 소진하는 과정을 도식화시켜 보면 아래 [그림 9-2]와 같은 기본 재고모형으로 나타낼 수 있다. 일반적으로 공급자에게 주문 후 바로 재고가 배달되지 않기 때문에 주문과 도착 사이에는 일정 기간이 요구되며 이를 조달기간(Lead Time)이라고 부른다.

그림 9-1 재고 시스템

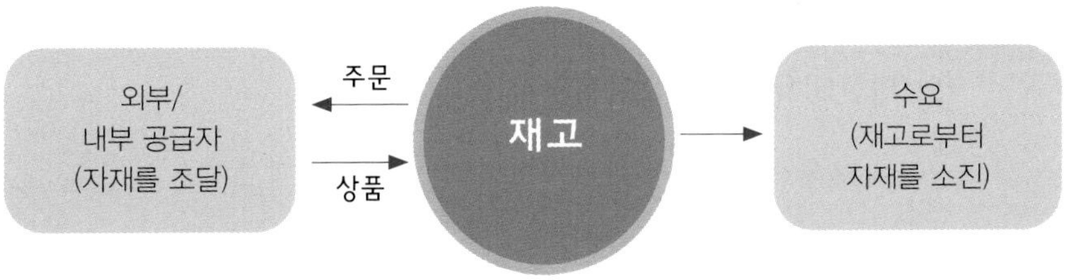

그림 9-2 기본 재고모형

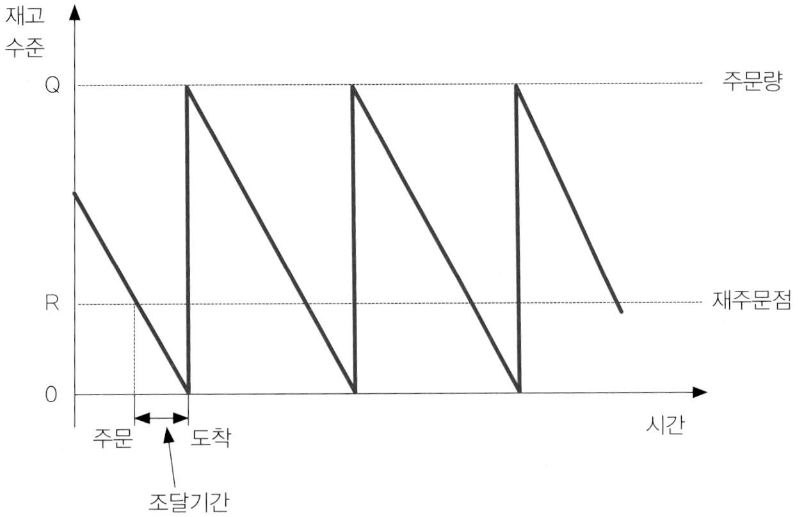

그림 9-3 1회 주문량과 재고비용

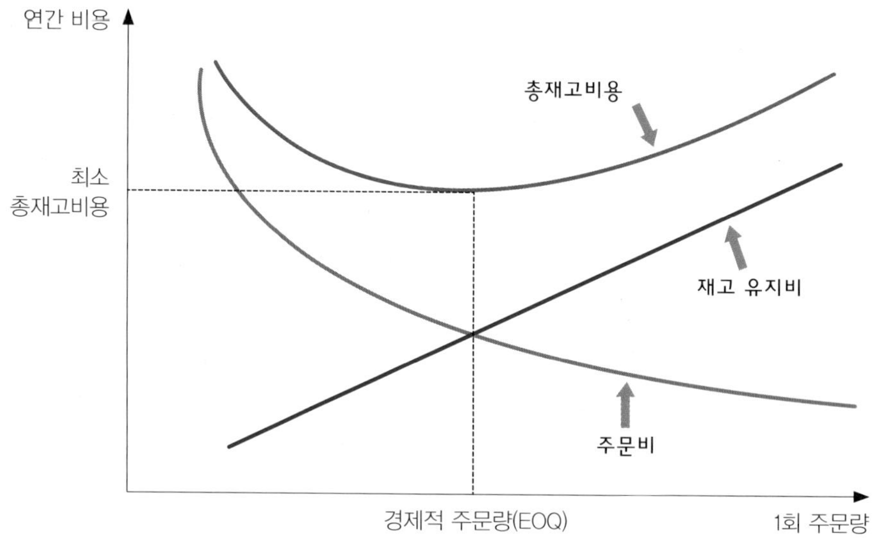

(2) 재고비용과 경제적 주문량

공급자로부터 사오는 재고를 관리하기 위한 재고비용은 물품 조달에 소요되는 고정비인 주문비 또는 준비비(Ordering cost, Setup cost)와 재고를 보관 · 유지하는 데 소요되는 비용인 재고 유지비 또는 보관비(Holding cost, Carrying cost)로 나누어진다. 총 재고비용은 주문비와 재고 유지비의 합으로 나타낼 수 있는데, 각각의 비용 요소들은 1회 주문량과 [그림 9-3]과 같은 관계를 보여준다.

즉, 1회 주문량이 많아지면, 그만큼 더 많은 양을 창고에 비축하여야 하고 따라서 재고 유지비는 증가하게 된다. 반면 [그림 9-2] 재고모형을 고려하면, 한번에 많은 양이 조달되어 그 만큼 주문을 하는 횟수는 줄게 되고 따라서 주문비는 1회 주문량이 늘면 줄어들게 된다. 따라서 재고 관리자는 너무 많지도 적지도 않은 1회 주문량, 즉 총재고비용을 최소화할 수 있는 적정 주문량을 결정하여야 하는데, 이를 경제적 주문량(EOQ: Economic Ordering Quantity)이라고 부른다.

1.2 적시생산 체제(Just In Time: JIT)

효율적인 재고관리를 위해서 자재가 요구되는 정확한 시점에 제품을 생산하고나 조달받음으로써 무재고(stockless) 생산, 린(lean) 생산, 동기화(synchronous) 생산, 낭비의 제거, 현시점의 수요를 신속 · 정확하게 충족, 재고의 최소화를 추구하게 된다. 이를 적시생산 체제(JIT)라고 부른다.

따라서 JIT를 충족시키기 위한 필수조건은 1회 주문량을 가능한 감소시키고(가장 이상적인 경우는 1회 주문량이 1단위) 필요한 경우 더 자주 배달을 하여야 한다. 하지만 [그림 9-3]에서 보여주듯이 1회 주문량이 줄면, 재고 유지비는 줄어들지만 너무 잦은 주문으로 인한 주문비의 증가를 가져와 오히려 재고비용의 증가를 가져올 수 있다.

[그림 9-4]에서는 이런 관계를 잘 보여주는데, 가령 JIT 시스템을 위해 1회 주문량을 200개(Q_1)에서 100개(Q_2)로 줄일 경우, 주어진 주문비용(S_1)과 유지비용의 합인 총재고 비

그림 9-4 JIT을 위한 주문비용 절감의 필요성

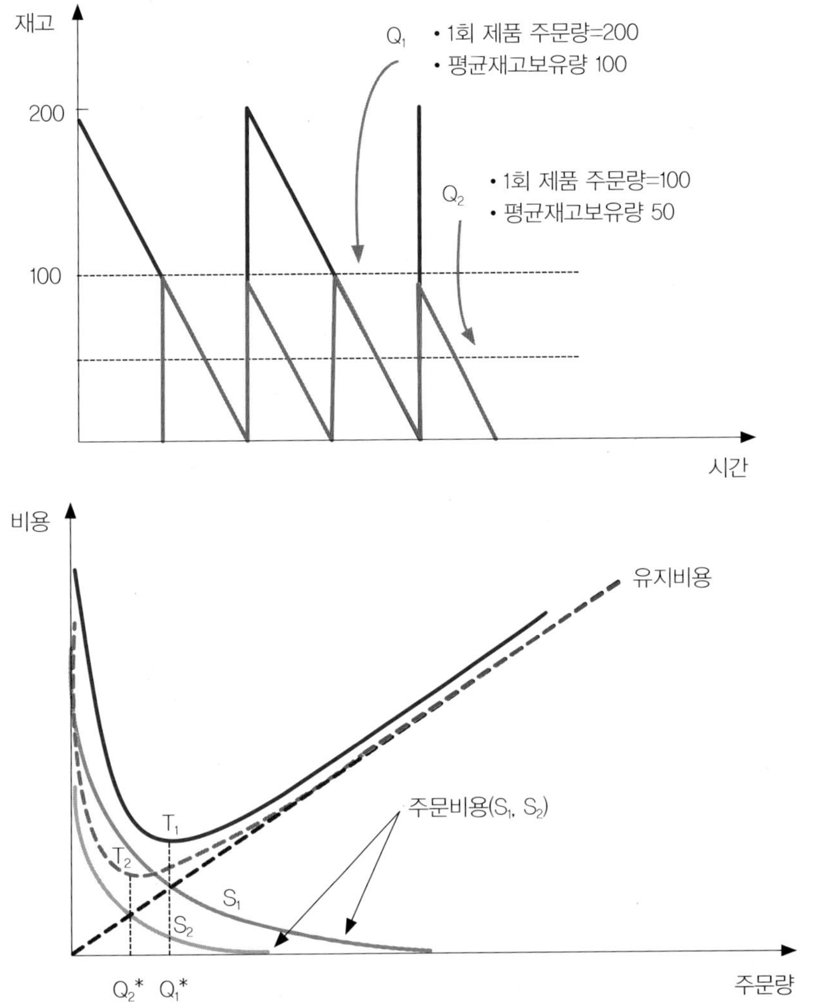

용(T_1)을 고려하면 재고비용의 엄청난 증가를 가져오게 된다(Q_2와 T_1이 만나는 점). 만약 유지비용은 창고를 운영하기 위한 비용이므로 더 이상 줄이기기 힘들다면, 어떻게 하면 100개(Q_2)를 새로운 경제적 주문량으로 만들어 줄 수 있을까? 이를 위해서는 오직 주문비용의 절감($S_1 \rightarrow S_2$)을 통해 총재고비용의 절감($T_1 \rightarrow T_2$)을 가져와야만 한다. 이렇게 함으로써 [그림 9-4]에서 보여주듯이 Q_2를 경제적 적정 주문량(Q^*_2)으로 만들어 줄 수 있게 되는 것이다(Q_2와 T_2가 만나는 점).

그렇다면 이제 남은 과제는 어떻게 주문 비용을 줄여줄 수 있는지 그 방법의 여부다. 이와 같은 주문 비용의 절감은 공급자와 기업 간의 정보공유 및 긴밀한 공급망 관리를 통해 가능해진다. 구체적으로, 공급망 관리 시스템, EDI(Electronic Data Interchange)를 통한 표준화 및 불필요한 문서작업 최소화, 나아가 인터넷 기반의 B2B 활성화를 통한 효율적인 e-커머스의 정착은 주문비용의 절감($S_1 \rightarrow S_2$)과 총재고비용의 절감($T_1 \rightarrow T_2$)을 가져오고 나아가 1회 주문량의 감소로 인한 JIT프로세스의 목표를 달성할 수 있게 해준다.

델 컴퓨터의 경우, 공급망 관리를 통한 JIT프로세스를 성공적으로 도입한 사례로 자주 언급된다. 다른 일반 컴퓨터 소매상들은 소비자의 수요가 생산을 이끌어 내기보다는 일단 제품을 구매하여 재고를 보유하고 이 재고로부터 판매가 이루어짐으로써 일정 수준의 재고를 보유해 왔다. 반면 델의 경우 소비자에게 판매가 우선 이루어지고, 공급망 관리 시스템을 통해 이러한 정보가 제품 부품 업체로 빠르게 전달되어 필요한 제품을 실시간으로 조

그림 9-5 델 컴퓨터의 SCM 도입을 통한 JIT 재고 시스템

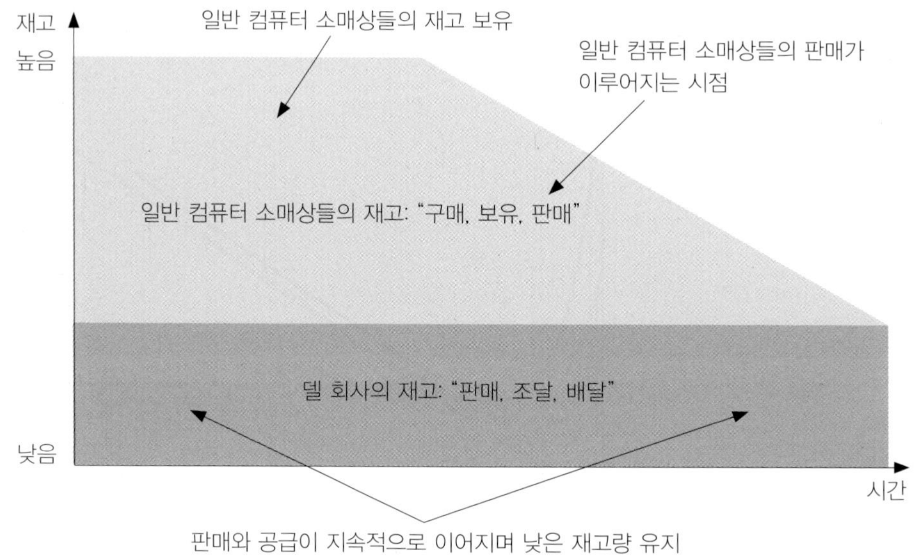

달하고 최종 조립을 마쳐 제품을 배달한다. 따라서 [그림 9-5]에서 보여주는 바와 같이 경쟁사에 비해 판매와 공급이 지속적으로 이어지며 낮은 재고량을 유지할 수 있는 것이다.

앞서 JIT 시스템에서 보았듯이 공급망의 효율적 관리는 기업간 발생하는 주문 비용의 효과적인 절감을 위해 반드시 필요하다. 공급망은 공급업체, 제조업체, 유통업체, 소매업체, 고객이 서로 복잡하게 연결되어 구성된다. 때로는 공급업체(1단계 공급업체)는 다시 자신의 공급업체(2단계 공급업체)를, 나아가 제3, 제4의 공급업체를 가지기도 한다. 자재는 원자재를 거쳐 최종 제품과 서비스로의 변환을 거치며 공급업체로부터 고객에게 흘러 들어가며, 이에 따라 자금은 고객으로부터 공급업체 쪽으로 흘러 들어간다. 공급망 관리란, 이러한 공급망의 주체들이 서로 협력하여 자재, 자금, 그리고 정보를 통합하여 관리함으로써

알아봅시다

물류시스템으로 슈퍼 재고 확 줄여

물류시스템 전문기업 아신(회장 김홍규)은 국내에 선진물류 문화를 활성화시킨 주인공이다. 대기업과 같은 구매력은 없지만 서울 · 수도권 소재 2,000여 개 소매점이 아신 고객이다. CU, GS리테일, 홈플러스익스프레스, 수협바다마트 등 기업 가맹점은 물론 동네 슈퍼마켓도 주요 고객이다. 취급하는 물동량은 연간 7,000억원에 달한다.

아신이 하는 일은 단순하다. 생산자에게서 물건을 구매해 최종 소비자 직전 단계인 소매점에 판매하는 것이다. 하지만 아신은 전산에 바탕을 둔 자동화 시스템으로 다른 물류기업과 차별화를 꾀한다. 자동화 시스템 덕분에 아신은 식품, 공산품, 주류, 음료, 과자, 생필품, 잡화에 이르기까지 약 2만개 품목을 취급한다.

아신에서는 모든 주문과 배송이 하루 단위로 이뤄진다. 매일 오전 11시까지 고객사 주문을 접수하면 이를 바탕으로 제조사에 발주가 들어간다. 오후 3시쯤부터 제품이 물류창고로 배달되기 시작하면 매장별 주문량에 맞춰 제품을 분류하고 배송한다. 과거에는 이 모든 작업을 사람이 했지만 아신은 '디지털 피킹 시스템'을 도입해 수작업 비중을 낮추고 작업 시간을 획기적으로 단축했다. 센터에 제품이 입고되면 자동화 시스템이 바코드를 읽어 품목별로 분류한다.

이어 전산에 입력된 수량만큼씩 각 점포 작업 공간으로 이동된다. 분류된 물건이 상자에 담기면 비로소 직원이 나서 수량을 확인한 후 포장한다. 자동화 덕분에 아신 물류창고는 무재고 시스템을 실현했다.

김홍규 회장은 "실시간 배송, 무재고 원칙 덕분에 아신과 거래하는 납품 기업과 소매점 모두 부담이 줄었다"며 "국가 경제 전체적으로도 효율성이 올라간 것이라 자부한다"고 말했다.

김 회장은 사업에 대한 아이디어를 얻기 위해 1990년대 초 일본을 찾았는데 당시 일본에서 활발히 쓰이고 있던 JIT(Just In Time) 생산 방식을 보고 지금의 무재고 시스템을 구상했다. 김 회장은 "지금은 비슷한 자동화 시스템을 도입한 물류기업이 국내에도 여럿 있지만 당시에는 아무도 생각하지 못했던 시도"라며 "지금까지도 대기업 계열 물류회사를 제외하고 이 정도로 많은 품목을 원스톱으로 처리하는 곳은 우리가 유일하다"고 말했다.

김 회장은 아신 물류시스템이 중소 제조기업과 골목상권을 살리는 해법이 될 수 있다고 주장한다. 전문 물류기업이 다수 생겨나고 시장에서 이들 영향력이 커지면 중소기업에 대한 유통 대기업 횡포를 견제할 수 있다는 논리다. 김 회장은 "동네 슈퍼 역시 대기업에 비해 부족한 물류 경쟁력을 보완함으로써 보다 공정하게 경쟁할 수 있게 된다"고 말했다.

출처: 매일경제신문, 2014. 10. 13.

물류의 최적화를 달성하고, 궁극적으로는 최소의 비용을 들여, 최대의 고객만족을 이끌어 내기 위한 경영전략이다.

2 공급망 관리와 B2B e-커머스

2.1 협업 상거래(Collaborative Commerce)와 e-커머스

위에서 설명한 바와 같이 공급망 관리는 기업 내부의 통합보다는 오히려 기업과 기업간의 업무 통합이 중점이 되다 보니 자연히 기업간 협업상거래를 가능하게 해준다. 협업 상거래란 기업이 고객, 공급사, 협력사 등과 상호 연동하는 가상네트워크를 구축하고, 이를 기반으로 신제품 개발, 재고 관리, 제품 생산, 마케팅 등을 공동으로 수행하는 상거래 유형을 말한다.

대표적인 협업 상거래의 예로서 미국 시스코(Cisco)사가 있다. 시스코사는 기본 부품 공급사와 한 단계 위인 부품 공급사, 그리고 70% 이상의 제품을 실제 생산하는 위탁 제조사와 자사 및 고객을 하나로 연결하는 가상의 네트워크를 구축하였다. 이를 통해 고객의 요구사항에 대한 정보를 최하위 단계인 기본 부품 공급사까지 투명하게 제공하고, 필요한 자재와 완성품을 적시에 고객에게 제공하는 협업 상거래를 운영하였다.

이러한 협업 상거래는 점차 그 영역을 넓혀 현재와 같은 B2B e-커머스를 형성하게 되었다. B2B e-커머스는 기업을 대상으로 전자매체를 통해 제품이나 서비스를 매매하는 거래유형으로서 인터넷 및 기타 네트워크를 통해 조직경계선을 넘어 거래를 수행함을 의미한다. 따라서 B2B e-커머스는 구매기업, 판매기업, 그리고 협력사 등 거래관련 기업들을 하나로 통합하는 표준화되고 자동화된 프로세스와 시스템을 통해 처리된다. 다른 유형의 e-커머스와 마찬가지로 인터넷 기술의 발달과 함께 B2B의 거래 중 e-커머스가 차지하는 비중은 매년 증가하는 추세이다. 2020년 전체 B2B거래 중 12.2%를 차지하던 e-커머스는 2023년 14%로 증가하였다.

2.2 B2B e-커머스의 기대효과

B2B e-커머스는 거래관련 기업들을 하나로 통합함으로써 구매기업과 판매기업 모두에게 다양한 이점을 제공한다. 구매기업의 입장에서 보면 제품 재고현황 및 가격과 관련한 정

표 9-1 B2B e-커머스의 기대효과

구매자 관점의 효과	판매자(혹은 생산자) 관점의 효과
• 제품 재고현황 및 가격과 관련한 정보의 투명성 • 공급사와의 협력을 위한 기회 확대 • 행정업무 비용의 절감 • 검색비용 절감 • 공급사들 간의 경쟁을 유도 • 재고를 최저수준으로 유지: 재고비용 절감 • 서류작업을 없애고 구매프로세스의 일부 단계를 자동화함으로써 거래비용 절감 • 구매주문 처리 시간: 30일 → 1~2일 • 비승인 구매나 오류 구매 평균: 30% → 2~3%	• 판매사들의 주문처리 비용 절감 • 구매사와 판매사 간의 협력을 늘리고 품질하자 문제를 최소화함으로써 제품품질 향상 • 가격투명성을 높일 수 있어 시장에서의 실제 구매/판매 가격을 파악할 수 있음 • 부품들의 적시 공급을 통해 생산 유연성의 증대: 재고 관리 • 설계 및 생산계획을 공급사와 공유함으로써 제품 개발주기 단축

보의 투명성을 제공받으며, 공급사와의 협력을 위한 기회를 확대할 수 있다. 불필요한 업무를 줄이고 행정업무를 통합함으로써 비용의 절감을 가져올 수 있다. 또한 원하는 제품을 찾기 위한 검색비용이 절감되며, 여러 공급자들과의 협업 상거래가 가능해지면서 공급사들 간의 경쟁을 유도하게 된다. 또한 빠른 시간에 재고를 다시 확보할 수 있으므로 재고를 최저수준으로 유지하여 재고비용 절감을 가져오고, 기존에 사용하던 불필요한 서류작업을 없애고 구매프로세스의 일부 단계를 자동화함으로써 거래비용을 절감할 수 있다. 통계에 의하면 B2B e-커머스의 성공적인 구축을 통해 이전 30일 정도의 구매주문 처리시간이 1~2일 정도로 단축되는 결과를 가져왔으며 비승인 구매나 오류 구매 평균은 30%에서 2~3%로 획기적으로 줄어들게 되었다.

판매 기업의 입장에서도 B2B e-커머스는 긍정적인 효과를 나타낸다. 구매 기업과의 협력을 통해서 주문처리 비용을 절감할 수 있을 뿐 아니라, 품질의 하자문제를 최소화함으로써 품질 향상을 가져올 수 있다. 이전까지의 복잡한 유통과정을 통합하여 가격투명성을 높일 수 있어 시장에서의 실제 판매가격을 파악할 수 있게 되었다. 또한, 부품들의 적시 공급을 통해 생산 유연성을 증대시키고 보다 효율적인 재고관리가 가능해졌으며, 한 단계 더 나아가 설계 및 생산계획을 판매자의 공급사와 공유함으로써 제품 개발주기를 단축할 수 있는 효과도 가져왔다.

2.3 공급망 통합 주체별 B2B e-커머스 모델

위에서 설명한 판매자와 구매자 양측 모두의 기대효과를 고려할 때, B2B e-커머스는 구매자가 통합의 주체가 되기도 하고, 반대로 판매자가 주체가 되기도 하며, 혹은 추가로 중

그림 9-6 B2B 비즈니스 모델의 종류

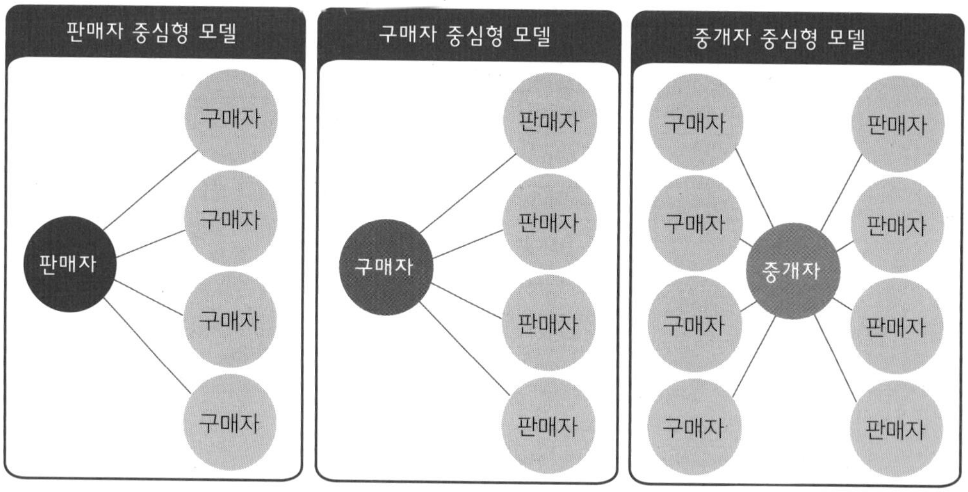

개자가 개입하여 통합을 주도하기도 한다. [그림 9-6]에서는 이와 같이 공급망 통화의 주체에 따른 3가지 서로 다른 모델을 보여주고 있다.

각 모델별 특징을 간단히 살펴보면 다음과 같다.

(1) 판매자 중심형 모델

판매자 중심형 모델은 판매자 즉 제품 공급사가 구매기업들에게 제품판매를 자동화할 목적으로 구축한 시스템으로, 1970년대 중반에 사용되기 시작한 온라인 주문 입력 시스템이 대표적이다. 예를 들어, AHSC(American Hospital Supply Corporation, 현재는 Baxter Healthcare)는 공중 전화망을 이용하여 병원들이 병원용품을 온라인으로 주문할 수 있도록 하는 ASAP라는 시스템을 구축하여 큰 성공을 거두었다.

1990년대에 접어들어 인터넷의 발전과 더불어 판매자 중심의 B2B e-커머스는 온라인 상점(electronic storefronts)형태로 발전하였다. 단순한 주문 입력 시스템을 넘어서 B2C e-커머스와 같이 판매자가 제품 및 서비스의 카탈로그를 인터넷상에 게시하게 되고, 구매자는 제품을 조회하고 주문을 입력하며 실시간으로 주문 진척 사항도 확인할 수 있게 되었다.

이러한 온라인 상점은 주로 대기업의 부품 판매에 이용되며 판매자 중심이다 보니 구매자와의 협력보다는 판매자 측의 이익을 대변(biased towards a seller)하는 경향을 보이는 경우가 많다.

(2) 구매자 중심형 모델

판매자 중심형 모델과 반대로 구매자 중심형 모델은 한 기업이 여러 공급사로부터 제품을 구매할 목적으로 구현되었다. 이를 위해서 부가가치망(Value Added Network: VAN) 기반의 EDI(Electronic Data Interchange) 시스템이 사용되었는데, 1970년대 후반부터 1980까지 가장 활발히 사용되었으며 지금까지도 이용되고 있다. 구매자 중심형 모델은 대기업이 수많은 부품 공급사들로부터의 구매를 효율화하기 위해 구축되었는데, 인터넷은 아니지만 통신사가 설치한 부가가치망(VAN)을 이용하여 조직 간에 거래 관련 표준 전자 문서를 교환할 수 있게 하였다.

따라서, 구매자 중심형 B2B e-커머스는 기업내부의 구매프로세스를 개선시키는 과정과 맞물려 도입되는 경우가 많은데, 앞서 언급한 바와 같이 공급망 관리(SCM)를 구축하고 이를 전사적 차원의 구매시스템과 연결하는 과정에서 도입하게 되었다.

초창기 예로 1980년대 자동차 회사인 GM이 공급사들로부터 부품 공급을 원활하게 하기 위해 구축한 북미의 X12, 유럽 및 아시아의 EDIFACT 등이 있으며 미국의 월마트의 경우도 수많은 납품업체들을 자신이 구축한 공급망 관리 시스템으로 연결하여 일종의 부가가치망을 형성하였다. 1990년대에 접어들면서 VAN 기반의 B2B에서 인터넷 기반의 B2B로 전환이 이루어지면서 기업과 기업을 연결하는 비용이 훨씬 저렴해지고, 따라서 B2B를 구축하고자 하는 기업들도 더욱 늘어나게 되었다.

구매자 중심의 B2B시스템은 최선의 가격, 대량 구매 할인 등 구매자 측의 이익을 대변(biased towards a buyer)하는 경향이 있다.

(3) 중개자 중심형 모델

기존의 판매자 중심의 B2B나 구매자 중심의 B2B와는 다른 중개자 중심의 B2B가 비교적 늦은 1990년대 후반에 나타났다. 중개자 중심형 모델은 앞장에서 다룬 B2C나 C2C e-마켓플레이스(예를 들어, G마켓이나 11번가 등)와 유사한 개념으로 판매기업들과 구매기업들을 상호 연결시키는 허브 역할을 수행하게 된다. 이와 같은 중개자 중심형 모델은 2000년대 들어 가장 빠르게 성장하고 있는 B2B 비즈니스 모델로서 기존의 판매자 중심, 구매자 중심 모델도 점차 중개자 중심형으로 전환될 전망이다. 특히 최근에는 [그림 9-7]에서처럼 아마존과 같은 기존의 B2C나 C2C e-마켓플레이스 업체들도 B2B e-마켓플레이스 플랫폼을 제공하면서 기존의 사용자 네트워크를 통한 사업영역의 확장하고 있다. B2B e-마켓플레이스의 세부유형에 대해서는 제2강에서 다루도록 한다.

그림 9-7 아마존의 B2B e-마켓플레이스 플랫폼 아마존 비즈니스

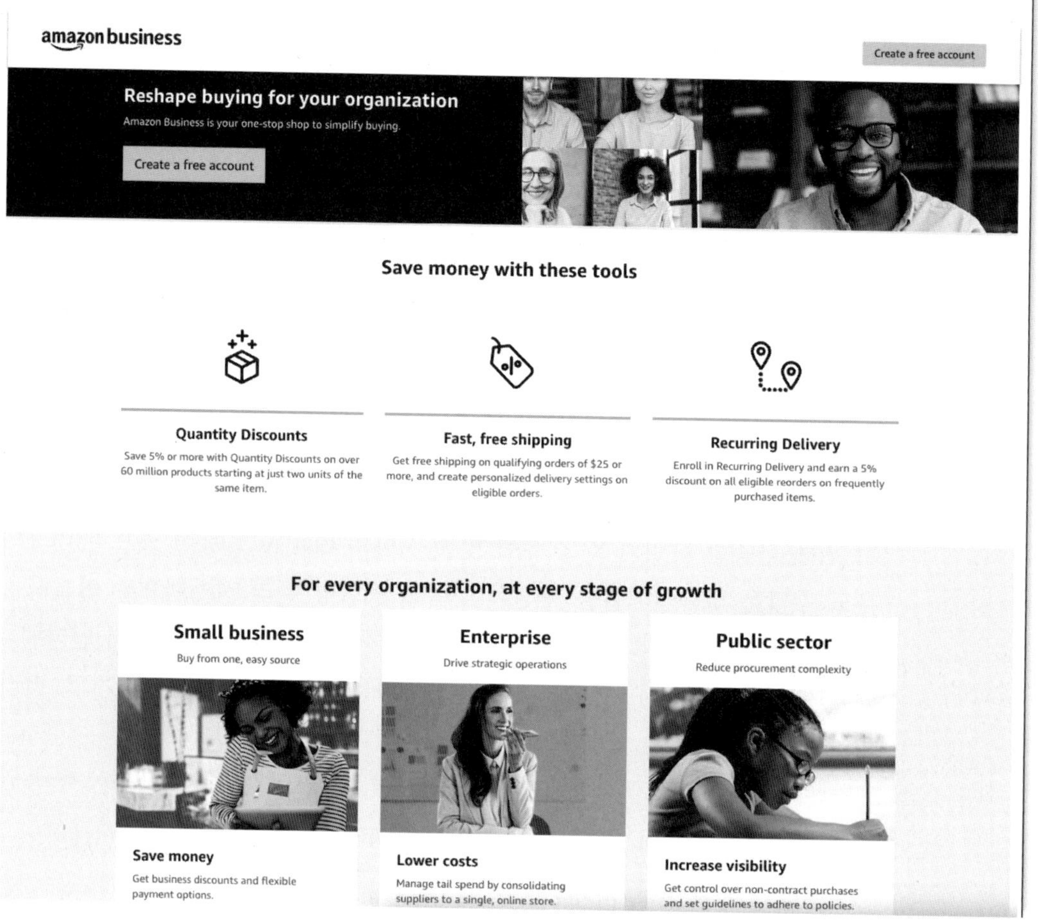

알아봅시다

이상네트워크사의 기업간 e-커머스 중개사업

이상네트워크사는 국내 기업간 거래를 중개하는 대표적인 회사이다. 이상네트워크사의 서비스 중 하나는 기업간(B2B)의 거래를 e-마켓플레이스(www.e-sang.net)를 통해 진행하면, 이에 따른 물품외상대금 또는 금융기관 대출금에 대하여 보증기관의 전자보증서로 보증받는 제도이다.

이는 다시 다음과 같이 (1) e-커머스 담보보증과 (2) e-커머스 대출보증 서비스로 구분할 수 있다. e-커머스 담보보증은 대기업 등의 고정거래처와 외상 방식으로 전자상거래를 하는 경우, 거래처에 대하여 부담하는 외상대금 지급채무를 보증하는 제도로서, 부동산 담보, 은행의 지급보증서 등을 대체하는 서비스이며, e-커머스 대출보증 서비스는 전자상거래에서 구매기업이 판매기업에 지급할 물품대금을 금융기관 또는 제2금융기관의 대출금으로 조달하려고 할 때 그 채무를 보증해 주는 서비스이다.

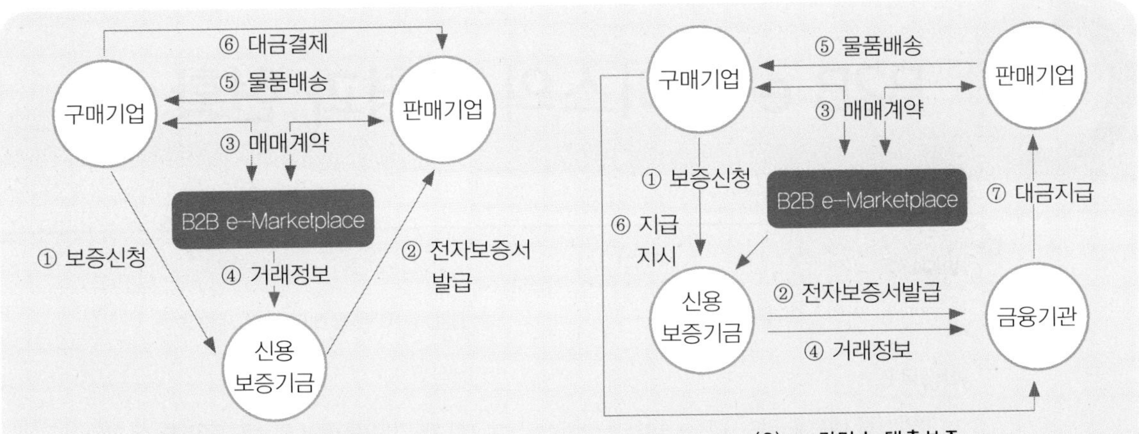

(1) e-커머스 담보보증

(2) e-커머스 대출보증

제2강 B2B e-커머스의 유형과 현황

학습내용

1. B2B e-커머스의 유형
2. B2B e-마켓플레이스의 세부유형

학습목표

1. 기업협력 네트워크는 B2B e-마켓플레이스와 비교할 때 어떤 특징이 있는지 설명할 수 있다.
2. B2B e-마켓플레이스를 온라인 유통자, 온라인 구매, 독립 거래소, 산업 컨소시엄으로 구분하고 비교 설명할 수 있다.

1 B2B e-커머스의 유형

B2B e-커머스는 〈표 9-2〉와 같이 여러 가지 유형으로 구분할 수 있다. 이 절에서는 우선 B2B e-커머스를 우선 기업협력 네트워크와 B2B e-마켓플레이스로 구분하고 각각의 특징에 대해 살펴보자.

1.1 기업협력 네트워크(Private industrial networks)의 등장

기업협력 네트워크는 기존의 EDI가 인터넷과 더불어 진화된 형태로서 뒤에서 설명할 B2B e-마켓프레이스와 비교할 때 독자적이며 폐쇄적인 형태를 띤다. 산업가치가슬상의 관련 비즈니스 프로세스들을 공급망을 중심으로 통합함으로써 기업들 간에 협업상거래를 수행할 수 있도록 지원한다. 기업협력 네트워크는 제반 비용을 기반 네트워크를 구축한 기업이 대부분 부담한다. 하지만 생산 및 물류 효율성을 통해 결과적으로는 비용절감의 효과를 누리게 된다.

가령 Wal-Mart는 자신의 매장들에 대해 15,000개 이상의 공급자들과 협력하는 사설 네트워크를 구축하고 표준화된 EDI 문서 교환을 통해 구매를 수행한다. 네트워크 구축은

표 9-2 B2B e-커머스의 유형

분류	유형	설명	수익모델
기업협력 네트워크	기업협력 네트워크	• 기존의 EDI 네트워크가 인터넷 기반으로 이전된 형태 • 기업의 협업을 지원하기 위해 구축된 네트워크 • 소수 협력사들과 공급망을 조정관리하기 위해 사용	네트워크 구축기업이 제반 비용을 부담하며, 생산 및 물류 효율성을 통해 비용절감 실현
e-마켓플레이스	온라인 유통망	• 개별 기업들에게 MRO 제품 및 서비스 판매 • 운영투입재의 거래	재화의 판매
	온라인 구매	• 디지털 시장에 접근할 수 있도록 연결만 해 줌 • 구매기업에게 제품탐색 및 공급망 관리 툴을 제공함 • 운영투입재의 거래	시장구축서비스, 급망관리 및 주문이행서비스의 수수료
	독립 거래소	• 다수 공급사들과 다수 구매사들이 함께 거래할 수 있는 디지털 장터 제공 • 거래에 관여하는 특정 산업의 기업들이 소유 • 거래비용의 절감에 초점	거래 수수료 및 커미션
	산업 컨소시엄	• 산업소유의 수직시장 • 한정된 공급사들만 접근 가능 • 거래비용 절감보다는 공급망 최적화에 초점	거래 수수료 및 커미션

Wal-Mart가 하지만 이를 통한 비용절감 효과가 훨씬 더 크다.

또 다른 예로, 피앤지(P&G)사는 자신의 공급사와 스파르탄 스토어라는 배급사(도매업자), J.C. Penney 등 백화점과 같은 소매업자, 운송업자를 하나로 연결하는 EDI 기반의 공급망 관리시스템을 구축하고 이를 기업협력 네트워크의 형태로 운영하고 있으며, 마찬가지로 큰 비용절감 효과를 누리고 있다.

1.2 B2B e-마켓플레이스의 개념

B2B e-마켓플레이스는 구매사들과 판매사들이 웹상에서 상호 연동하여 제품이나 서비스를 매매할 수 있도록 하는 온라인상의 중개시장을 의미한다. 기업협력 네트워크가 폐쇄적인 네트워크라면 e-마켓플레이스는 다양한 구매사들과 공급사들이 서로 연결될 수 있는 통로를 제공한다. 가령, 구매사와 공급사가 서로 다른 구매방식을 따를 경우 구매사들의 구매시스템을 공급사들의 제품 발송시스템과 통합하는 서비스를 제공하고, 제품에 대한 전자카탈로그, 표준화된 구매 자동화 서비스도 제공한다. 다수의 비즈니스 관계들을 단일 프로세스를 이용해 처리하고 웹 기반의 거래자동화 시스템을 이용함으로써 효율성이 증가하게

되고, 그 결과 제품의 가격이 대부분 오프라인보다 저렴하게 된다. e-마켓플레이스의 주요 수입원은 거래 수수료에 의존한다. B2B e-마켓플레이스는 다시 다양한 세부유형으로 구분될 수 있는데 아래에서 자세히 살펴보자.

2 B2B e-마켓플레이스의 세부 유형

B2B e-마켓플레이스는 우선 기업의 판매 제품에 따라 직접구매와 간접구매로 나누어진다. 직접구매는 기업이 생산을 위한 제조 투입재를 직접 구매하는 형태로 이를 위해서는 수직적 마켓플레이스가 활용된다. 반면 간접구매는 산업 형태나 실제 생산에 상관이 적은 운영 투입재나 MRO(Maintenance, Repair and Operations) 자재의 구매를 의미하며 수평적 마켓플레이스가 활용된다(그림 9-8).

둘째, 기업의 구매방식에 따라 B2B e-마켓플레이스는 즉석 구매와 장기계약 형태로 구분되어질 수 있다. 즉석 구매는 말 그대로, 즉흥적인 요구사항을 충족시킬 목적으로 하는 구매 형태를 말한다. 반면, 장기계약 구매는 구매자와 판매자 간에 사전에 정해진 계약 조건에 따라 고정적인 관계를 가지고 거래를 수행하는 형태다.

위에서 제시한 각각 두 가지 형태의 구매대상과 구매방식에 따른 구분을 조합하면 [그

그림 9-8 수평적 마켓플레이스와 수직적 마켓플레이스

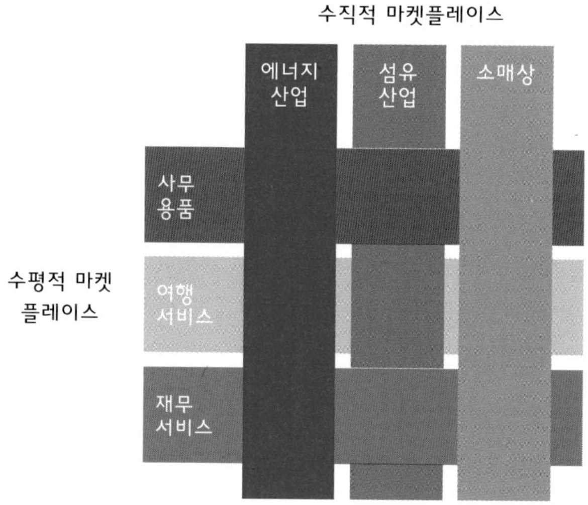

그림 9-9 e-마켓플레이스의 네 가지 유형

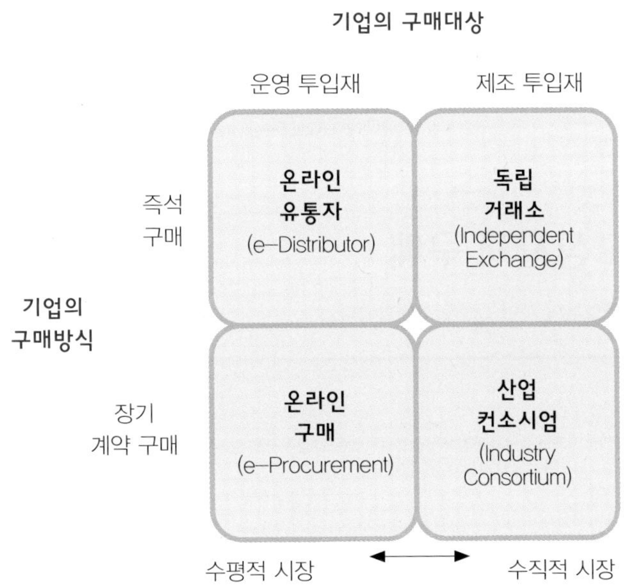

림 9-9]와 같은 서로 다른 네 가지 유형의 B2B e-마켓플레이스를 정의할 수 있다. 운영 투입재를 구매하는 경우, 즉석 구매는 온라인 유통자(e-distributor)라고 하며, 장기계약 구매의 경우는 온라인 구매(e-procurement)라고 부른다. 제조 투입재의 경우에는 즉석 구매는 독립거래소(Independent exchange)라고 하며, 장기계약 구매의 경우는 산업 컨소시엄(industry consortium)이라고 부른다. 아래에서 각 유형에 대하여 좀더 자세히 살펴보도록 하자.

2.1 온라인 유통자(e-Distributor)

여러 공급사들의 운영투입용 제품들에 대한 카탈로그를 웹 사이트에 제공하고 구매자들은 이러한 단일 관문을 통해 즉석 구매할 수 있는 기회를 제공받게 된다. 온라인 유통자는 자신들이 유통시키는 제품들에 대해 마진을 붙여 판매해 수익을 발생시키며, 구매자 관점의 혜택은 검색비 절감, 거래비 절감, 넓은 제품선택 폭, 신속한 배송, 저렴한 가격 등이 있다.

대표적인 예로서, 그레인저(Grainger)사는 즉석 구매 방식으로 운영투입재를 판매하여 세계 운영투입재 제조사들의 최대관문이 되고 있으며, 국내에는 [그림 9-10]에 보여주는

그림 9-10 온라인 유통자(e-Distributor)

서브원이 MRO제품을 여러 기업이나 관공서를 대상으로 유통시키고 있다.

2.2 온라인 구매(e-Procurement)

다양한 운영투입 부품들을 제공하는 수백여 개의 온라인 공급사들을 유료로 가입한 구매사들과 연결시켜 주는데, 주로 장기계약 방식을 따르게 된다.

구매자들이 유료로 가입하는 대신 구매프로세스 자동화(구매 주문서, 제품 탐색, 대금결제) 서비스를 제공한다. 또한, 매 거래 시마다 거래금액의 일정 퍼센티지를 부과하고, 컨설팅 서비스 및 소프트웨어의 사용료, 네트워크 사용료를 청구해 수익을 발생시킨다. 온라인 유통자와 마찬가지로 MRO제품들이 주로 거래되고, 구매프로세스 효율성을 높임으로써

알아봅시다

한국 MRO 시장 현황

유통 업계에 따르면 쿠팡은 최근 MRO 사업에 뛰어들기 위한 준비 작업에 속도를 내는 중이다. 지난 7월 초 기업간 거래(B2B) 전용 브랜드 '쿠팡비즈'를 특허청에 출원 신청하면서 상표명 정보란에 가격비교 서비스업, 가위 소매업, 가구 소매업 등 MRO 관련 상품군을 넣는 등 사업 영역을 구체화하는 분위기다.

쿠팡이 MRO 사업 검토에 나선 배경은 뭘까. MRO 사업 개념부터 살펴보자. MRO는 소모성 자재 구매 대행 사업으로 Maintenance(유지), Repair(보수), Operation(운영)의 머리글자에서 따온 용어다. 구체적인 사업 방식은 이렇다. A기업은 그동안 볼펜이 필요하면 B볼펜 회사에 한 자루에 300원씩 주고 직접 구매해왔다. 하지만 구매 인력, 비용을 줄이면서 더 저렴하고 간편하게 볼펜을 사기 위해 구매를 아웃소싱하는 방안을 고민하게 됐다. MRO 전문 업체를 활용해 볼펜을 비롯해 사인펜, 잉크, 복사 용지 등 소모성 자재를 일괄 구매하는 대신 볼펜 한 자루를 보다 저렴한 250원에 납품받는 식이다. MRO 업체 입장에서는 단숨에 매출을 올릴 수 있고 A기업도 저렴하게 소모성 자재를 구입할 수 있어 '윈윈'이었다.

이를 눈여겨본 삼성, LG 등 국내 대기업들은 2000년대부터 MRO 사업에 직접 뛰어들었다. 제조업처럼 공장 설립 등 대규모 투자 없이도 구매 시스템만 잘 갖춰놓으면 넉넉한 이윤을 낼 수 있는 덕분이다. LG그룹은 1990년대 말 일찌감치 MRO 시장에 진출해 MRO 업체 서브원을 국내 1위 MRO 업체로 키워냈다. 2010년 기준 서브원 매출 3조8,500억원 중 순수 MRO 사업 매출은 2조2,000억원에 달할 정도였다. 삼성그룹도 아이마켓코리아를 통해 2010년 1조5,500억원 매출을 올렸다. 포스코의 엔투비, 코오롱의 코리아이플랫폼 역시 MRO 사업을 꾸준히 해왔다.

하지만 잘나가던 대기업 MRO 사업은 벽에 부딪혔다. 앞서 살펴본 대로 MRO 전문 업체를 활용하면 A기업과 MRO 업체 모두 윈윈이었지만 문제는 기존에 소모성 자재를 납품해온 B업체였다. 이 업체 입장에서는 대기업 계열 MRO 업체에 일감을 뺏기면서 경영난에 시달리는 경우가 많았다. 이 때문에 대기업 MRO 사업이 중소기업 경영을 어렵게 만든다는 비판이 제기됐다. 중소기업들은 "대기업 MRO 계열사들이 공공, 일반 시장까지 잠식해 중소 공구, 문구 유통 도매상들이 시장을 빼앗겼다"고 주장했다. 이에 정부도 대기업과 중소기업 간 동반 성장을 요구하고 나섰다.

논란이 커지자 삼성, LG 등 대기업들은 곧장 결단을 내렸다. 삼성은 2011년 그룹 내 MRO 사업을 맡아온 아이마켓코리아를 국내 1세대 e커머스 플랫폼 인터파크에 매각해 MRO 사업에서 전격 철수했다. 뒤이어 SK, 한화그룹 등도 MRO 사업에서 손을 뗐다. LG그룹은 2019년 서브원의 MRO 사업 부문을 글로벌 사모펀드(PEF) 어피니티에쿼티파트너스에 매각했다. 인터파크 계열사인 아이마켓코리아는 지난해 매출 2조800억원, 영업이익 405억원을 기록했다. 인터파크는 최근 M&A(인수합병) 시장 매물로 나왔지만 알짜 자회사 아이마켓코리아는 제외될 정도로 인터파크의 핵심 캐시카우로 손꼽힌다. 한동안 대기업 MRO 사업 논란이 잠잠했지만 쿠팡이 MRO 사업 진출을 저울질하면서 다시 논란이 커지는 모양새다. 쿠팡은 MRO 사업을 통해 신규 매출을 창출하고 이익까지 올려 캐시카우 역할을 하길 기대하는 속내다.

출처: 매일경제, 2021. 8. 3.

비용절감을 통한 가치를 창출하게 된다. 대표적인 온라인 구매형태의 B2B e-커머스 업체인 아리바(Ariba)는 웹기반 유통 및 구매 소프트웨어를 통해 구매프로세스 자동화 서비스를 제공한다.

2.3 독립 거래소(Independent exchange)

독립 거래소는 제조 투입재의 거래를 위해 독립적으로 운영되며, 주로 특정 산업의 대기업들이 필요로 하는 즉석 구매에 초점이 맞춰진다. 거래소는 각 거래에 대해 수수료를 부과함으로써 수익을 발생시키게 되며 구매자들은 제품 검색비 절감 및 저렴한 가격의 효과를 기대할 수 있으며, 공급사들은 글로벌 시장 접근 및 잉여제품 처분의 기회가 존재하게 된다.

하지만, 공급사들은 독립 거래소에 참여함으로써 다른 회사들과 오히려 경쟁관계에 놓일 것으로 우려해 참여를 꺼리는 경향이 생겨났다. 그 결과, 시장 유동성이 낮아졌으며, 구매자들은 신뢰 높은 전통적 공급자들의 참여가 부족해 구매를 꺼리게 되었다. 결국 독립 거래소 모델은 실패하게 되어 요즘은 찾아보기가 힘들다. 예를 들어, 이스틸(e-Steel)은 철강 부문의 수직시장에서 철강의 판매와 구매를 대행하는 서비스를 제공하던 유망한 벤처기업이었으나, 거래소 위기의 흐름 속에 사라졌다.

2.4 산업 컨소시엄(Industry consortium)

산업 컨소시엄은 특정 산업의 한정된 공급사들로부터 제조투입재를 장기 계약에 의해 구입할 기회를 제공한다. 이를 위해서 구매자/공급자에게 구매, 거래관리, 물류, 결제 등의 부가서비스를 제공하고 공동 네트워크 및 컴퓨터 플랫폼을 통해 개별기업들의 공급망을 통합하는 데 궁극적인 목적이 있다.

산업 컨소시엄은 독립 거래소에 대해 만족하지 못하던 대형 공급사들이 모여 직접 시장을 구축하였고, 따라서 거래비용 절감보다는 오히려 공급망의 최적화에 초점을 두었다. 컨소시엄 참여기업들이 구축 및 운영비를 부담하고 구매거래이용 시마다 수수료(거래수수료 및 정보이용료)를 부과하는 방식을 따른다. 참여 구매기업들은 구매프로세스 효율화, 저렴한 가격 등의 혜택을 얻을 수 있었다. 대표적인 예로 미국 Big-3 자동차 생산회사들이 공동으로 구축한 코비신트(Covisint)는 6만여 부품공급사들이 참여하며 연간 약 2,500억 달러의 거래를 발생시키고 있다.

핵심 체크

01 CRM이란 기업이 제품 생산을 위해 원재료 구입에서 고객에게 제품을 전달하기까지 공급망에서 일어나는 모든 행위들을 정보기술을 이용해서 관리하는 것을 말한다.

정답 ×

해설 SCM(공급망 관리)에 대한 설명이다.

02 B2B e-마켓플레이스는 구매사들과 판매사들을 웹상에서 상호 연동하여 제품이나 서비스를 매매할 수 있도록 하는 중개자 역할을 한다.

정답 O

해설 e-마켓플레이스는 구매사들의 구매시스템을 공급사들의 주문제품 발송시스템과 함께 통합하는 온라인 커뮤니티로서 표준화된 거래프로세스 제공한다.

03 B2B e-커머스의 기대효과 중 큰 비중을 차지하는 것은 서류작업을 없애고 구매프로세스의 일부 단계를 자동화함으로써 거래비용을 절감하는 것이다.

정답 O

해설 구매주문 처리시간이 줄고 비승인 구매나 오류 구매를 획기적으로 줄일 수 있다

04 기업의 통합 관리를 위한 시스템 중 생산을 위해 원재료 구입에서 고객에게 제품을 전달하기까지 공급망에서 일어나는 모든 행위들을 관리하는 시스템은?

① ERP ② SCM
③ CRM ④ JIT

정답 ②

해설 Supply Chain Management는 공급망 관리에 목적을 둔 기업 통합관리의 핵심 시스템 중 하나이다.

05 다음 구매프로세스와 공급망에 대한 설명 중 바르지 <u>않은</u> 것은?

① SCM시스템은 JIT(Just In Time) 생산을 가능하게 한다.
② SCM은 조직 간의 업무 통합보다는 조직 내부의 통합에 중점을 둔다.
③ 직접 구매는 원재료 및 부품의 구입을 말한다.
④ MRO의 구매는 간접구매를 통해서 이루어진다.

정답 ②

해설 SCM은 조직내부의 통합보다는 조직과 조직 간의 통합(협업 거래 등)에 중점을 둔다.

06 재고관리의 경제적 주문량으로 가장 올바른 것은?

① 재고 주문 비용을 최소화할 수 있는 주문량

② 재고 유지 비용을 최소화할 수 있는 주문량
③ 총재고비용을 최소화할 수 있는 주문량
④ 고객 만족도를 최대화할 수 있는 주문량

정답 ③

해설 경제적 주문량은 주문비용과 재고비용을 합한 총재고비용을 최소화할 수 있는 주문량이다.

07 B2B e-커머스의 기대효과로 타당하지 않은 것은?

① 정보의 투명성
② 협력을 위한 기회 확대
③ 주문처리 비용 절감
④ 공급사들 간의 경쟁 제거

정답 ④

해설 오히려 공급사들 간의 경쟁을 유도하는 기회를 제공한다.

08 제조 투입재를 대상으로 장기계약 구매 형태의 B2B e-마켓플레이스를 무엇이라 하는가?

① 온라인 유통자
② 독립거래소
③ 온라인 구매
④ 산업 컨소시엄

정답 ④

해설 산업 컨소시엄은 특정 산업의 한정된 공급사들로부터 제조투입재를 장기 계약에 의해 구입할 기회를 제공한다.

09 e-커머스 동향에 대하여 바르지 못한 것은 ?

① B2C e-커머스가 총 판매액의 90% 이상을 하고 있다.
② 1998에서 2000년에 걸쳐 B2C 전자상거래 분야의 투자가 급격히 증가하였다.
③ 2001년을 정점으로 닷컴 버블이 몰락하였다.
④ 2001년 이후 아마존 등 수익성을 확보한 회사는 존속하고 있다.

정답 ①

해설 B2B e-커머스가 총 판매액의 90% 이상을 차지하고 있다.

10 기존의 EDI가 진화된 형태로 독자적 폐쇄형의 B2B e-커머스 형태를 무엇이라 하는가?

정답 기업협력 네트워크(Private industrial networks)

해설 기업협력 네트워크는 e-마켓플레이스와는 달리 독자적 폐쇄형 구조를 가지며 협업 상거래의 조정관리를 주목적으로 산업가치사슬을 따라 형성된다.

11 1990년대 인터넷 기반의 B2B e-커머스 전에 대기업이 수많은 부품 공급사들로부터 구매를 효율화하기 위해 EDI 시스템을 활용하기 위하여 구축한 통신망은?

정답 VAN

해설 Value Added Network(부가가치망)은 1970년대 후반에 처음 등장하였다.

요약

공급망 관리

- 재고시스템: 지속적인 재고 수준 모니터링을 통하여 언제 재고가 보충되어야 할지, 재고 수준은 어느 정도에서 유지되어야 할지, 그리고 주문량은 어떻게 할지 등을 결정하는 정책과 절차
- 재고 비용: 주문비(ordering cost, setup cost), 재고유지비(holding cost, carrying cost)
- JIT시스템: 요구되는 시점에 제품을 생산함으로써, 재고와 낭비를 최소화하고, 동시에 현행수요를 가장 효과적으로 충족시키려는 시스템
- 공급망 관리(SCM) 시스템: EDI(Electronic Data Interchange)를 통한 표준화 및 불필요한 문서작업 최소화, 나아가 인터넷 기반의 B2B 활성화를 통한 효율적인 e-커머스의 정착이 중요

B2B e-커머스의 개념 및 추세

- 개념: 기업을 대상으로 전자매체를 통해 제품이나 서비스를 매매하는 거래 유형
- 인터넷 및 기타 네트워크를 통해 조직경계선을 넘어 거래를 수행함
- 흔히 거래관련 기업들을 통합하는 자동화된 프로세스를 통해 처리됨

B2B e-커머스의 기대효과

- B2B e-커머스는 구매자와 판매자에게 모두 협력을 위한 기회를 제공하고 정보의 투명성을 통해 주문/생산비용의 절감과 구매와 생산 프로세스의 자동화를 가져왔음

B2B 비즈니스 모델

- B2B 비즈니스 모델은 판매자 중심형, 구매자 중심형, 중개자 중심형으로 구분할 수 있음
- 중개자 중심형 모델은 2000년대 들어 가장 빠르게 성장하고 있는 B2B 비즈니스 모델

B2B e-커머스의 진화

- 전통적인 B2B e-커머스 환경: 온라인 주문입력시스템(1970년 중반) → VAN(Value Added Network) 기반의 EDI(Electronic Data Interchange) 시스템(1970년 후반~1980년)→ 인터넷 기반의 B2B e-커머스 환경(1990년)
- e-마켓플레이스, 기업협력 네트워크의 등장

기업협력 네트워크

- 기업협력 네트워크는 e-마켓플레이스와는 달리 독자적 폐쇄형 구조를 가지며 협업 상거래의 조정관

리를 주목적으로 산업가치사슬을 따라 형성됨

e-마켓플레이스

- e-마켓플레이스는 구매사들의 구매시스템을 공급사들의 발송시스템과 함께 통합하는 중개자로서 표준화된 거래프로세스 제공
- e-마켓플레이스는 제조 투입재 구매를 위한 수직적 마켓플레이스와 운영 투입재(MRO) 구매를 위한 수평적 마켓플레이스로 구분할 수 있음
- e-마켓플레이스는 기업의 구매대상과 구매방식에 따라 온라인 유통자(운영 투입재, 즉석 구매), 온라인 구매(운영 투입재, 장기 계약), 독립거래소(제조 투입재, 즉석 구매), 산업 컨소시엄(제조 투입재, 장기 계약)으로 구분할 수 있음

참고문헌

외국기업에 뺏기는 'MRO 시장', 한국경제신문, 2014. 10. 13.

이동훈, IT CookBook, 전자상거래와 e-비즈니스, 한빛미디어, 2010.

이상네크워크 홈페이지, http://home.e-sang.net

홍일유, 디지털 시대의 이비즈니스와 이커머스, 개정판, 법문사, 2022.

NerveWire, Inc., "Collaborative Commerce: Compelling Benefits, Significant Obstacles," *Nerve Wire Research Study*, 2002.

제 4 부

최신 e-비즈니스 동향

제10장 공유경제 비즈니스

오늘의 주제

'공유경제'의 위기는 무엇일까?

공유경제는 사용하지 않는 자원을 여러 사람과 공유하며 돈을 벌 수 있게 해주는 경제 체계를 말한다. 최근 세계적인 공유경제 아이콘 기업들이 잇따라 파산하고 있다. 공유숙박 역시 세계적으로는 규제강화에 직면하고 있는 상황으로, 공유숙박 법제화를 검토하고 있는 정부가 부작용을 경계해야 한다는 목소리가 높아지고 있다. 공유숙박이 경제적 측면에서는 성장동력으로 작용할 수 있지만, 젠트리피케이션 등 사회적 문제가 불거지면 마이너스가 될 수 있다는 것이다.

실제 공유경제산업의 아이콘 기업으로 평가받던 미국의 '위워크(WeWork)'가 최근 파산했다. 위워크는 공유오피스 개념을 도입해 누적투자금만 110억 달러(약 15조3,900억원)를 유치할 정도로 공유경제산업에서 아이콘으로 평가받던 기업이다. 하지만 코로나19가 발목을 잡았다. 부동산을 임대해 해당 부동산에 다수의 임차인을 모집하는 것이 사업모델이지만, 재택근무 활성화로 임차인이 급감했고, 고금리까지 겹치면서 파산을 피할 수 없었다.

공유 스쿠터 분야의 선두주자인 미국 모빌리티 기업 '버드(Bird)'도 위워크와 비슷한 시기에 파산했다. 버드는 우리나라에서도 익숙한 공유 자전거 · 킥보드와 같은 개념의 공유 스쿠터 사업을 추진해 기업가치 10억 달러 이상의 유니콘 기업으로 평가받았다. 그러나 폭발적인 성장의 이면에서는 난폭운전, 무단주차, 교통사고 등의 문제가 불거졌고, 사용을 금지하는 국가가 등장할 정도로 규제강화를 맞이하면서 결국 파산 절차를 밟게 된 상황이다.

우리나라의 공유경제 스타트업들도 위기를 맞이하고 있다. 명품 가방이나 의류를 대여해 주고 수익을 얻는 형태의 개념을 도입한 한 명품 공유 플랫폼은 명품을 대여해 준 이용자들에게 제때 수익금을 정산해주지 못하고 있는 것은 물론, 대여해 준 명품도 돌려주지 못하면서 피해자가 늘어나고 있는 것으로 알려졌다. 코로나19 팬데믹 이후 외출을 자제하는 사회적 분위기로 인해 명품을 대여하려는 소비자들이 감소한 것이 경영악화의 원인으로 평가된다.

출처: 숙박매거진(http://www.sukbakmagazine.com), 2024. 1. 15.

생각해보기

코로나19 팬데믹 이후, 많은 공유경제 기업들이 어려움을 겪고 있습니다. 과연 공유경제 산업은 미래에도 계속 각광받을 수 있을까요?

전문가 답변

초기 공유경제는 유휴자원을 이용한 가치 창출의 극대화를 통해 많은 성장을 해왔습니다. 그 후 과열된 경쟁으로 변질된 공유경제의 모습은 코로나19 팬데믹과 같은 위기 속에서 그 가치를 지키기 힘든 모습이었습니다. 기존 산업과 다른 공유경제만의 궁극적인 특징을 지켜 나간다면 향후 가장 회복 탄력적인 비즈니스 모델 중 하나가 될 것이고 실제 많은 사회 부문을 변화시키면서 성장할 것이라고 전문가들은 전망합니다.

제1강 공유경제 비즈니스 모델

학습내용

1. 공유경제의 개념
2. 공유경제의 발전 배경
3. 공유경제 산업과 플랫폼 산업의 특징

학습목표

1. 공유경제의 개념에 대해 설명할 수 있다.
2. 공유경제가 발달된 요인들에 대해 설명할 수 있다.
3. 플랫폼 산업으로서의 공유경제의 특징을 설명할 수 있다.
   플랫폼 산업과 공유 산업의 차이점을 비교할 수 있다.

1 공유경제 개념

1.1 공유경제의 개념과 정의

공유경제는 2000년대에 들어서 새롭게 나타난 경제 모델로서, 용어에 대한 다양한 견해와 정의들이 혼재되어 있다. 최근에 쓰이는 공유경제의 뜻과 비슷한 뜻으로 쓰인 본격적인 시기는 2002년으로, 에잔 맥카이 교수의 2002년 논문 '지적재산과 인터넷: 공유의 공유'에서 GNU/Linux를 언급하며 등장한다. 이후 공유경제는 많은 학자들에 의해 정의되어 왔다. 공유경제(sharing economy)라는 용어를 2008년 최초로 사용한 미국 하버드 법대 로렌스 레식 교수는 공유경제를 '상업경제와 달리 사회관계를 통해 조율되는 경제'라고 정의했다. 2013년에 보츠만은 '공간을 비롯해서 기능, 물건에 이르기까지 저조하게 사용된 자산을 금전적 또는 비금전적 혜택을 위하여 공유하는 것에 의존하는 경제'라고 정의했다. 이들 정의를 토대로 현재 나타나는 공유경제는 보편적이고 포괄적으로 다음과 같이 정의할 수 있다.

"특정 서비스를 창출하는 유휴자산을 이용해 해당 서비스의 수요자와 공급자간 시장 거래를 플랫폼이 중개하는 경제."

이 정의는 크게 세 가지 요소로 구성되어 있다. 첫째는 '특정 서비스를 창출하는 유휴자산'이다. 예컨대 숙박 서비스를 공유하는 에어비앤비의 경우 도심과 같은 특정 지역의 주택 중 현재 사용되지 않고 있는 빈방이나 유휴주택이 이에 해당한다. 렌터카 차량을 공유하는 쏘카의 경우에는 현재 사용되지 않고 있는 빈 차가 이에 해당될 수 있다. 둘째는 '해당 서비스의 수요자와 공급자'이다. 대부분의 경제와 동일하게 수요자와 공급자의 시장 거래가 공유경제를 이루는 중요한 요소이다. 예컨대 에어비앤비에서는 여행객이 수요자이고 주택 소유주가 공급자에 해당한다. 공유경제를 구성하는 세번째 요소는 '시장거래를 중개하는 플랫폼'이다. 수요자와 공급자는 플랫폼을 통해 정보, 금융, 신용 등을 공유하며 시장거래를 한다. 플랫폼은 원활한 시장거래를 위하여 여러 가지 특징적인 기능들을 설계(architecture)한다. 예컨대 쏘카의 플랫폼은 렌터카의 위치와 사용시간 정보를 수요자들에게 공개함과 동시에 예약 거래를 할 수 있게 함으로써 수요자들의 거래를 용이하게 만든다.

공유경제가 기존 경제와 다른 새롭게 출현하는 산업의 형태를 설명하고 있기에, 이와 유사한 개념을 일컫는 여러 가지 용어가 존재한다. 〈표 10-1〉에서와 같이 어떠한 특징에 초점을 맞추는지에 따라 협업 경제(collaborative economy), 온디맨드 경제(on-demand economy), 긱 경제(gig economy), 프리랜스 경제(freelance economy), 동료 경제(peer economy), 크라우드 경제(crowd economy), 플랫폼 경제(platform economy), 디지털 경제(digital economy) 등으로 불리기도 한다. 예를 들어, 공유경제는 자산이나 자원의 공유

표 10-1

협업경제(Collaborative Economy)	소비, 생산, 금융, 학습 등에 있어 협업 강조
온디맨드 경제(On-demand Economy)	제품과 서비스의 즉시 제공(immediate and access-based) 주안점
긱 경제(Gig Economy)	단일 프로젝트 또는 태스크에 노동력 또는 기술을 제공하고 소득 창출
프리랜스경제(Freelance Economy)	독립노동자 또는 자영업자가 긱보다는 장기로 프로젝트 등 참여
동료 경제(Peer Economy)	제품 제작, 서비스 제공, 자금모집 등에 있어 P2P 네트워크 활용
크라우드 경제(Crowd Economy)	크라우드소싱, 크라우드펀딩 등 대중 참여
플랫폼 경제(Platform Economy)	기술활용 플랫폼 활용
디지털 경제(Digital Economy)	기업의 신뢰 회복과 구축

출처: 구자현 외, 2019.

된다는 특이점에 중점을 두는 용어인 반면, 플랫폼 경제는 기존 산업과 대비되는 플랫폼 기술 활용의 관점에 중점을 두고 있는 용어이다. 따라서 모든 용어들이 동일한 의미를 갖고 있지는 않지만, 하나의 산업을 일컬을 때 여러 가지 용어로 불리울 수 있다는 점을 인지해야 한다. 이 장에서는 앞서 설명한 공유경제의 포괄적인 정의에 초점을 맞추고 있다.

1.2 공유경제 산업의 발전

최근 널리 쓰이고 있는 공유경제의 모습은 여러 가지 요인에 의해 형성되었다. 대표적으로 다음과 같은 세 가지 요인이 있다.

(1) 기술의 발달: 인터넷 및 모바일 기술의 발전으로 인한 상호 의존도의 향상

인터넷 기술의 발달은 사람들 간의 정보의 공유를 더욱 용이하게 하였다. 신문에서 볼 수 있던 공적인 정보들부터 개인의 사생활과 관련되어 있는 민감한 사적인 정보들까지 인터넷을 통해 공유하는 시대가 도래했다. 인터넷을 통한 정보 공유는 정보의 불균형으로 이익을 얻을 수 있었던 다양한 산업에서의 변화를 요구했다. 앞 장에서 소개된 e-커머스 형태의 비즈니스들이 그러한 변화된 산업을 이끌어간 주체들이다. 이와 더불어 2010년 이후로 발달된 모바일 기술은 단순한 공적 정보의 공유를 넘어서 사적 정보도 공유할 수 있게 해 줌으로써 다양한 경제활동을 가능케 하였다. 예컨대 실제로 모바일 기기를 사람들이 갖고 다니게 되면서 개인의 위치 기반 정보를 공유할 수 있게 되었고, 그 정보들을 통해서 나

그림 10-1 모바일 쇼핑과 공유경제

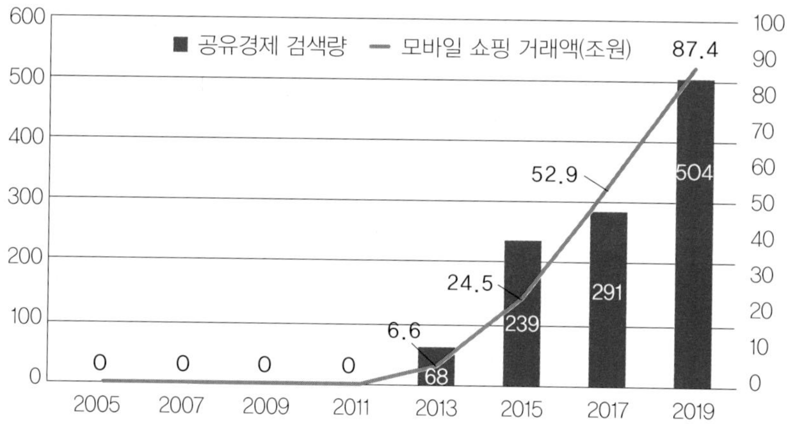

출처: 통계청 및 구글 트렌드.

와 가까운 곳에서의 차량, 배달 등 특정 서비스 수요를 알 수 있게 되었다. 이러한 정보 공유는 자연스럽게 개인 간의 상호 의존도를 높였고 공유경제 산업의 발전을 야기했다. 실제로 [그림 10-1]에서 보여주듯이, 2013년 이후로 전체 e-커머스에서 모바일이 차지하는 비중이 커졌고 동시기에 공유경제에 대한 관심도 늘어나기 시작했다.

(2) 인구 구성의 변화: 소유보다는 렌탈을 원하는 인구의 증가

기술의 발달과 함께 인구 구성의 변화 또한 공유경제 산업을 발전시킨 중요한 요인이다. 과거에 비해 최근에는 한 가구당 구성원의 숫자가 줄어들었다. 2000년에 전체 가구의 15.5%를 차지하던 1인 가구가 2010년에는 23.9%, 2022년에는 34.5%가 되어 인구 구성원이 변화하고 있다. 이러한 인구의 변화는 소비의 변화를 뜻하기도 한다. 과거의 전통적인 가구에서는 소비를 통한 한 번의 소유를 통해 여러 구성원들이 함께 쓸 수 있는 구조이지만, 1인 가구에서의 소유된 자산은 한 사람의 몫이 된다. 이론적으로 생각하면 다른 인구 구조에서의 동일한 소비 패턴은 한 자원의 이용률을 떨어뜨리게 된다. 예를 들어, 4인 가구가 소유한 승용차는 아이들의 등교, 부모의 출근 등 다양한 수요를 만족시키기 위해 사용된다면, 1인 가구의 승용차는 한 사람의 수요를 만족시키기 위해서만 사용될 것이다. 따라서 4인 가구에서 사용되는 승용차의 시간보다는 1인 가구에서 사용되는 승용차의 시간이 더 적을 가능성이 많다. 이러한 이유로 장기적인 자산의 소유를 위한 고비용을 지출하기보다는 단기간의 이용을 위해 필요할 때만 저비용을 지출하는 렌탈이나 구독 서비스 등의 소비가 늘어나고 있다. 실제로 국내 구독경제(Subscription Economy)의 시장규모는 2016년 25조 9천억원에서 2020년 40조 1천억원으로 54.8%가 증가하였다. 소유보다는 렌탈 및 구독을 선호하는 수요가 높아짐으로써 공유경제의 잠재적 수요자가 증가하여 공유경제 산업은 발전하였다.

알아봅시다

서비스업을 넘어서 제조업에도 부는 구독경제

구독경제는 그동안 콘텐츠와 멤버십 영역에서 주로 활용돼 왔었다. 이제는 인터넷이라는 새로운 인프라의 발전과 함께 거의 모든 영역으로 확산되고 있다. 쿠팡의 '클럽 와우', 아마존의 '아마존 프라임' 같은 멤버십은 이제는 반드시 갖춰야 할 구독경제의 양식으로 발전하고 있으며 이 양식은 실물 상품의 영역으로 확대되고 있다. 정수기 등의 가전제품을 만들어 판매하는 코웨이는 기업가치가 2019년말 기준 6조원을 넘어섰다. LG전자의 기업가치가 10조원 수준임을 감안하면 엄청난 수준이다. 이 차이를 좁혀준 것은 코웨이와 고객과의 관계이다.

LG전자는 상품을 만들어서 판매한다. 고객은 그 상품을 구매해주는 고마운 대상이지만 고객과의 관계는 판매가 완료되는 순간 소원해진다. 반면에 코웨이는 구매 시점부터 관계가 시작된다. 코디가 정수기 필터를 교체하고 정수기 외에 다양한 상품의 판매가 시작된다. 한번 코웨이의 고객이 되면 고객은 관리되기 시작하는 것이다. 이러한 영업조직을 이용한 판매모델은 한국이 고유하다. 아모레퍼시픽의 '아모레 아줌마'나 보험 판매원, '빨강펜 선생님' 그리고 코웨이의 '코디'는 우리에게 익숙하지만 글로벌 시장에서는 일반적이지 않은 사업모델이다. 하지만 이 모델들은 이제 구독모델의 모범으로 성장하고 있고 그 가치를 코웨이가 증명하고 있다.

이제 고객과의 접촉으로 만들어지는 기회를 어떻게 활용하느냐가 기업들의 숙제가 될 것이다. 즉 구독모델은 실물상품 영역으로 확대되고 있다. 1인 가구 확대로 소유보다는 대여라는 새로운 소비 방식이 떠오르고 이에 맞춰 기업들은 '렌탈(rental)'이란 새로운 판매방식을 제시하고 있다. 초기 구입대금의 부담을 없애고 어떤 상품이던 월 몇 만원으로 누리려는 소비자와 높은 이자율에 판매 증대라는 두 마리 토끼를 잡으려는 사업자들의 니즈가 함께 만든 시장이다.

하지만 이 시장은 아직 구독시장이라고 하기에는 부족하다. 렌탈 고객은 구매보다 상대적으로 높은 금액을 지불하고 있기 때문이다. 하지만 곧 이 영역에도 구독의 개념이 등장할 것으로 보인다. 즉 고객이 향유하는 가치보다 오히려 더 적게 지불하는 상품이 나올 것이기 때문이다. 포르쉐의 패스포트 프로그램은 그런 구독상품의 등장을 예고한다. 명품 자동차의 상징인 포르쉐는 미국에서 '포르쉐 패스포드'란 서비스를 시작했다. 한달에 2,100달러만 내면 다양한 포르쉐를 바꿔 탈 수 있는 프로그램이다. 다양한 종류와 색상의 포르쉐를 즐기고 싶어하는 고객의 니즈를 겨냥한 프로그램이다. 2,100달러란 가격은 제품의 원가와 이자율이 아닌 고객의 지불 의사를 기준으로 산정한 것이다. 이 프로그램을 통해 고객은 어떤 종류와 색상을 선호하는지 등에 대해 포르쉐와 대화를 나누기 시작할 것이다. 물론 이 정보는 2021년 포르쉐 설계에 반영될 것이다. 구독경제는 과거 순간이었던 고객관의 관계를 영원한 접촉으로 바꿔 나가는 새로운 사업방식이다. 콘텐츠 영역에 이미 일반화된 것처럼 제조업에도 이 바람은 천천히 불어올 것이다. 단지 얼마나 빨리 올 것인가는 기업들의 판단에 달려있다. 과거에 갖고 있던 판매라는 패러다임에서 빠져나와야 가능한 선택이기 때문이다.

출처: 디지털투데이, 2020. 5. 14.

(3) 경제 상황의 변화: 유휴자원을 통한 추가 소득원의 기회

인구 구성의 변화는 소비의 변화와 동시에 직업관의 변화도 초래했다. 과거의 안정적인 직장을 선호하던 사회적인 분위기에서 최근에는 노동 유연성을 주는 직업을 선호하는 경향이 생겼다. 2022년 경영 컨설팅 업체 맥킨지에서 조사한 설문에 의하면, 87%의 응답자가 노동 유연성이 보장된 직업을 선택하겠다고 응답했다. 또한 페이팔(paypal.com) 조사에 의하면 2022년 한 해에만 71%의 미국인이 직장을 옮겼다고 한다. 이러한 직업관의 변화는 유연한 노동을 통한 경제활동을 가능케 하는 공유경제 산업의 발전에 기여하였다. 또한 글로벌 금융위기부터 시작된 세계적인 불황추세는 기존의 직업 이외의 추가 소득원 가능성이 높게 가치 평가될 수 있는 계기를 마련하였다. 특히, 차량공유 플랫폼인 겟어라운드(GetAround)의 데이터를 토대로 한 시뮬레이션에서 저소득층의 후생이 5.26% 증가했다고 나타났다. 앞서 설명한 공유경제의 중요한 성공 요인 중 하나가 공급자인 만큼, 이러한 후생 증가의 가능성은 공유경제의 발전에 토대가 되었다.

2 공유경제의 특징과 플랫폼 산업

2.1 공유경제의 네 가지 특징

위에서 설명한 바와 같이 공유경제의 중요한 선결요인은 유휴자산의 공급자(혹은 판매자), 수요자(혹은 구매자), 그리고 거래가 이루어질 수 있게 만들어주는 플랫폼이다. 전통적인 경제와 비교했을 때 공유경제는 유휴자산을 이용한다는 점과 플랫폼이 거래를 중개한다는 점에서 특징을 나타낸다. 플랫폼을 통한 개인간 거래가 용이해짐으로써 과거에 볼 수 없었던 타입의 서비스도 거래가 가능하게 하였다. 예컨대 심부름 앱 '해주세요'에서는 2021년 출시 이후 2024년까지 100만건의 거래가 이루어졌다. 이러한 구조를 통해 공유경제는 다음과 같은 네 가지 특성을 가지고 있다.

(1) 시장에 기반한 효율적 자원 활용

공유경제를 통해 자원을 가능한 한 낭비없이 효율적으로 활용될 수 있는 기회가 생긴다. 이전에는 사용되지 않은 유휴자원들을 디지털 플랫폼을 통해 활용할 수 있게 된다. 공유경제는 기존에 존재하지 않던 새로운 시장을 만들어서 더 높은 수준의 효율적인 경제활동을 촉진한다. 개인차를 이용하여 차량 서비스를 제공한다거나 자신의 집을 이용하여 호텔 서비스를 하는 것은 예전에는 존재하지 않던 새로운 시장을 만드는 것이다. 또한 경쟁을 통해 기존보다 낮은 가격에 서비스를 제공할 수 있게 된다면 더 효율적인 경제활동이 이루어지게 된다. 유휴자원들은 단순히 저가격을 통해 고객을 유인하는 것뿐만이 아니라 차별화된 서비스와 편리성을 제공할 수도 있다. 여러 가지 언어를 지원하는 디지털 플랫폼을 통해 이러한 유휴자원이 국내뿐만 아니라 외국 소비자들에게도 활용될 수도 있다.

(2) 자율성을 가진 분권화된 조직

공유경제에서는 기업처럼 중앙집권적인 조직이 아니라 자율성을 가진 분권화된 개인이 유휴자원을 제공한다. 예컨대 기존 택시 서비스에서는 택시 회사가 기사들의 스케줄을 관리하는 반면 우버의 차량 서비스에서는 기사들이 자율적으로 각자 원하는 시간에 서비스를 할 수 있다. 공유경제 플랫폼은 유휴자원을 제공하는 공급자에 대하여 플랫폼을 활용하기 위해서 지켜야 할 절차와 원칙을 요구할 수 있지만 조직 내부의 부서처럼 지시 및 보고를 요구할 수는 없다. 분권화된 개인은 보다 유연하게 상황변화에 맞추어 고객에게 자원을 제공할 수 있지만 중앙집권적인 명령체계의 부재는 공유경제에 문제를 발생시킬 소지가 있다.

(3) 직업의 경계 모호성 및 계약직 일자리의 강화

공유경제에서는 예전에는 사적인 일로 치부되던 다른 사람에게 차를 내워준다거니 숙박을 제공하던 것이 직업의 영역이 될 수 있다. 또한 공유경제에서는 계약직 일자리가 상당수 정규직을 대체하게 된다. 공유경제 플랫폼은 거래 포스팅, 결제, 프로모션, 신뢰구축 등의 노력을 기울이고 실제 유휴자원 서비스 공급업자들을 고용하는 것은 아니다. 전 세계적으로 공유경제 부분이 노동시장에 차지하는 절대적인 비중은 크지 않은 상황이지만 공유경제 활성화에 따라 노동시장은 상당히 큰 변화가 있을 가능성도 있다. 디지털 플랫폼의 활용가능성이 높아져 신시장 개척으로 다양한 스타트업 기업의 시장진입이 이루어지면 전체적인 시장의 규모가 확대되어 노동 수요도 증가될 가능성도 존재한다. 한편 공유경제의 특징에서 언급한 것처럼 사적인 영역이 직업의 영역이 될 수 있고 계약직 일자리가 상당수 정규직을 대체할 가능성 또한 간과할 수 없다.

(4) 디지털 플랫폼 기반

공유경제는 디지털 네트워크에 기반하고 있다. 유휴자원을 보유하고 있는 공급자만이 알고 있던 정보를 디지털 플랫폼을 통해 네트워크 전반으로 공유할 수 있고 이를 통해 자원의 공유 혹은 거래가 이루어진다. 또한 디지털 플랫폼은 무엇을 누구와 공유하는지를 즉각적으로 추적할 수 있게 해준다. 이렇게 추적된 데이터를 통해 보다 만족스러운 매칭 서비스를 제공할 수도 있고, 맞춤 프로모션을 제공할 수도 있다. 따라서, 어떤 데이터를 얼마나 축적하는지, 어떻게 그 데이터를 활용하는지는 공유경제 디지털 플랫폼의 가장 중요한 성공 요인이 될 수 있다.

2.2 양면시장과 네트워크 효과

공유경제의 중요한 특징 중 하나는 구매자, 판매자 외에 플랫폼 사업자라는 중요한 시장 참여자가 존재한다는 점이다. 비즈니스 모델에 따라 플랫폼 사업자가 판매자와 동일 업체일 수도 있지만, 구매자와 판매자 모두가 플랫폼 사업자의 고객일 수도 있다. 대표적인 공유경제 비즈니스인 우버(Uber)나 에어비앤비(Airbnb)는 후자에 속한다. 이러한 경우 공유경제는 양면시장(Two-sided market)의 구조를 갖게 된다. 양면시장은 한 면의 시장 참여자(공급자)가 다른 한 면의 시장 참여자(수요자)에게 네트워크를 통해 서비스나 상품을 제공하고 경제적인 대가를 받는 구조이다. 일반적으로 이 거래는 플랫폼을 통해서 이루어지고,

그림 10-2 선형적 공급망과 양면시장

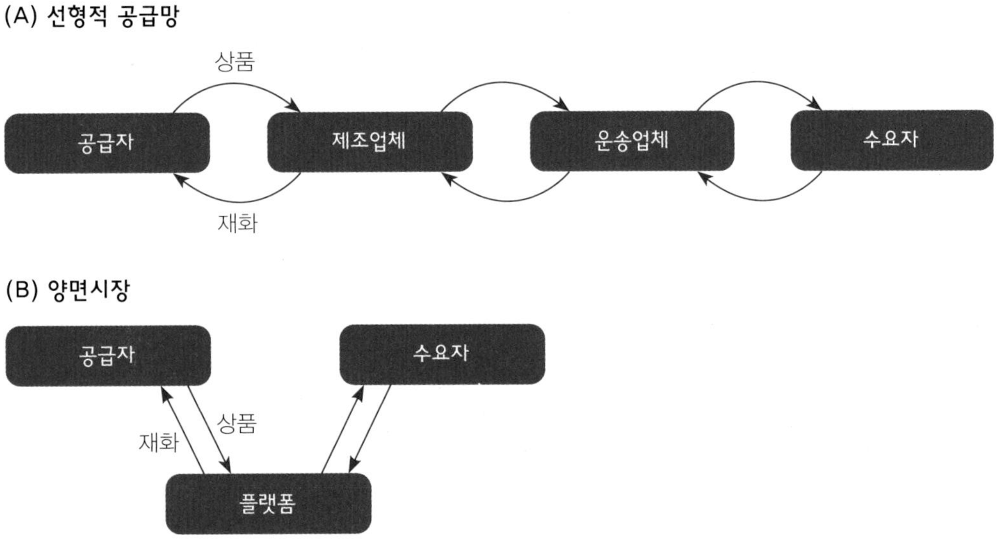

플랫폼은 양면네트워크(Two-sided network)를 매개하는 중재자 역할로 정보, 상품, 재화의 거래가 이루어지도록 돕는다. 따라서 공유경제를 이해하기 위해서는 양면시장의 원리를 이해하는 것이 중요하다.

양면시장은 선형적 공급망(Linear Supply Chain)과는 많은 차이가 있다. [그림 10-2]에서 보여지듯, 가치형성 방법부터 다르다. 선형적 공급망에서는 공급자에서 제조업체, 제조업체에서 운송업체, 운송업체에서 고객으로 가면서 가치가 더해지는 반면, 양면시장에서는 각각의 네트워크 매칭으로 가치가 형성되고 그 가치는 플랫폼에서 포착된다. 양면시장의 성공 여부는 얼마나 많은 가치가 형성되는지, 그리고 그중 얼마나 많은 가치가 플랫폼에 포착되는지에 달려있다.

일반적으로 선형적 공급망에서는 일반적으로 공급자 관점의 규모의 경제로 가치형성이 이루어진다. 공급자 관점의 규모의 경제는 수요가 많아지면 생산량을 늘림으로써 단위당 생산 비용을 줄일 수 있는 것을 뜻한다. 가령, 생산을 하기 위한 공장을 하나 빌리는 데 매월 1백만원을 지불한다고 생각하자. 월 생산량이 100이었을 때 단위당 생산 비용은 1만원이 되지만 월 생산량이 10,000으로 늘어나면 단위당 생산 비용이 100원으로 줄어들게 된다.

반면에 양면시장에서는 이와 달리 수요자 관점의 규모의 경제가 이루어진다. 일반적으로 네트워크 시장에서 네트워크 내의 수요자가 늘어나면 상품의 가치가 상승하는 것을 의미한다. 예를 들어, 차량 공유 서비스를 생각해보자. 수요자 네트워크가 증가는 각각의 차

그림 10-3 데이비드 삭스가 설명한 우버의 네트워크 효과

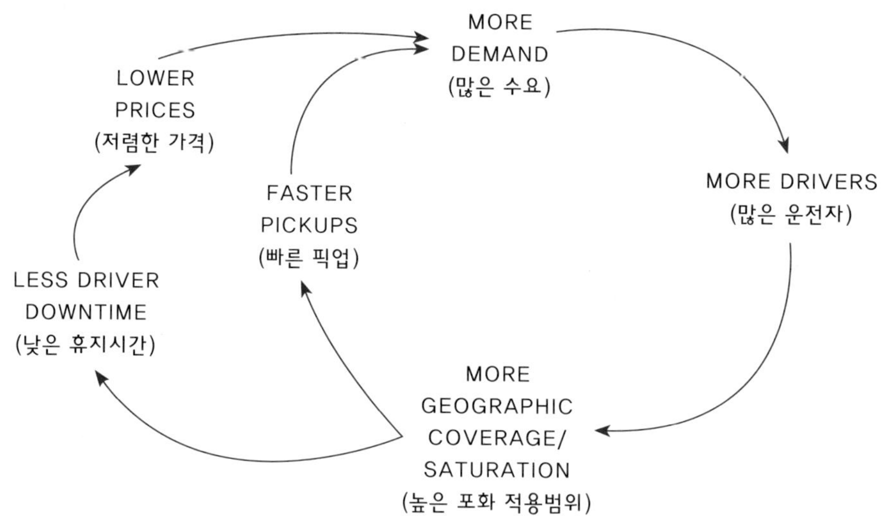

량 공유 서비스의 가치를 증가시키고, 이는 공급자(운전자) 네트워크의 증가로 이어진다. 이는 결국 전체 네트워크에서 이루어지는 가치 형성과 가치 포착의 양을 늘어나게 한다. 이는 8장에서 간략히 소개된 네트워크 효과와 밀접한 연관이 있다.

실제로 [그림 10-3]에서처럼 우버의 앤젤 투자자였던 데이비드 삭스는 우버의 비즈니스 모델을 네트워크 효과를 통해 설명하였다. 우버의 수요가 많아지면 운전자 공급이 많아지고, 이는 각 지역의 운전자 및 수요자 밀도를 증가시킴으로써 수요자에게는 빠른 서비스를 제공하고 공급자에게는 적은 휴지시간을 제공하여 낮은 가격에 서비스를 제공할 수 있게 만들어 준다. 이는 나아가 수요를 더 늘리고 결국 선순환 구조를 만들게 된다는 것이 우버 네트워크 효과의 긍정적인 시나리오이다.

양면시장에서의 네트워크 효과는 [그림 10-4]에서 설명하듯이 크게는 두 가지로 나누어진다. 첫번째는 동(同)면 네트워크 효과(same-side network effect)이다. 동면 네트워크 효과는 플랫폼 사용자의 참여가 동일한 면의 다른 사용자에게 영향을 미쳐 끌어들이거나 밀어내는 효과를 내는 것을 말한다. 예를 들어, 숙박 공유업체의 에어비앤비의 수요자가 많아지면 숙소에 대한 리뷰를 많이 남기게 되고 다른 수요자들은 이 리뷰를 보고 에어비앤비의 숙소에 대한 신뢰가 생기면서 참여할 수 있다. 다른 종류의 네트워크 효과는 플랫폼 사용자의 참여가 다른 면의 사용자를 끌어들이거나 밀어내는 효과를 뜻하는 '이(異)면' 네트워크 효과(cross-side network effect)이다. 에어비앤비의 숙소 공급자들이 많아지는 것은 즉 잠재 수요자들에게 다양한 선택권이 있다는 뜻이다. 이는 더 많은 수요자들로 하여금 에

그림 10-4 양면시장에서의 네트워크 효과

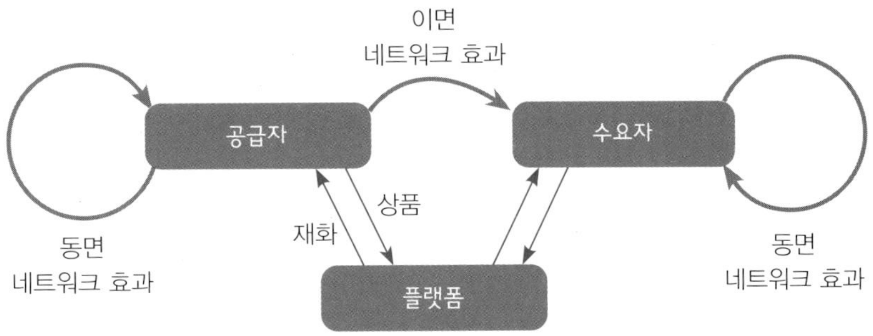

어비앤비를 이용하게 한다. 다음 제2강에서 네트워크 효과를 극대화시키는 기본적인 플랫폼 전략들에 대해 알아보자.

제2강 공유경제 비즈니스의 전략과 이슈

학습내용

1. 공유경제 산업의 종류와 특징
2. 공유경제 산업의 전략
3. 공유경제 산업의 이슈

학습목표

1. 공유경제의 다른 종류와 그 특징들에 대해 설명할 수 있다.
2. 공유경제의 성공전략에 대해 설명할 수 있다.
3. 공유경제 산업과 관련한 사회적인 이슈들에 대해 설명할 수 있다.

1 공유경제 비즈니스의 종류

공유경제의 일반적인 모델은 다음과 같다. 유휴자원을 보유하고 있는 공급자가 기업이 제공하는 플랫폼을 통해 해당 자산이나 서비스를 수요자에게 제공하고, 수요자는 플랫폼을 통해 결제를 한다. 플랫폼은 공급자의 유휴자원에 관한 정보를 취득 및 관리하여 다양한 수요에 맞게 매칭을 활성화시킴으로써 플랫폼 안에서의 가치를 창출한다. 예컨대, 승차공유 업체인 우버(Uber)의 경우, 승용차를 소유하고 있는 누구나 공급자가 될 수 있다. 우버는 [그림 10-5]에 보여지는 플랫폼을 통해 승차공유를 원하는 공급자의 위치 정보와 승차를 원하는 수요자의 위치 정보를 취득하고 그 정보들을 이용해 적절한 가격에 매칭을 시켜주며 거래는 플랫폼 안에서 이루어진다. 이러한 공유경제의 산업은 공유되는 자원과 유휴자원의 공급자에 따라 노동 혹은 재능 공유 모델, 자산 공유 모델, 공유 ○○모델로 구별할 수 있다. 이 세 가지 모델과 그 특징들에 대해 알아보자.

그림 10-5 우버 승차공유 플랫폼

1.1 노동(재능) 공유 유형

공유경제 모델 중 특정 수요를 충족시키기 위해 공급자의 여유시간을 이용해 노동력을 제공하는 유형을 노동 공유 혹은 재능 공유 유형이라고 말할 수 있다. 예로는 미국의 대표적인 프리랜서 공유경제 비즈니스인 업워크(Upwork)와 태스크래빗(Taskrabbit)이 있다. 두 플랫폼에 다양한 분야의 프리랜서들이 노동 가능한 시간과 가격을 공시해 놓으면 수요자들이 필요한 프리랜서를 단기 고용할 수 있다. 업워크에서는 소프트웨어 엔지니어, 개발자, 디자이너 등 기업들이 필요로 하는 전문 영역 프리랜서 위주의 플랫폼이라면 태스크래빗은 가구조립, 집 청소 등 누구나 할 수 있는 업무 위주로 구성되어 있다. 공급자의 성격은 다르지만 두 플랫폼 모두 공급자의 여유시간을 통해 노동을 공유한다는 점에서 노동 공유 혹은 재능 공유로 분류될 수 있다. 같은 관점에서 차량 공유 서비스인 우버(Uber)도 운전자들의 여유시간을 통해 차량 서비스를 한다는 점에서 노동/재능 공유 유형으로 분류된다. 이 유형의 기존의 서비스들과 비교했을 때 가장 큰 차이점은 누구나 플랫폼에 참여할 수 있고 과거 개인정보일 수 있었던 여유시간 및 임금 등의 정보를 플랫폼에 공유함으로써 추가 소득원으로 만들 수 있다는 것이다. 국내에서 널리 쓰이고 있는 노동/재능 공유 유형은 배달의 민족이 있다. 배달의 민족 공급자인 라이더는 [그림 10-6]에서처럼 각자가 하고

그림 10-6 배달의 민족 수요자 앱과 공급자(라이더) 앱

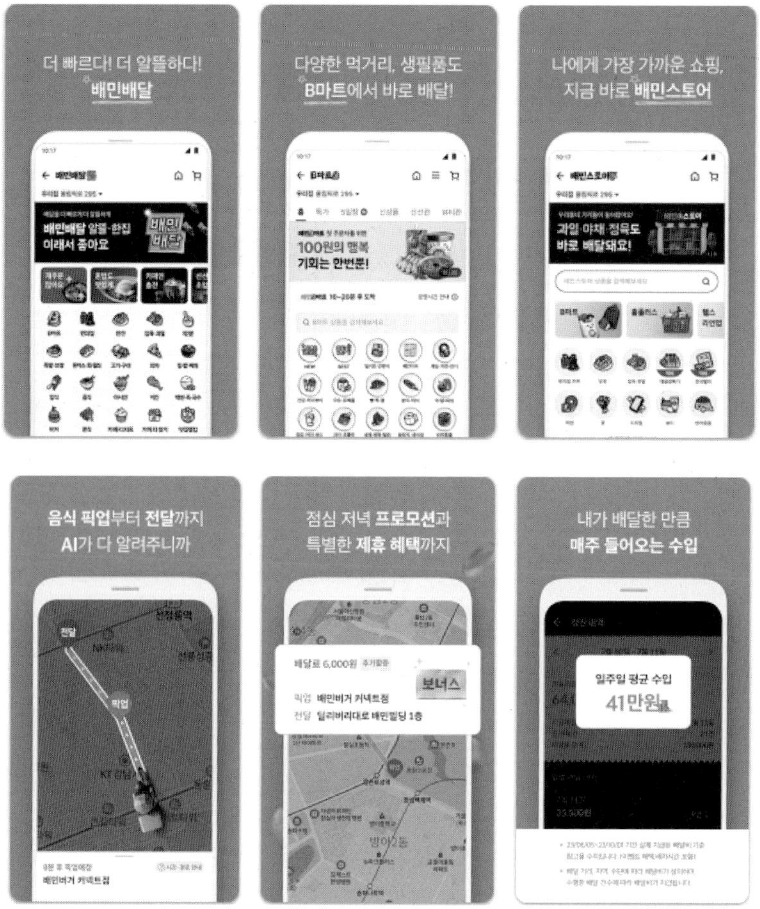

싶은 시간에 배달 아르바이트를 시작하여 일하는 만큼의 임금을 가져가게 된다. 과거의 배달 아르바이트가 각각의 식당에 고용되어 정해진 노동시간 동안 노동을 제공했던 것과는 매우 다른 모습으로 나타나며 이는 노동시장의 변화도 가져오게 되었다.

1.2 자산 공유 유형

다른 유형의 공유경제로는 실물 자산을 다른 사람과 공유하여 경제활동을 하는 자산 공유 유형이 있다. 대표적인 예로는 빈집이나 빈방을 모르는 사람들에게 제공하여 수익을 내는 숙박 공유 업체 에어비앤비(Airbnb)가 있다. 에어비앤비의 공급자는 자기의 방이나 집이 쓰이지 않고 있는 시기의 정보와 원하는 가격을 플랫폼과 공유하여 그 지역에서의 숙박

그림 10-7 에어비앤비의 다양한 숙박시설들

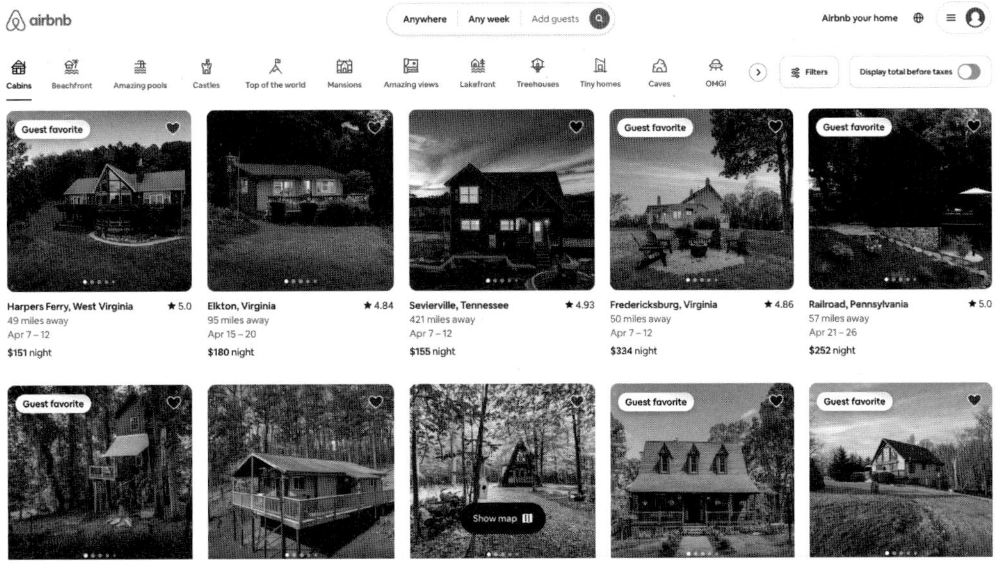

서비스를 필요로 하는 사람과의 거래를 한다. 수요자는 [그림 10-7]에서처럼 원하는 지역에 올라온 다양한 숙박시설들을 보고 가격 및 여러 옵션사양에 따라 선택하게 되는 일종의 C2C커머스의 형태를 띤다. 여기서 기업의 역할은 플랫폼을 제공하여 정보를 수요자와 공급자의 매칭과 거래를 원활하게 만들어 주는 것이다.

이 유형의 비즈니스 또한 노동 공유 유형과 마찬가지로 누구나 공급자가 될 수 있다는 것이 가장 큰 특징이다. 따라서 수요자에게는 선택권이 다양해 질 수 있다는 장점이 있는 동시에 품질이 보장되지 않는 다는 위험성이 존재한다. 품질이 좋지 않은 공급 자산과 매칭이 된 수요자는 재방문의 의사가 없어질 수도 있을 것이다. 이렇듯 매칭이 C2C형태의 비즈니스에서 가장 중요한 부분인 만큼 플랫폼의 역할이 매우 큰 유형이라고 할 수 있겠다. 품질을 어떻게 관리하느냐, 어떤 경험을 만들어주느냐가 플랫폼의 역할이 될 수 있을 것이다.

1.3 공유 ○○ 유형

또 다른 형태의 공유경제는 기업이 자산을 보유하고 있고 이를 사용자들에게 초단기 렌탈의 형식으로 공유하는 유형이 있다. 이 유형은 일반적으로 공유○○이라고 불리운다. 서울시가 운영하는 공유 자전거 서비스인 따릉이가 대표적인 예이다. 서울시가 플랫폼과 자전거 둘 다 소유하고 있고, 사용자는 플랫폼을 통해 원하는 시간과 장소에 가능한 자전거를

그림 10-8 따릉이 앱에서 자전거 대여하는 방법

찾아 이용할 수 있는 비즈니스 모델이다. 또 다른 예로 공유 차량 서비스인 쏘카를 들 수 있다. 마찬가지로 기업은 차량과 플랫폼 모두를 소유 및 운영하고, 사용자들은 플랫폼을 통해 이용 가능한 차량을 찾아 사용할 수 있는 모델이다. 이 유형은 앞서 설명한 두 가지 유형의 공유경제와는 매우 다르다. 첫째, 자산을 소유하고 있기 때문에 그에 대한 유지 및 보수 관련 비용 책임이 모두 기업에게 있다. 따릉이 자전거가 고장이 나면 기업이 고쳐야 한다. 둘째, 기존의 렌탈 사업과 큰 차이가 없다. 앞서 소개한 두 가지 유형은 위에서 설명한 양면시장의 형태를 나타내고 있다. 하지만 이 유형의 경우는 일면시장(one-sided market)의 형태를 보이며, 이는 공급자 관점 규모의 경제를 갖을 수 있다는 특징이 있다.

2 공유경제 비즈니스의 전략

이 절에서는 앞서 설명한 노동 공유 혹은 자산 공유 유형처럼 양면시장의 형태를 나타내는 공유경제 비즈니스 전략에 대해서 설명한다. 이러한 공유경제 모델은 디지털 플랫폼을 통해 양면 네트워크를 이어주면서 가치를 형성하고 가치를 포착하면서 성장한다. 따라서 공유경제 비즈니스의 전략은 플랫폼 비즈니스의 전략과 닮아 있다. [그림 10-9]에서 볼 수 있듯이, 양면시장에서의 공유경제 산업은 긍정적인 네트워크 효과 형성을 통해 비즈니스 모델의 선순환 구조를 가져올 수 있다. 선순환 동력을 만들기 위해서 다음 두 가지의 사항을 고려해야 한다.

(1) '닭과 달걀의 문제'의 해결

선순환 동력을 만들기 위해서는 긍정적 네트워크 효과가 이루어질 수 있도록 충분한 수의 수요자와 공급자가 필요하다. [그림 10-9]에서, A와 B 사이의 임계점에 도달하면 이면 네트워크 효과(cross-side network effect)를 통해 다른 사용자들을 끌어당기게 되어 지속적인 성장이 가능해진다. 그러나 D에서처럼 한쪽 면의 사용자가 현저가 적으면 네트워크 효과가 만들어지기 어려워 계속 성장하기 어려워진다. 에어비앤비의 숙소 공급자들이 아무리 많아도 수요자들이 적다면 장기적으로 참여하기 어려워진다. 따라서 일정 기간 동안 임계점에 도달하지 못한다면 플랫폼에 재방문하지도 다른 이들에게 추천하지도 않게 되어 비즈니스는 성장동력을 잃게 된다. 임계점에 도달하기 위한 기본 전략으로는 '단면우선 전략(Divide and Conquer)'이 있다. 공급자와 수요자 그룹 중 상대적으로 끌어들이기 쉬운 그룹을 선택해 먼저 확보하는 것이다. 이를 위해서 다양한 공유경제 플랫폼들은 리퍼럴(referral) 프로그램을 이용해 무료로 사용자 참여를 시켜주는 전략을 사용한다. 우버는 처음 참여하는 사용자들에게 일정 비용을 제공함으로써 사용자들의 참여를 독려하는 방법을 쓴다. 이처럼 한쪽 면의 그룹의 참여를 먼저 독려하면서 네트워크 효과를 극대화시켜 성장

그림 10-9 양면시장에서의 네트워크 효과 임계점

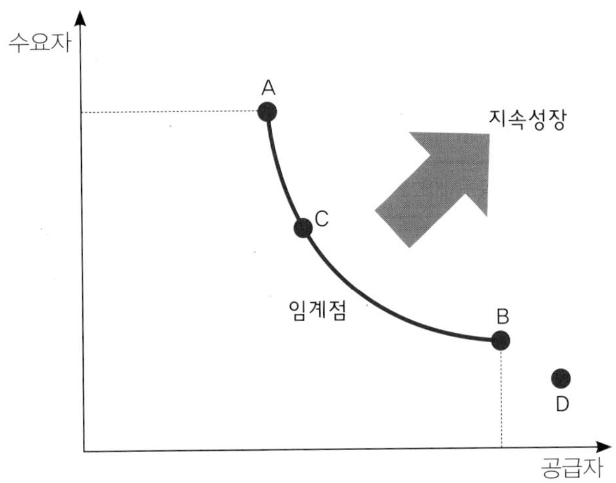

출처: 최병삼 · 김창욱 · 조원영, 플랫폼, 경영을 바꾸다, 삼성경제연구소, 2014.

동력을 만든다.

(2) 네트워크 효과의 극대화

단순한 참여 독려를 넘어서 이미 참여한 사용자들을 락인(lock-in)하여 단순한 바이럴 효과(viral effect)가 아닌 진정한 네트워크 효과를 만들어 내야 한다. 이를 위해서는 플랫폼에서의 사용자 경험이 좋았던 기억으로 남게 해야 한다. 첫째로는 공급자의 유휴자원의 품질을 관리하여 수요자가 양질의 서비스나 상품을 경험하게 해야 한다. 앞서 설명했듯이 누구나 공급자가 될 수 있기 때문에 그 품질도 다양할 수밖에 없다. 따라서 플랫폼은 공급자의 품질을 효과적으로 관리하기 위해 여러 가지 방법을 써야 한다. 가장 널리 쓰이는 방법으로는 기존 사용자들이 평점을 남기는 제도가 있다. 이 밖에도 기준 미달의 공급자를 제외하는 방법, 양질의 상품을 플랫폼 기업이 직접 제공하는 방법 등이 있다. 둘째로는 공급자와 수요자 간의 양질의 매칭을 만들어 주어야 한다. 축적된 플랫폼 사용자들의 데이터를 통해 효율적인 맞춤 서비스를 제공함으로써 사용자들을 락인하는 것이 공유경제 비즈니스의 네트워크 효과를 극대화시켜 주는 성장 전략이다.

3 공유경제 비즈니스의 이슈

공유경제 비즈니스의 활성화는 산업 여러 가지 부분에서 새로운 모습을 만들어내고 있다. 노동시장의 변화나 각 산업의 수익구조의 변화 등이 그 예다. 이러한 새로운 모습들은 필연적으로 기존의 모습들과 다양한 갈등을 야기한다. 이 절에서는 어떠한 갈등들이 있는지 간략히 알아본다.

(1) 기존산업과의 마찰

공유경제 산업은 사용자 입장에서 완전히 새로운 서비스를 제공하는 것은 드물다. 공유경제 산업은 기존의 유휴자산을 공유하는 것이기에 기존 산업과의 갈등이 있다. 특히 새로운 공유경제 비즈니스의 성공은 같은 산업에 있는 다른 유사한 기업을 대체 혹은 잠식할 수 있다. 에어비앤비의 숙박 공유 서비스 확산이 기존 호텔업의 수입의 감소로 이어질 수 있다. 우버 또한 기존의 택시 서비스를 대체한다고 볼 수 있다.

(2) 기존 법령과의 충돌 및 법적 공백 문제

비록 새로운 서비스는 아니지만 공유경제 비즈니스가 플랫폼을 운영하는 방법이나 공급자를 대우하는 면에서는 과거와 매우 다르다. 이러한 경우에 기존 산업을 토대로 만들어져 있는 법령들로 공유경제 비즈니스를 규제하는 데에는 다양한 이견이 존재할 수 있다. 더욱이 공유경제에 대한 법적 규정이 없거나 애매한 경우 시장에서의 혼란이 불가피하다. 초기에 에어비앤비를 비롯한 숙박공유 플랫폼들은 내국인들을 대상으로 한 영업의 경우 불법사례로 취급되어 활성화되지 못하였으나 2019년부터 연간 180일까지 내국인들을 상대로 허용하고 있다.

(3) 노동 복지와 과세의 문제

공유경제가 활성화됨에 따라 노동 복지문제와 과세문제가 중요한 쟁점이 되고 있다. 공유경제에 참여하는 공급자가 많아지면서 의료보험 혜택이라든지 노동자들에게 필요한 복지의 문제들이 대두되고 있다. 또한 개인간 모든 거래를 파악하고 이에 대한 세금을 부과하

알아봅시다 **공유경제가 풀어야 하는 노동 문제**

세계경제포럼(WEF)은 2013년 150억 달러로 기존 렌털 경제의 20분의 1 수준에 불과했던 세계 공유경제 규모가 2025년에는 전통 렌털 경제와 맞먹는 3,350억 달러 규모까지 확대될 것으로 전망했다. 여기에 인공지능(AI) · 블록체인 등 신기술 도입으로 공유경제의 효율성과 적용 분야는 기하급수적으로 늘어날 수 있다.

하지만 이런 급성장은 예기치 못한 그늘을 드리우고 있다. 지난해 한국 카카오의 승차공유(카풀) 서비스 도입을 둘러싸고 벌어진 논란의 와중에 두 명의 택시기사가 스스로 목숨을 끊었다. 선진국에서도 우버 · 그랩 등 차량공유 서비스의 확대로 일자리를 잃게 된 택시운전사의 극심한 반발을 이미 겪었다.

공유경제의 문제점은 세계화의 부작용과 비슷하다. 세계화의 진전으로 전 세계적으로는 소득의 불균형이 적지 않게 해소됐다. 자동차 제조업을 비롯한 선진국의 일자리가 중진국으로, 신발 제조 같은 일자리는 개발도상국으로 넘어갔기 때문이다. 하지만 선진국과 중진국에서는 안정적인 일자리가 사라지면서 양극화 현상이 심해졌다. 비슷한 일이 공유경제 플랫폼에서도 벌어지고 있다. 택시 운전사, 호텔 직원, 배달 사원 등의 정규직 일자리 대신 공유경제 플랫폼에서 독립적으로활동하는 '긱 이코노미'가 활성화된 것이다. 긱 이코노미(Gig Economy)는 1920년대 미국 재즈클럽에서 연주자들을 단기로 고용해 이뤄지는 공연(긱)에서 유래됐다.

영국 가디언은 "우버가 노동자들을 (산업혁명 초기인) 빅토리아 시대 스타일로 쥐어짜고 있다"고 보도했다. 장시간 노동을 하지만 겨우 생계를 유지하는 수준의돈을 벌고 있다는 것이다. 게다가 긱 이코노미 종사자들은 노동자가 아니라 우버 같은 플랫폼 사업자와 계약을 맺은 사업자기 때문에 최저임금이나 고용보장, 실업보험 같은 노동법의 보호를 받지 못한다. 이에 따라 공유경제의 그림자에서 벗어나기 위한 대안을 마련해야 한다는 지적이 나온다. 미국과 영국에서는 플랫폼 노동자를 법적 임금 노동자로 대우해 최저임금과 실업보험, 유급휴가 등의 권리를 보장해야 한다는 판결이 잇따라 나왔다.

출처: 중앙일보, 2019. 3. 31.

기가 어렵다. 하지만 그렇다고 공유경제 거래에 대해 비과세를 한다면 기존 사업자들에게는 역차별이 될 수도 있다. 따라서 이러한 복지 및 과세 문제를 플랫폼 기업이 해결해야 한다는 압박이 커지고 있다. 실제 유럽내 국가들은 에어비앤비 등 숙박공유와 관련하여 기존 호텔에 부과되는 세금이 동일하게 부과될 수 있도록 세금징수와 관련하여 플랫폼 기업과 협력을 도모하고 있다.

(4) 개인정보의 문제

공유경제의 특성상 디지털 플랫폼을 통해 개인정보를 포함한 다양한 정보를 공유하게 된다. 배달 플랫폼을 통해 공급자에게 전화번호와 주소를 공유하는 것부터 숙박 플랫폼에 사적인 공간을 올리는 것까지, 플랫폼은 매우 다양한 정보를 취득한다. 플랫폼을 둘러싼 공유경제 생태계를 관리해야 하는 플랫폼 입장에서는 더 깊은 개인정보를 취득하는 것이 유리하겠지만, 사용자들은 취득된 개인정보가 다른 목적으로 쓰이는 것에 대한 우려가 생기고 있다. 특히 개인정보를 요구하는 플랫폼이 많아질수록 그 우려는 더욱 커지고 있다. 공유된 정보들이 얼마나 안전하게 보관되고 폐기되는지는 계속해서 주의를 기울여야 할 부분이다.

(5) 안전성 우려 및 독점화 가능성

우버와 에어비앤비 등과 관련한 사건 및 사고가 빈번히 발생함에 따라 안전성 문제에 대한 우려가 있다. 개인간 거래중심으로 불법행위에 대한 감시 및 규제가 어려운 공유경제의 특성에 그 원인이 있다. 또한 한번 구축된 플랫폼이 시장에서 독점적 지위를 확보하는 결과를 낳는 유인으로 작용하여 공유경제 내에서도 특정 기업의 독점화에 대한 우려가 제기되고 있다.

핵심 체크

01 공유경제는 전통적으로 쓰여진 경제모델로서, 과거 20세기부터 널리 쓰이는 개념이다.

정답 ×

해설 공유경제는 2000년대에 들어서 새롭게 나타난 경제 모델로, 전통적인 경제 모델과 다른 특징들이 나타난다.

02 공유경제의 출현은 인구 구성의 변화와 밀접한 관련이 있다.

정답 O

해설 소유보다는 렌탈 및 구독을 선호하는 수요가 높아지면서 공유경제의 잠재적 수요자가 증가하였다.

03 공유경제의 선결요인에는 구매자, 판매자가 있다.

정답 ×

해설 공유경제는 디지털 플랫폼을 기반으로 하고 있고 이는 중요한 선결요인 중 하나이다.

04 양면시장에서는 공급자 관점 규모의 경제를 이루는 것이 가장 중요한 성공 요건이다.

정답 ×

해설 양면시장은 선형적 공급망과는 다르게 수요자 관점 규모의 경제를 이루는 것이 중요한 성공 요건이다.

05 공유 자전거 서비스인 따릉이는 양면시장의 대표적인 예다.

정답 ×

해설 따릉이는 플랫폼 운영자인 서울시가 자전거 또한 소유 및 운영하는 단면 공유 유형의 대표적인 예다.

06 구독경제는 콘텐츠와 멤버십 분야의 산업에서만 보여지는 특이한 경제 구조이다.

정답 ×

해설 최근 구독경제는 일반 서비스업을 넘어서 제조업에도 불고 있는 새로운 구조의 비즈니스 모델이다.

07 ________ 기술의 발달이 직접적인 공유경제에 대한 관심으로 이어졌다.

정답 모바일

해설 모바일 기술은 개인간의 사적 정보도 공유할 수 있게 해줌으로써 상호 의존도를 높였고 이는 공유경제 산업의 발전을 야기했다.

08 _____ 네트워크 효과는 다른 쪽 그룹의 다른 사용자에게 영향을 미쳐 끌어들이거나 밀어내는 효과를 일컫는다.

정답 이면

해설 이면 네트워크 효과는 수요자 그룹의 참여가 공급자 그룹의 참여를 끌어들이거나 공급자 그룹의 참여가 수요자 그룹의 참여를 독려하는 효과를 의미한다.

09 에어비앤비는 ________ 유형의 대표적인 예다.

정답 자산 공유

해설 에어비앤비는 공급자의 방이나 집이 쓰이지 않고 있는 시기, 원하는 가격 등의 정보를 공유하여 그 지역에서의 숙박 서비스를 필요로 하는 수요자와의 거래를 돕는 비즈니스로서 자산을 공유하는 유형이다.

10 네트워크 효과에 대한 설명으로 타당하지 않은 것은?

① 수요자 관점 규모의 경제와 밀접하게 관련된 의미이다.
② 양면시장에서는 두 가지 종류의 네트워크 효과가 있다.
③ 일반적인 공유경제의 전략과 밀접한 연관이 있다.
④ 구전을 통해 다른 사람들을 끌어들이는 것만을 뜻한다.

정답 ④

해설 구전을 통해 다른 사람들을 끌어들이는 것은 바이럴 효과를 의미하지만, 네트워크 효과는 더 나아가 끌어들여진 사람들이 계속 이용할 수 있게끔 하는 락인까지 형성되는 것을 의미한다.

11 공유경제의 네 가지 특징이 아닌 것은?

① 시장의 기반한 효율적 자원 활용
② 중앙집권적 조직을 통한 효과적 자원 운영
③ 디지털 플랫폼을 통해 데이터 축적 및 활용
④ 직업의 경계 모호성 및 계약직 일자리의 강화

정답 ②

해설 공유경제에서는 기존 기업처럼 중앙 집권적인 조직이 아니라 자율성을 가진 분권화된 개인이 유휴자원을 제공한다.

12 공유경제에서의 지속적인 성장을 위한 조건에 대한 설명 중 틀린 것은?

① 긍정적인 네트워크 효과의 달성을 통해 선순환 동력을 만들 수 있다.
② 양면 네트워크의 매개를 통해 가치를 형성하고 포착해야 한다.
③ 한쪽 면의 사용자가 적더라도 다른 한쪽의 사용자가 많다면 지속적인 성장을 만들 수 있다.

④ 자율적인 공급자의 품질 관리를 통해 사용자를 락인할 수 있어야 한다.

정답 ③

해설 한쪽 면의 사용자가 현저하게 적으면 네트워크 효과를 만들어 내는 임계점에 도달하기 힘들다. 따라서 임계점에 도달할 수 있을 정도로 양면의 사용자를 끌어들이는 전략을 세워야 한다.

13 공유경제의 발전으로 기대되거나 우려되는 사회적 현상이 아닌 것은?

① 공유경제를 통해 개인정보의 보호 우려가 많이 해소될 것으로 기대한다.
② 공유경제 플랫폼의 독점화의 우려가 있다.
③ 공유경제 비즈니스와 기존 산업의 갈등이 존재할 수 있다.
④ 노동자들에게 자율성을 부여 하지만, 복지 및 과세의 문제도 함께 대두된다.

정답 ①

해설 공유경제는 디지털 플랫폼을 통해 개인정보를 포함한 다양한 정보를 공유하게 하고 사용자들은 취득된 개인정보가 다른 목적으로 쓰이는 것에 대한 우려한다.

요약

공유경제의 개념

- 특정 서비스를 창출하는 유휴자산을 이용해 해당 서비스의 수요자와 공급자간 시장 거래를 플랫폼이 중개하는 경제공유경제의 발전 배경
- 기존 경제와 다른 새로운 형태의 경제 모델
- 비슷한 개념의 여러 가지 용어가 존재

공유경제의 발전 배경

- 인터넷 및 모바일 기술의 발전으로 인한 상호 의존도의 향상
- 소유보다는 렌탈을 원하는 인구의 증가
- 유휴자원을 통한 추가 소득원의 기회에 대한 가치 향상

공유경제 산업과 플랫폼 산업의 특징

- 시장에 기반한 효율적 자원 활용, 자율성을 가진 분권화된 조직, 직업의 경계 모호성 및 계약직 일자리의 강화, 디지털 플랫폼 기반과 같은 특징을 가짐
- 양면시장의 형태를 갖고 있는 산업이 많아 네트워크 효과에 대한 개념 이해가 필요로 함

공유경제 산업의 종류와 특징

- 공유하는 주체나 공유하는 대상에 따라 노동 (재능) 공유 유형, 자산 공유 유형, 단면 공유 유형으로 나뉠 수 있음
- 양면시장과 단면시장의 두 가지 형태가 모두 가능하지만 플랫폼을 이용한다는 공통점이 있음

공유경제 산업의 전략

- 단면우선 전략 등을 이용해 '닭과 달걀의 문제'를 해결하는 것이 중요함
- 바이럴 효과를 넘어선 네트워크 효과의 극대화가 지속적인 성장을 위해 필요함

공유경제 산업의 이슈

- 경제 모델에 새로운 변화를 가져온 만큼 새로운 이슈도 동반함
- 기존 산업과의 마찰, 법적 공백, 복지 및 과세, 개인정보유출 가능성, 독점화 등의 우려가 나타남

참고문헌

구자현 · 전소영, 공유경제 기대효과 및 성장가능성: 「공유경제≪플랫폼 경제≪디지털경제」, 미래성장연구 제5권 제1호, 2019.

김민정 · 이화령 · 황순주, 공유경제에 대한 경제학적 분석: 기대효과와 우려요인 및 정책적 함의, KDI 연구보고서, 2016.

손상영, 공유경제의 이론과 실체 그리고 정책적 대응, 정보통신정책연구원 프리미엄 리포트, 2015.

최병삼 · 김창욱 · 조원영, 플랫폼, 경영을 바꾸다, 삼성경제연구소, 2014.

Parker, Geoffrey G., Marshall W. Van Alstyne, and Sangeet Paul Choudary, *Platform Revolution: How Networked Markets Are Transforming the Economy and How to Make Them Work for You,* W. W. Norton, 2016.

Sundararajan, Arun, *The Sharing Economy*, The MIT Press, 2017.

제11장 블록체인 비즈니스

오늘의 주제

카드사들 대체 불가능 토큰으로 신사업 확장

NFT(Non-Fungible Token, 대체 불가능 토큰)란 블록체인 기반의 '디지털 증명서'다. 교환과 복제가 불가능하고 저마다 고유성과 희소성을 갖고 있어 '대체 불가능한 토큰'이라고도 불린다. 그림 · 영상 등 디지털 파일이나 자산에 암호화된 고유 번호를 붙여 소유권 및 진품 여부를 보증할 수 있다.

국내 최초로 카드 결제 연계형 NFT발행 서비스를 출시한 BC카드는 복제가 불가능한 NFT의 고유성을 기반으로 디지털 자산 증명과 카드 결제를 연동시켰다. 고객이 신용카드 영수증을 직접 휴대폰으로 찍거나 다운로드 받아 생활금융 플랫폼 페이북에 업로드하면 해당 정보가 담긴 영수증 사진이 이미지화돼 블록체인 NFT로 자동 저장된다. 중고 물품 거래 시 디지털 월렛에서 해당 NFT 영수증을 제시해 디지털 인증서로 활용 가능하다. 자산인증 NFT는 국가적 재난재해, 금융사 전산장애 발생 시 자산내역 증명을 지원하는 내용이 핵심이다. 결제 영수증 NFT 특허는 중고 거래에서 디지털 보증서 기능을 제공한다.

신한카드는 NFT 기술을 티켓 발행에 활용했다. 신한카드는 최근 세종미술회관에서 열린 스니커즈 언박스드 특별전 티켓을 스타트업 스냅태그 · 아트맵과 함께 NFT로 발행했다. 모바일 앱 신한플레이에서 NFT 티켓을 발급받아 현장에서 간편하게 인증하면 입장이 가능한 시스템이다. 유료 미술 전시회에서 디지털 티켓을 도입하기 이전에는 100명 입장 시 티켓 확인, 본인 확인 등 입장까지 약 20분 이상 소요됐으나 NFT 티켓 도입으로 미술관 관람 대기와 입장 시간을 5분 이내로 단축해 방문객 불편을 해소한 것으로 알려졌다. 또 신한카드는 편의점 이마트24와 함께 멤버십 NFT를 선보였다. 멤버십 NFT는 신한카드와 이마트24에서 혜택을 받을 수 있는 멤버십 가입 여부와 소유권을 블록체인 기술로 인증해 주는 서비스다.

현대카드 역시 NFT 관련 스타트업인 멋쟁이사자처럼과 조인트벤처 '모던라이언'을 설립하고

NFT 신사업 실험에 나섰다. 현대카드는 '2023 현대카드 다빈치모텔' 티켓에 NFT 기술을 적용, 판매했다. 국내 문화 이벤트에서 NFT로 티켓 전량을 판매한 사례는 이번이 최초로 티켓은 매진됐다. 현대카드 관계자는 "암표와 매크로 프로그램 등 비정상적인 거래가 줄어드는 것에 기여하길 희망한다"고 설명했다.

출처: 한국아이닷컴(https://www.hankooki.com), 2023. 10. 17.

생각해보기

대체 불가능 토큰을 이용한 모바일 신분증을 활용할 수 있는 미래 서비스에는 어떤 것들이 있을까요?

전문가 답변

향후 더 많은 기업의 참여를 유도해 각 기업의 채용 시스템, 사원 증명 기반 모바일 출입통제 서비스, 통신 및 금융권의 전자서명 및 비대면 사용자 인증 서비스, 병원 및 보험사의 제증명 서비스, 골프장 · 리조트의 회원권, 학생 증명 기반 영화관 · 놀이공원의 할인서비스, 공증 · 내용증명, 온라인 간편로그인 서비스 등 사회 각 분야의 다양한 영역으로 서비스를 확대할 수 있을 것으로 전망됩니다.

제 1 강 블록체인의 개념과 특징

학습내용

1. 블록체인의 개념
2. 블록체인의 기술적 배경

학습목표

1. 블록체인을 이용한 거래와 기존의 온라인 거래의 차이점과 특징에 대해 설명할 수 있다.
2. 블록체인의 기술적 바탕이 되는 암호화 기술, 해시함수, 작업증명 과정에 대해 설명할 수 있다.
3. 블록체인이 어떻게 구성되어 있는지, 그 구조에 대하여 설명할 수 있다.

1 블록체인의 개념

블록체인(Block Chain)은 한마디로 말하면, 온라인상의 거래를 분산된 원장에 기록하는 방법이다. 많은 사람들이 온라인상의 거래라고 하면, 기존의 온라인 뱅킹 서비스를 떠올린다. 예를 들어, "사용자 A가 사용자 B에게 10,000원을 송금"하는 것이 하나의 거래라면, 은행은 사용자의 신원을 파악한 후, 실제 화폐의 이동이 아니라, 은행의 장부(즉 데이터베이스)에 줄어든 A의 계좌 잔고를 기록하고, B의 계좌 잔고는 그만큼 늘려주는 기록을 하는 것이다. 이러한 거래는 은행의 중앙 서버를 통해 처리되며, 사용자는 은행을 신뢰하기 때문에, 소정의 수수료를 지불하면서 거래를 위탁하는 것이다. 국제 송금의 경우에도 이와 비슷한 과정을 거치는데, 이때는 국제은행간통신협회(SWIFT)가 거래를 중개하며, 수수료는 국내 거래보다 조금 더 비싸다.

위의 예에서 보듯이, 기존의 온라인 거래는 은행의 중앙 서버에서 모든 거래 기록을 관리하고 기록하기 때문에, 끊임없이 외부로부터 해킹이나 정보의 유출, 위조, 변조 등의 위험이 따른다. 따라서, 은행은 사용자들의 송금 정보나 계좌 정보 등을 보호하기 위해, 다양한 보안시스템이나 인증서비스를 사용하지만, 여전히 중앙 집중화된 거래구조상의 한계가 존재한다. 블록체인은 이런 기존의 거래 방식과 달리, 중간 매개 역할을 하는 중앙은행을 거치지 않고 분산화된 장부를 통해 보다 안전한 온라인 거래를 가능하게 한다고 한다. 과연 어떻게 이것이 가능한 것인지 그 개념을 살펴보자.

블록체인이 갖는 가장 큰 특징은, 예전에는 은행의 중앙 서버에 꽁꽁 감춰두었던 거래 장부를, 여러 개의 동일한 장부로 만든 후, 이들을 블록체인에 참여하는 모든 구성원들에게 배포하고 공개한다는 점이다. 이 경우, 거래 기록들이 여러 곳에 분산되어 위조나 변조의 위험이 더욱 커져 보이나 실제는 정반대이다.

우선, 악의를 가진 해커가 은행에 감춰진 하나의 거래장부를 위조하는 것은 가능할지 모르나, 블록체인을 통해 전 세계에 분산되어 있는 수십, 수백 만개의 공공거래장부를 전부 위조하는 것은 현실적으로 불가능하다. 또한, 설령 하나의 사본에 조작되거나 잘못된 기록을 남겨도 수많은 원본과의 대조를 통해 이러한 거짓 데이터는 자동으로 삭제가 된다. 그러므로, 블록체인 체계에서 이미 저장된 내용의 악의적 수정은 불가능하다.

새로운 거래에 대한 기록도 마찬가지다. 새로운 거래가 있을 때, 이 거래에 대한 기록은 인터넷망을 통해 블록체인 구성원들에게 빠르게 전달되고, 새로운 거래에 대한 진위 여부는 모든 구성원들의 공동 검증과정을 거치게 된다. 이 과정에서 과반수 이상의 구성원들이 새로운 거래를 참으로 합의하고 인정하여야만 거래는 장부에 기록된다. 자연히 거짓 정보들은 폐기가 된다. 한편, 새로운 거래내역들은 일정시간 동안 모아서 하나의 블록 형태로 만들어 기존의 블록들과 견고하게 체인처럼 엮어 주기 때문에, 이러한 장부기록방식을 블록체인이라고 부른다.

요약하면, [그림 11-1]에서와 같이, 블록체인은 중앙은행을 대신하여 여러 명이 거래를 위한 조직을 구성하고, 개별 구성원들이 각자 독립된 금융기관의 역할을 하며 동일한 금융

그림 11-1 기존 거래와 블록체인의 거래장부 관리방식

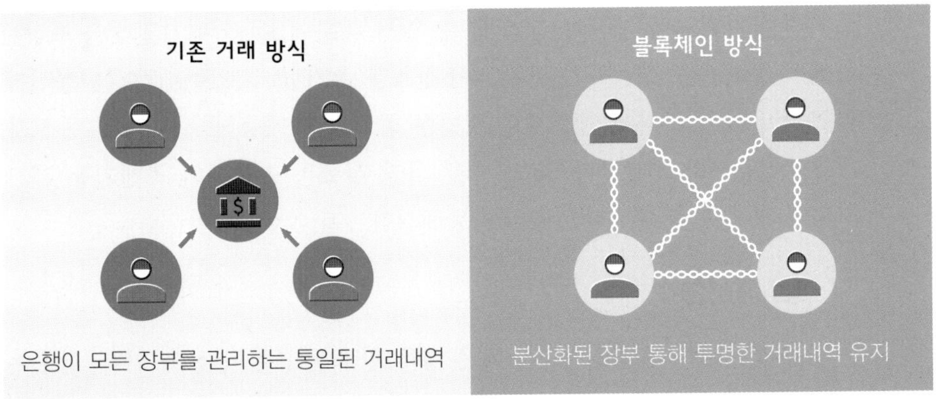

출처: SW 중심사회

거래 기록을 실시간으로 공유하는 일종의 상호 감시체계 시스템을 의미한다.

2 블록체인의 기술적 배경

2.1 공개키 암호화 방식과 해시함수

블록체인의 핵심이 분산된 검증 시스템이라고 하였다. 거래내역 정보의 조작여부를 검증하기 위해서는, 공개키 암호화 방식과 해시함수라고 불리는 암호와 기법이 이용된다. 이 내용은 앞서, 제6장 e-비즈니스 보안 전략에서 자세히 설명하였으니 참조하기 바라며, 여기서는 블록체인과 관련된 부분을 중심으로 다시 한번 살펴보자.

(1) 공개키 암호화 방식

공개키 암호화방식은 서로 다른 두 개의 키를 사용하여 비밀리에 메시지를 주고 받을 수 있는 암호화 방식이다. 첫번째 키는 누구에게나 공개된 키로 이것을 공개키(public key)라고 하며, 두번째 키는 외부에는 알리지 않고 키의 주인만 보관하는 개인키(private key)다. 두 개의 키는 쌍으로 작용하는데, 공개키로 암호화된 문서를 복호화 하기 위해서는 개인키가 필요하며, 반대로 개인키로 암호화된 문서를 복호화 하기 위해서는 공개키가 필요하다. 개인키와 공개키 쌍은 수학 알고리즘을 이용해 생성하는데, 공개키와 개인키가 서로 쌍을 이루지만 공개키로부터 개인키를 역으로 산출해 내는 것은 불가능하다.

공개키 암호화 방식을 사용하기 위해서, 송신자는 보내고자 하는 메시지를 누구에게나 공개된 수신자의 공개키로 암호화 한 후에 수신자에게 보낸다. 이 메시지는 쌍을 이루는 개인키를 가진 수신자만이 열어 볼 수 있기 때문에, 문서의 기밀성이 보장된다. 한편, 이 과정에서 송신자를 확인하기 위한 인증절차를 추가할 수 있는데, 이는 송신자가 자신의 개인키를 이용하여 문서에 암호화된 서명을 함으로써 가능하다. 이러한 송신자의 개인키를 흔히 공인인증서라고 부른다. 이와 같은 서명 정보는 송신자의 공개키를 가진 수신자가 암호화된 서명 정보를 확인함으로써 가능해진다.

(2) 해시함수

우리가 수학문제를 풀 때, 많은 경우 함수를 통한 연산을 한다. 함수는 입력값을 이용해 약속된 연산을 하고 그 결과값을 반환한다. 가령 ADD라는 함수가 있다고 하자. 이 함수는 두 숫자를 입력값으로 받아들이고, 이를 합산하여 그 결과값을 반환한다. 따라서, 우리가 두 숫자를 더하고자 한다면 아래와 같은 함수를 이용한 연산이 이루어진다.

(2,3) → ADD 함수 → 5

암호화를 위해서는 이보다는 훨씬 복잡한 해시(hash)라고 하는 함수를 사용한다. 연산과정은 유사한데, 입력값으로 암호화 하고 싶은 문서내용을 제공하면 이를 해시연산을 통해 일정한 길이의 해시값(16진수 값)으로 암호화시켜 준다. 예를 들면,

("A가 B에게 10,000을 송금하였음.") → 해시함수 → 12ea456bbef32140 (해시값)
("A가 C에게 100,000을 송금하였음.") → 해시함수 → f7bca887aa9b760w (해시값)

와 같다.

위 예에서 보여주듯이, 서로 다른 입력값(즉, 서로 다른 문서 내용)에 따라 해시함수는 서로 다른 고유의 해시값을 반환하는데, 다음과 같은 중요한 특징을 지닌다.

- 첫째, 해시함수는 입력문서를 압축하는 것이 아니며, 일정한 길이의 16진수 값으로 변환시킨다. 즉, 단방향 변환이기 때문에, 해시값를 알아도, 역으로 입력문서의 내용을 복원하는 것이 불가능하다.
- 둘째, 입력 문서의 내용이 조금이라도 바뀌면 해시값은 완전히 바뀐다. 가령 띄어쓰기나 마침표 하나라도 추가되면 전혀 다른 해시값이 반환된다. 따라서, 원본데이터의 사소한 변화도 쉽게 확인할 수 있다.

가령 위의 예에서, C가 악의적인 해커이고, B에게 송금할 돈을 자신에게 송금하도록 하려고 한다면, 이런 시도는 달라진 해시값을 확인함으로써 발각이 될 것이다.

2.2 거래의 인증

앞서 개별 거래의 진위여부는 블록체인의 구성원들을 통해 검증되고 인증된다고 하였다. 따라서, 블록체인의 P2P 네트워크에는 수많은 사람들이 블록체인을 다운받거나 배포하는 소프트웨어를 가지며, 새로운 블록을 생성하는 데 참여한다. 이들을 우리는 노드(Node)라고 부른다. 블록체인 네트워크상에서 모든 노드는 동등한 지위를 가지고 있고, 새로운 거

래정보가 하나의 노드에 도달하면 이 노드는 다른 수천, 수만 개의 노드들에게 이 정보를 전파하게 된다. 개별 노드들은 각자가 금융기관으로서의 역할을 하며, 새로운 거래기록의 진위여부를 상호 비교를 통해 따진다.

거래의 인증을 위해서는 위에서 설명한 공개키 암호화를 통한 전자서명이 사용되는데, 다음과 같은 절차를 거친다.

- 첫째, 거래내역을 보내고자 하는 송신자는 거래내역에 해시함수를 적용한 해시값을 생성한다. 이 해시값은 수신자 쪽에서 거래내역의 변경 여부를 확인하는 데 사용된다(거래내역의 무결성).
- 둘째, 송신자는 수신자의 공개키를 이용하여 거래내역과 생성된 해시값을 각각 암호화 한다(거래내역의 기밀성).
- 셋째, 송신자는 본인의 개인키를 이용해 이미 암호화된 거래내역과 해시값을 다시 한 번 암호화 하는데, 이게 바로 전자서명에 해당된다. 서명된 메시지는 수신자에게 전달된다(송신자 인증).
- 넷째, 수신자가 거래내역을 전달받으면, 우선 송신자의 공개키를 이용해 전자서명이 과연 송신자의 것인지 확인한다(송신자 인증).
- 다섯째, 인증절차를 거쳐 얻어낸 거래내역과 해시값은 여전히 수신자측 공개키로 암호화되어 있으므로, 수신자는 자신의 개인키로 암호를 풀어 거래내역과 해시값을 얻어낸다(거래내역의 기밀성).
- 여섯째, 마지막으로 수신자는 거래내역의 해시값을 직접 계산하여, 송신자로부터 전달받은 해시값과 일치하는지 여부를 확인한다(거래내역의 무결성).

위에서 제시한 인증과정을 이용해, 과반수 이상의 노드들이 참이라고 동의한 거래 기록들은 영구적으로 블록을 생성해 거래장부에 기록이 된다. 블록체인에 참여하는 노드들은 이러한 인증 작업에 대한 대가로 수수료를 지급받는다.

2.3 작업증명(Proof of Work)

블록체인은 위에서 설명한 개별 거래정보를 하나씩 새로운 블록으로 기록하는 것은 아니다. 대신, 정해진 시간(대략 10분) 동안 이루어진 모든 참인 거래내역(즉, 과반수의 참여원들이 동의한 거래들)을 모아 하나의 블록으로 구성한다. 새로운 블록은 기존의 블록들과 시간 순서대로 연결되며, 이와 같은 블록들의 연결이 블록체인이다. 쉽게 생각하면, 블록체

표 11-1 금융기관과 블록체인에서의 거래내역 기록방식

	기존	블록체인
거래내역 기록	금융기관	제3자
방법	금융기관 장부에 기록	작업증명
보상	수수료	수수료(기존보다 저렴)+암호화폐

인은 하나의 거래장부이고, 블록은 거래장부의 각 페이지에 해당한다. 새로운 페이지, 즉 새로운 블록이 다수의 거래내역으로 채워지면 이는 기존 장부에 추가된다.

그렇다면 이와 같은 블록은 누가 만들어 주는 것일까? 블록체인 네트워크에는 수많은 노드가 존재하기 때문에, 새로운 블록을 생성하는 권한은, 열심히 "작업"을 한 하나의 노드에 선택적으로 부여되며, 선택된 노드에게는 바로 우리가 잘 아는 비트코인과 같은 암호화폐가 보상으로 주어진다. 따라서, 작업을 증명하고 보상을 받기 위해 많은 노드들이 경쟁적으로 일을 하게 되는데, 이를 금광을 채굴(Mining)하는 것에 비유하기도 하며, 전문적으로 암호화폐를 채굴하는 장소를 채굴장이라고 부른다.

여기서, 과연 노드가 블록을 생성하는 권한을 부여받기 위한 "작업"은 무엇일지 의문이 생길 것이다. 재미있게도, 이것은 수학문제를 빠르고 정확하게 푸는 일이다. 더 빨리 문제를 풀면 더 많은 블록 생성 권한이 주어진다. 그리고, 이 수학문제는 위에서 설명한 해시함수를 응용한 문제이다. 앞서 해시함수는 주어진 입력값(X)에 따라 암호화된 해시값을 전달한다고 하였다.

X → 해시함수 → 12ea456bbef32140

하지만, 해시값(12ea456bbef32140)을 주고 거꾸로 입력값(X)을 정확히 찾아내라고 하는 문제를 푸는 것은 불가능하다고 하였다. 대신 이런 문제의 난이도는 조정이 가능한데, 예를 들어 위 문제에서 정확한 수가 아니라, 어떤 입력값이라도 좋으니 해시값이 12ea456bbef32140보다 작은 수를 만들어 주는 수(Y)를 구하라고 할 수 있다.

Y → 해시함수 → 12ea456bbef32140보다 작은 임의의 수

위 문제를 풀기 위해서는, 여전히 목표값을 얻기 위해 수많은 Y값을 무작위로 대입하여야 하기 때문에 강력한 연산 능력을 가진 컴퓨터가 필요하다. 하지만, 적어도 문제를 푸는

게 불가능한 것은 아니며, 이처럼 목표값의 범위를 설정함으로써, 얼마나 빨리 Y값을 찾아낼 수 있는지 문제의 난이도 조정이 가능해진다.

이처럼 난이도 조정이 된 문제를 풀고 블록을 생성하는 권한을 가지기 위해, 노드들은 주어진 해시값보다 작은 수가 나올 때까지 부지런히 Y값에 서로 다른 값들을 대입하게 된다. 조건을 만족하는 Y값을 논스(Nonce: Number used ONCE)라고 하는데 이 값을 찾는 데까지 걸리는 시간은 대략 10분 정도가 걸리도록 블록체인이 자동으로 난이도를 조정한다. 그 결과, 수많은 노드(채굴자)들이 경쟁적으로 논스값을 찾게 되며, 대략 10분에 한번씩, 제일 먼저 논스값을 찾아낸 노드가 자신의 작업(문제를 풀어 논스값을 구했음)을 증명하게 되고, 그동안 쌓인 거래내역을 기록한 새로운 블록을 만들어 이를 기존 블록체인에 연결한다. 물론 작업 증명을 한 노드는 암호화폐를 보상으로 지급받는다.

2.4 블록체인의 구성과 연결

블록체인은 앞서 설명한 바와 같이, 블록들이 체인으로 연결되어 있는 구조이다. [그림 11-2]에서와 같이, 하나의 블록은 머리(Head)와 몸통(Body)으로 구성된다. 몸통에는 가장 중요한 거래 기록들이 저장되고, 머리에는 이 밖에 블록의 생성 날짜와 함께 무결성을 검증하기 위한 정보들이 저장된다.

블록들의 무결성을 검증하고 이를 체인으로 단단히 엮어주는 기술적 방법은 위에서 설명한 해시함수에 기반을 두고 있다. 일단 각 블록의 몸통에 기입된 거래 정보들을 입력값으로 해시값을 생성한다. 이렇게 얻은 블록 몸통 해시값은 해당 블록의 머리에 저장된다. 만

그림 11-2 블록체인의 구성

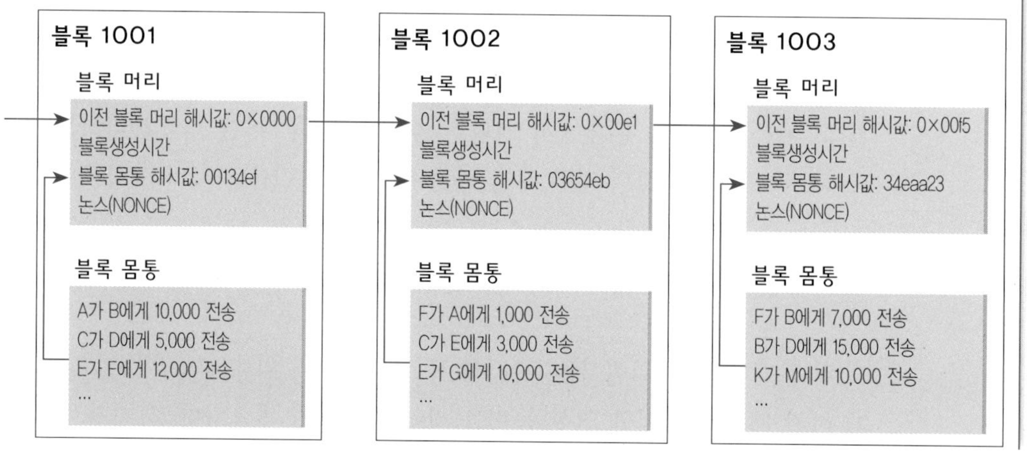

알아봅시다

비트코인 반감기란?

최근, 세계 최대 가상 화폐 비트코인(Bitcoin)이 다시 달아오르고 있다. 2024년 4월 '비트코인 반감기'가 다가오면서, 비트코인 가격은 신고가를 갱신하고 있는 것이다.

Q1. 비트코인 반감기가 무엇인가

가격을 결정하는 가장 중요한 요소는 수요와 공급이다. 반감기는 비트코인의 '공급' 측면을 이해할 때 꼭 필요한 개념이다. 비트코인을 만드는 프로그램은 2008년 짜였다. 비트코인은 중앙화된 운영자가 없다. 누구나 다운로드받을 수 있는 프로그램을 컴퓨터에 설치하고, 일종의 암호 풀기 같은 연산 작업을 한 다음 그 결과를 '블록'이라는 단위로 저장한다. 연산 작업을 하는 데는 컴퓨터 · 전기 등 비용이 들어가기 때문에 그 보상으로 비트코인이 지급된다. 이 과정을 '채굴'이라고 하고, 이를 수행한 '채굴자'가 비용을 충당하기 위해 시장에 내다 파는 비트코인이 공급량을 결정한다. '블록' 하나를 만들 때 지급하는 비트코인의 양은 정해진 규칙에 따라 약 4년마다 절반으로 줄어드는데 이를 '반감기'라 한다.

Q2. 정해진 규칙이란

비트코인은 총발행량이 2,100만개라고 설계 당시부터 정해두었다. 또 블록 21만개가 만들어질 때마다 채굴에 대한 보상을 절반으로 줄인다고도 되어 있다. 누군지 아직 밝혀지지 않은 비트코인 설계자(예명 '사토시 나카모토')가 만들어둔 규칙이다. 채굴 보상은 블록체인 출범 초기 50비트코인이었다가 4년 후인 2012년 말 25비트코인, 다음 4년 후인 2016년엔 12.5비트코인으로 줄었고 2020년부터는 6.25비트코인을 지급하고 있다. 채굴자들이 받는 비트코인이 줄면 시장에 공급되는 비트코인이 감소할 수밖에 없기 때문에 가격이 상승한다.

Q3. 줄어드는 주기가 왜 4년인가

비트코인 설계자는 한 블록이 만들어지는 시간이 '10분'에 수렴하도록 해두었다. 엄청난 고성능의 컴퓨터가 등장하거나 채굴자들이 늘어서 블록이 생성되는 시간이 빨라지면, 문제 난도를 높여서 결과적으로 10분에 하나꼴로 블록이 생성되도록 한 것이다. 위에 '블록 21만개가 만들어질 때마다' 보상이 반으로 줄어든다고 했다. 10분에 하나꼴로 블록이 만들어진다면 210만분(21만X10분)이 걸린다는 뜻이며 이는 대략 4년 정도다. 하지만 현실적으로 정확히 10분마다 블록 하나가 만들어지기는 어렵고 이보다 약간 짧거나 긴 경우도 많기 때문에 반감기가 정확히 4년마다 오지는 않는다. 2009년 1월 비트코인이 출범한 후 반감기는 세 차례 있었다. 2012년 11월, 2016년 7월, 2020년 5월이었다. 다음 반감기는 2024년 4월 19일 정도로 예상된다.

약, 누군가가 악의적으로 거래기록을 변조하면, 블록 몸통을 보지 않아도, 머리에 저장된 몸통의 해시값을 다른 노드들과 비교함으로써, 쉽게 확인이 가능하다.

이 밖에 블록 머리에는 블록 생성시간, 논스값, 이전 블록 머리의 해시값 등이 저장되는데 특히 여기서 눈여겨볼 항목은 이전 블록 머리의 해시값이다. 블록 머리 또한 하나의 문서와 같은 만큼 이를 입력값으로 해시값을 구할 수 있다. 이 블록 머리 해시값은 다음에 만들어지는 블록의 머리에 기록이 되고, 이 값을 포함한 블록 머리의 내용을 입력값으로 그 다음 해시값이 만들어지는 과정이 반복되게 된다. 즉, 이전 블록과 현재의 블록, 그리고 다음 블록 간에 해시값을 통한 연결이 생기고, 점점 그 길이가 길어지는 블록체인을 형성하게 되는 것이다.

이런 연결구조를 가진 블록체인에서, 예를 들어 누군가가 블록 1001의 거래정보 값을 변경하였다고 하자. 그러면 1001블록의 몸통 해시값이 달라지고, 이를 저장한 블록 1001의 머리 정보도 바뀐다. 블록 1001의 바뀐 머리 정보에 따라, 다음 블록 1002에 기록될 이전 블록(1001) 머리 해시값도 바뀐다. 마찬가지로, 달라진 블록 1002의 머리정보는 뒤따르는 모든 블록 머리 해시값에 변화를 가져오게 된다. 즉, 하나의 변화를 위해 뒤따르는 모든 정보를 수정해야 하며, 이러한 정보들은 전 세계에 분산되어 있다. 따라서, 블록체인은 한 번 형성된 후에는 그 내용을 중간에 변경할 수 없으며, 이러한 시도는 반드시 흔적이 남게 된다.

3 블록체인의 종류와 특징

3.1 블록체인의 종류

블록체인은 참여자의 범위를 어떻게 정하냐에 따라 개방형 블록체인과 폐쇄형 블록체인으로 나눌 수 있다. 개방형 블록체인은 누구나 참여할 수 있지만, 폐쇄형 블록체인은 제한된 사람들만 참여할 수 있다. 이 두 가지를 연결하거나 섞은 혼합형 블록체인도 있다.

(1) 개방형 블록체인

개방형 블록체인은 누구든지 자유롭게 참여할 수 있는 공공 블록체인(public block-chain) 네트워크를 말한다. 권위 있는 조직의 승인이 없이 누구든지 인터넷에 연결된 PC, 노트북, 스마트폰, 서버컴퓨터, 채굴기 등 다양한 컴퓨터 장비를 이용하여 블록체인 네트워크에 노드로서 참여할 수 있다. 앞서 설명하였듯이, 각 노드들은 블록체인에 저장된 데이터를 복사하여 저장하고, 해시 연산을 통해 새로운 블록의 생성에 참여할 수 있다. 또한 각 노드들은 언제든지 자신의 컴퓨터를 블록체인 네트워크에 연결하지 않고 접속을 차단함으로써 자유롭게 탈퇴할 수 있다. 개방형 블록체인의 경우 참여자들은 컴퓨터 사용에 따른 전기료, 공간 사용료, 인건비 등 운영 비용을 개인이 감당하여야 하므로, 이에 따른 보상으로 암호화폐를 지급받게 된다. 지급받은 암호화폐는 실생활에서 사용하거나 혹은 암호화폐 거래소에서 판매함으로써 참여 비용을 회수할 수 있다. 이런 점에서 개방형 블록체인과 암호화폐는 서로 분리할 수 없는 일체형 구조로 되어 있다. 만약 개방형 블록체인에서 암호화폐를 지급하지 않는다면, 블록체인 네트워크 참여자들이 받을 수 있는 경제적 보상이 없기 때문

알아봅시다 가상화폐와 ₩

디지털 화폐는 크게 가상화폐와 암호화폐로 구분되어 질 수 있다.

가상화폐(Virtual Currency)는 우리가 실생활에서 통용하는 동전이나 지폐가 아닌, 온라인상에서 유통되는 화폐를 가리킨다. 가령 항공사 마일리지, 온라인 쇼핑으로 적립된 포인트, 게임 머니 등 금전적인 가치는 가지지만, 실물 화폐가 아닌 가상의 화폐를 의미한다. 예를 들어, 온라인 게임 세계에서는 실제 화폐로 가상 화폐를 구매할 수도 있다. 그리고 이처럼 독특한 가상 화폐를 이용해 게임 아이템을 살 수도 있다. 이러한 디지털 화폐는 일반적으로, 해당 게임 내에서만 그 가치가 있다.

암호화폐(Crypto Currency)는 실물이 아닌 온라인상에서 유통되는 화폐라는 점에서는 가상화폐와 유사한 점을 지닌다. 하지만, 기업이 게임이나 전자상거래의 일부로 개발한 가상 화폐가 고객 유지율 개선과 수익 증가를 목표로 하는 반면, 비트코인과 같은 암호화폐는 달러나 엔화처럼 어느 곳에서나 편리하게 통용되는 일상 화폐가 되는 것을 목표로 한다는 점에서 큰 차이가 있다. 아직은 초기 단계에 있지만 달러나 엔화와 같은 정부 화폐와 비교할 때 암호화폐만의 편리함, 안전성 및 글로벌적 성격을 고려할 때 차세대 화폐로서 각광받고 있다.

에 블록체인 네트워크가 붕괴할 우려가 있다. 따라서 개방형 블록체인에서 암호화폐를 발행하는 것은 블록체인 네트워크를 유지하기 위한 필수사항이라고 할 수 있다. 대표적인 예로 비트코인과 이더리움 등의 암호화폐는 개방형 블록체인 방식으로 운영된다.

(2) 폐쇄형 블록체인

폐쇄형 블록체인이란 미리 정해진 조직이나 개인들만 참여할 수 있는 사적 블록체인(private blockchain) 네트워크를 말한다. 블록체인에 참여하려면 반드시 권위 있는 조직의 승인을 받아야 하므로 허가형 블록체인이라고도 한다.

폐쇄형 블록체인 운영자의 승인을 받지 못한 조직이나 개인은 해당 블록체인 네트워크의 운영에 참여할 수 없다. 예를 들어, A 기업과 B 기업 및 C 단체가 서로 협의하여 프라이빗 블록체인을 운영하기로 한 경우, 오직 A, B, C 세 곳만 참여할 수 있으며, 다른 제3자인 D 기업은 참여할 수 없다. 만약 D 기업이 해당 폐쇄형 블록체인에 참여하고 싶다면, 관계자들과 협의하여 사전 승인을 받아야 한다.

많은 사람들이 블록체인과 암호화폐를 혼동하는 경우가 있는데, 폐쇄형 블록체인의 운영을 위해서는 암호화폐가 반드시 필요한 것은 아니다. 폐쇄형 블록체인의 경우 굳이 암호화폐를 발행할 필요가 없이, 해당 블록체인의 참여자들이 컴퓨터 운영 비용을 부담하면 된다. 물론 프라이빗 블록체인에서도 암호화폐를 발행할 수는 있지만 해당 암호화폐를 외부의 암호화폐 거래소에 판매하기 어렵기 때문에 사실상 내부 정산 및 서비스 이용 등의 목적으로 제한적으로만 사용할 수 있다. 대표적인 예로, 나스닥(NASDAQ)의 링크

(LINK)와 미진(Mijin)이 있고, 국제 송금을 위한 리플(ripple)은 폐쇄형 블록체인으로서 암호화폐를 발행한 사례에 해당한다. 한편, 기업들이 연합하여 더 거대한 컨소시엄 블록체인(Consortium blockchain)을 만들 수도 있는데, 세계 최내 금융 컨소시엄 R3의 블록체인 코다(Corda), IBM과 리눅스 재단의 하이퍼렛져 패브릭(Hyperledger Fabric)이 그 예이다.

3.2 블록체인의 특징

지금까지 살펴본 블록체인의 개념과 배경 기술에 대한 이해를 바탕으로, 블록체인의 특징을 다음 세 가지로 요약할 수 있다.

(1) 신뢰성

블록체인에 기록된 데이터는 해킹을 통한 위변조가 매우 어렵기 때문에 누구나 신뢰할 수 있다. 위에서 설명한 바와 같이 데이터를 위변조할 경우, 해당 데이터의 해시값이 변경되어, 위변조 사실을 즉각 알아낼 수 있으며, 게다가 블록들이 해시값을 통해 체인으로 연결되기 때문에 어떤 위치에서 어떤 내용이 위변조 되었는지도 파악이 가능하다.

블록체인 자체를 해킹하는 유일한 방법은 전체 네트워크의 50% 이상에 해당하는 막강한 해시 연산 능력을 보유하고, 다른 정직한 노드들보다 더 빠른 속도로 신규 블록을 생성하여 네트워크에 전파함으로써, 다른 노드들이 정상적인 데이터가 아니라 위변조된 데이터가 포함된 블록체인을 채택하도록 만드는 것이다. 이것을 흔히 51% 공격이라고 부른다. 51% 공격을 성공하려면, 해당 블록체인 네트워크에 참여한 다른 모든 노드들의 해시 연산 능력을 합친 것보다 더 큰 해시 파워를 보유해야 하는데, 사실상 불가능에 가깝다.

물론 아주 예외적이기는 하지만, 참여자가 매우 적은 블록체인인 경우, 51% 공격이 성공할 수 있다. 실제로 2018년 5월 15일 모나코인에 대한 블록보류공격(BWA)으로 약 1억원의 피해가 있었고, 다음 날인 5월 16일 비트코인골드에 대한 51% 공격이 성공하여 약 200억원의 코인을 해킹한 사례도 있다. 하지만 블록체인 네트워크에 참여자 수가 늘어남에 따라 50% 이상의 해시 파워를 확보하는 것이 매우 어렵기 때문에, 51% 공격이 사실상 불가능해진다. 실제로 네트워크 참여자가 가장 많은 비트코인의 경우 2009년 1월 처음 만들어진 이후 단 한 번도 블록체인 자체가 해킹을 당한 적이 없다.

(2) 안전성

블록체인에 기록된 데이터는 분산 저장하기 때문에, 특정 노드에 대한 디도스 공격이나 랜섬웨어 공격 등으로부터 안전하다. 기존의 서버-클라이언트 구조와 달리, 블록체인 구조

알아봅시다

디도스와 랜섬웨어

디도스(DDoS)란 Distributed Denial of Service의 약자로서, 다수의 분산된 컴퓨터를 이용하여 특정 서버 컴퓨터가 처리할 수 있는 용량을 초과하는 정보를 한꺼번에 보내 과부하로 서버가 다운되거나 정상 접속되지 못하도록 만드는 공격을 말한다. '분산 서비스 거부 공격'이라고 한다. 예를 들어, 최대 1,000명이 동시 접속할 수 있는 서버에 2,000명이 동시 접속을 시도하면, 서버가 부하를 이겨내지 못하고 다운되거나 먹통이 되어 정상적인 서비스를 제공할 수 없게 된다. 기존의 서버-클라이언트 구조에서는 중앙 서버에 디도스 공격을 함으로써 전체 서비스를 마비시킬 수 있다. 랜섬웨어(ransomware)란 컴퓨터나 시스템을 감염시켜 정상적으로 이용할 수 없게 만든 후 일종의 몸값(ransom)을 요구하는 악성 소프트웨어를 말한다. 해커가 요구하는 몸값을 지불하면 복호화할 수 있는 암호를 알려준다. 기존의 서버-클라이언트 구조에서는 중앙 서버가 랜섬웨어 공격을 당하면 전체 서비스가 마비되는 문제가 있었다.

분산서비스 거부(DDoS) 공격 개요도

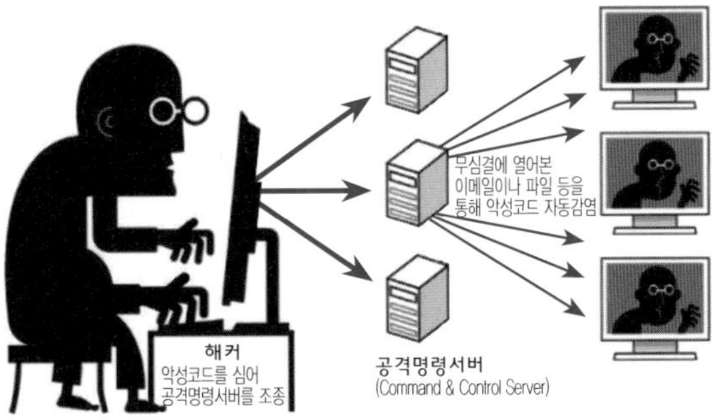

출처: 조선일보

에서는 다수의 노드들이 동일한 데이터를 복사하여 분산 저장하고 있기 때문에 디도스 또는 랜섬웨어 등 외부의 공격으로부터 안전하다는 장점이 있다. 블록체인 네트워크에 참여하는 특정 노드를 공격하여 해당 시스템을 마비시키더라도, 다른 노드에 있는 서버 컴퓨터들이 정상 작동하기 때문에 서비스를 안정적으로 제공할 수 있다. 블록체인 네트워크를 구성하는 전 세계 모든 노드들을 상대로 동시에 분산 서비스 거부 공격(DDoS)이나 랜섬웨어 공격을 하여 전 세계 모든 시스템을 동시에 마비시키지 않는 한, 블록체인에 기록된 데이터는 외부 공격으로부터 안전하다. 블록체인 네트워크에 참여하는 전 세계 모든 노드를 동시에 공격하는 것은 매우 큰 컴퓨팅 파워가 필요하기 때문에 사실상 불가능하다.

(3) 탈중앙화

블록체인은 권위 있는 중앙 조직 · 기관 · 단체 등이 없이, 자유롭고 평등한 참여자들에 의해 자율적으로 유지되고 운영된다. 기존의 서버클라이언트 구조에서는 모든 정보가 중앙에 있는 서버로 집중되기 때문에 중앙을 차지한 사람이 의사결정권한을 가지는 구조였다. 하지만 블록체인은 중앙이 없는 P2P 방식으로 운영되기 때문에, 권위를 가진 중앙이 존재하지 않는다. 블록체인에서 의사결정 방식은 네트워크에 참여한 모든 사람들의 과반수 이상의 동의를 필요로 하는 탈중앙화(脫中央化, decentralization) 방식이다. 블록체인 방식이

사회적으로 널리 퍼지면 기존의 중앙집중식 조직은 약화되거나 소멸된다. 예를 들어, 블록체인 기반의 암호화폐가 널리 사용될 경우, 기존의 은행은 그 권한과 역할이 축소된다. 마찬가지로 블록체인 기반의 물류관리시스템이 확산될 경우, 기존의 복잡한 물류관리 절차가 대폭 간소화되고 관련 조직들의 역할이 축소된다. 블록체인 시스템이 확산될수록 기존의 은행, 보험사, 공증사무소, 포털 사이트, 기업, 법원, 정부, 국가 등 다양한 중개기관들은 그 역할이 대폭 축소되거나 심지어 소멸할 것으로 예상되고 있다. 블록체인은 중개기관이 필요없이 참여자들이 직접 거래할 수 있는 시스템이다. 블록체인은 자유와 평등을 보장하는 탈중앙화 시스템이다.

제2강 블록체인의 활용과 고려사항

학습내용

1. 블록체인 활용 범위
2. 블록체인 도입 시 고려할 점

학습목표

1. 블록체인을 이용할 수 있는 분야들을 사례를 통해 알아본다.
2. 블록체인 기술을 새로 도입할 경우 어떤 점을 고려해야 하는지 설명할 수 있다.

1 블록체인의 활용

블록체인 기술은 지금까지 비트코인과 같은 암호 화폐의 네트워크에 주로 적용되어 왔다. 물론 비트코인의 근간에는 블록체인이 있지만, 이와 같이 단편적인 시각으로 블록체인을 이해해서는 안된다. 오히려, 위에서 언급한 탈중앙적이고 안전한 블록체인의 특성을 살려, 아직 초기 단계이지만, 금융, 공급망 관리, 의료 등 다양한 산업 분야에 어떠한 변화를 가져오고 있는지 살펴볼 필요가 있다.

1.1 금융 관리

암호화폐는 은행과 중앙 규제 기관을 우회할 목적으로 고안됐지만, 기반 기술인 블록체인은 점차 전세계 은행을 포함한 금융권에서 매력적인 기술이 되었다. 아직은 초기 활용단계를 넘어서지 않았지만, 전문가들은 신원증명, 무역금융, 지불, 청산, 결제, 대출 등 다양한 업무에 블록체인 기술이 적용되리라고 예측하고 있다.

우선 비트코인 등 암호화 화폐를 이용하면, 보다 효율적인 송금 서비스가 가능해진다. 송금 중에서도 특히 국제 송금은 상당히 느리고 많은 수수료를 필요로 한다. 또한 블랙박스 형태로 처리되기 때문에 송금하는 사람과 받는 사람 모두 처리상태를 알 수 없는 불편함이 존재했다. 블록체인을 이용하면 보다 간편하고 빠르게, 저렴한 수수료로 송금 서비스를 제공할 수 있다. 실제로 미국 Align Commerce사는 블록체인을 이용해서 국제 송금 서비스를 제공하고 있다.

송금뿐만 아니라, 스위스 은행인 UBS는 블록체인을 기반으로 새로운 지불 시스템인 '유틸리티 결제 코인'을 출시할 계획이라고 발표했다. 비슷하게, 마스터카드는 신속하고 안전한 실시간 지불을 위해 '블록체인' 시스템에 대한 특허를 신청했다. 이 특허출원은 마스터카드가 분산 원장 기술을 도입해 기록된 보증을 사용해 즉석 지불을 위한 방법 및 시스템을 개발하려는 의도를 보여준다.

블록체인의 활용이 기대되는 또 다른 금융분야는 무역이다. 무역은 운송에 많은 시간이 걸리며, 그로 인해 상품의 인도와 대금 결제 간의 시차가 크게 발생하는 경우가 많다. 또한 여러 관계자가 엮이기 때문에 거래가 복잡한 문제가 있다. 일본의 오릭스 은행, NTT 도코모 벤처스, 시즈오카 은행 등에서는 신용장 거래에 블록체인 기술을 적용하는 실증 실험을 완료하였고, Bank of America, HSBC 홀딩스 등에서도 블록체인 기반 신용장 거래를 검증

알아봅시다

블록체인과 저작권

콘텐츠 저작권 관리 부문에서도 블록체인 기술을 이용해 새로운 서비스를 만들 수 있다. 기존 콘텐츠 서비스 플랫폼 상에서는 불법 복제 및 공유가 만연했고, 원본을 찾기 어려웠다. 블록체인 기술을 활용하면 콘텐츠 저작권 보호 도 수월해진다. 블록체인 위에 콘텐츠가 저장되면 위 · 변조가 불가능하다. 콘텐츠 정보를 블록으로 생산해 관리하면 그 소유와 사용을 증명할 수 있다. 불법 복제 및 공유에 대한 기록도 블록체인 위에 저장되기 때문에 콘텐츠 불법 복제가 발생할 경우 쉽게 추적할 수 있다.

대표적인 사례가 사진 필름업체인 코닥(Kodak)이 발표한 블록체인 플랫폼, '코닥 원(Kodak One)'이다. 코닥 원은 블록체인 기반으로 사진 콘텐츠의 관리, 유통, 정산 구조를 구현한 플랫폼이다. 코닥 원에 사진을 등록하면 작가 정보와 구매한 고객의 정보를 블록체인에 저장해 유통한다. 거래 흐름을 블록체인 장부에 기록해 불법 복제 및 유통 가능성을 낮췄다.

일본의 아소비 마켓(ASOBI MARKET)은 블록체인으로 콘텐츠 거래 기록이 모두 남는다는 점에 주목했다. 그리고 해당 거래 정보를 바탕으로 2차(중고) 유통을 제공할 수 있는 플랫폼 '아소비 스토어 (ASOBI STORE)'를 선보였다. 이들은 블록체인을 활용해 디지털 콘텐츠 소유권을 명확히 함으로써 완벽하게 보호된 디지털 콘텐츠 2차 유통 플랫폼을 형성했다. 아소비 마켓은 스마트계약에 콘텐츠 저작자, 판매자, 구매자 정보를 기재해 콘텐츠 제작에 기여한 정도에 따라 자동적으로 수익을 분배한다. 권리자 정보가 남아 있기 때문에, 권리자에게는 자동적으로 일정 비율의 수익이 돌아가게 된다.

스마트계약을 통해 저작권 관리를 하는 콘텐츠 기업도 늘고 있다. 인텔은 소프트웨어를 이용해 각 이미지에 대한 저작권 정책을 자동으로 설정하는 방식으로 디지털 콘텐츠 저작권 관리 플랫폼을 개발하고 있다. 기존에는 콘텐츠 생산자가 창작물에 대한 권리를 인정받기 위해 변호사나 공인중개사, 또는 관련 기업의 도움을 받아 콘텐츠 계약을 맺고 저작권을 등록했다. 블록체인 기술을 이용한 스마트계약은 제3자 없이도 거래 신뢰성을 보증할 수 있다.

출처: 한국콘텐츠진흥원

했다.

글로벌 금융기관의 컨소시움인 R3CEV에서도 신용장과 미수금 청구서 관리를 위해 블록체인 기술을 적용한 사례가 있다. R3는 블록체인 기술에서 가장 중요한 은행 중 하나다. 이 글로벌 컨소시엄은 바클레이, 메릴린치, 방콕은행, BNP파리바 등 회원사가 100개 이상이며 그 가운데 40개 이상은 세계 최대 대출기관 소유다. 이 그룹은 오픈소스 블록체인 플랫폼인 코타(Corda)와 비즈니스 사용자를 위해 최적화된 블록체인 플랫폼인 코다 엔터프라이즈(Corda Enterprise)를 개발하고 있다. RBS와 영국 금융감독청(Financial Conduct Authority, FCA)은 코다 플랫폼을 사용하여 은행에 대한 모기지 납부 영수증 생성을 자동화하고, 데이터는 FCA에 전송된다. 이 밖에 블록체인 기술을 증권거래에 도입한 대표적 사례로는 호주증권거래소가 있는데, 대부분의 주식거래 정산과 결제를 관리하는 데에 블록체인 기술을 활용하고 있다.

1.2 공급망 관리

공급망 관리란 원자재의 조달부터 제품의 생산과정을 거쳐, 유통망을 통해 고객이 원하는 제품이 고객의 손에 전달되기까지의 모든 과정을 효과적으로 관리하는 것을 말한다. 하지만, 이러한 공급망은 공급업체, 제조업체, 유통업체, 소매업체, 고객이 서로 복잡하게 연결되어 구성되기 때문에, 기업간 공급망 네트워크는 투명성과 효율성 부분에서 많은 어려움을 겪고 있다. 즉, 대부분의 현 공급망 관리 시스템은 신뢰에 기반하며, 회사와 참여자들 간의 적절한 통합을 제공하지 못하고 있다. 블록체인 기술은 공급망 네트워크 내의 생산과 유통 과정을 추적하는 데 효과적으로 사용할 수 있다.

분산화된 데이터베이스는 관련 데이터를 안전하게 기록하고 제품의 진위성을 보장하며, 결제와 운송의 투명성을 보장하는 데 적합할 수 있다.

제조업뿐만 아니라, 최근에는 농산물의 공급망 관리가 많은 관심을 받고 있는데, 이는 '팜 투 포크(Farm-to-Fork)' 운동과도 맥락을 같이한다. 즉 '월마트(Walmart)'를 포함한 대형 식품 판매업체들이 식품 공급망의 추적 가능성을 강화하고 안전을 보장하기 위해서 블록체인 활용 방안을 모색하고 있는 것이다. 농산물 공급망도 제조업과 같이 농부, 중개인, 유통업자, 가공 처리업자, 소매업자, 규제 담당자와 소비자 등으로 복잡하게 얽힌 네트워크로 구성된다. 이러한 네트워크에 블록체인 기술을 도입하면 식품의 온도 및 품질, 배송 일정, 시설의 안전 증명서 등을 포함한 주요 정보를 자동 추적하여 공급망 관리 절차를 간소화할 수 있게 된다. 또한 오염된 먹거리가 있을 경우, 그 원인을 보다 쉽게 파악하여 빠르게 처리할 수 있게 된다. 소비자의 입장에서도 동일한 데이터의 열람이 가능해, 식품 운송 전 과정에서 식품 안전이 유지됐는지 직접 확인할 수 있다.

1.3 의료 서비스

블록체인의 특징은 의료 자료를 저장하는 데도 적용할 수 있다. 블록체인은 암호화 기술을 통해 파일을 기록하고 보호하는 분산화된 시스템으로 설계되어 있기 때문에, 네트워크의 다른 모든 참여자들의 동의 없이 데이터를 손상시키거나 변경할 수 없게 한다. 바로 이 불변성이라는 특징은 불변하는 의료 기록 데이터베이스를 만들 수 있게 한다. 또한 블록체인의 구조적 특성은 자료 업데이트시 환자 기록의 모든 사본들을 서로 다른 노드 컴퓨터에 저장하고 동기화될 수 있게 한다.

이를 통해 얻게 되는 가장 큰 블록체인 기반 의료 기록의 장점은 전문 병원, 종합 병원과 다른 의료 서비스 제공자 간의 상호 운용성이 향상된다는 점이다. 과거 데이터 저장 시스템의 기술적 차이로 인해, 각 기관들이 문서를 공유하기 힘들 때가 많았다. 그러나 블록체인은 인가된 당사자가 환자 기록의 통합된 데이터베이스나 처방 기록들에 접근할 수 있게 함으로써 이러한 문제를 해결할 수 있게 된다. 따라서, 예전처럼 환자가 병원을 옮기면서 차트를 복사하고, 불필요한 검사를 이중으로 할 필요가 없어진다.

의료서비스는 공급망 관리와도 연관이 있다. 가령, 블록체인은 제약회사의 제조와 유통 과정 전반을 추적할 수 있는 신뢰할 수 있는 방법을 제공할 수 있으며, 이는 만연한 가짜 의약품 문제를 방지하는 데 도움이 될 수 있다. 또한, 온도와 같은 요소를 측정하는 사물 인터넷 기기와 연계하여, 보관 상태와 배송 상황, 약품 품질을 인증하는 데 블록체인 기술을 활용할 수 있다.

한편, 블록체인은 의료서비스와 관련된 보험료 사기문제를 해결해 주는 방안이 될 수 있다. 가령, 미국의 경우 의료 서비스 시스템에서 발생하는 의료보험 사기가 매년 약 680억 달러로 추산된다. 블록체인에 저장되고 보험 서비스 제공자에게 공유된 불변하는 기록들은 진행되지 않은 수술과 부적절한 서비스 비용을 청구하는 가장 일반적인 유형의 사기를 방지할 수 있다.

마지막으로, 블록체인은 임상실험의 효과를 증대시킬 수 있는 방안이 될 수 있다. 즉, 블록체인상의 의료 기록은 시험되는 약물의 혜택을 받을 수 있는 환자를 식별해 지원자를 선발하는 데 사용될 수 있다. 많은 환자들이 적절한 약물시험에 대해 전혀 알지 못해 이에 참여할 기회가 주어지지 않기 때문에, 이러한 모집 시스템은 임상시험 등록을 크게 개선할 수 있게 된다. 또한, 시험이 진행되는 동안 블록체인은 수집되는 데이터의 무결성을 보장하는 데 사용될 수도 있다.

위와 같은 많은 장점이 있지만, 블록체인의 활용에 걸림돌도 존재한다. 가령, 분산화된 시스템은 초당 트랜잭션 측면에서 중앙화된 시스템보다 상당히 느린 경향이 있다. 여러 노드가 있는 대규모 블록체인 네트워크가 데이터를 전송하고 동기화하려면 중앙화된 시스템보다 더 많은 시간이 필요할 수 있다. 이는 특히 수백만명 환자의 정보를 기록하고 추적해야 하는 거대한 데이터베이스에서 문제가 될 수 있다. 컴퓨터 단층촬영(computed tomography)이나 MRI와 같은 대형 이미지 파일일 경우에는 문제가 더 심각해질 수 있다. 하지만, 앞으로 이와 같은 기술적 한계는 네트워크 성능의 향상과 더불어 점차 극복할 수 있을 것으로 기대된다.

1.4 융합 서비스

블록체인은 향후 인공지능(AI)이나 사물인터넷(IoT) 등 4차 산업혁명을 이끄는 핵심기술들과도 융·복합될 가능성이 높다. 대용량 데이터의 수집과 운용이 중요해지는 4차 산업혁명 시대에 블록체인은 데이터 보안은 물론 개별 데이터에 대한 개인의 통제권을 강화시킴으로써 빅데이터 시장의 확산을 이끌 것으로 예상된다. 한 예로 급격히 확장되고 있는 글로벌 사물인터넷 시장의 경우 서비스 확장성과 보안 강화를 위해 블록체인을 활용하려는 시도 역시 증가하고 있다. 즉 중앙 서버가 모든 데이터를 처리하는 기존 사물인터넷에서는 새로운 기기 증가에 따른 비용과 확장성의 문제, 중앙집중형 구조로 인한 데이터 위·변조의 위험, 중앙처리시스템의 네트워크 안정성 문제 등이 발생할 여지가 있으나 블록체인 기반 사물인터넷을 통해 이러한 문제점들의 개선이 가능해진다.

블록체인을 통한 사물인터넷 기기 간 연결은 별도의 중앙처리시스템 없이도 새로운 노드가 손쉽게 네트워크에 참가하는 것을 허용함으로써 비용을 줄이고 확장성을 높일 수 있으며, 데이터를 노드별로 분산저장함으로써 중앙 서버로의 해킹 시도를 무력화시킬 수 있다. 공급망 관리(Supply Chain Management, SCM) 분야에서 블록체인 기반 사물인터넷 시스템은 제조업체와 기업, 소비자를 네트워크 노드로 연결시킴으로써 제품 공급 및 소비와 관련된 일련의 과정(생산, 마케팅, 매매 등)에서의 투명하고 신뢰성 높은 정보를 제공한다.

블록체인은 나아가 지능형 교통 시스템(Intelligent Transport System, ITS)과 같이 인공지능 기술과 결합되어 운행 중인 차량, ITS 서비스 공급자 및 관리자 간의 데이터 전송 및 분석을 위한 기반 기술로 활용되면서 보다 원활한 교통흐름 통제에 기여할 수 있을 것이다. 이렇듯 블록체인이 향후 다른 4차 산업혁명 핵심기술들과 결합될 때 보다 파괴적이고 혁신적인 미래 서비스 창출이 가능해질 것으로 예상된다. 블록체인의 산업적 활용가능성에 대한 기대가 높아지면서 서로 다른 시스템 간의 상호연결성을 확보하는 작업이 점점 더 중요해 지고 있다.

2 블록체인 도입시 고려할 점

앞서 살펴본 바와 같이 블록체인 기술은 여러 산업 분야를 혁신적으로 바꾸어 놓을 수 있는 잠재력을 지니고 있다. 그러나 이 기술은 아직까지 초기 단계에 있으며, 이를 적용하기 전, 다양한 위험 요소나 한계점에 대한 이해가 선행되어야 한다.

2.1 대용량 데이터

블록체인 기술의 최대 장점은 한 번의 데이터 생성으로 많은 이들에게 이를 공유할 수 있다는 것이다. 블록체인 기반 네트워크를 통한 분산 원장은 그래서 내부 시스템과 블랙리스트에 기반한 선택적 기록보다 훨씬 더 풍부하고 포괄적인 거래 기록을 남길 수 있다. 하지만 그렇다고 해서 모든 데이터가 반드시 블록체인의 일부가 되어야 하는 것은 아니다.

예를 들어, 위에서 언급한 의료서비스 블록체인 사용자가 기록의 일부로 CT나 MRI 이미지를 첨부할 경우, 데이터 용량은 급증하고, 시간이 흐르며 일방적인 추가만 가능한 상황에서 데이터 용량이 커짐에 따라, 이는 곧 네트워크 오버헤드로 이어지게 될 것이다. 이 경우 데이터를 분산하는 블록체인의 특성으로 인해 모든 데이터가 체인상의 모든 노드(가령, 모든 병원 컴퓨터들)에 복제되어야 한다. 따라서 이와 같이 이미지 등 특수한 데이터에 대해서는 통제가 어려운 블록체인보다는 별개의 네트워크 스토리지를 공유하는 것이 더 나은 방안일 수도 있다.

2.2 안정성

위에서 설명한 바와 같이, 기본적으로 블록체인은 거래장부 변경이 불가능하고, 사용자들의 동의를 기반으로 거래가 이루어지기 때문에 그 어떤 네트워킹 기술보다 더 안전하다. 그렇지만 블록체인 기술이 애플리케이션 소프트웨어 및 암호화 기술에 의존하고 있는 것도 사실이며, 오늘날 블록체인 기술을 개발 · 제공하는 수백 개의 스타트업들 중에는 아직 검증되지 않은 알고리즘을 사용하는 곳들이 적지 않다. 예를 들어, 비트코인의 경우 이미 검증된 알고리즘인 SHA-256을 해시에 사용한다. 다른 블록체인들은 그저 개발자가 안전을 '보장'했기 때문에 믿을 수밖에 없는 알고리즘을 사용하기도 한다. 암호화 및 보안 전문가인 브루스 슈나이어는 현재까지 블록체인 네트워크가 해킹당한 적은 없다고 말했다.

반면, 블록체인 기반의 장부나 암호화폐 등을 저장하고 있는 소프트웨어의 취약점은 종종 목격되고 있다. 예를 들어, 블록체인 기술을 기반으로 안전하다는 장점을 내세워 고속 성장한 가상자산 시장에서 해킹 사건이 잇따르고 있다. 최근 대표적인 가상자산 탈취는 거래소 지닥(GDAC)의 보관 자산 23%가 2023년 분실된 사건이다. 지닥은 지닥 핫월렛(온라인 연결 지갑) 해킹 사고로 비트코인 60개, 이더리움 350개, 위믹스 1,000만개 등 원화 가

알아봅시다 **블록체인 해킹**

블록체인 예찬론자들은 금융거래에 있어 완벽한 수준의 보안을 이룩할 수 있을 것으로 예측한다. 물론 완전히 옳은 말은 아니다. 블록체인 업계에서 말하는 위변조와 실제 고객들의 계좌를 노리는 해커들의 위변조 행위의 개념이 다르기 때문이다.

해커들이 고객의 계좌에서 돈을 해킹하려 할때는 과거 거래내역을 조작하여 현재 계좌 내역을 변경하지 않는다. 그들은 과거 거래내역이 어떻든 간에 현재 계좌에 침투하여 돈을 빼내려 할 것이다.

블록체인에서 개인의 계좌, 즉 암호화폐 지갑은 개인키(Private Key)라는 비밀번호를 통해 접근할 수 있다. 문제는 이 개인키에 대한 정보는 각자 개인이 소유하며 블록 속에서 보관되지 않기에 블록체인이 자랑하는 보안성의 영역 밖에 있다.

해커가 개인키를 탈취하면 지갑속의 돈을 얼마든지 꺼내올 수 있다. 문제는 대부분의 개인키가 컴퓨터 하드웨어에 보관된다는 것이다. 블록체인까지 갈 것도 없이 인터넷 망을 통한 개인 컴퓨터 해킹을 통해서 해커는 개인키를 확보하고 이를 통해 암호화폐 지갑에 접근할 수 있다. 실제로 해외의 마운트곡스, 비트스탬프, 코인체크, 국내의 야피존에서는 작게는 수십억원 많게는 수천억원의 암호화폐가 탈취당한 사례가 있다. 이 경우에도 블록은 해킹당하지 않았다. 해커들에게 탈취당한 것은 블록체인에 보관되지 않은 고객들의 개인키였다.

좋은 기술이 세상을 바꾼다는 명제는 장기적으로는 참일지 모른다. 완벽한 보안성을 가진 빠르고 수수료 없는 금융이라는 이상을 향한 솔루션의 하나로 블록체인이 등장했다. 그러나 그 거대한 이상을 향해가기 위해서는 수많은 세부적인 문제들이 존재한다. '악마는 디테일에 있다'는 말처럼 블록체인이라는 거대한 담론 속에 숨어있는 운영상의 문제들을 하나씩 해결해 나가야 할 것이다.

출처: 한국경제, 이유환의 블록체인 뽀개기, 2018. 7. 12.

치 180억원에 달하는 자산이 식별되지 않은 지갑으로 전송됐다고 공지하고 경찰과 한국인터넷진흥원(KISA)에 사이버수사를 요청했다. 그러나 정작 수사는 난항에 빠지는 경우가 적지 않다. 가상자산의 거래내역은 투명하게 공개되지만, 실제로 거래한 사람이 누구인지 특정하기가 사실상 어렵기 때문이다. 경찰청과 미국의 블록체인 분석업체 체이널리시스(Chainalysis) 등에 따르면 2023년 세계에서 해킹 피해가 발생한 가상자산 규모는 약 38억 달러(4조8,697억원)로 추산된다.

2.3 비 용

블록체인 기술을 설명하면서, 더 많은 노드들이 더 큰 컴퓨팅 파워를 가지고 연산 집약적 문제를 경쟁적으로 풀어내는 채굴 과정을 설명하였다. 이러한 채굴에 대한 경쟁이 커지면서, 그에 따라 채굴 비용(CPU, 냉방비 등)도 증가하게 된다. 물론, 비트코인과 같이 불특정 다수의 사람이 참가할 수 있는 글로벌 규모의 네트워크에서는 이처럼 비싼 비용과 느린 장부 기록 속도가 용납이 될 수 있다. 그렇지만 참가자가 엄격히 통제되는 기업의 폐쇄형 블록체인의 경우, 딱히 부가적인 이득이라고 할 것도 없는 블록체인 기술에 그토록 많은 에너지와 시간을 쏟을 필요는 없을 것이다.

2.4 비밀데이터의 처리

가장 널리 사용되는 블록체인 형태이기도 한 공개형 블록체인은 불특정 다수에게 투명하게 오픈되어 있기 때문에 누구나 거래장부를 볼 수 있다. 비트코인이 이런 경우다. 그렇지만 상업적 환경에서 이 기술을 사용할 때는 이와 같은 투명성이 반드시 좋은 것이라고 보기 어렵다. 예를 들어, 만약 블록체인 기술이 주식거래 플랫폼상에서 즉각 합의(instant settlement) 메커니즘으로 사용된다면 어떨까? 각 참여자가 다른 참여자의 모든 의도와 행동을 읽을 수 있게 되므로 결국 메커니즘 자체가 제대로 기능하지 못할 것이다.

또 다른 예로, 만일 제조업에서 공급업체에 대한 공개 거래장부로써 블록체인 기술을 사용할 경우 일방 계약자가 블록체인상의 다른 모든 하도급 업자들을 볼 수 있게 될 것이다. 블록체인 전문가인 베넷은 "블록체인상에서 특정 거래를 원하는 기업이라고 할지라도, 고객이 모든 하도급 업체를 알게 되는 것은 원하지 않을 수 있다. 결국 기업은 이러한 거래 데이터를 어떻게 하면 비공개로 유지할 수 있을지에 대해 고민하지 않을 수 없다"고 말했다.

블록체인에서도 일부 사용자들만이 중요 데이터나 기밀 데이터를 볼 수 있도록 베타성을 도입하는 방법이 없지 않다. 예를 들어, 리눅스 재단의 오픈소스 블록체인 프로젝트인

하이퍼레저의 경우, '채널'이라 불리는 서브 체인을 이용해 승인된 일부 사용자들만 중요 정보에 접근할 수 있도록 하고 있다.

2.5 표준화

향후 블록체인, 암호화폐와 관련된 다수 기술의 난립이 예상되면서 이종 플랫폼 간의 융합과 생태계 활성화를 지원할 수 있는 표준 개발의 필요성이 높아지고 있는 것이다. 현재 블록체인 표준화는 세계적으로 아직 초기단계이며 관련 작업이 국제표준화기구(ISO, ITU)를 중심으로 활발히 진행되고 있는 만큼 국내에서도 블록체인 기술 선도를 위한 표준화 활동이 강화되어야 한다. 국내 산업이 강점을 가지고 있는 분야를 중심으로 구성원들의 요구에 맞춘 특화된 블록체인 기술을 개발하고, 이렇게 발굴된 단체 표준을 국제 표준으로 확장함으로써 글로벌 블록체인 시장을 리드해 나가는 국가 차원의 전략이 필요한 시기이다.

핵심 체크

01 블록체인은 안정성이 높은 반면 사용수수료가 상대적으로 매우 높다.

징답 ×

해설 블록체인의 수수료는 매우 낮거나 거의 없다.

02 블록체인은 분산화된 장부를 사용한다.

정답 O

해설 기존 은행들은 모든 장부를 중앙에서 관리하였지만, 블록체인은 참여하는 모든 구성원이 장부를 분산하여 관리한다.

03 블록체인은 이미 기록된 거래 데이터를 수정하는 것은 불가능하게 하지만, 새로운 거래 기록은 변조가 가능한 단점이 있다.

정답 ×

해설 새로운 거래가 있을 때, 이 거래에 대한 기록은 인터넷망을 통해 블록체인 구성원들에게 빠르게 전달되고, 새로운 거래에 대한 진위 여부는 모든 구성원들의 공동 검증과정을 거치게 된다.

04 공개키 암호화방식은 동일한 두 개의 키를 송신자가 수신자가 나누어 가지고 비밀리에 메시지를 주고 받을 수 있는 암호화 방식이다.

정답 ×

해설 서로 다른 개인키와 공개키를 쌍으로 이용한다.

05 나스닥(NASDAQ)의 링크(LINK)와 미진(Mijin)은 공개형 블록체인의 대표적인 예이다.

정답 ×

해설 폐쇄형 블록체인의 대표 예이다.

06 해시함수에 대한 설명으로 타당하지 않은 것은?

① 해시함수는 입력문서를 압축하는 것이 아니며, 일정한 길이의 16진수 값으로 변환시킨다.

② 해시값를 알아도, 역으로 입력문서의 내용을 복원하는 게 불가능하다.

③ 해시값은 보통 문자열이 아닌 16진수의 숫자값이다.

④ 입력 문서의 내용이 많이 바뀌면, 해시값도 비례하여 더 많이 바뀐다.

정답 ④

해설 입력 문서의 내용이 조금이라도 바뀌면 해시값은 완전히 바뀐다. 가령 띄어쓰기나 마침표 하나라도 추가되면 전혀 다른 해시값이 반환된다. 따라서, 원본데이터의 사소한 변화도 쉽게 확인할 수 있다.

07 블록체인에서 거래의 인증을 위해 공개키 암호화를 통한 전자서명이 사용된다. 이 과정을 설명한 다음 보기 중 타당하지 않은 것은?

① 송신자는 수신자의 공개키를 이용하여 거래내역과 생성된 해시값을 각각 암호화 한다.
② 송신자는 본인의 공개키를 이용해 이미 암호화된 거래내역과 해시값을 다시 한번 암호화 하는데, 이게 바로 전자서명에 해당된다.
③ 수신자가 거래내역을 전달받으면, 우선 송신자의 공개키를 이용해 전자서명이 과연 송신자의 것인지 확인한다.
④ 수신자는 거래내역의 해시값을 직접 계산하여, 송신자로부터 전달받은 해시값과 일치하는지 여부를 확인한다.

정답 ②

해설 전자서명은 본인의 개인키를 사용한다.

08 비트코인 블록체인의 새로운 블록은 대략 얼마에 한 번씩 생성되는가?

① 10분 ② 20분
③ 30분 ④ 40분

정답 ①

해설 대략 10분 동안 이루어진 모든 참인 거래내역(즉, 과반수의 참여원들이 동의한 거래들)을 모아 하나의 블록으로 구성한다.

09 블록체인의 작업증명 과정에 대한 다음 설명 중 가장 타당한 것은?

① 주어진 해시값으로 정확한 입력값을 찾아내야 작업증명이 된다.
② 논스값을 가장 먼저 찾은 노드가 작업 증명을 한다.
③ 새로운 블록을 생성할 수 있는 권한은 다수의 노드에게 주어질 수 있다.
④ 작업증명을 위한 문제의 난이도는 항상 일정하다.

정답 ②

해설 논스값을 찾아낸 오직 하나의 노드에 새로운 블록을 생성할 수 있는 권한이 주어진다.

10 블록체인의 구성에 대한 설명 중 올바르지 않은 것은?

① 블록의 머리에는 이전 블록 몸통의 해시값을 기록한다.
② 하나의 블록은 머리와 몸통으로 구성된다.
③ 블록 머리에는 논스값을 기록한다.

④ 블록 머리에는 블록의 생성시간을 기록한다.

정답 ①

해설 블록의 머리에는 이전 블록 머리의 해시값이 기록된다.

11 블록체인은 참여자의 범위를 어떻게 정하냐에 따라 누구나 참여할 수 있는 (1)________과, 참여를 위한 승인이 필요한 (2)__________으로 나눌 수 있다.

정답 (1) 개방형 블록체인, (2) 폐쇄형 블록체인

12 블록체인의 특징에 해당하지 않는 것은?

① 신뢰성
② 안정성
③ 탈중앙화
④ 유연성

정답 ④

해설 블록체인에 기록된 데이터는 해킹을 통한 위변조가 매우 어렵기 때문에 누구나 신뢰할 수 있다. 기록된 데이터는 분산 저장하기 때문에, 특정 노드에 대한 디도스 공격이나 랜섬웨어 공격 등으로부터 안전하다. 또한, 권위 있는 중앙 조직 · 기관 · 단체 등이 없이, 자유롭고 평등한 참여자들에 의해 자율적으로 유지되고 운영된다.

13 블록체인의 활용에 대한 설명 중 올바르지 않은 것은?

① 블록체인 기술은 공급망 네트워크 내의 생산과 유통 과정을 추적하는 데 효과적으로 사용할 수 있다.
② 블록체인의 구조적 특성은 자료 업데이트시 환자 기록의 모든 사본들을 서로 다른 노드 컴퓨터에 저장하고 동기화될 수 있게 한다.
③ 금융관리 분야에서 블록체인은 은행과 중앙규제기관과 대립되어, 그 활용도가 높지 않다.
④ 블록체인은 향후 인공지능(AI)이나 사물인터넷(IoT) 등 4차 산업혁명을 이끄는 핵심 기술들과도 융 · 복합될 가능성이 높다.

정답 ③

해설 금융관리 분야에서는 신원증명, 무역금융, 지불, 청산, 결제, 대출 등 다양한 업무에 블록체인 기술이 적용된다.

14 블록체인에 대한 설명 중 올바르지 않은 것은?

① 이미지 등 대용량의 데이터에 대해서는 통제가 어려운 블록체인보다는 별개의 네트워크 스토리지를 공유하는 것이 더 나은 방안일 수도 있다.
② 모든 블록체인은 이미 검증된 알고리즘인 SHA-256을 해시에 사용한다.

③ 일부 블록체인에서는 비밀 데이터에 대해 서브 체인을 이용해 승인된 사용자들만 접근할 수 있도록 하고 있다.

④ 블록체인은 아직 단일 표준이 아니며 앞으로 표준화의 중요성이 높아질 전망이다.

정답 ②

해설 일부 블록체인들은 개발자가 안전을 '보장'했기 때문에 믿을 수밖에 없는 알고리즘을 사용하기도 한다.

요약

블록체인의 개념

- 블록체인은 중간 매개 역할을 하는 중앙은행을 거치지 않고 분산화된 장부를 통해 보다 안전한 온라인 거래를 가능하게 함
- 블록체인에서 개별 구성원들은 각자 독립된 금융기관의 역할을 하며 동일한 금융거래 기록을 실시간으로 공유하는 일종의 상호 감시체계 시스템을 구축함

블록체인의 기술적 배경

- 블록체인은 거래의 인증과 기록을 위하여 공개키 암호화 방식과 해시함수를 이용함
- 블록체인 네트워크 상에서 노드는 거래의 진위를 검증하고, 새로운 블록을 생성하는 역할을 함
- 새로운 블록을 생성하는 권한은 작업증명을 한 노드에게 주어지며 그 노드는 암호화폐를 보상으로 지급받음
- 블록체인은 블록들을 해시값을 이용해 연결해 줌으로써 거래정보의 변경을 불가능하게 함

블록체인의 종류

- 블록체인의 참여자의 범위를 어떻게 정하느냐에 따라 개방형과 폐쇄형으로 나눌 수 있음

블록체인의 특징

- 블록체인에 기록된 데이터는 해킹을 통한 위변조가 매우 어렵기 때문에 누구나 신뢰할 수 있음
- 블록체인에 기록된 데이터는 분산 저장하기 때문에, 특정 노드에 대한 디도스 공격이나 랜섬웨어 공격 등으로부터 안전함
- 블록체인은 권위 있는 중앙 조직 · 기관 · 단체 등이 없이, 자유롭고 평등한 참여자들에 의해 자율적으로 유지되고 운영됨

블록체인의 활용과 고려할 점

- 블록체인의 대표적인 활용분야는 금융관리, 공급망 관리, 의료 서비스, 융합 서비스 등이 있음
- 블록체인 기술은 상대적으로 초기 단계의 기술이므로, 여러 가지 위험성을 내포하고 도입을 결정하기 전 고려할 사항들이 있음

참고 문헌

김상환, "블록체인에 기반한 금융업 혁신," 딜로이트 컨설팅 인더스트리 포커스, 제64호, 2019. 1.

김지훈, "'디지털 대전환' 핵심 기술, 블록체인의 발전과 미래", 한국방송통신전파진흥원, 2021. 12.

이제영 · 우청원, "블록체인 기술의 전망과 한계 그리고 시사점," 미래연구 포커스, 제4호, 2018.

임병완 · 박종훈, "전국민이 쓰는 블록체인, 어떤 형태여야 하나", 지디넷코리아, 2023. 1.

Hackett, Robert, *Walmart and 9 Food Giants Team Up on IBM Blockchain Plans*, Fortune, 2017. 8.

Holmes, Mandie, "블록체인, 왜 중요한가?—각광받는 이유와 기업들의 활용 사례," 삼성 SDS 인사이트 리포트, 2018. 3.

Laudon, Kenneth C. and Carol G. Traver, *E-Commerce 2023: Business, Technology, Society*, 17th Edition, Pearson, 2023.

제12장 핀테크 비즈니스

오늘의 주제

핀테크 '커머스' 열풍…간편결제 활성화 주요 창구로

핀테크 업계가 자체 애플리케이션(앱) 커머스 연동을 통해 자사 간편결제 활성화에 힘쓰고 있다고 한다.

업계에 따르면 토스가 앱 토스페이 탭에서 공동구매 서비스를 선보인 이후 현재 토스페이 탭 사용자는 월 400만명을 돌파했다. 토스는 2023년 3월 토스페이 탭에 '공동구매' 서비스를 오픈하고, 9월 판매자 관리 시스템 '어드민'을 론칭하며 커머스 서비스 확대에 주력하고 있다. 토스는 지난해 기존 사업목적 중 하나인 통신판매업을 '통신판매업 및 통신판매중개업'으로 확장하며 공동구매, 라이브쇼핑 등 커머스 비즈니스를 활성화하며 제휴사와 입점 셀러를 늘리고 있다. 토스의 커머스 비즈니스 확대는 간편결제 확대로 이어졌다. 토스 '공동구매' 서비스는 상품을 특가에 제공하는 대신, 결제수단은 토스페이로 한정한다. 토스가 공동구매를 오픈한 초기 하루 거래액이 800만원을 기록하는 등 거래액과 사용자 모두 지속 상승세를 이어오고 있다. 입점 셀러와 제휴처 확대로 토스페이 결제액과 결제 빈도 모두 높아지는 추세다. 토스페이는 SSG(쓱)페이와 스마일페이 매각협상 우선협상 대상자로 선정되며 간편결제 사업 인수도 추진하고 있다. SSG페이와 스마일페이 인수가 완료되면 기존 사용자 2,500만명과 커머스 서비스 간 시너지로 토스의 간편결제 점유율은 더욱 높아질 전망이다. 최근 컨슈머인사이트가 발표한 온라인 간편결제 시장 설문조사에 따르면 토스는 삼성페이와 네이버페이, 카카오페이가 과점한 온라인 간편결제 시장에서 빠른 성장세로 주사용 점유율 6%를 달성했다.

NHN페이코 역시 커머스 서비스 고도화로 간편결제 활성화를 도모한다. 페이코는 올해 '쿠폰 서비스'를 고도화할 방침이다. 페이코 쿠폰 서비스는 페이코에서 브랜드 쿠폰을 다운받아 해당 사이트에서 페이코로 결제 시 할인가격에 상품을 구매할 수 있는 서비스다. 2018년 론칭된 페이코 쿠폰 서비스의 제휴 브랜드사는 2024년 약 400여개로, 월 평균 쿠폰 발급 건수는 약 300만건에 달한다. 페이코 쿠폰 서비스의 연평균 매출 성장률도 75%에 달해 페이코 간편결제 서비스 활성화와 페이코의 탄탄한 수익 일등공신으로 자리잡았다. 페이코는 올해 '개인화 쿠폰'을 도입해 커머스 서비스를 업그레이드할 방침이다. 현재 일괄적인 쿠폰 할인율 제공이 아닌, 개별 사용자의 구매 특징을 파악해 할인율을 설계해 쿠폰을 제공할 예정이다. 홈 화면도 개편한다. 직관적인 커머스 경험을 위해 상품형 배너 노출을 강화하고, 개별 유저들과 연관도 높은 상품이 노출될 수 있도록 고도화할 방침이다.

출처: 전자신문, 2024. 2. 4.

생각해보기

간편결제 핀테크 업계가 커머스 고도화를 통해 얻을 수 있는 가장 큰 전략적 이점은 무엇일까요?

전문가 답변

간편결제 핀테크 업계는 커머스 서비스 고도화로 간편결제 활성화와 고객 유입 증가라는 두 마리 토끼를 동시에 잡는다는 전략을 추구하고 있습니다. 간편결제 서비스 시장에서 선도적 성과를 보인 네이버페이와 카카오페이는 각각 네이버 쇼핑과 카카오 선물하기를 연계해 간편결제 활성화를 이끌었습니다. 핀테크 업계에서 커머스 사업은 커머스 비즈니스 그 자체보다 간편결제 활성화와 신규 고객 유입을 위한 트리거라고 할 수 있습니다.

제1강 핀테크의 개념과 유형

학습내용

1. 핀테크의 정의
2. 핀테크 서비스의 유형

학습목표

1. 핀테크의 개념이 어떻게 발전되어 왔는지 정의할 수 있다.
2. 핀테크의 서비스 유형을 구분하고 각 유형에 대해 비교 설명할 수 있다.

1 핀테크의 정의

핀테크(FinTech)는 핀(Financial: 금융)과 테크(Technology: 기술)가 결합하여 만든 용어로 금융과 기술을 융합한 각종 신기술을 의미한다. 이는 디지털 금융에서 파생되어 금융기술을 강조한 언어로, 테크핀(TechFin)이라고도 불린다. 핀테크는 전혀 새로운 개념이나 기술이라 할 수는 없으나 인터넷, 모바일 기술의 진보를 발판으로 기존 금융업의 한계들을 혁신하고자 하는 다양한 시도들이 주를 이루고 있다.

핀테크 초기에는 은행이나 증권회사 등 금융기관의 시스템관리를 위한 기술적인 부분을 의미하였으나 점차 의미가 소비자중심의 개인적이고 상업적인 서비스 용어로 바뀌었다. 즉, 소비자들에게 신기술을 이용해서 금융서비스를 더욱 효율적이고 편리하게 제공한다는 의미가 포함된다. 특히, 금융소비자 편의성과 즉시성의 비약적 향상을 기조로 금융서비스를 대중화하고 새로운 서비스를 창출해내는 방향으로 역동적인 변화를 거듭하며 성장하고 있다.

이러한 새로운 서비스는 모바일 결제, 온라인 결제 및 인터넷 뱅킹 등으로 시작하여, 최근에는 금융플랫폼 혁신으로 기능이 확장되고 있다. 가령, 간편송금 서비스로 시작한 토스는 이제 송금뿐만 아니라 은행계좌, 신용카드 등을 토스에 연동해두고 수시로 확인할 수 있고 신용등급을 무료로 조회할 수 있는 편리한 금융포털 앱이 되었다.

핀테크 산업은 다른 산업에 비해 법적인 규제에 민감한 산업이다. 금융산업의 특성상 소비자 권리 보호와 경제 시스템의 안정성을 유지하는 것이 매우 중요하기 때문인데, 지나친 규제로 인한 혁신의 저해와 상충관계에 놓여 있다고도 볼 수 있다. 국내에서는, 2019년 혁신적인 금융서비스의 개발과 발전을 촉진함으로써 금융소비자의 편익을 증대시키고, 금융서비스 관련 일자리 창출을 도모하여 국민경제에 이바지함을 목적으로 금융혁신지원 특별법이 탄생하였다. 특별법에는 별도의 금융업 인허가 없이, 지정받은 범위내에서 혁신적인 금융서비스를 시범적으로 운영하며 규제 특례를 받을 수 있는 혁신금융서비스 제도, 핀테크 스타트업이 금융회사의 업무를 수탁받아 운영의 주체가 되는 지정대리인 제도, 핀테크 스타트업의 서비스를 금융회사에 위탁하여 금융회사가 운영하도록 하는 위탁테스트 제도 등이 포함되어 균형과 안정성을 담보할 수 있는 방향으로 혁신으로 나아가고 있는 모습이다. 가령, 이전에는 불가능하다고 여겨지던 은행 간 금융정보 공유가 오픈뱅킹으로 이루어지고 있어, 금융소비자는 여러 은행을 옮겨 다닐 필요 없이 한곳에서 계좌관리가 가능해졌다. 이와 같은 규제의 완화와 더불어, 핀테크는 2021년 기준 370조원 규모의 시장에서 2030년 약 2,000조원 규모로 매우 빠른 성장이 예측된다.

2 핀테크 서비스의 유형

핀테크 서비스는 은행, 투자, 보험 등 과거 금융업의 역할을 디지털 비현금거래, P2P (Peer to Peer)금융 등 디지털로 전환하여 수행하는 것을 기본 모델로 하고 있지만, 영역의 경계를 허물어 점차 뱅킹, 송금/결제, 예금, 대출, 보험 등 모든 금융서비스가 하나의 앱으로 통합되는 슈퍼앱으로 진화하려는 시도들도 보인다. 특히, 하드웨어 연산능력의 진보와 더불어 빅데이터 및 인공지능 기술이 확산되면서 데이터 기반의 투자 예측, 인공지능 자산배분, 정교한 대안신용평가 등 기존에 없던 새로운 서비스 및 솔루션들이 출현하였다. 이처럼 다양한 핀테크 사업은 크게 아래와 같은 네 가지 영역으로 분류할 수 있다(표 12-1).

- 지급결제: 간편송금이나 간편결제와 같이 소비자들이 쉽고 빠르게 저렴하게 이용할 수 있는 서비스를 제공
- 금융데이터분석: 개인과 기업고객과 관련된 다양한 데이터를 수집하고 분석하여 새로운 가치를 창출
- 금융소프트웨어: 효율적이고 혁신적인 금융업무 및 서비스 관련 소프트웨어 제공

표 12-1 핀테크 사업영역 분류

사업영역	내용	세부 영역
지급결제	이용이 간편하면서도 수수료가 저렴한 지급결제 서비스를 제공함으로써 지급결제 시장의 진입 장벽 완화	인프라스트럭처, 온라인 결제, 외환 업무
금융 데이터 분석	개인 · 기업 고객과 관련된 다양한 데이터를 수집해 분석함으로써 새로운 부가가치 창출	신용조회처, 자본시장, 보험
금융 소프트웨어	보다 진화된 스마트 기술을 활용해 기존 방식보다 효율적이고 혁신적인 금융 업무 및 서비스 관련 소프트웨어 제공	리스크 관리, 은행 결제, 자산 관리, 보험, 회계
플랫폼	전 세계 기업과 고객들이 금융회사의 개입 없이 자유롭게 금융거래를 할 수 있는 다양한 거래 기반을 제공	P2P 대출, 무역 플랫폼, 원격 접근 허브

출처: 영국 무역투자청

- 플랫폼: 기업과 소비자들이 금융회사의 개입 없이 자유롭게 금융거래를 할 수 있는 다양한 기반을 제공

위와 같은 사업영역별로, 다양한 핀테크 세부 서비스가 존재한다. 이 중 가장 대표적인 간편결제, 간편송금, 인터넷 전문은행, 로보어드바이저 서비스에 대해 좀 더 자세히 알아보자.

2.1 간편결제

가장 대중적인 핀테크 서비스 중의 하나가 지급결제 분야이다. 전 세계적으로 모바일 및 IT기술의 발전, 전자상거래의 증가 등으로 현금을 대체할 새로운 지급결제 서비스에 대한 수요가 증가하면서 미국과 중국을 중심으로 간편결제 서비스가 부각되었다. 간편결제 서비스는 신용카드나 계좌번호 같은 결제에 필요한 정보를 휴대폰이나 PC에 등록한 후, 공인인증서, 보안카드 등 온라인 결제 시 필요했던 복잡한 절차를 없애고 단순하게 결제할 수 있도록 고안되었다. 최근에는 비밀번호 외에 얼굴인식, 지문인증 등으로 결제가 가능하다.

'○○ 페이'라고 불리는 것들이 간편결제 서비스를 제공하는 서비스이다. 미국의 대표적인 경매사이트인 이베이의 페이팔과 중국의 알리바바의 알리페이가 대표적인 예이다. 그 뒤를 이어 미국의 아마존페이, 애플페이, 중국의 위챗페이 등 후발 기업이 등장하여 다양한 서비스를 제공하고 있다. 국내의 경우, 대표적으로 네이버페이, 카카오페이, 삼성페이, SSG 페이 등이 있다.

그림 12-1 카카오페이

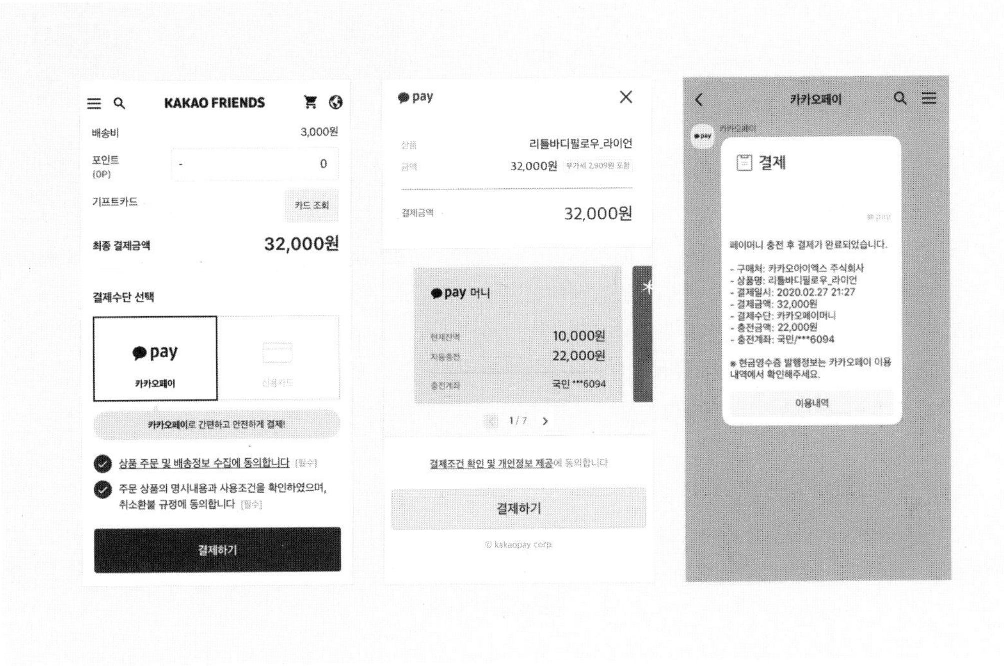

간편결제는 결제수단과 결제처리 방식 및 기술에 따라서 여러 유형이 존재한다. 오프라인상의 결제의 경우 삼성페이나 애플페이처럼 스마트폰 속에 내장되어 있는 NFC나 MST 기술을 이용해 결제 단말기에 가까이 하여 결제를 하거나, 카카오페이, 페이코와 같이 바코드, QR코드 이미지에 결제정보를 담아 리더기로 읽어 결제하는 방법이 있다.

알아봅시다

모바일 간편결제 기술

간편결제 기술 중 가장 많이 이용되는 것이 근거리 무선통신 NFC(Near Field Communication), 마그네틱 보안 전송 MST(Magnetic Secure Transmission), QR코드 & 바코드 결제 등이다.

NFC 결제 출처: 게티이미지

• NFC(Near Field Communication)

NFC는 13.56 MHz 대역 주파수를 이용해 10cm이내의 짧은 거리에서 단말기 간 데이터를 전송하는 '비접촉식 무선통신 기술로 모바일 교통카드와 애플페이가 NFC

를 활용한 간편결제 서비스를 제공하고 있다. 짧은 거리에서 통신한다는 단점이 있지만, 암호화 기술을 활용하기 위해 근거리란 제한 요건이 적용되기 때문에 보안이 뛰어나며, 단말기 간의 연결 설정이 0.1초 미만으로 빠르다는 장점이 있다.

• MST(Magnetic Secure Transmission)

MST는 신용카드 정보가 담긴 스마트폰을 신용카드결제 단말기에 가져다 대면, 단말기가 저장된 카드 정보를 읽어 결제를 진행하는 방식이다. 현재 삼성페이와 LG페이의 간편결제에 활용되고 있다. 스마트폰을 단말기에 가져다 대는 것만으로 결제가 가능하며 NFC와 달리 추가적인 단말기가 필요하지 않는 장점이 있다.

• QR코드 & 바코드 결제

카카오페이나 서울페이에서 QR코드 기반의 결제 서비스를 제공하고 있다. QR코드는 검은 점으로 된 사각형

카카오페이 QR결제

2차원 코드로, 기존의 바코드와 비교시 더 많은 정보량을 담고 있으며, 이와 함께 훼손에 강하고 위조가 어려우며 360도 어느 방향에서도 읽을 수 있는 장점이 있다. QR코드는 신용카드 결제망을 통하지 않고 은행계좌 간의 거래가 이루어지기 때문에, 결제 수수료가 줄어들게 되면 이는 소상공인들에게 혜택이 증가한다는 장점이 있다.

한국은행이 발표한 '2023년 상반기 중 전자지급서비스 이용 현황'에 따르면 상반기 간편결제 서비스 이용금액은 일평균 8,451억원으로 지난해 상반기보다 16.9% 증가했다. 이용건수는 13.4% 증가한 2,628만건으로 집계됐다. 코로나19 팬데믹 이전인 2019년 상반기에

그림 12-2 간편결제, 간편송금 이용규모

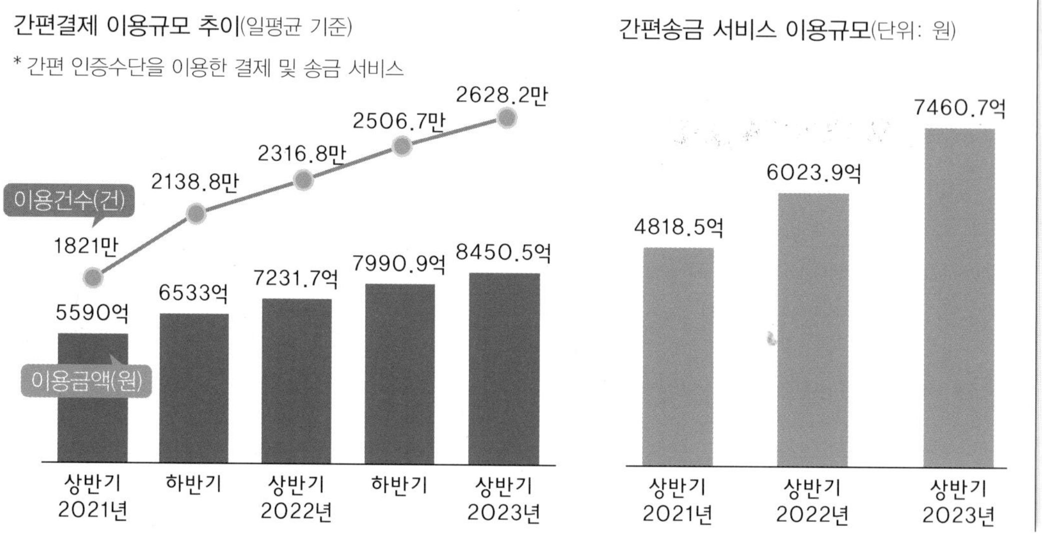

는 2,876억원에 불과했으나 4년 사이 약 3배가 늘었고, 간편결제 이용금액과 이용건수 모두 2016년 관련 통계 작성 이후 역대 최대를 기록했다. 이 가운데 삼성페이와 LG페이, 애플페이 등 휴대폰 제조사 비중은 2021년 상반기 22.1%에서 2022년 상반기 23.6%로 늘었고, 2023년 상반기는 25.1%로 높아졌다. 금액으로 환산하면 2023년 상반기 2,121억원으로 2년 새 1.7배 뛴 셈이다.

2.2 간편송금

간편송금은 송금 서비스를 제공하는 핀테크를 말한다. 기존 송금 서비스를 이용하기 위해서는 해당 금융사의 인터넷뱅킹이나 모바일뱅킹을 이용하였다. 하지만 토스와 카카오페이가 등장하면서 공인인증서, 계좌번호 없이 송금이 가능하게 되었다. 카카오페이는 카카오톡 친구를 대상으로, 토스는 전화번호를 기반으로 간편하게 송금할 수 있다. 토스 서비스는 은행명, 계좌번호, 금액이 적힌 문자를 그대로 앱에 복사해서 실행하면 자동으로 정보가 입력되는 서비스를 제공한다. 상대방이 토스 사용자가 아니어도 송금이 가능하며, 링크가 담긴 메시지를 문자나 메신저를 통해 발송하면 상대방이 은행과 계좌번호를 입력해 송금이 완료된다. 카카오페이의 경우 채팅창에서 송금을 선택한 뒤 금액을 입력하고 사전에 등록해둔 비밀번호를 입력하면 송금이 완료되며 채팅창에서 상대방이 계좌번호를 메시지로 보내면 해당 번호를 길게 누르는 것만으로도 계좌 송금 항목으로 이동할 수 있다. 우리나라에서의 간편송금 서비스 이용 실적은 2021년 상반기 4,818억원이었으나, 2022년 상반기 6,023억원으로, 2023년에는 7,460억원으로 가파르게 증가했다.

반면, 국제 송금은 통상적으로 은행들 간의 전통적인 해외 송금 지급결제망인 스위프트(SWIFT)를 통해 이루어진다. 그 과정에서 각 은행 간의 직접 교류가 아닌 중계은행까지 얽혀 있어 청산 및 결제까지는 수일이 소요된다. 이로 인하여 수수료는 평균 7%대에 달하며 송금 시간이 오래 걸린다. 핀테크 송금 기업들은 송금 · 중개 등 은행의 수수료를 간소화해 은행 대비 최대 90% 저렴한 수수료를 제공하고, 보다 빠른 처리가 가능하다. 핀테크 국제 송금 방식은 크게 아래와 같은 세 가지 종류가 있다.

- 페어링(Pairing): 개인 간(P2P) 거래 플랫폼을 통해 같은 국가에 있는 해외 송금 수요자와 공급자를 연결해 한 국가 내에서만 돈을 주고받는 구조다. 예를 들어, 미국에 살고 있는 마이클이 한국의 선영에게 100달러를 보내려 하고, 한국에 있는 민준이가 미국에 있는 제시카에게 13만원을 보내려 한다고 가정해보자(현재 환율이 1달러 1,300원이라고 가정). 페어링을 이용하면 마이클은 제시카에게, 민준이는 선영이에게 각각

자국의 통화로 돈을 주고받으면 된다. 환전이 필요 없으니 원화를 달러로 바꾸는 데 부과되는 수수료가 발생하지 않는다.

- 풀링(Pooling): 풀링은 공동구매와 같이 송금을 한꺼번에 같이 보내는 방법이다. 예를 들어 고객이 미국에 돈을 보내려고 신청하면 개별적으로 돈을 보내는 것이 아니라 하루 동안 미국에 송금을 신청하는 고객들의 돈을 묶어서 한번에 보내는 방법이다. 발생하는 수수료를 여러 명이 같이 부담해 개인 수수료를 낮출 수 있다.
- 프리펀딩(Pre-funding): 프리펀딩은 국내 송금 업체가 외국 제휴기관에 일정 금액의 목돈을 송금해 놓고, 고객의 요청이 있을 때마다 미리 현지에 보내 놓은 돈을 수취인에게 전달하는 방식이다.

최근에는 블록체인 기술이 해외송금시장에 진출했다. 선두주자인 미국의 리플(Ripple)은 블록체인과 가상화폐를 활용한 기술로 해외 송금 비용을 최대 70%까지 절감하는 데 성공했고 8초 만에 송금이 이루어진다고 한다.

국내에서는 다양한 해외 송금 핀테크 업체들이 해외 송금 서비스를 제공하고 있다. 2023년 추석 연휴 기간 한국과 해외 간 양방향 송금 서비스를 제공하는 와이어바알리(7개 송금국 · 45개 수취국 보유)를 통해 미국에서 한국으로 보낸 총 송금액은 3,403만 달러로, 같은 기간 한인 은행 8곳에서 공개한 한국 송금 총액(2,071만 달러)보다 1,332만 달러나 많았다. 같은 기간 와이어바알리를 통한 한국 송금 건수 역시 1만6,688건으로 한인 은행 송금 건수(8,286건)를 두 배 이상 상회했다. 이 밖에 한패스, 센트비 등도 경쟁적으로 해외 송금 서비스를 제공하고 있다.

2.3 인터넷전문은행(Digital Bank)

인터넷전문은행은 기존 은행과 달리 모든 서비스를 온라인상에서 제공하는 은행이다. 인터넷전문은행은 서비스 측면에서는 인터넷뱅킹과 중복되는 면이 있지만, 인터넷 환경을 보조적으로 활용하는 오프라인 은행의 인터넷 뱅킹과 달리, 무점포 비대면거래 방식의 비즈니스 모델이다. 1995년 미국에서 S1이라는 소프트웨어 회사 주도로 Security First Network Bank라는 인터넷전문은행이 최초로 설립된 이래 IT기술의 발달과 인터넷 이용률 증가, 스마트 기기의 등장 등에 힘입어 인터넷전문은행은 영국과 일본, EU 등으로 확산되었다.

국내에서는 2002년에 처음으로 인터넷전문은행의 설립이 추진되었으나 은산분리원칙, 금융실명제 등의 제도적인 제약에 부딪히면서 끝내 설립되지 못하였다. 은산분리란 은행법

그림 12-3 카카오뱅크

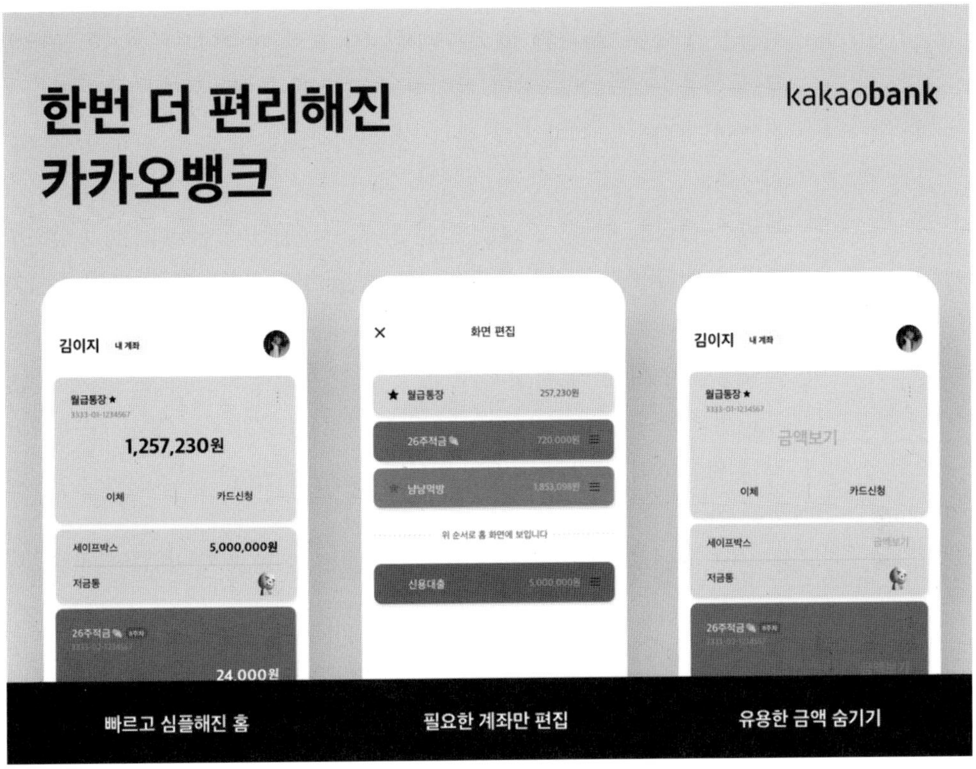

상 산업자본(비금융주력자)에 대해선 의결권이 있는 은행 지분을 4%까지만 보유할 수 있도록 한 규정을 말한다. 이는 재벌기업이 은행을 자기 금고처럼 쥐락펴락하는 것을 막고, 금융시장의 안정성을 지키기 위한 조치였다고 하지만, 이 때문에 ICT기업 등 창의성 및 혁신성을 갖춘 잠재후보자가 은행업에 주도적으로 진입하는 것이 불가능했다.

2008년에도 금융위원회 주도로 은행법개정을 통한 인터넷전문은행 제도 도입을 추진하였지만 은행산업에 지나친 경쟁과 부실화에 대한 우려와 수익모델의 취약점 때문에 입법에 실패했다. 2014년에 정부가 발표한 경제정책 방향에 따라 인터넷전문은행 설립 논의가 본격화되고, 2015년, 마침내 금융위원회는 30대그룹과 상호출자제한 대상 그룹에 인터넷전문은행 설립을 제한하고 나머지 기업에 참여 기회를 주어 인터넷전문은행 설립을 허가하기로 했다.

2017년 4월 국내 첫 인터넷전문은행인 케이뱅크, 그리고, 7월에는 100% 스마트폰 뱅킹 전용인 카카오뱅크가 영업을 시작했다. 이후 2021년 10월에는 토스뱅크가 영업을 시작하였다.

인터넷전문은행은 기존 은행과 다음과 같은 차별화된 모습을 보여준다.

- 시공간의 확대: 24시간 365일 언제든지 계좌 개설이 가능하고 모바일로 모든 금융상품을 이용할 수 있다. 지역 특성상 오프라인 은행 접근이 쉽지 않아 이용에 불편함을 겪었던 고객들도 이제는 시간과 장소에 구애받지 않고 금융서비스를 활용할 수 있게 되었다.
- 서비스 대상의 확대: 인터넷 전문은행은 그동안 고금리를 적용받았던 중신용 금융소비자들과 금융거래 부족으로 소외받았던 청년, 경력 단절 여성 등 금융소외계층을 대상으로 빅데이터를 활용하여 보다 낮은 금리로 대출 서비스를 제공할 수 있다.
- 금융상품의 확대: 인터넷 전문은행 통신 수납정보, 휴대폰 결제이력, SNS활동 등 비금융정보를 활용하여 빅데이터 기반의 신용평가 시스템을 구축하고 핀테크 기술을 적극 활용하여 일대일 고객맞춤서비스를 제공할 수 있다.

이와 같이 오랫동안 금융권을 지배해온 대형 은행에 도전장을 낸 인터넷전문은행은 기존 금융권이 혁신을 촉진하고 소비자관점의 서비스를 만들어내는 장점이 있지만, 다음과 같은 해결할 문제들이 남아 있다.

- 서비스 차별성의 지속적인 확보: 막대한 자금력과 IT인력을 보유한 기존은행들의 모바일 사용환경 역시 빠르게 진화하고 있다. 인터넷전문은행이 지속적인 혁신을 보여주지 못한다면 중장기적으로 기존은행과의 차별성은 희석될 수도 있다.
- 비대면거래의 불확실성: 인터넷은행의 경우 거래중지 계좌의 복원 절차를 비대면으로 진행해야 하기 때문에 상대적으로 대포통장으로 악용될 우려가 높다. 또한, 은행사업 중 이익기여도가 높은 자산관리나 담보대출 같은 영업은 대면거래에 의존하기 때문에 인터넷 은행의 비대면거래는, 기존 은행권과의 경쟁에서 제한이 있을 수 있다.

국내 인터넷전문은행은 지속적인 성장을 하고 있다. 하지만, 금융감독원에 따르면 2023년 2분기 말 기준 케이뱅크 · 카카오뱅크 · 토스뱅크 등 인터넷전문은행 3사의 자산은 93조 6,978억원으로 4대 시중은행(KB국민 · 하나 · 신한 · 우리)에 비하면 아직 6%에 불과하다.

2.4 로보어드바이저(Robo-Advisor)

로보어드바이저(Robo-Advisor)는 로봇(Robot)과 어드바이저(Advisor)의 합성어로 인공

표 12-2 로보어드바이저 서비스 유형

	고객(자문형)	금융회사(일임형)
로보어드바이저를 Back Office에서 활용	(1단계) 자문인력이 로보어드바이저의 자산배분 결과를 활용하여 고객에게 자문	(2단계) 운용인력이 프로그램의 자산배분 결과를 활용하여 고객자산을 직접 운용(일임: 사람)
로보어드바이저를 Front Office에서 활용	(3단계) 로보어드바이저가 사람의 개입 없이 자산 배분결과를 고객에게 자문(자문과 운용 모두 로보어드바이저)	(4단계) 로보어드바이저가 사람의 개입 없이 고객자산을 직접운용(일임: 로보어드바이저)

출처: 금융위원회

지능 로봇이 자산관리전문가인 사람을 대신해서 조언을 해주는 것이다. 로보어드바이저는 빅데이터 분석에 기반해 고객의 위험성향이나 투자성향 자금계획, 재정상황 등을 파악해 고객 맞춤형 포트폴리오를 구성하고 리밸런싱, 운용해주는 포괄적인 서비스를 제공한다. 로보어드바이저의 서비스 유형은 〈표 12-2〉와 같이 네 가지로 구분한다. 자산관리를 자문하는 타입과 자산관리를 운용하는 타입으로 나눌 수 있으며, 로보어드바이저가 간접적으로 업무를 수행하는지 직접적으로 수행하는지에 따라 구분할 수 있다.

로보어드바이저의 장점은 다음과 같다. 첫째, 빅데이터 기반으로 고객의 성향과 목적에 따라 투자를 운영하기 때문에 고객 상황에 맞는 맞춤형 포트폴리오 서비스가 가능하다. 둘째, 자산관리사의 주관적 판단에 대한 오류나 실수의 위험성을 줄이고 데이터에 기반해서 객관적인 추천을 한다. 아직은 완벽하지 않은 알고리즘 때문에 사람의 개입이 되고 있는 경우도 있지만 점점 최소화되는 추세이다. 셋째, 시간과 장소에 구애받지 않고 서비스를 받을 수 있다. 넷째, 웹이나 모바일 플랫폼을 이용하기 때문에 저비용으로 서비스를 받을 수 있다.

로보어드바이저가 상용화된 미국의 경우, 로보어드바이저 자문 수수료가 기존 오프라인 자산관리 서비스에 비해 30% 수준으로 저렴하다. 그리고, 서비스 가입에 필요한 최소 거래 금액도 낮아졌다. 기존의 자산 관리 서비스는 주로 1억원 이상의 고액 자산가를 대상으로 했지만 이제는 운용자산 500만원대의 소액 투자자로 최소 거래 금액이 낮아지면서 접근성이 나아졌다.

국내의 경우 로보어드바이저로 투자일임 계약을 할 수 있게 된 건 얼마 되지 않았다. 2016년부터 로보어드바이저의 안정성과 효용성을 테스트하는 '테스트 베드'가 시행되었지만, 로보어드바이저가 테스트 베드에 통과해도 투자자들이 직접 로보어드바이저로 일임계약을 할 수는 없었다. 금융권의 비대면 일임계약이 법으로 금지되어 있어 로보어드바이저로 포트폴리오를 받더라도 영업소에 방문해 투자일임 계약을 진행해야 되었다. 이에 따라 자산운용사 등이 아닌 로보어드바이저 업체의 경우 펀드, 일임재산을 위탁받아 운용하는것이 불가능했다. 그러나, 금융위원회가 2019년 5월 의결한 금융투자업규정개정안에 따라 로보어드바이저의 펀드재산 직접운용을 허용하고, 로보어드바이저 업체에 펀드, 일임재산 운용위탁을 허용이 가능하게 되었다. 이에 따라, 최근 더욱 일임서비스를 강화하는 추세이다.

국내 로보어드바이저를 통한 자산관리는 시작단계이지만 빠른 속도로 성장하고 있다. 증권사와 은행 등 금융사들은 로보어드바이저 업체들과 손잡고 잇따라 로보어드바이저 관련 서비스를 출시하고 있다. 하나은행의 '하이 로보', 신한은행의 '쏠리치' 등 주요은행이 홈페이지나 앱에서 로보어드바이저를 제공하고 있다. 증권회사의 경우 NH-아문디 디셈버 글로벌 로보어드바이저 펀드, 미래에셋 AI아세안펀드, 대신 로보어드바이저 펀드 등이 있다. 또한 로보어드바이저를 제공하는 스타트업도 빠르게 성장하고 있는데, 'MK 파운트', '에임(AIM)', '코쇼(KOSHO)' 등의 앱이 있는데 수수료가 적어 투자를 막 시작하는 이용자나 소액 투자자들에게 인기를 얻고 있다.

알아봅시다

로보어드바이저 시장: 일임 서비스 전략 강화

업계에 따르면 로보어드바이저(RA) 업체들은 일임 서비스 중심 시장 판도를 전망하고 일임 서비스 강화 전략을 구상 중이다. 로보어드바이저 서비스는 알고리즘 기반 직접 자산 운용을 수행하는 일임형과 자체 알고리즘으로 투자 아이디어를 제안하는 자문형으로 나뉜다. 자문은 반드시 투자자 동의 절차가 있어야 리밸런싱 등 관리가 가능한 반면, 일임형은 추가적 의사결정까지 자동으로 반복한다. 일임형이 편리함과 수익률 극대화 측면에서 자문 서비스 한계를 보완, 수요가 더욱 커질 것이라는 분석이다. 퇴직연금 시장 RA 일임 운용이 예고됨에 따라 일임 시장 매력도는 더욱 클 수밖에 없다.

실제 코스콤 로보어드바이저 테스트 베드에서도 이러한 흐름이 나타난다. 지난 2024년 2월 기준 일임 서비스 운용 금액은 2,783억원, 자문 서비스 운용 금액은 29억원 가량이다. 일임은 전년 동기 대비 600억원 증가, 자문은 2억원 감소한 수치다. 로보어드바이저 서비스유형별 계약자 수 역시 일임은 14만7,945명으로 전년 동기 대비 늘어난 반면, 자문은 820명으로 소폭 줄었다.

핀트는 고객 페르소나에 맞춘 알고리즘을 선보일 예정이다. 투자 성향별 페르소나 분류에 따라 투자자가 투자 효용성을 극대화할 수 있도록 연금을 일임 운용할 계획이다. 가령, 처음에는 공격적으로 운용하다 연금 수령이 가까워지는 시기에 소득 보장형으로 전략을 수정하는 등 효율적 운용 사용성을 높여 기존 퇴직연금 운용과 차별화를 둔다는 전략이다.

콴텍 역시 비대면 투자일임 서비스 투자자 공략을 위해 매월 신규 상품을 선보일 계획이다. 현재 RA 테스트베드를 통과한 58개 자체 개발 알고리즘을 토대로 투자자 선택지를 대폭 넓힌다. 주요 은행과도 퇴직연금 일임 관련 협력을 위한 협의를 진행 중이다.

로보어드바이저 업계 관계자는 "로보어드바이저 서비스의 장점은 투자자의 번거로움과 관리 편리성을 고려할 때 일임형에서 극대화될 수 있고 수익률과도 직결된다"며 "상대적으로 자문보다 실질적인 성과로 집계될 수 있는 일임형 서비스에 주력하며 시장 흐름이 이어질 것으로 전망한다"고 말했다.

출처: 전자신문, 2024. 3. 19.

제2강 핀테크 산업의 의의와 발전 방향

학습내용

1. 핀테크 산업의 의의
2. 핀테크 산업의 발전 방향

학습목표

1. 핀테크의 소비자관점에서의 특징과 의의를 설명할 수 있다.
2. 핀테크 산업의 발전 방향에 대해 설명할 수 있다.

1 핀테크 산업의 의의

지금까지 핀테크이 무엇이며, 이에 해당되는 다양한 사업영역을 살펴보았다. 이 절에서는 이를 바탕으로 핀테크의 특징을 정리하고, 이와 같은 금융혁신이 주는 의의와 시사점을 알아봄으로써, 앞으로 핀테크가 더욱 발전하기 위한 방향에 대하여 생각해보자.

정보통신 기술을 이용한 금융혁신은 오늘날의 일만은 아니다. 금융업계는 제2차 세계대전 이후 컴퓨터를 이용해 사무자동화 및 전산화를 통해서 효율적인 업무 수행 방식을 도입했고, 1950년대 신용카드, 1960대의 ATM, 1980년대의 전자 결제시스템 등장과 더불어, 2000년대 초반 개인 컴퓨터가 보급된 이후 온라인 뱅킹 서비스를 도입해서 금융혁신을 이루어 왔다. 하지만, 유독 핀테크가 최근 주목받는 이유는 이전의 혁신과는 차별되는 다음과 같은 특징 때문이다.

1.1 금융소비자의 편익 증대

핀테크의 확산은 누구보다도 금융서비스를 이용하는 소비자의 편익을 여러 측면에서 증대시켰다. 핀테크는 인터넷 기술을 이용하여 간편하고 다양한 금융서비스 상품을 소비자들에게 제공하여 전통적인 금융서비스 회사가 만족시켜 주지 못한 소비자들의 욕구를 충족시키면서 빠르게 확산되게 되었다. 특히, 스마트폰 보급률이 늘어나고 정보기술의 중심이 개인PC 에서 스마트폰으로 이동하면서, 모바일 트래픽의 증가와 더불어 모바일 채널을 통한 금융거래가 빠르게 늘어났다.

핀테크 기업은 설립 초기 비금융회사로 출발해 IT기술을 활용해 금융서비스를 제공한다. 그 결과, 핀테크 혁신의 범위는 어느 한 분야에 국한되지 않고 금융서비스의 모든 영역에 영향을 미치고 있다. 다양한 금융상품 및 서비스가 새롭게 제공됨에 따라 소비자의 금융상품 서비스 선택권이 넓어지게 되었고, IT기술을 이용해 수수료를 절감하여 소비자들의 부담도 감소하였다. 핀테크가 제공하는 서비스의 특징은 고객의 편익 관점에서 아래와 같이 요약할 수 있다.

- 새로운 비즈니스 모델: 개인 대 개인 대출(P2P Lending), 창업자금 지원 등 투자관련 플랫폼 서비스 등과 같은 새로운 비즈니스 모델을 제공
- 빠르고 효과적인 서비스: 실시간 업데이트나 모바일 기술 등 다양한 첨단기술을 통해서 보다 빠르고 효과적인 서비스를 제공
- 저비용 서비스: 온라인상의 송금, 전자화폐를 이용하거나 카드사와 온라인 결제대행사의 간편결제 서비스 등 첨단기술을 통해서 기존의 금융서비스보다 저비용의 수수료로 서비스를 제공
- 개인맞춤형 서비스: 예측모델링과 같은 첨단기술을 이용해서 획기적인 개인 맞춤형 서비스를 제공. 예를 들어, 자산관리 핀테크 회사들은 다양한 소비자의 정보(생활습관, 사회성, 가족관계, 현재 요구사항 등)를 통해 개개인에 필요한 가장 적절한 서비스를 추천
- 소외된 계층에 대한 서비스: 기존의 금융서비스가 제공하지 못하거나 제한적으로 서비스를 제공했던 계층에 대한 서비스가 가능

1.2 금융시스템의 효율성 제고

이전의 금융혁신과 비교할 때, 핀테크 서비스를 통해 금융서비스의 제공비용이 낮아지고 품질은 개선되는 등 전체 금융시스템의 효율성이 개선되었다. 예를 들어, 인터넷전문은행의 경우 오프라인 지점 유지비용, 예금대출심사 인력비용, 각종 문서 작성 비용 등 업무처리 절차와 비용을 획기적으로 절감하였다.

한편, 핀테크 사업의 등장은 전통적인 금융회사의 수익기반을 약화시키는 효과도 보여준다. 전통적인 금융회사는 혁신적인 금융서비스로 수요가 이동함에 따라 금융회사의 수수

료 수입이 축소되고, 저렴한 온라인 서비스와의 경쟁으로 인해 비용절감 및 가격인하의 압박에 노출되고 있다. 중장기적으로 소비자의 금융회사 이용도가 감소하고, 개인대 개인 거래가 확산되는 등 금융회사의 역할에 영향을 미치는 요인으로 작용할 것으로 보고 있다. 하지만, 금융산업 전반을 고려할 때, 기존의 금융시스템의 비효율성이 개선되고 자본배분의 효율성이 높아지면서 궁극적으로 핀테크는 사회전반의 경제성장을 가져왔다고 볼 수 있다.

1.3 탈중심적 금융 인프라

핀테크는 금융인프라의 관점에서도 혁신을 가져왔다. 국내 금융산업은 과거 고도성장 시기에 실물경제 지원과 활성화를 위한 정책 도구로서의 역할이 강조되어 왔고, 시장원리에 따른 자율적인 형태의 발전이 어려운 구조로 성장하여 중앙집중형태의 금융인프라들이 생성되기도 했다. 하지만, 블록체인에 기반한 분산원장기술 등이 금융거래에 적용되면 거래, 청산, 결제, 기록보관 등의 기능을 수행하는 중앙 집중형 중개기관의 역할에 영향을 미칠 것으로 보고 있다. 블록체인이 상용화되면 중앙기능을 담당하는 기관인 금융결제원, 한국예탁결제원의 역할은 위축될 것이고 장기적으로 이들 기관의 역할에 대한 정책적 검토가 필요하다고 보고 있다.

2 핀테크 산업의 발전 방향

앞으로 핀테크가 보다 발전하기 위해서는, 제도적인 금융혁신 여건조성, 서비스의 고도화, 신기술의 융합, 위험요소의 효과적 관리 등 다양한 노력이 요구된다.

2.1 금융혁신 여건 조성

국내의 핀테크 서비스는 결제, 송금, 보안, 인증에 집중되어 다양성이 부족하고, 규제가 기술 발전을 신속히 반영하지 못해 혁신적인 시도가 어렵다. 정부에서 금융분야 데이터 이용활성화를 위한 로드맵 제시뿐만 아니라, 은산분리 완화, 핀테크 혁신 지원법 등 관련 법안의 재개정을 위한 노력을 해야 한다.

지금까지 이러한 노력들은 꾸준히 성과를 내고 있다. 가령, 정부 주도 아래 금융혁신기획단이 출범해 금융혁신지원특별법과 인터넷전문은행법을 제정하면서 한국 핀테크 제도의 틀을 마련했다. 혁신기술을 보유하고 있지만 자본과 규제에 가로막혀 시장 활로를 뚫지 못하는 기업들을 위해 정부가 금융규제 샌드박스 제도를 도입한 바 있는데, 금융규제 샌드박스란 현행 규제를 한시직으로 유예해 혁신사업의 안전성과 유효성을 시장에서 검증할 수 있게 해주는 제도이다. 그동안 금융규제 샌드박스를 통해 224건의 혁신금융서비스가 빛을 보게 되었으며, 이 224건의 서비스 중 138건이 시장에 출시돼 서비스되고 있는 상황이다. 대표적인 예로 해외주식 소수단위 투자 서비스를 들 수 있다. 투자자가 소수점 단위로 주식을 주문을 하면 증권사가 온주(온전한 1주)를 만들어 해외에 주문하는 시스템으로, 2022년 9월까지 누적 이용자는 86만명, 투자실적은 2조 719억원에 달한다.

하지만, 여전히 보완이 필요한 부분이 많다. 핀테크 기업의 창업, 육성, 성장 지원체계, 사업화 투자를 위한 자금 지원방안, 핀테크 혁신을 촉진할 수 있는 제도적 장치 마련 등 기술발전과 금융여건 변화에 대응하는 금융혁신 여건 조성이 필요하다.

2.2 서비스의 고도화

엄격한 규제로 인해 지금까지 보수적인 행태를 유지해온 기존 금융회사는 자산관리 서비스, 고객정보를 활용한 신규서비스 등으로 서비스의 고도화가 필요하다. 예를 들어, 2019년 12월, 금융위원회가 오픈뱅킹을 전면 시행하였는데, 오픈뱅킹은 하나의 앱으로 여러 은행이 계좌정보, 카드 정보 등을 조회하거나 결제 · 송금 등을 할 수 있는 금융서비스를 말한다. 오픈뱅킹 도입으로 인해 금융 소비자는 하나의 앱으로 금융서비스를 원스톱 이용할 수 있게 되었고, 핀테크 기업들은 이체나 송금분야에서 획기적으로 비용을 절감할 수 있게 되었다. 또한, 기존의 금융사도 오픈뱅킹이라는 전국민 대상 서비스 제공을 통해 신규 고객 확보 효과를 누리고 있다. 결론적으로 오픈뱅킹은 금융사에게 핀테크 기업과의 경쟁 · 협력을 통한 신규 비즈니스 창출 효과를 촉발한 결과를 가져온 셈이다. 이러한 오픈뱅킹 시행으로 원스톱 뱅킹 서비스뿐만 아니라, 앞으로 가계부 관리, 더치페이, 간편결제, 잔돈투자 등 새로운 혁신 서비스를 통한 서비스의 고도화가 필요할 것이다.

2.3 신기술 융합 촉진

핀테크 혁신은 그 속도가 굉장히 빠르다. 기술의 급속한 발전과 기술 간의 상호 작용으로 파괴적인 혁신의 가능성을 열기 때문이다. 핀테크 기술은 모바일, 클라우드, 빅데이터, 사물인터넷, 블록체인, 인공지능, 가상현실 등 다양한 기술을 포괄한다. 이러한 기술들이 하루가 다르게 발전하고 있고 새롭게 융합하고 있어서, 앞으로 어떤 혁신이 이루어질지 예측이 어려울 정도이다.

핀테크 기업 설문 조사에서 핀테크 기업들이 체감하는 전반적인 기술 수준은 해외 시장에 비해 다소 미흡하다고 평가되고 있다. 인공지능, 빅데이터, 블록체인 활용 활성화 등 신기술 융합을 촉진할 필요가 있다. 핀테크 업계는 이러한 신기술 융합을 통해서 금융서비스 향상과 소비자 욕구를 충족시킬 수 있는 경쟁력 강화를 위한 새로운 서비스 개발을 위해 노력해야 한다.

2.4 금융혁신 리스크 관리

핀테크 혁신으로 새로운 위험요소가 발생하고 있고 사이버 위협도 진화하고 있다. 신기술의 불확실성을 제거하고, 보안체계를 강화하는 등 금융혁신 리스크 관리 방안을 마련해야 할 것이다. 예를 들어, 아래 '알아봅시다'에서 설명한 소비자의 금융관련 개인정보인 마이데이터(MyData)에 대한 보안관리가 중요한 이슈로 부각되고 있다. 마지막으로 디지털자산 규율체계 마련을 추진할 필요성이 있다. 최근 비트코인과 같은 가상자산의 급격한 가격 변동성으로 관련 리스크도 커지고 있으며. 이에 따른 디지털자산 이용자 보호 및 시장질서 확립을 위한 규율체계를 마련할 필요성이 커지고 있다.

알아봅시다

마이데이터란?

마이데이터(MyData)란 소비자가 원할 경우 대출액, 카드 사용액, 투자 현황 등 여러 회사에 흩어진 금융 정보를 한곳에 모아 관리하는 서비스다. 자기 정보를 모아 관리해서 '마이(My · 나의)데이터'란 이름이 붙었다.

마이데이터 서비스 가입자가 2023년 말 1억명을 돌파했다. 2022년 1월 마이데이터 서비스가 시작된 지 2년 만이다. 금융정보를 하나의 앱에서 통합 · 관리할 수 있어 가입자가 빠르게 증가했다. 마이데이터 서비스는 개인 금융 정보를 모아 소비 패턴 등을 분석해 맞춤형 금융상품을 추천한다는 데서 금융 소비자가 혜택을 누릴 수 있다고 내세우고 있다. 과거엔 이용자의 월별 카드 사용금액, 대출 잔액, 보유 주식의 평가금액 등을 카드사, 은행, 증권사 등 서로 다른 업권에서 따로따로 확인해야 했지만 이젠 한곳에서 모아 준다는 것이다. 현재 국내 69곳이 마이데이터 인가를 받아 사업을 진행하고 있다.

업권별로는 핀테크 · IT(정보기술) · CB(신용평가

마이데이터 가입자 추이

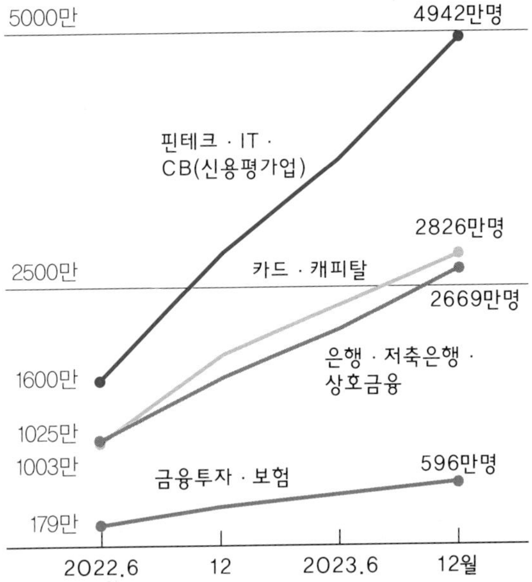

업)의 마이데이터 가입자가 4,942만명으로 가장 많았다. 이어 카드 · 캐피털 업권 2,826만명, 은행 · 저축은행 · 상호금융 업권 2,669만명, 금융투자 · 보험 업권 596만명 순으로 나타났다. 특히 핀테크 업체를 통해 마이데이터에 가입한 고객이 은행권 가입자 수를 크게 웃돌았다. 마이데이터는 디지털을 기반으로 운영되기 때문에 토스, 카카오페이, 네이버파이낸셜 등 핀테크 업체들이 주도권 경쟁에서 오프라인 지점을 중심으로 하는 시중은행들을 압도했다는 분석이 많다.

이용자는 폭증했지만 마이데이터 수익성은 저조했다. 작년 마이데이터 사업자의 전체 매출액 2조5,246억원 중 마이데이터 고유 업무인 신용정보통합관리 수익은 72억원에 불과했다. 마이데이터 고유 수익이 전체 매출에서 차지하는 비율은 0.2%로 미미했다. 전년 말에도 사업자의 전체 매출은 2조1,760억원이었지만 신용정보통합관리 수익은 46억원에 불과했다.

금융업계에선 한곳에서 자신의 금융 정보를 모아 보는 게 편리하긴 하지만, 이런 서비스를 돈을 내면서 이용하려는 고객들은 거의 없는 것 아니냐는 말이 나온다. 한 업계 관계자는 "몇몇 핀테크사가 마이데이터를 토대로 매우 정교한 고객 분석보고서를 제공해 수익을 내는 경우가 있지만 극히 일부에 불과하다"며 "네이버, 카카오, 토스 등 대형 핀테크들은 신용정보통합관리 서비스와 관련해서 무료로 제공해야 하는 서비스라고 인식하고 있다"고 했다.

한편 사업자들이 고객 개인정보 관리에 더욱 만전을 기해야 한다는 지적도 나온다. 개인정보를 한곳에 모으기 때문에 보안이 허술하면 언제든 문제가 될 수 있다. 사업자로 개인정보가 집중됨에 따라 보안시스템에 문제가 생기면 해킹, 서비스 방해 등 여러 침해 사고가 발생할 여지가 있다. 실제 마이데이터 서비스를 제공하는 금융사 앱이나 포털 사이트에서 고객들의 금융정보가 불특정 다수에게 노출되는 사고가 다수 발생하기도 했다. 각 금융사는 제공받은 개인 정보를 보호하기 위해 만전을 기해야 할 것이다.

출처: 조선일보, 2024. 3. 18.

핵심 체크

01 넓은 의미의 핀테크는 은행이나 증권회사 등 금융기관의 다양한 시스템 관리를 위해 IT 기술을 이용하는 것을 의미한다.

정답 ×

해설 넓은 의미로 최신 컴퓨터 기술과 소프트웨어 기술을 바탕으로 기존 금융기관과 차별화된 송금, 결제, 자산관리 등 각종 금융서비스를 일컫는다. 신기술을 이용해서 더욱 금융서비스를 더욱 효율적이고 편리하게 제공한다. 초기에는 은행이나 증권회사 등 금융기관의 시스템관리를 위한 기술적인 부분을 의미하였으나 점차 의미가 소비자중심의 개인적이고 상업적인 서비스 용어로 바뀌어가고 있다.

02 정보통신 기술을 이용한 금융혁신은 핀테크가 유일하다.

정답 ×

해설 금융업계는 제2차 세계대전 이후 이미 컴퓨터를 이용해 사무자동화 및 전산화를 통해서 효율적인 업무 수행 방식을 도입했고, 1950년대 신용카드, 1960대의 ATM, 1980년대의 전자 결제시스템 등장과 더불어, 2000년대 초반 개인 컴퓨터가 보급된 이후 온라인 뱅킹 서비스를 도입해서 금융혁신을 이루어 왔다.

03 핀테크가 주목받은 이유는 혁신의 주체가 금융기관이기 때문이다.

정답 ×

해설 핀테크 기업은 설립 초기 비금융회사로 출발해 IT기술을 활용해 금융서비스를 제공한다. 핀테크 기업에 의해서 인터넷 기술을 이용하여 간편하고 다양한 금융서비스 상품을 소비자들에게 제공하여 전통적인 금융서비스 회사가 만족시켜 주지 못한 소비자들의 욕구를 충족시키면서 빠르게 확산되게 되었다.

04 금융소비자의 입장에서 핀테크 서비스는 새로운 비즈니스 모델을 개발하고, 빠르고 효과적이고 저비용의 서비스를 제공하며, 개인정보에 기반한 개인맞춤형 서비스를 개발하는 등 소비자들에게 이익이 되는 서비스이다.

정답 O

해설 기존 금융서비스가 제공하지 못하거나 제한적으로 서비스를 제공했던 계층까지 서비스가 가능하고, 모바일 기반으로 서비스를 운영하기 때문에 언제 어디서나 이용할 수 있는 편리함을 제공하고 있다.

05 영국의 투자무역청에 따르면 핀테크의 사업영역은 지급결제, 금융데이터 분석, 금융소프트웨어, 플랫폼으로 분류할 수 있다.

정답 O

해설 간편하고 저렴한 수수료의 지급결제 서비스, 개인과 고객의 다양한 데이터를 바탕으로 새로운 부가가치를 창출하는 금융데이터 분석, 혁신적인 금융업무 및 서비스 관련 소프트웨어를 제공하는 금융 소프트웨어, 금융회사의 개입 없이 자유롭게 금융거래를 할 수 있는 거래기반을 제공하는 플랫폼으로 구분할 수 있다.

06 공인인증서를 이용한 방식보다 간편결제 방식의 지급 프로세스가 더 짧고 편리하다.

정답 O

해설 공인인증서인 경우, 카드사선택 → 공인인증서선택 → 신용카드번호 입력 → 유효기관 입력 → 카드고유번호 입력 → 카드비밀번호 입력 → 공인인증서 비밀번호 입력 → 결제
간편결제인 경우, 간편결제선택 → 비밀번호 입력 → 결제

07 다음 핀테크의 주요 서비스에 대한 설명 중 올바르지 않은 것은?

① 간편송금은 소비자가 쉽고 빠르게 그리고 저렴한 수수료로 송금할 수 있는 시스템으로, 아직까지 해외 송금 서비스는 준비 중이다.

② 간편결제는 신용카드나 계좌번호 같은 결제정보를 휴대폰이나 PC에 등록한 후 간단한 인증과 결제과정으로 결제 프로세스를 단순화한 것으로, 대표적인 예로는 카카오페이가 있다.

③ 인터넷 전문은행은 모든 서비스를 온라인으로 제공하는 경우와 오프라인 은행의 인터넷 뱅킹으로의 확장을 의미한다.

④ 로보어드바이저는 로봇(Robot)과 어드바이저(Advisor)의 합성어로 인공지능 로봇이 자산관리전문가인 사람을 대신해서 조언을 해주는 것이다.

정답 ③

해설 인터넷전문은행은 기존 은행과 달리 모든 서비스를 온라인상에서 제공하는 은행으로, 인터넷 환경을 보조적으로 활용하는 오프라인 은행의 인터넷 뱅킹과 달리, 무점포 비대면거래 방식의 비즈니스 모델이다.

08 국내 핀테크 산업 사례에 대한 설명 중 올바르지 않은 것은?

① 간편결제 서비스인 삼성페이는 주요 기술인 근거리무선통신(NFC)을 기반으로 서비스를 운영하고 있다.

② 국내에서는 금융관련 규제로 인하여, 2017년에 처음으로 인터넷전문은행인 케이뱅크가 영업을 시작하였다.

③ 'MK 파운트', '에임(AIM)', '코쇼(KOSHO)' 등의 로보어드바이저 앱은 수수료가 적어 투자를 막 시작하는 이용자나 소액 투자자들에게 인기를 얻고 있다.

④ 2017년 4월 국내 첫 인터넷전문은행인 케이뱅크, 그리고, 7월에는 100% 스마트폰 뱅킹 전용인 카카오뱅크가 영업을 시작했다.

정답 ①

해설 삼성페이는 마그네틱 보안전송(MST) 기술을 동시에 사용하여, 별도의 NFC단말기가 필요하지 않다.

09 인터넷전문은행이 가지고 있는 장점을 설명해 보시오.

정답
- 시공간의 확대
- 서비스 대상 고객의 확대
- 금융상품의 확대

10 로보어드바이저를 사용할 때 어떠한 장점이 있는지 설명해 보시오.

정답
- 고객 상황에 맞는 맞춤형 포트폴리오 서비스가 가능
- 자산관리사의 주관적 판단에 대한 오류나 실수의 위험성을 줄이고 데이터에 기반한 객관적인 추천이 가능
- 시간과 장소에 구애받지 않는 서비스
- 서비스 비용 절감

11 핀테크 산업에 대한 영향 중 올바르지 않은 것은?

① 핀테크의 확산에 따라 금융서비스를 이용하는 소비자의 편익은 여러 측면에서 증대되었다.
② 금융서비스 제공비용이 낮아지고 품질은 개선되는 등 전체 금융시스템의 효율성이 개선되었다.
③ 금융서비스로 수요가 이동함에 따라 전통적인 금융회사의 수수료 수입이 확대되고 있다.
④ 블록체인이 상용화되면 금융중앙기능을 담당하는 기관 등, 예를 들어 금융결제원, 한국예탁결제원의 역할은 위축될 것으로 예상한다.

정답 ③

해설 전통적인 금융회사는 혁신적인 금융서비스로 수요가 이동함에 따라 금융회사의 수수료 수입이 축소되고, 저렴한 온라인 서비스와의 경쟁으로 인해 비용절감 및 가격인하의 압박에 노출되고 있다.

12 국내 핀테크 산업의 중요한 발전 방향에 설명해보자.

정답 핀테크 기업의 창업, 육성, 성장 지원체계, 사업화 투자를 위한 자금 지원방안 마련하는 기업성장 지원과, 핀테크 혁신을 촉진할 수 있는 제도적 장치 마련 등 기술발전과 금융여건 변화에 대응하는 금융혁신 여건 조성이 필요하다. 기존 금융회사는 자산관리 서비스, 인슈테크, 고객정보를 활용한 신규서비스 등으로 서비스의 고도화가 필요하다. 핀테크 업계는 이러한 신기술 융합을 통해서 금융서비스 향상과 소비자 욕구를 충족시킬 수 있는 경쟁력 강화를 위한 새로운 서비스 개발을 위해 노력해야 한다. 신기술의 불확실성을 제거하고, 보안체계를 강화하는 등 금융혁신 리스크 관리 방안을 마련해야 한다.

13 다음 보기가 설명하는 것은?

> • 소비자가 인할 경우 대출액, 가드 사용액, 투자 현황 등 여러 회사에 흩어진 금융 정보를 한곳에 모아 관리하는 서비스다.
> • 과거엔 이용자의 월별 카드 사용금액, 대출 잔액, 보유 주식의 평가금액 등을 카드사, 은행, 증권사 등 서로 다른 업권에서 따로따로 확인해야 했지만 이젠 이 서비스를 이용하면, 한곳에서 쉽게 모아서 보여 준다.

정답 마이데이터(MyData)

요약

핀테크 개념과 유형

- 핀테크는 핀(Financial: 금융)과 테크(Technology: 기술)가 결합하여 만든 용어로, 초기에는 은행이나 증권회사 등 금융기관의 시스템관리를 위한 기술적인 부분을 의미하였으나, 금융규제의 완화와 더불어, 편의성과 즉시성을 기반으로 한 소비자 중심의 새로운 금융서비스를 창출해내는 방향으로 변화
- 핀테크 사업 영역은 지급결제, 금융데이터 분석, 금융소프트웨어, 플랫폼 등 네 가지로 분류할 수 있으며, 주요 세부 서비스로는 간편결제, 간편송금, 인터넷 전문은행, 로보어드바이저 서비스 등이 있음
- 간편결제 서비스는 신용카드나 계좌번호 같은 결제에 필요한 정보를 휴대폰이나 PC에 등록한 후, 공인인증서, 보안카드 등 온라인 결제 시 필요했던 복잡한 절차를 없애고 단순하게 결제할 수 있도록 고안
- 간편송금은 단순화된 송금 서비스를 제공하며, 국내의 경우 메신저 친구나 전화번호를 기반으로 송금이 가능하며, 해외 송금은 페어링, 풀링, 프리펀딩 등의 기법을 사용.
- 인터넷전문은행은 무점포 비대면거래 방식의 비즈니스 모델이며, 케이뱅크, 카카오뱅크, 토스뱅크가 영업 중임
- 로보어드바이저(Robo-Advisor)는 로봇(Robot)과 어드바이저(Advisor)의 합성어로 인공지능 로봇이 자산관리전문가인 사람을 대신해서 조언을 해주는 서비스임

핀테크 산업의 의의와 발전 방향

- 핀테크는 금융소비자의 편익을 증대시키고, 금융시스템의 효율성을 제고하며, 탈 중심적 금융인프라를 구축함
- 성공적인 핀테크 생태계를 위해서 금융혁신 여건이 조성되어어야 하며, 기존의 금융회사는 서비스 고도화에 힘쓰고, 핀테크 기업은 신기술 융합을 촉진해서 새로운 서비스 개발을 위한 노력이 필요할 것이며, 금융혁신에 따른 위험요소를 제거하기 위한 노력이 필요

참고 문헌

금융감독원 보도자료, 금융소비자가 편리하게 이용할 수 있는 간편결제 서비스 현황, 2019. 4. 18.

길진세, 핀테크 트렌드 2024, 책세상, 2023.

데비모한 저/장기진 역, 핀테크 금융 서비스 가이드: 은행 혁신과 블록체인 이해, 도서출판 청람, 2022.

목정환, 국내 핀테크 동향 및 금융안정 리스크 평가, 한국 경제포럼 세미나, 2018.

KIET 산업경제, 국내모바일 간편결제서비스 시장 현황과 시사점, 2018. 11.

국문색인

영문색인

[J]

[K]

[L]

[M]

[N]

[O]

[P]

차훈상
서울대학교 공과대학(금속공학전공, 1998)을 졸업한 후 삼성 SDS에서 근무하였으며(1998~2001), 미국 University of Arizona에서 경영학 석사(경영정보시스템전공, 2003) 및 경영학 박사(경영정보시스템전공, 2007)를 취득하였다. 이후, 미국 Salisbury University 경영대학 조교수(2007~2011)와 중앙대학교 경영대학 부교수(2011~2013)를 거쳐, 현재는 미국 Salisbury University 경영대학 교수로 재직 중이다.

홍일유
미국 Indiana University 경영학사, 미국 University of Illinois 경영학 석사, 미국 University of Arizona 경영학 박사(경영정보시스템전공)이며 미국 Western Kentucky University 경영대학 조교수, 한국경정보학회 이사, (주)대교부설대학원 원격교육과정 자문교수, 한국능률협회 자문교수 등을 역임하고 미국 UCLA Anderson School of Management 방문교수(2003~2004)를 지냈다. 현재 중앙대학교 경영경제대학 명예교수로 재직 중이다.

이경민
미국 Purdue University 산업공학 학사(2010)와 미국 Boston University 금융공학 석사를 취득(2013)한 후 미국 보스턴 소재 경영컨설팅 및 헤지펀드에서 근무(2013~2015)하였다. 미국 Boston University에서 공유경제와 플랫폼 비즈니스에 관한 연구로 경영학 박사(2020)를 취득한 후, 미국 American University 경영대학 연구교수(2020~2023)를 역임하였다. 현재 미국 Salisbury University 경영대학 조교수로 재직 중이다.

e-비즈니스와 e-커머스[제3판]

2015년 1월 25일 초판 발행
2019년 8월 20일 제2판 발행
2024년 6월 25일 제3판 1쇄 발행

저 자 차훈상 · 홍일유 · 이경민
발행인 배 효 선
발행처 도서출판 法 文 社
주 소 10881 경기도 파주시 회동길 37-29
등 록 1957년 12월 12일 / 제2-76호(윤)
TEL (031)955-6500~6 FAX (031)955-6525
e-mail (영업) bms@bobmunsa.co.kr
(편집) edit66@bobmunsa.co.kr
홈페이지 http://www.bobmunsa.co.kr
조 판 (주) 성 지 이 디 피

정가 30,000원 ISBN 978-89-18-91516-6